Juan A. Jorge García–Reyes

Patrología

Murcia — España

2024

CATALOGING DATA

Author: Jorge García–Reyes, Juan Andrés 1957–
Title: Patrología
Library of Congress Control Number: 2023919698

ISBN: 978-1-953170-38-5

Published by
Shoreless Lake Press
P.O. Box 157
Stewartsville, New Jersey 08886

Presentación

El propósito de estos apuntes es ordenar mis notas para las clases de Patrología que he ido dando en el Seminario Diocesano de san Bernardo, con el fin de que sean más fáciles de usar para los alumnos.

El cuerpo de estos apuntes están tomados de un curso publicado en Internet, de V. Cano Sordo, que me pareció bastante aceptable y ortodoxo.[1]. Este curso toma sus ideas de obras importantes y conocidas de patrología y de la historia de la Iglesia Antigua del momento.[2] A saber:

- J. Quasten: *Patrología*, 1995, Madrid, B.A.C., 3 tomos (Quasten).

- D. Ramos–Lisson: *Patrología*, Pamplona, Eunsa, 2005.

- F. Cayré: *Patrologie, et Histoire de la Theologie*, Tournai, Desclée, 1955 (Cayré).

- B. Altaner: *Patrología*, Madrid, Espasa–Calpe, 1950 (Altaner).

---

[1]Víctor Cano Sordo: *Patrología (Curso) o Apuntes de patrología*, en http://www.patrologia.net/pac/index.html y en http://www.geocities.com/patrologia. En 2016 ya no pude encontrar estos textos en ese sitio, pero estaban reproducidos, sin mención del autor, en http://www.mercaba.org/Patrologia/sumario.htm. Y más propiamente en http://www.rodin.org.mx/patrologia/index.html

[2]Entre paréntesis, al final, el modo cómo se cita a lo largo de la Patrología de Cano.

- L. Dattrino: *Patrologia*, Roma, Istituto di Teologia a Distanza, 1982 (Dattrino).

- M. Simonetti y E. Prinzivalli: *Storia della Letteratura Cristiana Antica*, Casale Monferrato, ed. Piemme, 2a ed., 2002 (Simonetti).

- H. Drobner: *Manual de Patrología*, Herder, Barcelona 1999 (Drobner).

- E. Moliné: *Los Padres de la Iglesia. Una Guía Introductoria*, Madrid, Palabra, 1982 (Moliné).

- M. J., Rouet de Journel: *Enchiridion Patristicum*, Barcelona, Herder, 1958 (Rouet).

- D.T.C. (*Dictionnaire de Théologie Catholique*), Paris, Les éditions Letouzey et Ané, 1899-1937. 30 vols.

- J. Danielou: *Nueva Historia de la Iglesia*, Madrid, Cristiandad, 1964 (Danielou).

- S. Cola: *Perfiles de los Padres*, Madrid, ed. Ciudad Nueva, 1991 (Cola).

- H. Masson: *Manual de Herejías*, Madrid, Rialp, 1989 (Masson).

- A. di Bernardino: *Diccionario Patrístico y de la Antigüedad Cristiana*, Salamanca, Sígueme, 1991 (Di Bernardino).

- Flichè-Martin: *Historia de la Iglesia*, Valencia, Edicep, 1975 y ss. (Flichè).

- GER (*Gran Enciclopedia Rialp*), Madrid, Rialp, 1979, 24 vols.

- J. Morales: *Teología IV: Historia de la Teología*, en GER 22 (1975) 252-256 (Morales).

- R., Trevijano: *Patrología*, Madrid, en Colección Sapientia Fidei, ed. BAC, 1994 (Trevijano).

- B. Mondin: *Dizionario del Teologi*, Bologna, Edizioni Studio Domenicano, 1992 (Mondin, Dizionario).

- B. Mondin, *Storia de la Teologia*, Bologna, vol. I, ed. Edizioni Studio Domenicano, 1996 (Mondin).[3]

La bibliografía patrística es inmensa. Se pueden encontrar repertorios bibliográficos en los artículos del DTC y de la GER, y en las obras J. Quasten, hasta la fecha en que escribió y con relación a los autores que trató. Más actualizada, en D. Ramos–Lissón. En esta última obra[4] se encuentran también un elenco completo de Repertorios bibliográficos, subsidios de estudio, ediciones de textos, antologías, microfichas, manuales, colecciones de manuales y léxicos y enciclopedias. Con esas referencias, habría más que de sobra para empezar a profundizar en cualquiera de los santos Padres.

Conviene, no obstante, citar los siguientes repertorios bibliográficos:

1. M. Marouzeau y Otros: *L'Anné Philologique*. Bibliographie critique et analytique d'antiquité gréco–latine, Paris, 1924 ss.

2. W. Schneemelcher – K. Schaeferdiek: *Bibliographia Patristica*, Bonn 1959–1990.

3. Th. A. Robinson y Otros: *The Early Church. An Annotated Bibliography of Literature in English*, Metuchen, N.Y, London, 1993.

4. M. Albert y Otros: *Christianismes orientaux. Introduction à l'étude des langues et des littératures*, Paris, 1993.

---

[3]Son de utilidad también las siguientes obras de consulta: A. Baudrillart, A. Vogt, U Rouzies: *Dictionnaire d'Histoire et de Géographie Ecclésiastiques*, Paris, Hiesermann, 1912 ss.; A. Di Bernardino (ed): *Diccionario Patrístico y de la Antigüedad Cristiana*, 2 vols., Salamanca, Sígueme, 1991–1992; F. Cabrol: *Dictionnaire d'Archéologie Chrétienne et de Liturgie*, Paris, Letouzey et Ané, 1911–1953.

[4]D. Ramos–Lisson: *Patrología*, cit., págs. 495–505.

5. *Bibliographic Information Base in Patristics.* Université de Laval, Quebec (Canadá). Bibliografía informatizada online de publicaciones sobre Patrología.

6. Secciones de bibliografía de las siguientes revistas especializadas:

   - *Annali di Storia dell'Esegesi,* Bologna.
   - *Bulletin de Théologie Ancienne et Médiévale.* Louvain–la–Neuve.
   - *Ephemerides Theologicae Lovanienses.* Louvanin–la–Neuve.
   - *Recherches de Science Religieuse.* Paris.
   - *Revue d'Histoire Ecclésiastique.* Louvain–la–Neuve.
   - *Revue des Sciences Philosophiques et Théologiques.* Paris.
   - *Salmanticensis.* Salamanca.

7. Para direcciones de internet con textos patrísticos, cfr. *Zeitschrift für Antikes Christentum.*

Son interesantes también algunos subsidios para el estudio de los santos Padres:

1. J. Allenbach y otros: *Biblia Patristica. Index des citations et allusions bibliques dans la littérature patristique,* 6 vols., Paris, 1975–1995.

2. M. Gerard – F. Glorie: *Clavis Patrum Graecorum,* 5 vols., Turnhout, 1974–1985.

3. A. Quacquarelli y otros: *Complementi interdisciplinari di patrologia,* Roma, 1989.

4. E. Dekkers – Ae. Gaar: *Clavis Patrum Latinorum,* Turnhout, 1995.

5. M. Geerard – J. Noret – F. Glorie – J. Desmet: *Supplementum Clavis Patrum Graecorum,* Turnhout, 1998.

Sobre la estructura de la *Patrología* de V. Cano, incluí mis propias lecturas en casi todos los capítulos, que quedaron más ampliados, y nueva bibliografía básica, donde se puede conseguir información segura sobre cada santo Padre o autor eclesiástico. Hago notar desde el principio que muchos de los textos que van a aparecer en estos apuntes son de ese curso, al pie de la letra. He quitado repeticiones y datos inexactos, y en este sentido lo he pulido para que quedara un poco mejorado.

Los capítulos dedicados a las herejías y el Magisterio, tanto en los primeros tiempos, como en las controversias trinitarias y cristológicas, son fundamentalmente míos, tomados de mis tratados de *Dios Uno y Trino* y de *Cristología*, vol. I.

También he introducido algunas divisiones y enumeraciones nuevas, así como cambiado el orden del contenido de algunos de los capítulos, para hacerlo más adaptado a mis necesidades académicas. En algunos casos, he suprimido parte del texto, con la misma finalidad.

Me ha parecido importante incluir, además, citas de los textos originales de los Padres con más amplitud y profusión de las breves referencias que se encuentran en los apuntes del prof. Cano.

Se trata, pues, de presentar un texto de uso más fácil para mis alumnos. Nada más. Muestro aquí mi reconocimiento y agradecimiento al escrito de Victor Cano Sordo.

Parte I

Introducción

Capítulo 1

La Patrología como ciencia

Es conveniente tener en cuenta, antes de adentrarnos en el estudio concreto de los santos Padres, una serie de conceptos previos que nos dé una idea de las características de la ciencia que los estudia, de su objeto material y formal, de la propia historia de este saber.[1]

1.1 Noción, objeto y método de la Patrología

1.1.1 Diferentes ciencias

La palabra griega πατήρ, significa "padre". La palabra griega λόγος, significa "palabra", "pensamiento" o "doctrina". Por lo tanto *Patrología* significa "doctrina de los Padres".

La Iglesia antigua, hasta el siglo IV, aplicaba el concepto natural de "padre" sólo a los obispos. A partir del siglo V lo confiere también a sacerdotes (S. Jerónimo) y a diáconos (S. Efrén).

---

[1]Cfr. J. Quasten: *Patrología*, cit., vol. I, págs. 1–31; E. Moliné: *Los Padres...*, cit. vol. I, 9–30. V. Cano Sordo: *Tema 1. La Patrología como ciencia*, en http://www.rodin.org.mx/patrologia/pac/index.html., tema 1.

(San Agustín en san Juan de Letrán.
Imagen más antigua del santo
que se ha conservado)

Como nombre de una rama de la teología, *Patrología*, es relativamente reciente. El primero que la usó fue Juan Gerhard, quien lo empleó en su obra de 1653. Pero la idea de una historia de la literatura cristiana desde el punto de vista teológico es muy antigua. Empieza con Eusebio de Cesarea y su *Historia Eclesiástica*, donde se propone tratar de:

> "Aquellos que, bien sea de palabra o por escrito, fueron los mensajeros de la Palabra de Dios en cada generación; y asimismo, de los nombres, número y época de aquellos, que llevados por el deseo de innovación hasta los límites extremos del error, se proclamaron a sí mismos como inductores de la falsa gnosis".[2]

---

[2]Eusebio de Cesarea: *Historia Eclesiástica*, I, 1, 1.

Se suelen distinguir tres ciencias que se ocupan de los Padres de la Iglesia:

1. *Patrística*: perspectiva teológica y dogmática.

2. *Historia literaria*: perspectiva literaria.

3. *Patrología*: perspectiva amplia de tipo histórico: vida, obras y doctrina de los Padres.

Como dice la Sagrada Congregación para la Educación Católica:

"... por una parte, la Patrística, que se ocupa del pensamiento teológico de los Padres, y por otra, la Patrología, cuyo objeto es su vida y sus escritos. Mientras que el carácter de la primera es eminentemente doctrinal y tiene muchas relaciones con la dogmática (e incluso con la teología moral, la teología espiritual, la Sagrada Escritura), la segunda se mueve más bien a nivel de la investigación histórica y de la información biográfica y literaria, y tiene una natural conexión con la historia de la Iglesia antigua. Por su carácter teológico, la Patrística y la Patrología se distinguen de la Literatura cristiana antigua, disciplina no teológica y se puede decir, literaria, que estudia los aspectos estilísticos y filológicos de los escritores cristianos antiguos".[3]

Aunque en épocas antiguas cada uno de estos tres términos significaban algo distinto —*Patrística* (Teología patrística), *Patrología* (historia y escritos de los Padres) y *Literatura cristiana primitiva* (disciplina no teológica de la filología de los escritores antiguos)—, en la actualidad se tiende a utilizar de modo más o menos indiferenciado los tres nombres para la especialidad.

---

[3]Congregación para la Educación Católica: *Instrucción sobre el Estudio de los Padres de la Iglesia en la Formación Sacerdotal* del 10–XI–1989, n. 49.

La Patrología es una especialidad teológica cuyo núcleo irrenunciable son los Padres de la Iglesia y sus escritos en el sentido eclesiástico. Pero, como para comprenderlos hay que conocer toda la literatura antigua, la Patrología moderna es la ciencia que trata de toda la literatura cristiana antigua en todos sus aspectos y con todos los métodos adecuados.[4]

El contenido y método a seguir en la Patrología han sido bien explicitado por la Sagrada Congregación para la Educación Católica, cuando señala:

> "En especial, de la Patrología se espera que presente una buena panorámica de los Padres y de sus obras, con sus características individuales, situando en el contexto histórico su actividad literaria y pastoral. Dado su carácter informativo-histórico, nada impide la colaboración del profesor de Historia eclesiástica, cuando lo exija una mejor economía del tiempo disponible o la escasez de personal docente. Si fuera menester, se puede reservar también un mayor espacio al estudio privado de los alumnos, remitiéndoles a la consulta de buenos manuales, de diccionarios y de otras ayudas bibliográficas.
>
> La Patrística a su vez, para cumplir satisfactoriamente sus tareas, debe figurar como disciplina en sí misma, manteniendo estrecha colaboración con la dogmática. En efecto, ambas disciplinas, según el Decreto *Optatam totius* (n. 16), deben ayudarse y enriquecerse mutuamente, a condición de que permanezcan autónomas y fieles a sus métodos particulares. El dogma cumple sobre todo un servicio de unidad. Como a todas las disciplinas teológicas, también a la Patrística le ofrece la perspectiva unificadora de la fe, ayudándole a sistematizar los resultados parciales e indicando el camino a la investigación y a la actividad didáctica del profesor. El servicio de la patrística

---

[4]Drobner.

a la dogmática consiste en delimitar y precisar la obra de mediación de la revelación de Dios desarrollada por los Padres en
la Iglesia y en el mundo de su tiempo..."[5]

1.1.2 Ediciones y colecciones de la literatura cristiana antigua

El estudioso de los Padres de la Iglesia tendrá que conocer las diversas
ediciones de las obras de los Padres de que disponemos en la actualidad:[6]

1. S. XVII y XVIII: obras críticas de los benedictinos franceses de san
   Mauro.[7]

2. S. XIX: J.P. Migne (+1875), 400 tomos: *Patrologiae Cursus Completus*,
   en series griega (*P. G*) y latina (*P. L*).[8]

3. A partir de 1866: *Corpus Scriptorum Ecclesiasticorum Latinorum* (CSEL):
   Series latina y griega de las Academias de Viena y Berlín. Publicación
   en curso; hasta el presente consta de más de 90 volúmenes.

4. A partir de 1903: *Corpus Scriptorum Christianorum Orientalium* (CS-
   CO), editado sucesivamente en Paris, Lovaina y Washington. Publicación en curso. Consta de más de 400 volúmenes hasta ahora.

---

[5]Congregación para la Educación Católica: *Instrucción sobre el Estudio de los Padres de
la Iglesia en la Formación Sacerdotal* del 10–XI–1989, nn. 51 y 52.

[6]Las primeras ediciones impresas de la literatura cristiana antigua no pueden ser consideradas como ediciones críticas, pues no existían normas científicas para la selección de
manuscritos. Sin embargo, muchas de esas primeras ediciones son muy valiosas porque se
ha perdido el manuscrito en que se basaba el texto.

[7]Congregación fundada en París en 1618. Algunas de sus publicaciones no han sido
superadas aún.

[8]Es la edición más completa, pero tiene muchos errores tipográficos. Por eso son mejores
las ediciones críticas más modernas. No obstante, para muchos escritos, es la única fuente
publicada.

5. A partir de 1953: *Corpus Christianorum* (CC) de los padres benedictinos de la abadía de san Pedro de Steenbrugge (Bélgica) (tres series: latina, griega y oriental) completada con una *continuatio medievalis*. Publicación en curso. Consta hasta ahora de unos 160 volúmenes, y está previsto que alcance los 175 volúmenes con 2348 obras o fragmentos.

6. A partir de 1942: versión francesa: *Sources chrétiennes* (SC), ed. du Cerf, textos bilingües. Consta hasta ahora de unos 260 volúmenes.

1.2 Importancia de su estudio

En la mencionada *Instrucción sobre el Estudio de los Padres de la Iglesia en la Formación Sacerdotal* de la Congregación para la Educación Católica, 10–XI–1989, se recogen los motivos principales para estudiar a los Padres:

1. En los Padres hay algo de singular, de irrepetible y de perennemente válido, que continua vivo y resiste a la fugacidad del tiempo.

2. Son testimonios privilegiados de la Tradición.

3. Nos han legado un método teológico que es, a la vez, luminoso y seguro:

   - Recurso continuo a la Sagrada Escritura y al sentido de la Tradición.
   - Originalidad cristiana e inculturación.
   - Defensa de la fe y progreso dogmático.
   - Sentido del misterio y experiencia de lo divino.

4. Sus escritos ofrecen una riqueza cultural, espiritual y apostólica que hace grandes maestros de la Iglesia de ayer y de hoy.

5. El estudio de la vida y escritos de los Padres se puede hacer en manuales, el estudio de su pensamiento teológico debe hacerse con la lectura directa de los textos de los Padres.

1.3 Padres de la Iglesia, doctores y escritores eclesiásticos

1.3.1 Concepto de *Padre*

Al principio, este título se aplicaba fundamentalmente a los obispos, encargados de enseñar en la comunidad cristiana, y era sinónimo de maestro. En efecto, en el uso bíblico y en el cristianismo primitivo, los "maestros" son considerados como "padres" de los alumnos (cfr. 1 Cor 4:15). san Ireneo dice que "cuando una persona recibe la enseñanza de labios de otro, es llamado *hijo* de aquél que le instruye, y éste, a su vez, es llamado *padre* suyo". En la antigüedad cristiana, el oficio de enseñar correspondía al obispo, y por eso, el título de "padre" fue aplicado primeramente a él.

Con las controversias doctrinales del s. IV, la palabra se aplicó a todos los autores eclesiásticos, siempre que fueran reconocidos como representantes de la Tradición de la Iglesia.

San Vicente de Lerins (a. 434) en su *Commonitorium* llama "Padres" a cualquier escritor eclesiástico, con independencia de su grado jerárquico, y expone la prueba de los Padres:

> "En el caso de que surgiera alguna nueva cuestión sobre la cual no se haya dado aún tal decisión, habría que recurrir a las opiniones de los santos Padres, al menos de aquéllos que, en sus épocas y lugares permanecieron en la unidad de comunión y de fe y fueron tenidos por maestros reconocidos. Y todo lo que ellos hubieren defendido en unidad de pensamientos y senti-

mientos, tendría que ser considerado como la doctrina verdadera y católica de la Iglesia, sin ninguna duda o escrúpulo".[9]

"La posteridad no debería creer nada más que lo que la venerable antigüedad de los Padres ha profesado unánimemente en Cristo".[10]

Por su parte, el *Decretum Gelasianum de recipiendis et non recipiendis libris* (s. VI) distingue a los Padres verdaderos de los escritores heterodoxos. Actualmente se distingue entre *Padre, Escritor Eclesiástico y Doctor*:

1. *Padre* es quien tenga las cuatro notas siguientes:

   - Antigüedad: Isidoro de Sevilla (+636), Ildefonso de Toledo (+669), Beda el Venerable (+735) y Juan Damasceno (+749) son los Padres más recientes en Occidente (los tres primeros) y Oriente (el último).
   - Ortodoxia de doctrina: se excluye a los escritores abiertamente heréticos, cismáticos y a aquellos cuyas obras contienen graves y sistemáticos errores.
   - Santidad de vida: canonizados o que se les considere santos.
   - Aprobación de la Iglesia: basta un reconocimiento tácito.

2. Los *Escritores eclesiásticos* (título acuñado por S. Jerónimo) son los demás escritores antiguos (tienen la nota de *antiquitas*) pero que carecen de alguna de las tres últimas notas.

3. Los *Doctores*, en cambio, tienen las notas de los Padres, salvo la de *antiquitas*, y además *eminens eruditio* y *expressa Ecclesiae declaratio*. Son así designados por la Iglesia por la profundidad de su pensamiento unida a la santidad de vida.

---

[9]San Vicente de Lerins: *Commonitorium*, c. 29, 1.

[10]San Vicente de Lerins: *Commonitorium*, c. 33, 2.

Cabe enumerar como grandes Padres que son Doctores de la Iglesia también a:

- En Oriente: (declarados por S. Pío V en el siglo XVI): san Atanasio — no reconocido por los orientales como tal—, san Basilio, san Gregorio Nacianceno y san Juan Crisóstomo.

- En Occidente: (declarados por Bonifacio VIII en 1298): san Ambrosio, san Jerónimo, san Agustín y san Gregorio Magno.

1.3.2 La lengua de los Padres

No es el griego clásico, sino la Κοινή (mezcla de ático —hablado en Atenas— y dialecto popular), que llegó a ser la lengua de todo el mundo helénico:

- En Oriente: desde el s. III a.C. al VI d.C. (a partir de entonces se usó, sobre todo el siriaco —que es un dialecto del arameo—, y el copto[11] y el armenio, junto con el griego).

- En Occidente: hasta el s. III (180: primer documento en latín).

Hay que tener en cuenta, que desde los comienzos hasta el siglo II, el cristianismo fue un movimiento griego. Durante los primeros siglos del Imperio Romano, el griego se había extendido por todo el Mediterráneo. La civilización y la cultura helénicas habían conquistado el mundo romano, por lo que apenas había alguna ciudad donde no se hablara corrientemente el griego.

En cuanto al uso del latín, habrá que esperar hasta el transcurso del s. II, cuando aparecen las primeras traducciones de la Biblia al latín. *El Pastor de Hermas* deja ver que había comenzado en la comunidad cristiana de Roma la transición del griego al latín (a. 155). Durante la primera mitad del siglo

---

[11]El copto era el idioma antiguo de los egipcios, que se conserva en su liturgia.

II se traduce al latín la *Epístola de san Clemente a los Corintios*, antes de las *Actas de los Mártires de Scillium*, en África (180).

1.4   Autoridad doctrinal de los Padres de la Iglesia

La autoridad de los Padres se considera de doctrina católica cuando se da el *unanimis consensum Patrum*. Su autoridad deriva de ser testigos privilegiados de la Tradición y sus escritos monumentos de Tradición. Para ello se requiere que exista una unanimidad moral al interpretar la Sagrada Escritura; y también que si exponen una doctrina en temas de fe y costumbres (sería como la "materia") lo hagan como perteneciente al *depositum fidei* (que indicaría la "forma").

E. Moliné[12] insiste en que la principal importancia de los Padres estriba en ser testigos de la Tradición, por lo que hay que tener en cuenta cuatro importantes criterios, al considerar este aspecto:

1. Es importante distinguir entre la *autoridad propia de cada escritor*, esto es, su propia obra que puede ser más o menos acertada en cuanto a su ortodoxia, y donde se pueden encontrar afirmaciones erróneas concretas en el conjunto de unas obras que son dignas de todo respeto, de su *autoridad como testigo de la Tradición*, esto es como testimonio de la Tradición recibida, por lo que podría haber testimonios directos o indirectos de la fe de la Iglesia perdidos entre las obras de algún hereje declarado como tal.

2. Es necesario recordar que las obras de los Padres y Escritores Eclesiásticos, a diferencia de la Sagrada Escritura, no están redactadas bajo el carisma de la inspiración del Espíritu Santo, por lo que pueden errar en parte. Pero en la medida en que sus afirmaciones reflejen algo creído y practicado pacíficamente en la Iglesia, aceptado y

---

[12]E. Moliné: *Los Padres...*, cit., págs. 15–16.

enseñado universalmente por sus Pastores, en esa misma medida, y puesto que la Iglesia no puede errar, será testimonio de la Tradición y por tanto de la Revelación. Por eso, como veremos, un criterio de importancia para averiguar si una afirmación refleja o no la Tradición, es la unanimidad, al menos moral, de la enseñanza de los demás Padres respecto a aquel punto.

3. La Tradición puede afectar a la interpretación de la Sagrada Escritura o a la doctrina de fe y costumbres. En base a los Concilios de Trento y Vaticano I,[13] se puede afirmar al respecto que:

   • La unanimidad (moral) de los Padres al interpretar la Sagrada Escritura es infalible: "A nadie es lícito interpretar la Sagrada Escritura contra el consenso unánime de los Padres".

   • Su unanimidad (moral) al explicar —de manera clara y definida— una doctrina de fe y costumbres es regla de lo que ha de ser tenido como doctrina católica.

4. En cuanto a sus interpretaciones teológicas, más o menos vacilantes y acertadas, interesan solo en cuanto a que:

   • Desde un punto de vista teológico, suponen los primeros pasos en la interpretación racional de la fe.

   • Conducen a una mejor comprensión de la Tradición.

Es claro un texto del Cardenal Newman:

"Nosotros aceptamos las doctrinas que ellos enseñan de esta manera, no sólo porque ellos las enseñan, sino porque dan testimonio de que en su tiempo las profesaban todos los cristianos, y en todas partes... Ellos no hablan de sus opiniones

---

[13]Cfr. Conc. de Trento, D. S. 1507; Concilio Vaticano I, D. S. 3007.

personales. No dicen 'Esto es verdad porque nosotros lo vemos en la Escritura' —sobre esto podría haber discrepancia de opinión—, sino: 'Esto es verdad, porque de hecho es afirmado y fue siempre afirmado por todas las Iglesias desde el tiempo de los Apóstoles hasta nuestros días, sin interrupción'. Se trata de una simple cuestión de testimonio".[14]

1.5   Breve historia de la Patrología

1.5.1   Principales historiadores

1. Eusebio: *Historia Eclesiástica* (s. IV).[15]

2. Sozomeno: *Historia Eclesiástica* (s. V: acontecimientos entre 324 y 425).

3. San Jerónimo: *De viris illustribus* (392).[16]

4. Genadio de Marsella (semipelagiano): *De viris illustribus* (480) (continuación de la obra de san Jerónimo).

5. San Isidoro: *De viris illustribus* (618) (continuación de la obra de san Jerónimo).[17]

---

[14]J.H. Newman: *Discussions and Arguments*, II, 1.

[15]Es una de las fuentes más importantes de la Patrología porque cita pasajes amplios de autores, cuyas obras hoy están perdidas, por lo que, para algunos autores eclesiásticos es la única fuente de información.

[16]Donde se trata de responder a aquellos paganos que se reían de la mediocridad intelectual de los cristianos. Abarca desde san Pedro al mismo Jerónimo. San Agustín le reprocharía en que no distingue entre autores ortodoxos y los herejes. Es fuente única de información de algunos escritores eclesiásticos.

[17]De menos valor que la obra de san Jerónimo. Valiosa para autores hispanos.

6. S. Ildefonso de Toledo (+667): *De viris illustribus.*[18]

7. Focio (+891): *Myriobiblon o Biblioteca* (858) (280 obras paganas y cristianas).[19]

8. Sigberto de Gembloux (+1112): *De viris illustribus.*

9. Juan Tritemio: *De scriptoribus ecclesiasticis* (1494).

10. S. Roberto Belarmino: *De scriptoribus ecclesiasticis liber unus* (1613).[20]

11. Juan Gerhard: *Patrología* (1653).[21]

12. R. Ceillier: *Histoire general des auteurs sacres et ecclesiastiques* (1729–63).

1.5.2 Cronología de los Padres

Siglos I a III. Los Padres pre–nicenos.

1. Literatura teológica cristiana (Padres Apostólicos), siglos I y II. La intención de sus escritos es exhortativa y catequética; su estilo es análogo a las epístolas católicas; hacen glosas de la Sa-

---

[18]Muy concentrado en autores hispanos, y en particular, en sus predecesores en la sede de Toledo.

[19]Son resúmenes de obras que se leyeron o discutieron en el círculo cultural o en la academia privada que se reunía habitualmente en la casa de Focio. Lo escribió antes de ser nombrado patriarca de Constantinopla. Es una buena fuente de conocimiento, pues el autor muestra tener una gran erudición y poseer un espíritu agudo e independiente en sus juicios, como dice Quasten (*Patrología*, cit., vol. 1, págs. 4–5). Sin esta obra, muchos escritores clásicos y patrísticos se habrían perdido completamente.

[20]El Humanismo dio lugar a un periodo de renovado interés por la literatura cristiana antigua. A lo cual se añadió la lucha contra la idea protestante de que la Iglesia católica habría perdido la Tradición de los Padres, y las exigencias derivadas de las decisiones del Concilio de Trento.

[21]Como ya se mencionó, es la primera vez en que se utiliza la palabra "patrología".

grada Escritura; escriben sobre la praxis cristiana; el tema de sus escritos son las verdades centrales cristianas.

Exponentes principales: S. Clemente Romano (Cartas a los Corintios), S. Ignacio de Antioquía (Cartas), Didajé, Epístola a Bernabé, Epístola a Diogneto, Pastor de Hermas.

2. Obras propiamente teológicas de los Apologistas, siglo II. Escriben contra los críticos paganos y los escritores agnósticos; tienen pretensiones especulativas; intentan hacer una exposición reducida a lo meramente racional; escriben contra el Gnosticismo (Basílides, Valentín, Tolomeo, Heracleón).

Exponentes: Arístides de Atenas, Cuadrato, S. Justino, Aristón, Taciano, Teófilo de Antioquía, Hermías, Hegesipo. Hay que considerar aparte, por su importancia, a S. Ireneo de Lyon (+202) que escribe su *Adversus haereses*, y la *Demostratio evangelica*. Es el primero que aborda la tarea de explicar la fe.

3. Estudio sistemático de la revelación (Escuelas), siglo III.

- Escuela de Alejandría: utiliza la filosofía neoplatónica por primera vez para profundizar en los datos de la fe. Se caracteriza por la tarea especulativa, la exégesis alegórica y la catequesis.

  Exponentes: Panteno; S. Clemente de Alejandría (+215): *Protréptico, Pedagogo, Estromata*; Orígenes (+254): *Exaplas, Contra Celso, De principiis, Homilías y comentarios a la Biblia, Exhortación al martirio*.

- Escuela de Antioquía: más sentido histórico e influencia aristotélica.

  Exponentes: S. Luciano de Antioquía (+312); Arrio (+336); Diodoro de Tarso (+384); S. Juan Crisóstomo (+407); Teodoro de Mopsuestia (+428); Teodoreto de Ciro (+460).

4. Escritores latinos:

- Tertuliano (+202).
- S. Cipriano de Cartago (+258): *De Ecclesia unitate, De lapsis, Cartas.*

Siglos IV y V. La época de oro de la patrística:

1. Padres griegos: Su pensamiento se articula en torno a misterios trinitarios y cristológicos. Exponentes:

   - S. Atanasio (+373): *Oratio contra gentes, Oratio de Incarnatione Verbi, Orationes y Apologia contra arrianos.* Concilio de Nicea (325).
   - S. Basilio (+379): *Tratado del Espíritu Santo, Homilías sobre el Hexamerón, Contra Eunomio.*
   - S. Gregorio Nacianceno (+390): *Discursos teológicos.*
   - S. Gregorio de Nisa: perfecciona la noción de hipóstasis y sistematiza la teología y mística orientales.
   - S. Cirilo de Alejandría (+444): acentúa la tendencia sistemática.

2. Padres latinos: exponentes:

   - S. Ambrosio de Milán (+397): *De officis ministrorum, De mysteriis, De Poenitencia.*
   - S. Jerónimo (+420): autor de la *Vulgata* (versión latina de la Biblia).
   - S. Agustín (+430): *Confesiones, Retractationes, De Trinitate, De civitate Dei.* Primera síntesis del pensamiento occidental cristiano. Equilibrio entre Sagrada Escritura, exposición espiritual, uso de categorías platónicas. "Fides quaerens intellectum".
   - S. León Magno (+461): *Epistola ad Flavianum* (Concilio de Calcedonia).

Siglos VI y VII. Periodo final de la Patrística.

Se tiene la conciencia de que ha terminado una etapa creadora, y comienza una etapa de conservar lo que se ha heredado (S. Vicente de Leríns: progreso, pero fidelidad al depósito recibido). Los hombres que se encargan de esta tarea son quienes han recibido una preparación para las funciones civiles que habían desempeñado.

Contenido de la herencia: 1) Literatura antigua y textos de los padres, a través de los monjes; 2) La Lógica de Aristóteles, en parte; 3) plan de formación enciclopédica en servicio del estudio del texto sagrado, en la línea de S. Agustín (*De doctrina christiana*), Boecio y Casiodoro (planes de estudio de ambos); 4) espíritu monástico y moralismo.

Exponentes:

- Pseudo Dionisio Aeropagita (+ fin del s. V): *De los nombres divinos*, Teología mística, *De la jerarquía celeste, De la jerarquía eclesiástica* (culmen de la cristianización de la tradición neoplatónica; apofatismo: tradición oriental).

- Boecio (+524), cónsul y *magister officiorum*. Obras: *Opuscula sacra* (metafísica del ser, noción de persona...), *De Consolatione Philosophiae* (gran meditación de teodicea). Traduce varias obras de Aristóteles y transmite a la Edad Media el plan escolar de Varrón (*trivium y quadrivium*).

- Casiodoro (+583), el "último romano": en dos monasterios benedictinos de Calabria (uno de ellos es "Vivarium") copia manuscritos. Obras: *Institutiones divinarum et saecularium literarum* (manual de cultura de las artes liberales) e *Historia tripartita*.

- Gregorio Magno (+604), pretor en Roma. Su obra es esencial y exclusivamente edificante (exégesis alegórica y relativa a la experiencia personal del alma). Obras: *Regula Pastoralis, Dialogos, Moralia in Iob, Homilías*.

- S. Isidoro de Sevilla (+636), "primer pedagogo de la Edad Media". Obras: *Etymologiae* (20 libros), *Libri tres sententiarum, Liber de haeresibus, Contra Iudeos, Liber de variis quaestionibus.* Formación enciclopédica para el estudio de los textos bíblicos.

- S. Juan Damasceno (+749): *De fide orthodoxa* (muy usada en el medioevo).

- S. Beda el Venerable (+735).

- Alcuino de York (+804).

- Rabano Mauro, "praeceptor Germaniae" (+856).

1.5.3 Resumen

1. 0 a 325 (Prenicenos):

   - Escritos sencillos: símbolos, fijación del Canon del Nuevo Testamento.

   - Literatura apócrifa.

   - Apologías.

   - Actas y narraciones de los mártires.

   - Obras antiheréticas.

   - Escuelas de catequesis.

2. 325 a 451 (Siglo de Oro):

   - Tratados dogmáticos.

   - Formulaciones de los dogmas.

   - Grandes herejías.

3. 451 a 750 (Etapa final):

   - Temas de tipo moral.

- Florilegios (compilaciones de documentos antiguos).
- *Catenae* (encadenamiento de citas de los Padres).

1.6 Cronología de los principales acontecimientos en la historia del cristianismo en tiempos de los Padres

- Año −6 Nace Jesús el Cristo.

- Año −4 Muerte de Herodes.

- Año −4 a 39 Herodes Antipas Tetrarca de Galilea.

- Año 6 Judea se convierte en una provincia romana.

- Año 19 Los judíos son expulsados de Roma.

- Año 26 Ministerio de Juan Bautista.

- Año 27–30 Ministerio de Jesús.

- Año 30 Crucifixión y resurrección de Jesús. Pentecostés.

- Año 35 Martirio de Esteban. Conversión de Pablo.

- Año 38 Revueltas contra los judíos en Alejandría.

- Año 42 Simón el Mago en Samaria.

- Año 42 Martirio de Santiago.

- Año 46–48 Pablo y Bernabé misioneros entre los gentiles.

- Año 48 Concilio de Jerusalén.

- Año 49–58 Actividad misionera de Pablo.

- Año 49 Los judíos son expulsados de Roma.

- Año 53–56 San Pablo en Éfeso.

- Año 60–62 San Pablo en Roma.

- Año 63 San Pedro en Roma.

- Año 64 Persecución de Nerón.

- Año 70 Caída de Jerusalén.

- Año 75 "Guerra Judía" de Josefo.

- Año 81–96 Culto al emperador bajo Domiciano.

- Año 93 "Antigüedades Judías" de Josefo.

- Año 95 Persecución de Domiciano.

- Año 100 Carta I de san Clemente. Didaché. Evangelio de Tomás.

- Año 107 Cartas de san Ignacio de Antioquía.

- Año 108 Epístola de san Policarpo a los Filipenses.

- Año 112–113 Correspondencia de Plinio con Trajano. Información sobre el cristianismo.

- Año 115 Anales de Tácito. Información sobre el cristianismo.

- Año 120 El Pastor de Hermas.

- Año 125 Quadrato, primer apologista cristiano.

- Año 130 Conversión de san Justino mártir.

- Año 130–180 Escuela gnóstica alejandrina.

- Año 140–160 Marción extiende su herejía.

- Año 143 "Contradicciones..." de Marción.

- Año 144 Marción es expulsado de la comunidad romana.

- Año 154–155 Fijación de la fecha de la Natividad.

- Año 171–180 "Meditaciones" de Marco Aurelio.

- Año 177–180 "Suplicaciones por los Cristianos" de Atenágoras.

- Año 178 "La verdadera razón" de Celso. San Ireneo, obispo de Lyon.

- Año 180 Escuela catequística de Alejandría.

- Año 180–200 Apogeo de san Clemente de Alejandría.

- Año 185 "Contra las Herejías" de san Ireneo.

- Año 190 "Stromata" de san Clemente de Alejandría.

- Año 190–220 Apogeo de Tertuliano.

- Año 195 Tertuliano se convierte al cristianismo.

- Año 197 "Apología" de Tertuliano. Persecuciones esporádicas en Cartago.

- Año 200–220 Tertuliano escribe contra paganos, gnósticos y marcionitas.

- Año 202 Persecuciones en Africa del Norte. San Clemente abandona Alejandría.

- Año 203 Orígenes al frente de la Escuela Catequética de Alejandría.

- Año 207–220 Escritos montanistas de Tertuliano.

- Año 207 Tertuliano se declara montanista, escribe "Contra Marción".

- Año 215–219 Orígenes abandona Alejandría.

- Año 216 Nace Mani en los alrededores de Basra.

- Año 220 Concilio de Cartago con el tema de los rebautizados.

- Año 225–230 Escritos de Orígenes, deja Alejandría por Cesarea.

- Año 233–244 Plotino se establece en Alejandría.

- Año 235 Persecución contra los jefes cristianos.

- Año 236 Persecución en Capadocia.

- Año 240 Mani predica en Persia

- Año 247 Milenio de la fundación de Roma.

- Año 248 Matanza anticristiana en Alejandría.

- Año 250–251 san Cipriano huye de Cartago.

- Año 250 Persecución: obligación de sacrificar a los dioses (libelli).

- Año 251 El concilio reinstala a Cipriano: el problema de los lapsos.

- Año 251 "Sobre la Unidad de la Iglesia Católica" de san Cipriano. Cisma de Novaciano.

- Año 254 Muerte de Orígenes.

- Año 255–257 Controversia sobre el rebautismo.

- Año 257–260 Persecución de Valeriano.

- Año 260 Tolerancia religiosa (edicto de Galieno).

- Año 270 Muerte de Plotino.

- Año 270 Plaga. San Antonio el eremita se establece en el desierto.

- Año 275 "Contra los Cristianos" de Porfirio. Amenazas de persecución.

- Año 277 Martirio de Mani.

- Año 298–302 Los cristianos son proscritos del ejército romano.

- Año 303 La Gran Persecución (Galerio y Maximino).

- Año 305 Se suspende la persecución. Muerte de Porfirio.

- Año 306–312 Tolerancia en Roma y África.

- Año 306–310 Maximino reinicia la persecución en Oriente.

- Año 311 "Historia Eclesiástica", primera edición, de Eusebio de Cesarea. Maximino continúa la persecución, especialmente en Egipto.

- Año 312 Constantino vence a Majencio.

- Año 313 Edicto de Milán de tolerancia universal.

- Año 318 Comienza la controversia arriana.

- Año 321 Persecución de Licinio. Tolerancia a los donatistas.

- Año 324 "Historia Eclesiástica", segunda edición, de Eusebio de Cesarea.

- Año 325 Concilio Ecuménico de Nicea.

- Año 328–373 San Atanasio, Obispo de Alejandría.

- Año 330 Florecimiento del monasticismo en Egipto.

- Año 333 Se prohíben las obras de Porfirio.

- Año 335 La Tetrarquía romana.

- Año 337–340 Persecución en Persia.

- Año 337 Muere Constantino, es bautizado arriano en el lecho de muerte.

- Año 342 Prohibición de sacrificios paganos.

- Año 346 Muerte de san Pacomio.

- Año 355 San Agustín, obispo de Hipona.

- Año 356 Reliquias de san Andrés y san Lucas llevadas a Constantinopla.

- Año 356 A los 105 años muere san Antonio el eremita.

- Año 360 Dedicación de la Basílica *Hagia Sophia*.

- Año 362 Juliano el Apóstata restaura el paganismo.

- Año 366–384 San Dámaso Papa.

- Año 371 San Dámaso Papa acusado de homicidio, es exonerado por el Emperador.

- Año 373 San Ambrosio Obispo de Milán. Muerte de san Atanasio.

- Año 374–377 San Jerónimo, anacoreta en Calcis.

- Año 378 El emperador Graciano rehúsa el título de "Pontifex Maximus".

- Año 381 Concilio Ecuménico I de Constantinopla.

- Año 383 San Jerónimo inicia la traducción de la Biblia al latín.

- Año 384 San Jerónimo parte a Palestina. San Agustín llega a Milán.

- Año 385–420 San Jerónimo monje en Belén.

- Año 385–407 Apogeo de san Juan Crisóstomo.

- Año 386 San Agustín se convierte a la fe católica.

- Año 386–387 "Confesiones" de san Agustín de Hipona.

- Año 390 Masacre de Tesalónica, san Ambrosio obliga al Emperador Teodosio a hacer penitencia pública.

- Año 391 Se prohíben los sacrificios paganos.

- Año 392 Leyes contra paganos y herejes.

- Año 397 Muerte de san Ambrosio de Milán.

- Año 406 Los vándalos invaden la Galia.

- Año 409–410 Los romanos abandonan Britania.

- Año 410 Alarico se apodera de Roma.

- Año 411–426 "La Ciudad de Dios" de san Agustín de Hipona.

- Año 412 Condenatoria y proscripción de los donatistas.

- Año 415 Se proscribe a los paganos de la milicia y los puestos públicos.

- Año 418 Los visigodos se establecen en la Galia.

- Año 418 El Emperador proscribe el pelagianismo.

- Año 429 Los vándalos invaden Africa del Norte.

- Año 430 Muerte de san Agustín de Hipona.

- Año 431 Tercer Concilio ecuménico, I de Éfeso: condenación de Nestorio.

- Año 432 Misión de Patricio en Irlanda.

- Año 433 Fórmula de reunión (Roma–Bizancio).

- Año 438 Se publica el "Codex Theodosianum".

- Año 442 Tratado de paz entre Roma y los vándalos.

- Año 447 Los hunos amenazan el Imperio de Oriente.

- Año 451 Cuarto Concilio Ecuménico, de Calcedonia. Constantinopla se propone como patriarcado en igualdad jerárquica con Roma (Canon 28).

- Año 451–452 Rebeliones anticalcedónicas en Alejandría y Jerusalén.

- Año 452 San León Papa repudia el Canon 28 del Concilio de Calcedonia.

- Año 455 Genserico conquista Roma.

- Año 469 Confusión en Antioquía, rebeliones anticalcedónicas.

- Año 476–493 Odoacro Rey de Italia.

- Año 476 Rómulo Augústulo es depuesto, no se elige ningún emperador para sustituirlo. Fin del Imperio Romano de Occidente.

- Año 480 Comienzos del monasticismo en Britania céltica. Nacen Boecio y san Benito de Nursia.

- Año 484–519 Cisma acaciano.

- Año 496 Bautismo de Clodoveo, fundador del reino de los francos. Queda vencido políticamente el arrianismo.

- Año 498–506 Cisma laurenciano.

- Año 510–523 Boecio florece.

- Año 512–530 Los monofisitas son perseguidos en Antioquía y en el Este.

- Año 517 El emperador clausura la Academia de Alejandría.

- Año 519 Justino I termina con el cisma acaciano.

- Año 523 Boecio es ejecutado.

- Año 527–530 Justiniano promulga leyes antiheréticas.

- Año 529 El Emperador clausura la Academia de Atenas.

- Año 529 San Benito de Nursia funda Monte Casino.

- Año 530–532 Guerras pérsicas.

- Año 533–534 Belisario reconquista Africa del Norte.

- Año 534 Se publica el "Codex Justinianus".

- Año 535 Se restablece el catolicismo en Africa del Norte.

- Año 536 Belisario invade Italia, captura Roma y Rávena.

- Año 537 Dedicación de *Hagia Sophia*.

- Año 540–543 Controversia origenista.

- Año 542 Julián como misionero (iglesia oriental) a Nubia

- Año 542–560 La iglesia monofisita se establece en todo el Imperio bizantino.

- Año 542 Comienzo de la plaga, que aniquilará la mitad de la población europea y durará cincuenta años.

- Año 546 Totila captura Roma.

- Año 547 Muere Benito de Nursia. Belisario recaptura Roma.

- Año 547 El papa Vigilio visita Constantinopla.

- Año 550–615 Misión de san Columbano.

- Año 550–570 Herejía triteísta entre los monofisitas.

- Año 553 V Concilio Ecuménico, II de Constantinopla, 3 capítulos condenados por el Papa. Justiniano reconquista la mayor parte de Andalucía.

- Año 554–590 Cismas contrarios al V Concilio, en el norte de Italia.

- Año 557–561 Se restablece la jerarquía monofisita en Antioquía

- Año 570–650 Misiones nestorianas al Oriente (en el 635 llegan a China).

- Año 576–577 Establecimiento de una jerarquía copta en Alejandría.

- Año 587 San Agustín (de Canterbury) llega a Inglaterra, funda el monasterio de Kent y bautiza al rey Etelberto de Kent.

- Año 587 Los visigodos de España se convierten al catolicismo.

- Año 589 Los lombardos se convierten al catolicismo.

- Año 590–615 Apogeo de san Columbano.

- Año 590 San Columbano deja Irlanda con doce monjes para ir en misión a los Vosgos.

- Año 597 San Gregorio I (Magno) envía misioneros a evangelizar a los anglosajones.

- Año 598 Se establece la escuela de Canterbury.

- Año 600 Se detienen las invasiones bárbaras en Europa oriental. Isidoro de Sevilla colecciona escritos clásicos. "Antiphonarium" de Gregorio y fundación de la "Schola Cantorum" en Roma; Canto Gregoriano.

- Año 602–610 Los persas invaden el Imperio Bizantino.

- Año 604 Muere Gregorio I (Magno), papa.

- Año 610 Visión de Mahoma en el monte Hira

- Año 628 Mahoma reconquista la Meca y comunica a los reyes del mundo los principios del Islam.

- Año 633 Los árabes capturan Alejandría y Antioquía.

- Año 637 Los árabes conquistan Jerusalén.

- Año 641 Los árabes conquistan el Imperio Persa.

- Año 649 Los árabes conquistan Chipre. El Sínodo Laterano condena el monotelismo.

- Año 670 Los árabes invaden Africa del Norte. Codificación del derecho visigodo en España.

- Año 674 Los árabes conquistan hasta el Indo.

- Año 680 VI Concilio ecuménico, III de Constantinopla (condena el monotelismo)

- Año 711 Tarik derrota a Roderico en Xerez de la Frontera: España es conquistada por los árabes (excepto Asturias)

- Año 715 San Bonifacio inicia su obra misionera entre los germanos. El Islam impera desde los Pirineos hasta China, con Damasco como capital.

- Año 726 Disputa iconoclasta entre el Emperador y el Papa.

- Año 780 La emperatriz Irene restaura el culto de las imágenes en Bizancio.

- Año 781 Monasterios nestorianos y difusión del cristianismo en China.

- Año 782 Alcuino abandona York y acompaña a Carlomagno para iniciar la reforma educativa carolingia.

- Año 787 VII Concilio ecuménico, II de Nicea norma la veneración de las imágenes. Primera invasión danesa a Inglaterra

Parte II

Los Padres prenicenos (siglos I a III)

Capítulo 2

Contexto general de la Patrística

Antes de adentrarnos en el estudio de los Padres de esta época, es conveniente conocer las circunstancias históricas en las que tuvieron que desenvolverse, esto es el contexto histórico y doctrinal del cristianismo antes de la paz de Constantino y del Concilio de Nicea.[1]

---

[1] Cfr. Flichè, A. y Martin, V.: *Historia de la Iglesia*, Valencia, Edicep, 1975. Vol. I: El Nacimiento de la Iglesia, por J. Lebreton Y J. Zeiller; id, autores Vol. II: Desde Fines del Siglo II hasta la Paz Constantiniana; H. Jedin (dir.): *Manual de la Historia de la Iglesia*, I y II, Barcelona, Herder, 1996 y 1980. H.D. Rops: *Historia de la Iglesia, I y II*, Barcelona, Miracle, 1955; A. G. Hamman: *La Vida Cotidiana de los Primeros Cristianos*, Madrid, Palabra, 1985; R. Trevijano: *Orígenes del Cristianismo. El Transfondo Judío del Cristianismo Primitivo*, Salamanca, Universidad Pontificia de Salamanca, 1995; B. Llorca: *Historia de la Iglesia Católica, I*, BAC, Madrid 1976; J., Orlandis: *Historia de la Iglesia, I,* Madrid, Epalsa, 1974; J. Álvarez Gómez: *Historia de la Iglesia. I. Edad Antigua*, Serie de Manuales de Teología 25, Madrid, BAC, 2001; V. Cano Sordo: *Patrología...*, cit., tema 2.

2.1   Fundación de la Iglesia

Durante el gobierno del Emperador romano Augusto, Dios envió al Arcángel Gabriel a una ciudad de Palestina llamada Nazareth para anunciar a María el nacimiento del Mesías. Cristo vive durante treinta años en Nazareth trabajando como carpintero en el taller de José.

En el año decimoquinto del gobierno de Tiberio (c.27 d.C), Jesús comienza a predicar y a anunciar el evangelio, la Buena nueva. Casi al comienzo de su Vida pública elige doce discípulos. En varias ocasiones les confía la misión de anunciar el evangelio hasta los confines de la tierra. Les confiere poderes para enseñar, santificar y gobernar a todos los hombres que acojan el evangelio.

Con su pasión, muerte y resurrección gloriosa, Cristo abre la posibilidad de salvación a todos los hombres. La venida del Espíritu Santo termina de completar el designio de Dios sobre la naciente Iglesia.

2.2   Expansión del cristianismo

Pronto comienzan las primeras persecuciones. En el año 42 muere decapitado el primero de los Apóstoles, Santiago el Mayor. Muchos de los discípulos de Cristo huyen a Antioquía y Alejandría que eran ciudades importantes del Imperio.

Desde el día de Pentecostés, los cristianos se dispersan por todo el Imperio romano y llegan hasta las regiones más lejanas. En los tres primeros siglos de vida de la Iglesia, su presencia es mayor en Asia Menor, Egipto y Siria. También hay núcleos importantes de cristianos en muchas ciudades griegas, en Italia, Hispania y África proconsular.

Algunas perspectivas fundamentales son necesarias para entender la época:

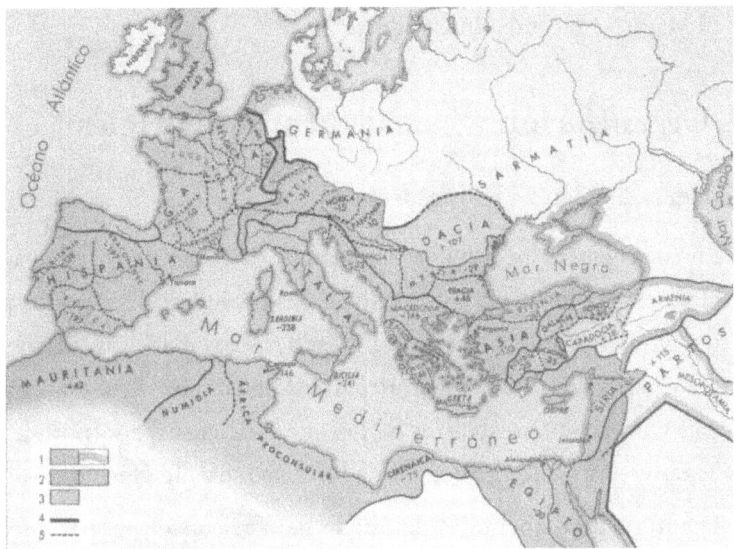

(Imperio Romano hacia el siglo II)

1. Los cristianos eran minoría: islas en un mar de paganismo. Por eso, existía una fuerte cohesión interna.

2. Eran vistos como sospechosos y, con frecuencia, despreciados: experimentan el ambiente de las persecuciones oficiales.

3. Su vínculo fundamental era el compartir la misma fe y vivir en caridad auténtica.

4. Jesucristo y los Apóstoles pusieron "el germen": las primitivas comunidades lo desarrollaron y lo adaptaron a las diversas necesidades.

5. No existía una "teología" hecha previamente.

6. Tenían un marcado sentido de la santidad: se llamaban entre ellos "los santos".

7. El Magisterio estaba iniciándose.[2]

2.3   Organización y vida de la primitiva Iglesia

Podemos distinguir varios aspectos:

1. En cada iglesia local había dos grupos de fieles: clero y laicado. El clero estaba formado por el obispo, los presbíteros —elegidos por el pueblo fiel y ordenados por el obispo— y los diáconos. El gobierno era monárquico, no democrático. Cada apóstol fundaba una comunidad y ordenaba presbíteros de los que salía el sucesor (por ejemplo, Timoteo, Tito, etc.). En cuanto a los diáconos: cfr. Hech 6: 1–6.

Los hitos fundamentales del inicio del episcopado monárquico son los siguientes:

   • Cristo designó a los Doce como Apóstoles y les otorgó la plenitud del sacerdocio, con el ministerio de pastores jerárquicos del nuevo Pueblo de Dios.

   • Encontramos Iglesias con episcopado monárquico desde los inicios: en Jerusalén, con Santiago el Menor; Roma, con san Pedro; etc.

   • Hay Iglesias regidas, al principio, por un colegio de ancianos (cfr. Hechos y Cartas de san Pablo), que eran la jerarquía local. Sus miembros se designan como "presbíteros" o "epíscopos", que eran vocablos que se usaban en esta época de un modo indistinto. Es posible que ninguno de sus miembros tuviese una autoridad superior. Es posible también que sus miembros gozaran de la plenitud de la potestad del orden (cfr. 1 Tim 4:14:

---

[2]Cfr. J. Orlandis: *Historia de la Iglesia. I. La Iglesia Antigua y Medieval*, Madrid, Palabra, 1995, págs. 45 ss.

quien recibe la gracia por imposición de manos de los presbíteros). Pero en estas comunidades no se menciona a un cabeza o rector de la Iglesia local, siendo la razón el hecho de que el Apóstol fundador de esa comunidad cristiana nueva ejercía un gobierno superior y directo sobre varias Iglesias a la vez, como se puede ver en:

- Los Doce sobre las Iglesias locales fundadas por ellos.
- San Pablo sobre sus fundaciones.
- San Pablo a través de sus auxiliares itinerantes (Timoteo, Tito).

• La generalización del episcopado monárquico se acentuó con la desaparición de los Doce, y con la sedentarización en una comunidad de los, hasta ese momento, auxiliares itinerantes.

Por eso, se estableció que uno del colegio de los presbíteros, tuviera el poder de gobierno de los Apóstoles para esa comunidad en concreto.

Este desarrollo no se produjo en todas partes al mismo tiempo, pero ya se ve operando en:

- Las comunidades paulinas a la muerte de san Pablo.
- La mención a los siete "ángeles" de las Iglesias Joánicas en el Apocalipsis.
- Con san Ignacio de Antioquía, a principios del siglo II, el episcopado monárquico se encuentra extendido por toda la Iglesia, como se ve en las diferentes cartas que escribió a varias comunidades.

La naturaleza y el oficio de este episcopado monárquico aparece bien delimitado en san Ignacio de Antioquía, Orígenes o en san Cipriano.

La elección de los obispos, al inicio, se hará por elección del pueblo y del presbiterio, y con la imposición de las manos del presbiterio y de otros obispos de Iglesias vecinas.

En cada iglesia había un obispo, y varias parroquias. Los fieles se reunían en casas privadas. En el s. III aparecen las iglesias rurales con un presbítero que depende del obispo. Los ámbitos diocesanos comprendían una ciudad con los territorios de alrededor.

2. El primado Romano existe desde un principio. El primado del obispo de Roma está en el origen mismo de la Iglesia. Jesús lo confiere a Pedro. Se detecta siempre un sentido de unidad y catolicidad de las diferentes Iglesias locales con la de Roma. Pero hay que tener en cuenta que:

   - San Pedro fue designado por Jesucristo como Roca sobre la que se edificaría la Iglesia, y fue obispo de Jerusalén, Antioquía y Roma. Su potestad singular ya aparece en muchos detalles del Libro de los Hechos de los Apóstoles.
   - No debe confundirse la existencia del primado, con la intensidad mayor o menor que se ejercite.
   - Pero existen datos claros sobre el primado en: san Ignacio de Antioquía,[3] San Clemente Romano en su Carta a los Corintios, san Ireneo de Lyon, el Papa Victor a las Iglesias de Oriente sobre el tema de la Pascua, o el Papa S. Esteban contra san Cipriano en el tema de los rebautizados.

3. Administración del Bautismo. Al principio, se hacía inmediatamente después de que el que lo pedía hacía la profesión de fe. Hacia el

---

[3]S. Ireneo da la lista de los obispos de Roma de Pedro a Eleuterio (todos los historiadores admiten su autenticidad).

año 220 aparece el catecumenado. Entonces se realizaba dos veces al año (Pascua y Pentecostés) por inmersión y con unas ceremonias concretas.

4. La celebración de la eucaristía. En 155, S. Justino la describe en su primera Apología. Todo se hacía con gran sencillez: lectura de la Sagrada Escritura; en una mesa pan y vino; oraciones consagratorias, a las que se respondía Amen; el ósculo de la paz, la comunión distribuida por diáconos ("la carne y la sangre de Jesucristo encarnado"); himnos; una homilía; el pan eucarístico era distribuido por los diáconos a los ausentes, y los fieles presentes lo llevaban a su casa para comulgar entre semana.

5. La disciplina penitencial. Entre los primeros cristianos había un alto tenor de vida moral: era una auténtica "comunidad de santos". Por eso se veía con mayor severidad a los pecadores. El pecado capital, o mortal —"ad mortem"— (idolatría o negación de la fe, asesinato, lujuria), a veces (para algunos obispos), era motivo de exclusión de la Iglesia; aunque, ordinariamente, había la posibilidad de volver a ser admitido después de la penitencia. En general, la reconciliación después del Bautismo se administraba una sola vez. Las penitencias eran largas: a veces duraban hasta la muerte (se vestían de sacos, se ponían ceniza en la cabeza; ayunaban, daban limosna). Los pecados notorios, requerían confesión pública; los pecados secretos, confesión secreta. La penitencia y la absolución eran siempre públicas. Los obispos eran quienes administraban la penitencia. Pronto hubo sacerdotes penitenciarios.

6. Fiestas y días de ayuno. Los hebreos celebraban como día festivo el sábado. Los cristianos, el domingo. Los hebreos ayunaban los lunes y jueves. Los cristianos los miércoles (en recuerdo de la traición de Judas) y viernes. Los sábados también en la Iglesia latina. Las fiestas

cristianas más importantes eran: la Pascua (pasión, muerte y resurrección de Jesús), y Pentecostés.

7. La vida moral y religiosa de los cristianos de los tres primeros siglos.
Los cristianos eran ciudadanos corrientes. Seguían las costumbres
civiles. Pertenecían a todos los tipos de profesiones.

Al principio los primeros cristianos procedían de las clases sociales
más pobres, pero pronto los encontramos en todas las actividades de
la vida corriente: soldados, zapateros, comerciantes..., incluso entre
las familias de la nobleza romana y en la casa del César.

Los más afortunados en bienes materiales ayudaban a los más pobres.
Vivían con gran austeridad y pureza de costumbres, que contrastaba
con el hedonismo generalizado de las ciudades romanas. Se distinguían por su piedad (eucaristía, oración, signarse,...), por no asistir
a espectáculos públicos, por su vida ascética y mortificada, por sus
limosnas, por la atención a los enfermos, viudas, huérfanos, esclavos,
prisioneros, forasteros..., por su modo de vivir la castidad en el matrimonio y en el celibato, denunciando el aborto, dignificando la vida
familiar. La virginidad era observada por numerosos cristianos.

8. La catequesis y el comienzo de la teología. Ya en los escritos del Nuevo Testamento encontramos fórmulas fijas por medio de las cuales
los primeros cristianos profesaban el contenido de su fe. Antes del
bautismo se exigía hacer una profesión de fe en Dios Padre, Hijo y
Espíritu Santo, y en la Iglesia. Así nacieron los "Símbolos de fe". A
finales del siglo II se elaboran los primeros Símbolos de fe. En esa
misma época algunos escritores cristianos (S. Ireneo de Lyon, Orígenes en Alejandría y Cesarea, S. Hipólito de Roma) comienzan a
profundizar en la fe mediante el discurso racional (teología).

2.4 Desarrollo de las más antiguas herejías

Desde los primeros momentos de la Iglesia comienzan a aparecer brotes de disidencia:

1. Los judaizantes: eran judeo–cristianos que continuaban observando la ley mosaica y trataban de imponerla a los demás. En el año 66 se separan del resto y forman una comunidad en Pella (Transjordania). Se empeñaron en seguir viviendo la ley mosaica, tratándola de imponer a los demás cristianos. Niegan la divinidad de Cristo. Los más mitigados de entre ellos desaparecen en el año 150.

2. El gnosticismo: corriente religiosa, que existía antes de Cristo. Es una mezcla de las religiones orientales con la mística griega (sincretismo). Influyó a algunos cristianos especialmente entre los años 130 y 180. Ya S. Pablo previene contra esta herejía (Col 2:8; 1 Tim 1: 3-4; 1 Tim 6: 20). Practicaban ritos mágicos y supersticiosos. Hubo hasta sesenta sectas gnósticas. Principales exponentes: Basílides (Alejandría, 120–145), Valentín y Marción (Roma, año 140). La lucha contra el gnosticismo, se llevó a cabo mediante la expulsión de los gnósticos y la actividad apologético–literaria (san Justino, Tertuliano, san Hipólito, san Ireneo). El gnosticismo sobrevivió, sobre todo en las sectas maniqueas.

3. El maniqueísmo: es una forma religiosa gnóstica que tiene su origen en Babilonia y Persia a mediados del s. III. Es una mezcla del dualismo rígido de Zoroastro con elementos budistas, caldeos, judíos y cristianos. Su fundador fue Manes (Babilonia, 216–277).

(Santos Cosme y Damián.
Mártires del siglo III)

2.5   Las persecuciones contra la Iglesia durante los tres primeros siglos

Entre los siglos I y III el cristianismo tiene dos enemigos principales:

1. Enemigos externos: las persecuciones del Estado y la oposición popular; se manifiesta la paciencia heroica de los cristianos.

2. Enemigos internos: las herejías (principalmente las sectas judaizantes, el gnosticismo y el montanismo); los cristianos reafirman la verdadera doctrina y apartan de la comunidad a los que erraban.

A pesar de esto, la rapidez de expansión es impresionante (en 313 había diez millones: la quinta parte de los habitantes del Imperio).

Es de notar el hecho de que la existencia de las persecuciones supone en cierto modo un misterio, ya que:

- Por un lado, la doctrina neotestamentaria de las relaciones del cristianismo con las autoridades civiles públicas no podía ser más respetuosa. En efecto:

- Cristo: Mt. 20: 15–21, "Dad al César lo que es del César..."

- San Pedro: 1 Pe 2:17, "Temed a Dios y honrad al Rey".

- El poder civil tiene origen divino: Ro 13: 1–2, Jn 19: 10–11.

- El cristiano tiene que cumplir todos sus deberes como ciudadano: Ro 13: 5–7.

- Hay que tener confianza en las autoridades que castigan a los malos y premian a los buenos: 1 Pe 2: 13–14, Ro 13:3.

- San Pablo hace uso de su ciudadanía romana para apelar al Emperador.

• Por otro lado, el Imperio romano:

- Era tolerante en materia religiosa (cfr. Pilato: "¿Qué es la verdad?" Jn 18.38; "Tomadle vosotros y juzgadle según vuestra ley" Jn 18:31).

- Recibía con facilidad nuevos cultos y divinidades extranjeras (cfr. el famoso Panteón romano).

- A los pueblos sometidos les permitían sus tradiciones religiosas.

- Reconocía la religión mosaica como culto lícito dentro del Imperio, y las comunidades judías gozaban de estatuto legal.

Esta aporía se puede explicar por diferentes causas:

1. Las controversias entre judíos y las primeras comunidades cristianas, que se producen desde los mismos orígenes: así se ve en el rechazo, pasión y muerte de Jesucristo por manos de las autoridades judías; en las persecuciones de los judíos contra los primeros cristianos de las que participó con ansia el propio Saulo de Tarso; en el martirio de san Esteban; etc. Se conoce que los judíos fueron expulsados de

Roma en torno al año 50 según Suetonio, "por culpa de disturbios motivados por un cierto *Cresto*", motivo por el cual Aquila y Priscila pudieron ayudar a san Pablo (cfr. Hech 28: 17.29).

2. Los cristianos fueron acusados falsamente del incendio de Roma que ordenó Nerón. Como las turbas culpaban al Emperador, los círculos oficiales necesitaban encontrar a un "chivo expiatorio" para exculpar al verdadero responsable. Es posible que los judíos cercanos a las autoridades sugirieran la culpabilidad de los cristianos.

3. La imagen oficial que quedó de los cristianos después del incendio de Roma, como autores de delitos horrendos se extendió por el Imperio y marcó los siglos posteriores. De esta mala fama tan injustamente propagada, dan cuenta muchas fuentes:

   - Tácito, quien hablaba del cristianismo como "superstición detestable" y de los cristianos como "enemigos del Imperio".
   - La fama popular atribuía a los cristianos maldades nefandas, tales como infanticidios, antropofagia y desórdenes morales de toda clase.
   - Tertuliano se quejaba de que, "no hay calamidad pública ni males que sufra el pueblo que no tengan la culpa los cristianos. Si el Tíber crece y se sale del cauce, si el Nilo no crece y no riega los campos, si el cielo no da la lluvia, si tiembla la tierra, si hay hambre, si hay peste..., un grito enseguida resuena: ¡Los cristianos a las fieras!".
   - Suetonio, hablaba de "una religión nueva y peligrosa".
   - Plinio el Joven, a su vez, la calificaba como "religión perversa y extravagante".

4. El carácter absoluto de las exigencias del cristianismo fue malentendido por los romanos:

- El cristianismo exigía la exclusiva adoración religiosa a Dios, mientras que ninguna otra religión conocida se alzaba contra la religión oficial ni prohibía a sus adeptos participar en los ritos paganos.

- Como los ritos paganos se consideraban en el Imperio de un valor político, como deber cívico y como signo de fidelidad a Roma, los cristianos que los rechazaban se ganaron los calificativos de "ateos" y "súbditos sospechosos".

- Todos estos planteamientos se fueron radicalizando a medida que se difundió el culto al Emperador y se exigió a todos los súbditos que participaran en el mismo.

Las principales persecuciones fueron las siguientes:

1. Nerón (54–68). La ocasión fue la falsa acusación del incendio de Roma (otoño del 64). Seguramente quedó circunscrita a la ciudad de Roma. Murió una gran multitud de cristianos. Entre ellos Pedro y Pablo.

2. Domiciano (81–96). En el año 95 degüella a Flavio Clemente (cónsul y primo suyo) y a su mujer Flavia Domitila, por "ateísmo". S. Juan es desterrado a Patmos.

3. Trajano (98–117). Estuvo basada en su doctrina sobre el cristianismo, que se refleja muy bien en el rescripto que envió Plinio el Joven para responder a la pregunta de cómo proceder con la abundante población cristiana que había en Bitinia, de donde era gobernador. Según este documento:

   - La autoridad no debía ir en busca de los cristianos por su propia iniciativa.

   - Tampoco debía admitir denuncias anónimas.

- Si un cristiano, en el proceso, se retractaba y adoraba a los dioses del Imperio, debía ser perdonado.

- Los convictos de cristianismo que perseveraran en su fe y rehusaran sacrificar a los dioses, habrían de ser castigados con la muerte.

Trajano sancionaba un principio muy grave: el solo hecho de ser cristiano era delito y merecedor de la muerte (el crimen era "nomen christianorum"). Con esto abría la puerta a la pasión anticristiana de la población pagana, que se fue haciendo cada vez más fuerte. Esto traía como consecuencia que muchas persecuciones oficiales se ocasionaron con ocasión de algún motín popular.

Fueron mártires de esta persecución: S. Ignacio de Antioquía (110), S. Simeón, obispo de Jerusalén (120 años de edad y pariente del Señor).

4. Marco Aurelio (161–180). Mártires: En el año 165, san Justino y seis compañeros (uno de ellos era Elvespisto, esclavo de la casa del César) y los mártires de Lyon (177).

5. Septimio Severo (193–211). Hay que tener en cuenta, que la dinastía de los emperadores Severos —a diferencia de los últimos emperadores de la dinastía de los Antoninos—, supuso un periodo de relativa paz para la Iglesia. Pero Septimio Severo prohibió la conversión al judaísmo o al cristianismo, lo que llevó a una actitud policial contra la Iglesia, diferente de las normas oficiales anteriores, que quedaban al albur de la población. Por tanto, Septimio publica un decreto contra los catecúmenos ("ne fiant christiani..."). Mártires de esta época son: santas Perpetua y Felicidad en Africa, Leónidas (padre de Orígenes) en Alejandría.

6. Maximino el Tracio (235–238). Mártires: S. Hipólito y S. Ponciano.

7. Decio (249–251). Es la mayor persecución hasta entonces. El final de la dinastía de los Severos abrió un periodo de grave crisis que pareció poner en peligro la propia supervivencia del Imperio (fallaban las instituciones políticas tradicionales; había crisis social y económica; anarquía militar; inseguridad interior; presión de los pueblos bárbaros; etc.). Hubo en Roma una reacción con la finalidad de fortalecer el Imperio tambaleante, uno de cuyos pilares era el reforzamiento de la antigua religión oficial romana, sobre la base del culto al Emperador, expresión pública de la fidelidad de los súbditos a Roma y a su soberano.

   Se llegó así a una etapa, en la que las persecuciones se dirigían no ya contra los cristianos, sino contra la Iglesia, como poder enemigo del Imperio. Estas persecuciones fueron ordenadas directamente por la autoridad imperial y tuvieron un alcance mucho más amplio que las precedentes.

   Se publica un decreto general de persecución a quienes no ofrecieran sacrificios (la *supplicatio*) que se exigía especialmente a los obispos. Hubo muchos mártires (S. Fabián, papa) y confesores (que sobrevivieron) como fue el caso de Orígenes.

   Eran condenados a trabajos forzados, a muerte, o a pasar a la condición de esclavos. Esta persecución cogió desprevenidos a los cristianos que se habían acostumbrado a un periodo previo de paz, y muchos cristianos cayeron —los "lapsi"—, ejecutando de hecho el sacrificio pagano exigido —"sacrificati"—, u ofreciendo algunos granos de incienso —"thurificati"—. También hubo algunos que no ofrecieron nada, pero consiguieron recibir una cédula como si hubieran sacrificado, para salvar así la vida y sus conciencias —"libellati"—. A éstos también los reprobó la Iglesia como si fueran "lapsi".

8. Gallo (251–253). Muere en el destierro el papa Cornelio.

9. Valeriano (253–260). Publica un decreto contra los pastores (257), prohíbe la liturgia y los cementerios. Y en 258, uno contra los eclesiásticos y laicos que tenían algún cargo importante. Mártires: S. Sixto II (sorprendido celebrando Misa con cuatro diáconos en las catacumbas de S. Calixto), S. Lorenzo (que murió cuatro días después), S. Cipriano (258), S. Fructuoso (obispo de Tarragona). Aunque la persecución fue más cruel, sin embargo los cristianos la soportaron mejor que la de Decio, por lo que hubo pocos "lapsi".

10. Diocleciano (284–305).[4] Antes del año 300 en Roma había millares de cristianos; en Italia, un centenar de comunidades (más en el sur). En Cartago la mayoría de la población romanizada era cristiana con un centenar de comunidades con obispo propio. En el siglo III hay cristianos en Tréveris, Colonia y Maguncia. En el siglo III hay mártires en Britania. Diocleciano publica cuatro edictos sucesivos de persecución:

   • Febrero 303, ordenando la destrucción de lugares de culto cristianos y de las Sagradas Escrituras. Se privaba de derechos civiles a los cristianos.

   • Abril 303, prisión de todo el clero.

   • Resto de 303, obligación al clero de sacrificar a los dioses, con castigo de pena de muerte a los que se negaran.

---

[4]Fue uno de los grandes Emperadores romanos. Con él comienza el periodo llamado del *Bajo Imperio*, llamado "Dominado" a diferencia del anterior "Principado". Si antes el Emperador ere el "Princeps", esto es el primer ciudadano, ahora es "dominus", esto es el señor, y los ciudadanos son simples súbditos. Afianzó el sistema político, dividiendo el Imperio en una tetrarquía, con dos augustos y dos césares, y fijó reglas de sucesión, para intentar evitar la anarquía militar. En este intento de unificación, la religión oficial pagana de Roma jugaba un papel fundamental. Y así, tras dieciocho años de paz para la Iglesia, desencadenó una gran persecución, empezando por la depuración de las legiones.

- Marzo 304, extensión a todos los cristianos de la obligación de sacrificar.

El resultado fue mixto, dependiendo de la zona del Imperio donde se habitaba. En Oriente fue dura. En general fue un fracaso. Hubo "traditores" pero mucho menos que en la persecución de Decio.

Sobre todo en Oriente hubo muchos mártires (la legión tebana, dos veces diezmada y luego exterminada). Sobresalen: santa Inés, santos Cosme y Damián o san Sebastián.

La Iglesia no cedió. Escogió el camino duro. Sufrió lo indecible. Dios le dio la victoria contra enemigos que parecían invencibles. Total de mártires: superior a cien mil.

2.6 La conversión del mundo antiguo

Se pueden distinguir seis grandes momentos:

1. Primer momento: Tolerancia bajo Galerio (a. 311). A Diocleciano le sucedió César Galerio (uno de los principales instigadores de la persecución de Diocleciano), quien se dio cuenta del fracaso de la misma. Próximo a su muerte, César Galerio promulgó un edicto en Sárdica en el a. 311, donde se reconocía al cristianismo un derecho de existencia legal, dejando de ser una "superstición ilícita" a un *verdadero estatuto de tolerancia.*

2. Segundo momento: Victoria de Constantino contra Magencio en la batalla de Puente Milvio (a. 312). Sus tropas luchan bajo la bandera con el monograma de Cristo. El Emperador reconoce al Dios cristiano y le rinde adoración. *Se convierte,* aunque no se bautiza hasta el a. 337, en vísperas de su muerte.

3. Tercer momento: El llamado "Edicto de Milán" del Emperador Constantino del a. 313. Parece que no existió tal Edicto, sino que es la regulación de la política religiosa del Imperio convenida en Milán en febrero de ese año, resultado de las conversaciones de los Emperadores Licinio y Constantino.

   Se pasa al principio de *plena libertad religiosa*, en vez de la tolerancia. Por tanto se produce:

   - La libertad de ejercicio de la religión.
   - La abrogación de la legislación anterior anti—cristiana.
   - Recuperación por parte de la Iglesia de sus lugares de culto, propiedades y bienes.

4. Cuarto momento: Edictos de Constantino del a. 324 para Oriente, decretando *tolerancia para los cultos paganos*, que sin embargo no es lo mismo que el Edicto del 313 para los cristianos, porque el Emperador hace profesión de fe cristiana y exhorta a sus súbditos a servir "con reverencia la Ley divina". Además el paganismo aparece como falsa religión de las tinieblas y es, solamente, tolerado.

5. Quinto momento: *Política de unidad cristiana* de Constantino para evitar herejías. Por lo mismo:

   - Contra el cisma donatista de la Iglesia africana, convocó el Concilio de Arlés (a. 314).
   - Contra la herejía arriana promovió el Concilio de Nicea (a. 325).
   - La legislación va adoptando el espíritu cristiano:
     - Las leyes van teniendo impronta humanitaria.
     - Se hace una restricción severa del divorcio.
     - El domingo, día del Señor, es fiesta semanal.

   También se van dando leyes con privilegios para la Iglesia.

6. Teodosio proclama al *cristianismo, la religión del Imperio* en la Constitución "Cunctos Populos" de Tesalónica (28 de febrero de 380). Se ordena a todos los pueblos que presten adhesión a la fe cristiana; la infamia legal era para los que desobedecieran esta orden.

En los años siguientes, nuevas leyes completaron la eliminación del paganismo, prohibiéndose todo acto de culto gentil, tanto público como privado.

2.7   Geografía del cristianismo hasta el año 300

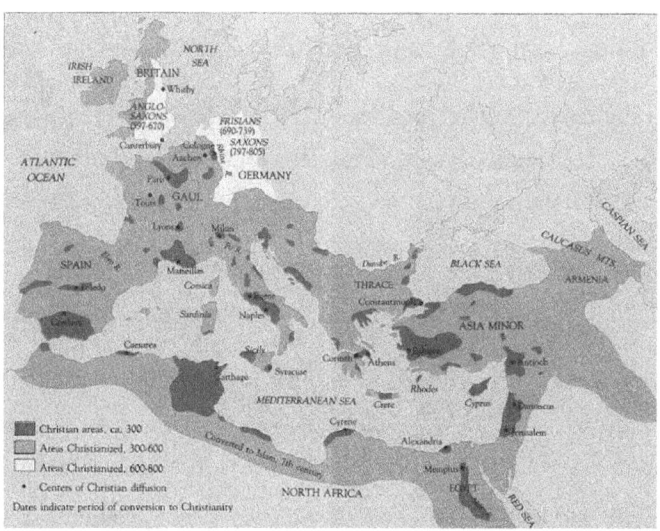

(Primeros centros de la Cristiandad hacia el año 300)

El cristianismo no es un fenómeno occidental y europeo, sino que tiene una vocación universal por voluntad divina. Por eso, la Providencia divina lo fue preparando todo para su expansión por el mundo conocido. Y a ello contribuyeron varios factores.[5] Señalemos los siguientes:

---

[5]Cfr. E. Moliné: *Los Padres...*, cit., págs. 33–45.

1. La base del primitivo cristianismo está constituida por judíos que se convirtieron. Las primitivas comunidades cristianas se van creando donde hay comunidades judías, lo que ocurre incluso para las fundadas por el Apóstol de los gentiles. En efecto, el Pueblo judío, aunque tiene su sede principal en Palestina, sin embargo en tiempos de Jesucristo y posteriores se ha extendido por todo el mundo conocido, como se ve, por ejemplo, en las comunidades judías que se encuentran en Jerusalén en el día de Pentecostés (cfr. Hech 2); esto se produjo por virtud y con ocasión de las diversos destierros y guerras que provocaron su diáspora. Por eso, encontramos comunidades judías, no solo en el Imperio romano, sino también en tierras de los enemigos de Roma, como era el Imperio persa resurgido bajo los Partos.

2. También ayudó el hecho de que el territorio original del cristianismo, esto es la Palestina, es un verdadero cruce de caminos: entre Roma y Siria y Persia por un lado, y, por otro, entre Grecia y Egipto.

3. Las persecuciones a los cristianos por parte de romanos y judíos, también fueron otro factor para la difusión de la nueva religión.

4. La expansión se va produciendo principalmente en las ciudades. El Imperio romano ha sido definido, a veces, como un conjunto de ciudades, porque su vertebración se hace sobre todo a través de ellas. La ciudad se compone de un núcleo urbano y lo que hoy se llamaría su comarca, su "pagus". El cristianismo se difunde primero en los núcleos urbanos y de ahí irá expandiendo a los "pagus", donde, en ocasiones, llega muy tarde. De ahí que los habitantes de los "pagos", los "pagani", llegaron a significar a los "no cristianos".

2.8   Cuadro general de los Padres de esta época

El siguiente cuadro muestra bien la relación de santos Padres, con el tiempo y lugar en los que vivieron, los emperadores reinantes y las herejías del momento:

LA LITERATURA CRISTIANA DE LOS TRES PRIMEROS SIGLOS

AÑOS: 100   150   200   250

- PADRES APOSTÓLICOS
- APOLOGISTAS GRIEGOS
  - S. Justino
- LITERATURA MARTIRIAL
- LITERATURA ANTIHERÉTICA
  - S. Ireneo
- LITERATURA APÓCRIFA

Clemente de Alejandría — Orígenes — **ALEJANDRÍA**

Minucio Félix — S. Hipólito — Novaciano — **ROMA**

Tertuliano — S. Cipriano — **ÁFRICA**

- GNOSTICISMO
- MARCIONISMO
- MONTANISMO
- MANIQUEÍSMO

N: NERVA
C: CARACALLA
H: HELIOGÁBALO
M: MAXIMINO EL TRACIO
G: GORDIANO
F: FELIPE EL ÁRABE
D: DECIO
T: TÁCITO
V: VALERIANO

DOMI-CIANO	N	TRAJANO	ADRIANO	ANTONINO PÍO	MARCO AURELIO	CÓMODO	SEPTIMIO SEVERO	C	H	ALEJAN. SEVERO	M	G	F	D	T	V
FLAVIOS		ANTONINOS					SEVEROS				ANARQUÍA MILITAR					

(Literatura cristiana de los tres primeros siglos
E. Moliné: *Los Padres...*, cit., pág. 592)

Capítulo 3

Los Padres Apostólicos (siglos I-II)

3.1 Características generales de estos escritos y su importancia

Son los primeros testigos de la Tradición, el primer eslabón de la cadena en la transmisión del depósito revelado.[1]

3.1.1 Características generales

- Contenido:

---

[1]Cfr. M. Simonetti: *Introducción...*, cit., c. 2; J. Quasten: *Patrología*, cit., vol. I, págs. 1–31; E. Moliné: *Los Padres...*, cit., págs. 9–30; R. Trevijano: *Patrología*, p. 5; V. Cano Sordo: *Patrología...*, cit., tema 3; I. Ortiz De Urbina: *Padres de la Iglesia II. Padres Apostólicos*, en GER, vol. XVII, págs. 591 ss; D. Ruiz Bueno: *Padres apostólicos*, ed. bilingüe, Madrid, BAC, 1979; F. Lourel: *Les Ecrits des Péres Apostoliques*, París, Ed. Du Cerf, 1963; C. Ricci: *Los Padres apostólicos*, Buenos Aires, 1929.

- Tratan los temas del Nuevo Testamento: Santísima Trinidad, encarnación, Iglesia, temas morales; etc. Reproducen las ideas, sobre todo, de los escritos de san Pablo y san Juan.

- Se nota en ellos un claro cristocentrismo: profunda nostalgia de Cristo y espera ansiosa de su venida próxima (escatología). Contienen una doctrina cristológica uniforme: Cristo es el Hijo de Dios, preexistente al mundo, que participó en la obra de la creación.

- Se menciona frecuentemente la Parusía.

- Se insiste en la unidad en torno a su pastor, el obispo de cada comunidad, que gobierna con la ayuda de un colegio de presbíteros y con los diáconos.

- Se señala la importancia de la Tradición como criterio para desenmascarar a las herejías. Y así, se alerta en estos documentos a todos los cristianos a ser fieles a la fe recibida, y a mantenerse vigilantes contra el peligro de las nacientes herejías. Quizá las dos más difundidas en ese momento eran:

  * La de los judaizantes, que intentaban volver a las prácticas de la ley mosaica, ya superadas.

  * Y la de los docetas, que negaban que Cristo fuese verdadero hombre y que tuviese un cuerpo real.

- El estilo de estos escritos es:

  - De gran sencillez.

  - Sin pretensiones teológicas o polémicas.

  - Con gran fuerza y autoridad.

  - El objeto de estos escritos es eminentemente práctico y pastoral. Pretenden fomentar en los lectores el estilo de vida nuevo que Cristo enseñó a los Apóstoles y estos trasmitieron a la siguiente generación. Insisten, por ejemplo, en la importancia de vivir las virtudes cristianas: la caridad, la paciencia, la mansedumbre, la fidelidad, el desprendimiento de los bienes terrenos, la esperanza en la resurrección de la carne, etc.

- Son escritos circunstanciales, sin pretender una exposición sistemática de la doctrina. Por eso, la doctrina que contienen no está estructurada como un sistema teológico.

• Lengua: obras escritas en *koiné*. Aunque se trata de textos griegos, todos reflejan una profunda influencia del ambiente hebreo. Tienen un gran parecido, además, a los libros del Antiguo y, sobre todo, del Nuevo Testamento.

• Lectores: escritos para cristianos de modesta condición social.

La expresión es del siglo XVII. Se consideraban "Padres Apostólicos" a: san Bernabé, san Clemente de Roma, san Ignacio de Antioquía, san Policarpo de Esmirna, Hermas, Papías de Hierápolis, Carta a Diogneto y Didaché. Estrictamente hablando sólo son "Padres Apostólicos" san Clemente, san Ignacio, Papías, san Policarpo y Didaché. San Bernabé y Hermas pertenecen más bien a los escritos apócrifos y Diogneto a los de tipo apologético.

Son escritos estrechamente relacionados con el Nuevo Testamento: como eslabones entre los Apóstoles y la Tradición posterior. Dan una imagen clara de la doctrina de finales del siglo I e inicios del II. Por lo mismo son de gran interés para el conocimiento de la vida de los primeros cristianos.

3.1.2 Características principales de cada libro

1. La *Didaché* es un manual de regulaciones comunitarias

2. *La Carta a los Corintios de san Clemente Romano* es una intervención de la iglesia de Roma en la crisis de otra comunidad, apoyando la estructuración jerárquica en el principio de la sucesión apostólica.

3. *Las Cartas de san Ignacio de Antioquía* atestiguan la solidaridad entre las iglesias y la corresponsabilidad de un obispo frente al cisma y la herejía.

4. *La Carta de Bernabé* es un tratado sobre la interpretación cristiana del Antiguo Testamento dirigido a cristianos atraídos por el judaísmo.

5. *El Pastor de Hermas* es un libro apocalíptico con un mensaje de penitencia para la Iglesia.

3.2 La *Didaché*

3.2.1 Introducción

(Última página de la obra Didaché, con la noticia de su composición.)

Título primitivo: "La Instrucción del Señor a los gentiles, por medio de los doce Apóstoles" (Διδαχή του Κυρίου δια των δοδεκα αποστόλων τοις εθνεσιν). (Διδαχή = enseñanza). Fue descubierta en Jerusalén,[2] en un códice

---

[2]La transmisión del texto se puede describir:

griego en pergamino del año 1057 (H 54) y publicada en 1883 por el Metropolita Bryennios de Nicomedia (patriarcado de Jerusalén).[3] Es considerado por muchos como el documento más importante de la era post–apostólica.[4] Libro popular que sirve como catecismo, *vademecum* litúrgico y devocionario. Es un breve resumen de la doctrina de Cristo. Es un gran conjunto de normas que nos ofrece un magnífico cuadro de la vida cristiana en el siglo II. Tiene el estilo de las constituciones eclesiásticas de los siglos posteriores. Se puede caracterizar por los siguientes rasgos:

1. Resumen breve de la doctrina católica (lo que debían saber los catecúmenos antes de bautizarse: normas morales, liturgia, disciplina).

2. Muy conocida en la antigüedad (Eusebio, Jerónimo, Rufino, Atanasio), aunque no se poseía un códice del mismo hasta el año 1883, como se acaba de mencionar.

3. Constituye la primera gran recopilación de leyes eclesiásticas.

- Fuentes griegas: *Codex Hierosolymitanus* (H 54, a. 1056), Pergamino de Oxyrhyncos (s. IV), *Cánones de los Apóstoles* (s. IV), *Libro VII de las Constituciones Apostólicas* (s. IV).
- Fuentes latinas: Dos fragmentos de una traducción del s. III (Códice de Melk del s. IX y Papiro de una traducción copta del s. V).

[3]Cfr. J. Quasten: *Patrología*, vol. I, 38-49, E. Moliné: *Los Padres...*, cit., págs. 48–50; Fliché: *Historia...*, cit., vol. I, c. 12; R. Trevijano: *Patrología*, págs. 6–14; J. Chapman: *Didaché*, en "The Catholic Encyclopedia". Vol. 4. New York: Robert Appleton Company, 1908. http://www.newadvent.org/cathen/04779a.htm.; E. Jacquier: *Doctrine des Douze Apôtres ou Didachè*, en DTC, vol. I, cols.1680–1687; I. Ibáñez Ibáñez: *Didajé*, en GER, vol. VII, págs. 691 ss; D. Ramos–Lissón: *Patrología*, cit., págs. 64–67; D. Ruiz–Bueno: *Padres Apostólicos. Edición Bilingüe Completa. Introducción, Notas y Versión Española*, Madrid, BAC, 1979, págs. 29–101; E. Jacquier: *Doctrine des Douze Apôtres ou Didachè*, en DTC, vol. I, 1680–1687.

[4]Cfr. J. Quasten: *Patrología*, cit., vol. I, pág. 38.

4. De gran importancia para conocer la vida litúrgica de los primeros momentos: catecumenado, bautismo, eucaristía.

3.2.2   Época de su composición

El ambiente histórico que refleja es el de las últimas décadas del siglo I. Algunos piensan que fue escrita entre los años 80 y 100, o antes (no tiene citas de los Evangelios sinópticos). Otros opinan que depende de la Epístola de Bernabé y que, por lo tanto sería posterior (entre el 130 y el 150); sin embargo, aunque sus seis primeros capítulos ("Doctrina de las dos vías") se parecen mucho a los capítulos 18 a 20 de la Epístola de Bernabé, no parece que haya dependencia mutua. Por tanto, es probable que ambas obras procedan de una tercera fuente.

Por el ambiente judío que refleja, podría haberse escrito en el siglo I, al menos en algunas de sus partes.

Autor (varios ?) desconocido, de origen siriaco. Su autor es probablemente un judeo–cristiano de la región de Siria. La *Didaché* es una compilación hecha de textos ya existentes

Es muy citada (Eusebio, Atanasio, Rufino), y sirvió de modelo a otras obras de argumento disciplinar y litúrgico posteriores: *Didascalia* (mediados del s. III, escrito siriaco antijudaico), *Traditio Hipoliti* (s. III) y *Constituciones Apostólicas* (fin del s. IV, escrito en Siria o Constantinopla por un arriano). Es, pues, prototipo de los "cánones" y "constituciones" con los que empezó el Derecho canónico en Oriente y en Occidente.

3.2.3   Contenido

Estructura: tiene dieciséis capítulos muy breves (tres secciones y una conclusión). En efecto:

1. La primera sección va del capítulo 1,1 al 6,3. Es una catequesis ética pre–bautismal, que utiliza el *topos* de las dos vías. Contiene directi-

vas sobre la catequesis moral a los catecúmenos y trata de los dos caminos: el del bien y el del mal, como método de formación.

2. La segunda sección (7 a 15) es propiamente la regulación comunitaria. Contiene una primera parte litúrgica (7-10), que da instrucciones y presenta modelos para los ritos de la iniciación cristiana. Sigue otra parte disciplinar (11-13/14-15), que atañe principalmente a los ministerios.

   - Del capítulo 7 al 10 se dan normas para la administración del bautismo (con la fórmula de Mt 28, por inmersión en agua corriente y, en caso de necesidad, por infusión derramando agua tres veces en la cabeza), sobre el ayuno (antes del Bautismo, miércoles y viernes como contraposición al ayuno judío de los lunes y jueves —antijudaísmo—), sobre la eucaristía y la penitencia.

   - Tanto la Didaché como S. Justino, llaman a la eucaristía "Sacrificio". Sólo comulgaban los bautizados.

   - Necesidad de purificación tanto para la Comunión como para la oración.

3. La tercera sección (16) corresponde a un discurso escatológico: la Parusía y deberes del cristiano que se derivan de ella (vigilancia).

3.2.4 Doctrina

Se pueden destacar los siguientes extremos:

- *Oración y liturgia.* Los capítulos 9 y 10 contienen las preces eucarísticas más antiguas que conocemos. Es obligatorio rezar tres veces al día la oración dominical.

  "Cap. IX.

1. En cuanto a la eucaristía, así habéis de realizarla:

2. Primero sobre el Cáliz: *Te damos gracias, nuestro Padre, por la sagrada vid de David, tu siervo, la cual nos enseñaste por Jesús, tu Hijo y Siervo; A Ti la gloria en los siglos.*

3. Y sobre la partición (del pan): *Te damos gracias, nuestro Padre, por la vida y la ciencia que nos enseñaste por Jesús, tu Hijo y Siervo: A Ti la gloria en los siglos. Como este pan fue repartido sobre los montes, y, recogido, se hizo uno, así sea recogida tu Iglesia desde los límites de la tierra en tu Reino porque tuya es la gloria y el poder, por Jesucristo, en los siglos.*"

Cap. X.

1. Y después de hartaros, así dad gracias:

2. "*Te damos gracias, Padre Santo, por tu santo nombre, al cual hiciste habitar en nuestros corazones; y por la ciencia y fe e inmortalidad, que nos enseñaste por Jesús, tu Hijo y Siervo: A Ti la gloria en los siglos.*

3. *Tú, ¡oh Señor, Todopoderoso! lo creaste todo a causa de tu nombre; diste comida y bebida a los hombres para su fruición, para que te diesen gracias. A nosotros, empero, nos regalaste comida y bebida espiritual y la vida eterna, por tu Hijo y Siervo.*

4. *Ante todo te damos gracias porque eres poderoso: A Ti gloria en los siglos.*

5. *Acuérdate, Señor, de tu Iglesia, para librarla de todo mal, y hacerla perfecta en tu amor; aúnala desde los cuatro vientos a la santificada, en tu Reino que para ella preparaste: porque tuyo es el poder y la gloria en los siglos.*

6. *Venga tu gracia, y pase este mundo. ¡Hosanna al Dios de David! Si uno es santo, se acerque. Si no lo es, conviértase. Marán-athá! Amén".*

- *Eucaristía* = manjar y bebida espiritual. Necesidad de estar limpio para recibirla. Referencia a la eucaristía como "sacrificio":

  "Cap. XIV.

  1. Los días del Señor reuníos para la partición del pan y la acción de gracias, después de haber confesado vuestros pecados, para que sea puro *vuestro sacrificio.*

  2. Cualquiera, empero, que tuviere una contienda con su hermano, no os acompañe antes de reconciliarse, para que no sea mancillado *vuestro sacrificio.*

  3. Pues, éste es el sacrificio del que dijo el Señor: *En todo lugar y tiempo me ofrecerán un sacrificio puro. Porque soy un gran Rey, dice el Señor, y mi nombre es admirable entre las naciones".*

- *Confesión.* Insistencia, como se ha visto, sobre la confesión antes de recibir la eucaristía (fórmula de confesión litúrgica y confesión de los pecados antes de la oración).

- *Jerarquía.* No se deduce el episcopado monárquico. Se habla de "episkopoi" y "diaconoi", pero no de "presbíteros".[5] En cuanto a los ministerios se observa como al principio apareció una rápida itinerancia (carismáticos itinerantes) en la siria oriental. Se resalta el rango que tenían los "profetas", cuyo papel era el de enseñanza, dar amonestaciones y propuestas concretas.[6]

---

[5] E. Moliné: *Los Padres...,* cit., pág. 50.
[6] R. Trevijano: *Patrología,* cit., pág. 13.

Había también profetas liturgos (estables), que denotan el proceso de sedentarización. En suma, se nota la progresiva aparición de una doble jerarquía ministerial:

1. *Apóstoles y profetas* (carismáticos itinerantes):

    "En cuanto a los apóstoles y profetas, proceded así conforme al evangelio.

    Todo apóstol que llegue a vosotros, ha de ser recibido como el Señor.

    Pero no se quedará por más de un día o dos, si hace falta; quedándose tres días, es un falso profeta.

    Al partir, el apóstol no aceptará nada sino pan para sustentarse hasta llegar a otro hospedaje. Si pidiere dinero, es un falso profeta.

    Y a todo profeta que hable en espíritu, no le tentéis ni pongáis a prueba. Porque todo pecado se perdona; mas este pecado no será perdonado.

    Pero no cualquiera que habla en espíritu es profeta, sino sólo cuando tenga las costumbres del Señor. Pues, por las costumbres se conocerá al seudo profeta y al profeta.

    Y ningún profeta, disponiendo la mesa en espíritu, comerá de la misma; de lo contrario, es un falso profeta.

    Pero todo profeta que enseña la verdad, y no hace lo que enseña, es un profeta falso.

    Todo profeta, sin embargo, probado y auténtico, que celebra el misterio cósmico de la Iglesia, pero no enseña a hacer lo que él hace, no ha de ser juzgado por vosotros. Su juicio corresponde a Dios. Porque otro tanto hicieron los antiguos profetas.

Mas quien dijere en espíritu: Dame dinero, u otra cosa semejante, no lo escuchéis. Si, empero, os dice que deis para otros menesterosos, nadie lo juzgue".[7]

2. *Episcopoi y diakonoi* (jerarquía estable local):

"Elegíos, pues, obispos y diáconos dignos del Señor, varones mansos, indiferentes al dinero, veraces y probados. Porque también ellos administran para vosotros el oficio (liturgia) de los profetas y doctores.

No los menospreciéis; porque ellos son venerables entre vosotros, junto con los profetas y doctores."[8]

- *Caridad y asistencia social.* Se recomienda encarecidamente dar limosna, ganarse la vida con el propio trabajo, ayudar a los demás.

- *Eclesiología.* Iglesia "universal", una: Símbolo de esta unidad es el pan eucarístico, formado por granos de trigo que estaban dispersos por los montes. Iglesia santa. Iglesia católica (la palabra "Iglesia" se utiliza para designar la asamblea litúrgica, pero también la Iglesia universal).

- *Escatología.* "Maran Atha". Inminencia de la parousia. Destaca mucho toda la actitud escatológica en la Didaché.

3.3 San Clemente Romano

3.3.1 Vida

Según afirmaciones de Ireneo, Eusebio, Tertuliano, Epifanio y Orígenes, Clemente fue el tercer sucesor de S. Pedro, consagrado obispo por el mismo

---

[7]*Didaché*, XI, 3–12.

[8]*Didaché*, XV, 1 y 2.

Apóstol, que gobernó del 92 al 101. No es seguro su martirio, tal como lo relata el "Martyrium S. Clementis", texto griego del siglo IV.

(San Clemente Romano)

Tercer obispo de Roma (92–101);[9] judío helenista, en contacto con los Flavios (?); desterrado al Quersoneso (?); mártir ahogado con un ancla (?).[10]

3.3.2   Personalidad del autor

No dice su nombre. Habla en plural ("nosotros") en nombre de la Iglesia de Roma. Sin embargo, es obra de una sola persona por la unidad de estilo y de pensamiento.[11] Pretende que su epístola sea leída públicamente (forma de sermón de la primera parte, figuras retóricas, muy elaborada). De hecho

---

[9]S. Epifanio dice que después de su consagración por Pedro, Clemente renunció al pontificado en favor de Lino; y volvió a asumirlo después de la muerte de Anacleto. De ahí que a veces se dice que fue el cuarto, y no el tercer obispo de Roma.

[10]Cfr. M. Simonetti: *Introducción...*, cit., c. 2; J. Quasten: *Patrología*, cit., vol. I, 49–73, Fliché: *Historia*, I, cit., c. 12; R. Trevijano: *Patrología*, cit., págs. 14–22; I. Ibáñez Ibáñez: *Clemente I, San (Clemente Romano)*, en GER, vol. V, págs. 770; P. Godet: *Clément I de Rome*, en DTC, vol. III, cols. 48–56; D. Ramos–Lissón: *Patrología*, cit., págs. 67–71; D. Ruiz–Bueno: *Padres Apostólicos...*, cit., págs. 101–375; E. Moliné: *Los Padres...*, cit., págs. 50–51.

[11]Transmisión del texto:

• En manuscritos griegos. Unos son bíblicos, como el Codex Alexandrinus (s. V) que está en Londres, un códice copto de Estrasburgo y un Nuevo Testamento siriaco de Cambridge. Otros no bíblicos como el *Codex Hierosolymitanus* (s. XI).

sabemos por Eusebio que el obispo Dionisio de Corinto escribió al papa Sotero (ca 170) diciendo que se leía la carta de Clemente en las reuniones litúrgicas con mucha veneración. El mismo Eusebio dice que se leía esta carta en otras muchas Iglesias.

Clemente parece haber sido judío por las numerosas citas del Antiguo Testamento y reducidas del Nuevo Testamento.

3.3.3   La *Epístola a los Corintios*

Es el único escrito de Clemente y, probablemente, el más antiguo que conocemos (a. 96) de los santos Padres. Escrita entre Domiciano y Nerva (años 95 ó 96).[12] San Clemente, obispo de Roma, escribe a la Comunidad de Corinto, ciudad griega de gran importancia mercantil en el siglo I. Esta Iglesia, fundada por san Pablo, tenía desde entonces estrechos vínculos con la iglesia de Roma. Recordemos que san Pablo escribe su Epístola a los Romanos precisamente en Corinto.

Bajo Domiciano volvieron en Corinto las disputas entre diversas facciones, que había en tiempos de S. Pablo. Unos usurpadores depusieron a las autoridades legítimas, a las que siguió un grupo reducido de fieles. Clemente pretende, una vez conocida la situación, lograr una concordia y restablecer la autoridad suprimida.

- En manuscrito siriaco del siglo XII (Universidad de Cambridge).
- En manuscrito latino del siglo XI (Seminario de Namur) (no bíblico).
- En papiros coptos (bíblicos): Pairo del siglo IV del Monasterio Blanco de Shenute; papiro del siglo VII (*fragmentaria*).

[12]Datos internos: había una persecución posterior a la de Nerón; fue escrita cuando los Apóstoles y los presbíteros por ellos creados ya habían muerto. Datos de Tradición: Hegesipo (cuenta Eusebio) dice que fue escrita en tiempo de la persecución de Domiciano (95-96). Policarpo cita esta epístola en su carta a los Filipenses.

3.3.4   Finalidad de la Carta

El objeto primario fue exhortar a los Corintios a la unidad y pedirles que restituyeran en sus cargos a los presbíteros que los Apóstoles habían dejado al frente de la Iglesia, ya que habían sido depuestos injustamente. Su finalidad es claramente eclesiológica: la Iglesia se entiende como una estructura organizada con autoridad institucional. El centro de la carta es la corroboración institucional de la autoridad como tal. Es el preámbulo histórico a las conocidas como "Constituciones Apostólicas". La institución comunitaria solo puede salvarse con la constitución eclesiástica.[13]

Hay, pues, que rechazar otras hipótesis que se han propuesto sobre la finalidad de la Carta:

1. Hipótesis de la lucha por el poder: una generación más joven habrían pretendido, a imitación de otros colegios culturales, que los elegidos para gobernar lo fuesen por un tiempo, y luego, ser reelegidos o reemplazados.

   Sin embargo, esta hipótesis es pura conjetura, pues el texto no ofrece apoyo alguno a la interpretación.

2. Hipótesis de la lucha entre ortodoxos y herejes: los rebeldes pertenecerían a la corriente gnóstica que se iba haciendo más poderosa. Los ortodoxos pertenecerían a generaciones pasadas, pero eran minoritarios aunque mantuvieran las riendas de la comunidad.

   Sin embargo, tampoco esta hipótesis se sostiene, porque no hay huellas de la polémica anti–gnóstica en la Carta. San Clemente escribe a creyentes sin fisura en el Dios creador y salvador del Antiguo Testamento.

3. Hipótesis de la lucha entre oficio y carisma: la Carta reflejaría un choque entre cristianos carismáticos, profetas y maestros de una se-

---

[13]Cfr. R. Trevijano: *Patrología*, cit., págs. 19–22.

gunda generación, y los obispos y diáconos que habrían cubierto el vacío dejado por los profetas carismáticos e itinerantes de la primera generación.

De nuevo, esta hipótesis es difícilmente defendible porque no se alude en absoluto a profetas o carismáticos itinerantes en la Carta.

4. Ficción apologética: el problema que habría en Corinto y que reflejaría la Carta es una ficción del autor, que intenta convencer a los dignatarios imperiales de la actitud colaboradora del cristianismo con el régimen imperial. Se interpreta toda la carta por la oración final por los gobernantes.

   Sin embargo esta posición supone una clara extrapolación, ya que era costumbre judía y cristiana la de orar normalmente por los gobernantes.

3.3.5   Estructura de la Carta

Los 65 capítulos de la Epístola se dividen así:

- Introducción (1–3). Expone la situación de paz antes del cisma y, a modo de contraste, señala la situación de discordia reinante.

- Parte primera (4–36): envidia y humildad. De un modo general describe la fealdad de la envidia y de las disensiones, y exhorta a la humildad y la caridad con numerosos ejemplos.

- Parte segunda (37–61): unidad. Expone la necesidad de la obediencia y la disciplina, y fundamenta sus afirmaciones con varios ejemplos (el ejército romano, etc.). Enseña el establecimiento de una jerarquía en el Antiguo Testamento y la fundación de la Jerarquía eclesiástica por Cristo (Obispos, diáconos).

- Recapitulación (62–65). Hace una síntesis de la exhortación.

3.3.6   Valor y contenido

El escrito tiene gran valor histórico, teológico y litúrgico. En efecto:

1. Desde el punto de vista histórico, entre otros datos de interés, menciona el martirio en Roma de san Pedro y san Pablo, y el viaje de este último a España (cap. 5). En el cap. 6 se relata la persecución de Nerón, en la que murieron multitudes de cristianos, y muchas mujeres.

2. Desde el punto de vista doctrinal, es importante para ponderar los siguientes extremos:

    (a) La institución del papado en sus orígenes. En efecto, como dice Fliché:

    > "Esta exhortación (la carta de Clemente) presenta ya los caracteres que tendrán siempre los documentos romanos: una gravedad sabia, paternal, consciente de la propia responsabilidad, firme en sus exigencias y al mismo tiempo indulgente en sus censuras. Y en lo que se refiere a la exposición doctrinal, muy preocupada por presentar íntegramente la herencia del depósito tradicional".[14]

    Se ha visto en esta intervención del papa la "epifanía del primado romano" (Batiffol). "Sin subrayados anacrónicos pertenece a la historia del primado romano".[15]

    En efecto, la misma existencia de la epístola manifiesta claramente la autoridad del obispo de Roma sobre la comunidad de Corinto. Además, al principio de la epístola, Clemente se excusa de no haber prestado antes atención a los problemas de Corinto, como sintiendo un deber de atenderlos. Por otra parte, el tono

---

[14]Fliché: *Historia...*, cit., pág. 338.
[15]R. Trevijano: *Patrología*, cit., pág. 22.

es de quien es superior y escribe a súbditos, y por eso, habla autoritativamente, exhortándolos a obedecer y haciéndoles ver que, si desobedecen, "se harán reos de no pequeño pecado, y se exponen a grave peligro" (cap. 59). Por último, Clemente se reconoce inspirado por el Espíritu Santo al escribir la epístola: "os acabamos de escribir impulsados por el Espíritu Santo"(cap. 62).

(b) Expone como verdad comúnmente conocida por los cristianos el origen divino de la jerarquía. Esta Epístola es como el manifiesto de la jurisdicción eclesiástica: una declaración clara y explícita de la sucesión apostólica. En los cap. 42 y 44: Cristo fue enviado por Dios; Cristo instituyó el episcopado de los Apóstoles (como ya existía en el AT) y ellos, por inspiración de Jesús, establecieron sucesores y mandaron que estos, a su vez, nombraran otros sucesores a su muerte:

> "¿Qué tiene de extraño que aquéllos a quienes se les confió esta obra (es decir, los Apóstoles) establecieran obispos y diáconos? El bienaventurado Moisés, 'siervo fiel en todo lo referente a su casa', consignó en los libros sagrados todo cuanto le era ordenado... Pues bien: cuando estalló la envidia acerca del sacerdocio, y disputaban las tribus acerca de cuál de ellas tenía que engalanarse con este nombre glorioso, mandó a los doce cabezas de tribu que le trajesen sendas varas... (cf. Núm. 17). Y a la mañana siguiente hallase que la vara de Aarón no sólo había retoñado, sino que hasta llevaba fruto... Moisés obró así para que no se produjese desorden en Israel, y el nombre del único y verdadero Señor fuese glorificado... Y también nuestros Apóstoles tuvieron conocimiento, por medio de

nuestro Señor Jesucristo, de que habría disputas sobre este nombre y dignidad del episcopado, y por eso, con perfecto conocimiento de lo que iba a suceder, establecieron a los hombres que hemos dicho, y además proveyeron que, cuando éstos murieran, les sucedieran en el ministerio otros hombres aprobados..."[16]

(c) Son especialmente valiosas las enseñanzas sobre Cristo:

"Queridos hermanos, este es el camino en el que encontramos nuestra salvación, Jesucristo, el Pontífice máximo de nuestras oblaciones, el protector y la ayuda de nuestra debilidad. Por su medio podemos contemplar las sublimidades de los cielos y miramos como en un espejo el rostro inmaculado y sublime de Dios: por su medio se han abierto los ojos de nuestro corazón y se abre a la luz nuestra inteligencia, antes obtusa y entenebrecida..."[17]

(d) Escatología: resurrección de los muertos y leyenda del ave Fénix: cap. 24 y 25. Es la primera alusión a esta leyenda que desempeñó un papel importante en la literatura y arte primitivos cristianos.

(e) Tratado sobre la armonía que reina en el orden del mundo (cap. 20) con influencia de la filosofía estoica.

3. Liturgia: Contiene plegarias eucarísticas de la liturgia romana.

Hay una distinción clara entre jerarquía (*episkopoi kai diakonoi; presbyteroi*: su función es la celebración de la liturgia) y laicado. Administración de los sacramentos por la jerarquía: *episkopoi* (obispos y presbíteros) y *diakonoi*. Casi al final la carta contiene una oración li-

---

[16]San Clemente Romano: *Carta a los Corintios*, 43:1–44:2.

[17]San Clemente Romano: *Carta a los Corintos*, XXXVI, 1–2.

túrgica muy probablemente utilizada en la liturgia romana. Al final viene una petición por la autoridad temporal.

3.4 San Ignacio de Antioquía

3.4.1 Vida

Por Eusebio sabemos casi todo lo que conocemos sobre la vida del Obispo mártir. Ireneo y Orígenes citan su martirio.[18]

Segundo obispo de Antioquía (Pedro lo consagró); mártir en Roma (107, bajo Trajano: fue un regalo de la autoridad en Antioquía a Trajano por su victoria en la Dacia); se daba a sí mismo el nombre de "teóforo" (portador de Dios).

(San Ignacio de Antioquía)

San Ignacio es apresado en Antioquía para ser llevado al martirio en Roma. Pasa por algunas comunidades cristianas del Asia menor (Éfeso, Tralia y Magnesia) que le manifiestan su cariño y respeto. Al llegar a Esmirna escribe cartas a esas comunidades para agradecer sus atenciones. Además les pide obediencia a los pastores y les advierte contra las doctrinas heréticas.

---

[18]Cfr. M. Simonetti: *Introducción...*, cit., c. 2; J. Quasten: *Patrología*, cit., vol. I, 73–85; Fliché: *Historia*, I, cit., c. 12; R. Trevijano: *Patrología*, cit., págs. 30–39; I. Ortiz de Urbina: *Ignacio de Antioquia, San*, en GER, Vol. XII, págs. 465 ss.; G. Bareille: *Ignace (S.) évêque d'Antioche*, en DTC, vol. VII, cols. 685–713; D. Ramos–Lissón: *Patrología*, cit., págs. 71–76; D. Ruiz–Bueno: *Padres Apostólicos...*, cit., págs. 375–631; E. Moliné: *Los Padres...*, cit., págs. 51–54.

También en Esmirna escribe su carta a los Romanos para pedirles que no impidan su muerte, pues desea ardientemente unirse a Cristo.

Ignacio continúa su viaje, y en Tróade escribe a la iglesia de Esmirna, a la de Filadelfia y a Policarpo, obispo de Esmirna. El motivo es que, habiéndose enterado en Tróade de que había cesado la persecución en Antioquía, les pide a los de Esmirna que envíen delegados para felicitar a los hermanos de Antioquía. El tema de las epístolas es parecido al de las anteriores escritas desde Esmirna. En la dirigida a Policarpo le da consejos para ejercer su función episcopal. Continúa a través de Filipo y Durazo hasta llegar a Roma.

3.4.2   Las Siete Cartas

Estas cartas nos dan a conocer las condiciones internas de las primitivas comunidades cristianas, nos permiten penetrar en el corazón del obispo mártir y aspirar su profundo entusiasmo religioso. Su lenguaje es fogoso y profundamente original, sin cuidar el estilo acostumbrado. Su alma se manifiesta llena de celo y ardor.

Su estilo es rápido, lleno de fogosidad, sin preocuparse de la forma, propio de un hombre que es llevado al martirio por amor a Cristo y que desea comunicar de alguna manera sus elevados sentimientos a sus lectores.

Es notable su preocupación por la unidad de las iglesias en torno a sus pastores. San Ignacio manifiesta su alegría ante el martirio. Considera que es el momento en que llegará a ser verdaderamente discípulo de Cristo. Toda la vida cristiana tiene como fin la unión con Cristo mediante la imitación de su vida.

Más tarde los de Filipos escriben a Policarpo pidiendo las cartas de Ignacio. Policarpo les escribe y les envía las que tiene en su poder. Esto constituye un gran testimonio del tiempo de su composición: Policarpo en su carta a los Filipenses dice: "os enviamos las cartas de Ignacio..., están llenas de fe y paciencia y de toda edificación que conviene en Nuestro Señor"

(Phil 13,2). Otros testimonios: Orígenes e Ireneo. Eusebio nombra las siete en su orden tradicional.[19]

San Ignacio bebe de la Tradición paulina y joánica (Juan hacía pocos años que había escrito su Evangelio en Éfeso), y la pone de manifiesto en sus cartas: la vida en Cristo es el centro de su argumentación. Policarpo e Ireneo tomarán todo este rico depósito y lo trasmitirán a la posteridad.[20]

3.4.3 Puntos que resaltan de su teología

1. *Economía de salvación*: su idea central es la existencia de una voluntad salvífica (economía) de Dios ("salvaos del despotismo del Príncipe
   de este mundo"), que se ha llevado a cabo en Cristo, nuestro Maestro,
   tras la preparación del Antiguo Testamento (los profetas).

2. *Cristología*: tiene su fuente en la teología de S. Pablo y la de S. Juan
   manifiesta claramente su fe en la doble naturaleza de Cristo, divina
   y humana:

   > "Un médico hay, sin embargo, que es carnal a par que espi-
   > ritual, engendrado y no engendrado (γέννητος καὶ ἀγέννητος),

---

[19]De este modo se puede responder a los que cuestionan la autenticidad de las Epístolas, la llamada "Cuestión ignaciana": se decía que había seis cartas espurias mezcladas con las auténticas; los protestantes negaban, por lo tanto, su autenticidad; se zanjó el asunto cuando se descubrieron los códices antiguos con sólo las siete cartas (recensión breve del siglo II). Algunos protestantes dudaron de su autenticidad. Hoy en día se admite generalmente.

[20]Transmisión del texto: se conservan en tres recensiones (tres grupos diferentes de la colección de cartas):

- La recensión corta (*brevior*) es copia de la colección original: en griego, es del siglo II. Está en el Codex Mediceus Laurentianus y en el Codex Paris Graec. del siglo X.
- La recensión larga (*longior*), espuria (corregida y con añadidos), realizada en el siglo IV y conservada en numerosos manuscritos latinos y griegos.
- La recensión *brevissima* o resumen siriaco que es un compendio de una versión siriaca de la recensión corta.

en la carne hecho Dios, hijo de María e hijo de Dios (και εκ Μαρίας και εκ Θεου), primero pasible y luego impasible, Jesucristo nuestro Señor".[21]

Cristo es intemporal (άχρονος) e invisible (αόρατος):

> "Aguarda al que está por encima del tiempo, al Intemporal, al Invisible, que por nosotros se hizo visible; al Impalpable, al Impasible, que por nosotros se hizo pasible: al que por todos los modos sufrió por nosotros".[22]

Por eso, ataca el docetismo (los docetas no formaron sectas independientes sino hasta mediados del siglo II) que negaba la naturaleza humana y especialmente el sufrimiento de Cristo. Decían que Cristo sólo sufrió en apariencia (*dokesis* = apariencia), pues consideraban la carne como algo malo (la mayoría de los gnóstico profesaron el docetismo). Niegan la eucaristía (la carne de Cristo) y la oración. Textos en que se apoyan los docetas: Lc 4:30 (*Jesús pasó por en medio...*) y Lc 24:31 (desaparece en Emaús). Textos antidocetas: 1 Jn 4:2 (*Cristo vino en carne*), 1 Jn 1:1 (*quod contractaverum...*).

3. *Eucaristía*: afirma claramente la presencia real de la carne y sangre de Cristo en la eucaristía: "La eucaristía es la carne de nuestro Salvador Jesucristo, la misma que padeció por nuestros pecados, la misma que, por su bondad, resucitóla el Padre".[23]

   Y también afirma su realidad sacrificial ("Thysia" = sacrificio). Llama a la Iglesia el "lugar del sacrificio" (θυσιαστήριον).[24]

---

[21]San Ignacio de Antioquía: *Eph.* 7, 2.

[22]San Ignacio de Antioquía: *Pol.*, 3, 2.

[23]San Ignacio de Antioquía: *Smyrn.*, 7, 1.

[24]San Ignacio de Antioquía: *Eph.*, 5, 2; *Tral.*, 7, 2; *Phil.*, 4.

4. *Eclesiología*: el primero en utilizar la expresión "Iglesia católica (universal)": "Dondequiera apareciere el obispo, allí está la muchedumbre, al modo que dondequiera estuviere Jesucristo, allí está la Iglesia universal".[25]

5. *Jerarquía de la Iglesia*: es clara la dignidad jerárquica y el prestigio que tiene el obispo, que en la comunidad reina como episcopado monárquico. Es el representante de Dios y de Jesucristo:

> "Yo os exhorto a que pongáis empeño por hacerlo todo en la concordia de Dios, presidiendo el obispo, que ocupa el lugar de Dios".[26]

Tiene la máxima dignidad, y por tanto, no se debe poner en duda su autoridad, incluso aunque sea joven:

> "Mas también a vosotros os conviene no abusar de la poca edad de vuestro obispo, sino, mirando en él la virtud de Dios Padre, tributarle toda reverencia. Así he sabido que vuestros santos ancianos no tratan de burlar su juvenil condición, que salta a los ojos, sino que, como prudentes en Dios, le son obedientes o, por mejor decir, no a él, sino al Padre de Jesucristo, que es el obispo o inspector de todos."[27]

Nada se dice de los profetas o apóstoles itinerantes, que todavía aparecen en la Didajé.

Aparece clara la jerarquía en la Iglesia, formada por el obispo (que preside y representa a Cristo), los ancianos (representan el colegio

---

[25]San Ignacio de Antioquía: *Smyrn.*, 8, 2.

[26]San Ignacio de Antioquía: *Magn.*, 6, 1.

[27]San Ignacio de Antioquía: *Magn.*, 3, 1.

de los Apóstoles) y los diáconos ("para mí dulcísimos", a quienes esta encomendado el ministerio de Jesucristo).

Exhorta a la unidad con el obispo como único modo de permanecer fieles a Cristo. Estar en comunión con él supone preservarse del error y de la herejía.[28]

El obispo es el Sumo Sacerdote y dispensador de los misterios de Dios: ha de presidir toda la vida litúrgica y, en general, a la Iglesia. Nada se puede hacer sin él. Ni el bautismo, ni el ágape, ni la eucaristía se pueden celebrar sin él.[29] Incluso el matrimonio debe hacerse con su consentimiento.[30]

6. *Matrimonio y virginidad*: sigue la doctrina paulina del matrimonio (que representa la alianza entre Cristo y la Iglesia)[31] y la virginidad (que la recomienda).[32]

7. *Primado romano*: es el primer escritor no romano, que conocemos, que reconozca el primado de Roma. Lo cual se puede deducir de los siguientes datos:

   • El modo de concebir el papel de la Iglesia Romana en relación con la Iglesia universal. El texto más señero es el siguiente:

      "A la iglesia que alcanzó misericordia (...), la que es amada y está iluminada (...), que preside en la capital del territorio de los romanos (*etis kai prokathetai en topo jorion Romaion*), digna de Dios, digna de todo de-

---

[28]San Ignacio de Antioquía: *Tral.*, 6; *Phil.*, 3.

[29]San Ignacio de Antioquía: *Smyrn.*, 8, 1.

[30]San Ignacio de Antioquía: *Pol.*, 5, 2.

[31]San Ignacio de Antioquía: *Pol.*, 5, 1.

[32]San Ignacio de Antioquía: *Pol.*, 5, 2.

coro, digna de bienaventuranza (...), puesta a la cabeza
de la caridad (*prokathemene tes agapes*)".[33]

S. Ignacio utiliza claramente la palabra "presidir" indicando autoridad, vigilancia. Por otra parte, parece ser (Funk) que "agapes" se utiliza como referido a la Iglesia universal (Roma preside sobre el vínculo de caridad, es decir, sobre la Iglesia universal), o, al menos (Thiele) indicando que Roma preside en la caridad, es decir, en la vida sobrenatural y en las cosas esenciales de la vida cristiana de todas las iglesias.

- San Ignacio no exhorta a los romanos a la unidad ni a la concordia, como sí lo hace con otras Iglesias.

- No se atreve a dar órdenes a la comunidad de Roma, y es testigo de la estancia de Pedro y Pablo en esa ciudad: "no os doy mandato como Pedro y Pablo".[34]

- El ruego a desposarse (a cuidar, ante la ausencia de su obispo propio) con la Iglesia de Siria, como haría Cristo y como debería hacerlo todo obispo: "Acordaos en vuestras oraciones de la Iglesia de Siria, que tiene ahora, en lugar de mí, por pastor a Dios. Sólo Jesucristo y vuestra caridad harán con ella oficio de obispo".[35]

3.4.4 Misticismo de san Ignacio

Ignacio parte de la repetidamente mencionada unidad entre Dios y Cristo para hablar también de la unidad entre el cristiano y Cristo. Sobre el tema de la unidad del cristiano con Cristo se desarrolla el misticismo de Ignacio.

---

[33]San Ignacio de Antioquía: *Rom.*, 1, 1.

[34]San Ignacio de Antioquía: *Rom.*, 4, 3.

[35]San Ignacio de Antioquía: *Rom.*, 9, 1.

De la idea paulina de "unión" con Cristo y de la idea joánica de "vida" en Cristo, surge el ideal ignaciano: imitación de Cristo, que tiene varios aspectos:

1. Imitación de Cristo: es el camino para unirse a Cristo y vivir su vida. Especialmente hay que imitar la pasión y muerte del Señor: "Permitidme ser imitador de la pasión de mi Dios".[36]

2. El martirio es la perfecta imitación de Cristo: "No he llegado todavía a la perfección en Jesucristo. Ahora, en efecto, estoy empezando a ser discípulo suyo".[37] "Dejadme contemplar la luz pura. Llegado allí, seré de verdad hombre".[38] "Estar cerca de la espada es estar cerca de Dios, y encontrarse en medio de las fieras es encontrarse en medio de Dios. Lo único que hace falta es que ello sea en nombre de Jesucristo".[39]

3. Inhabitación de Cristo en el alma: "Él mora en nosotros".[40]

4. Medio, la vida litúrgica. Para "ser en Cristo", para "encontrarse en Cristo" cada cristiano ha de unirse personalmente a Cristo, pero a través de la vida litúrgica, presidida por el representante de Cristo, el obispo. La vida espiritual y mística de san Ignacio se inspiran en los Símbolos y expresiones del culto y la liturgia.

3.5   El Pastor de Hermas

3.5.1   Autor y carácter general de la obra

A principios del siglo II, en Roma, un cristiano arrepentido de sus pecados, escribe una obra para animar a los demás fieles de la Iglesia romana

---

[36]San Ignacio de Antioquía: *Rom* 6, 3.

[37]San Ignacio de Antioquía: *Eph.*, 6, 3.

[38]San Ignacio de Antioquía: *Rom* 6, 2.

[39]San Ignacio de Antioquía: *Smyrn* 4, 2.

[40]San Ignacio de Antioquía: *Eph.*, 15, 3.

(El Buen Pastor de las catacumbas de Priscila)

a volver a un estilo de vida más puro y exigente, como el que había tenido la comunidad en los inicios de su fundación a mediados del siglo I.[41]

Hermas es hermano de san Pío I (140-154) (según el Fragmento de Muratori). Liberto de Rodas, campesino al principio, pero después convertido en un pequeño burgués de Roma, casado con varios hijos que apostataron y mujer no cristiana, que habla mucho. Estos datos nos hablan de un escritor sincero, serio y piadoso

El "Pastor" es un escrito de carácter apocalíptico (revelaciones de una anciana y un ángel vestido de pastor; de ahí el título del libro). Pertenece al género de los Apocalipsis apócrifos parenéticos con revelaciones y visiones abundantes, aunque se le presenta, por su época, como perteneciente a los santos Padres Apostólicos. Fue escrito hacia el año 150 (probablemente entre finales del siglo I y el año 135), cuando era papa Pío I. Recoge una primera redacción del año 95 (siendo papa Clemente I).[42]

---

[41]M. Simonetti: *Introducción...*, cit., c.2; Fliché: *Historia...*, cit., vol I, c. 12, págs. 360–366; R. Trevijano: *Patrología*, cit., págs. 39–48; J. Quasten: *Patrología*, vol. I, págs. 100–114; D. Ramos–Lissón: *Patrología*, cit., págs. 86–90; S. Aznar Tello: *Hermas*, en GER, vol. XI, págs. 706 ss.; D. Ruiz Bueno: *Padres Apostólicos...*, cit., vol. I, págs. 889–1092; G. Bareille: *Hermas*, en DTC, vol. VI, cols. 2268–2283; E. Moliné: *Los Padres...*, cit., págs. 56–58.

[42]La aporía entre el Fragmento de Muratori y la propia noticia sobre el Papa Clemente que da el propio libro, se resuelve con la teoría de las varias redacciones. Transmisión del texto griego: El Códice Sinaítico (s. IV) contiene una cuarta parte; un manuscrito del Monte

El relato, autobiográfico, es instructivo, oscuro, de difícil comprensión, profundo, redactado de manera sencilla, falto de conexión, con superposiciones y discursos inacabados.

Tuvo gran fama, sobre todo en Oriente, durante el siglo II. San Ireneo, Tertuliano pre–montanista, Orígenes y Eusebio lo consideran formando parte de la Escritura inspirada. Por el Fragmento muratoriano sabemos que se podía leer la obra en privado, pero que no se debía leer en público en la iglesia. Sin embargo, Orígenes atestigua que en algunas iglesias se leía en público, si bien esta práctica no era general. Es rechazado por la Iglesia de Occidente en el siglo III y desaparece en el siglo IV.

Este escrito es el que más detalles nos proporciona de la vida cristiana durante la primera mitad del siglo II. Por ejemplo, nos da a conocer la exigente vida de aquellos fieles, una de cuyas manifestaciones era la rigurosa disciplina penitencial que vivían (había la costumbre de confesarse de los pecados sólo una vez en la vida). Algunos sólo admitían la penitencia bautismal. J. Quasten señala que no hay libro de los primitivos tiempos de la Iglesia que relate tan realísticamente la vida de la comunidad cristiana, pues encontramos aquí cristianos de todas clases, buenos y malos.[43] En efecto:

- Hay jerarquía buena, pero también presbíteros dedicados a juzgar, orgullosos, negligentes y ambiciosos; diáconos que se quedan con el dinero de huérfanos y viudas.

- Hay mártires, pero también apóstatas, traidores y delatores.

- Hay conversos santos y pecadores de todas clases.

- Hay ricos que ayudan a los pobres, y otros que los desdeñan.

Athos (s. XV) contiene la obra entera, excepto el final; unos papiros de fines del siglo II, descubiertos por la universidad de Michigan, contienen muchos fragmentos faltantes.

[43]J. Quasten: *Patrología*, cit., vol. I, pág. 104.

- Hay herejes y gentes que dudan y se esfuerzan por encontrar la verdad.

Por eso el libro de Hermas viene a ser como un gran examen de conciencia de la Iglesia romana de su tiempo.

3.5.2 División

El escrito consta dos partes. En la primera se representan cinco visiones. En la segunda, la más larga e importante, se exponen doce preceptos y diez alegorías (similitudines).

1. Primera parte: cinco visiones.

   (a) Primera visión: ante una tentación de pensamiento, se le aparece una mujer anciana (la Iglesia) y le exhorta a hacer penitencia por sus pecados y los de su familia.

   (b) Segunda visión: la anciana matrona le da un librito para que lo copie y divulgue, cuyo contenido es una exhortación y profetiza una inminente persecución.

   (c) Tercera visión: la anciana utiliza el Símbolo de una torre en construcción para indicar el destino de la cristiandad. Toda piedra no apta para la construcción es desechada, lo mismo que un pecador que no haga penitencia también es excluido de la Iglesia.

   (d) Cuarta visión: un dragón monstruoso significa la realidad de las persecuciones y calamidades espantosas e inminentes. Pero no podrá nada contra los que tienen una fe inquebrantable. Detrás de la bestia viene la Iglesia en forma de hermosa novia, signo del triunfo final de la Iglesia.

   (e) Quinta visión: el ángel de penitencia aparece en forma de pastor para patrocinar la penitencia que reanimará a la cristiandad.

2. Segunda parte: doce mandamientos y diez semejanzas.

   (a) Doce mandamientos: son un resumen de la moral cristiana y establecen los preceptos a los que debe acomodarse la nueva vida de los penitentes.

   (b) Las diez semejanzas siguen a los doce mandamientos, que se cierran con una conclusión general:

      i. Las cinco primeras semejanzas son:
         - Los cristianos son extranjeros en la Tierra.
         - Alegoría de la yedra y el olmo: ambos deben ayudarse, como el pobre y el rico; aquél, rezando por el rico; éste, ayudando al necesitado.
         - Alegoría de los árboles nevados en el invierno: no se distinguen unos de otros, como ahora los hombres buenos de los malos.
         - Alegoría del bosque en verano: en el mundo venidero se distinguirán los árboles buenos de los malos.
         - El ayuno debe de responder a una vida totalmente moral.

      ii. Las cuatro siguientes semejanzas hacen referencia a la penitencia desde diferentes perspectivas.

      iii. La conclusión es la semejanza décima: donde el ángel invita de nuevo a Hermas a la penitencia para purificar a su familia y le encarga la misión de exhortar a todo el mundo a la penitencia.

3.5.3 Doctrina

Hay que leer el "Pastor" valorando más la exposición moral que la teológica, que tiene imprecisiones. Es como un examen de conciencia de la

Iglesia de Roma que, a juicio del autor, ha caído en un estado de tibieza (visión de la mujer vieja sentada en una poltrona) a causa de la molicie, las dudas de fe, las riquezas, la ambición y las persecuciones contra el nombre cristiano (la persecución de Trajano tuvo esa característica). Entre sus doctrinas merecen resaltarse las siguientes:

1. Penitencia: es el punto central; toda la carta es una exhortación a la penitencia; en la Iglesia romana había un sentido muy vivo del pecado y de la necesidad de conservar el alma pura después del bautismo; existía la praxis de no hablar a los bautizados de la posibilidad de una segunda penitencia, y a los caídos por primera vez se les decía que la penitencia después del bautismo sólo podía recibirse una vez en la vida. Hermas anuncia la posibilidad de penitencia una sola vez a plazo fijo, con vistas a la Parusía.[44] Duda si podrá perdonarse el pecado de apostasía.[45]

2. Cristología: tema presentado confusamente; Cristo aparece como servidor, pero a veces sin resaltar debidamente su poder divino.

   Nunca usa el nombre de "Logos" o de "Jesucristo", sino que le llama "Salvador", "Hijo de Dios" y "Señor".

   Aparentemente Hermas presenta una cristología subordinacionista y adopcionista.

   Además puede caer, a veces, en un binitarismo, ya que identifica el Hijo con el Espíritu Santo; esto significa que habría solo dos Personas divinas: Dios y el Espíritu Santo, cuyas relaciones se presentan como las del Padre y el Hijo. Otras veces parece que la Trinidad es Dios–Padre, una Segunda Persona y el Espíritu Santo que Hermas identifica con el Hijo de Dios como hemos señalado. El Salvador es

---

[44]Pastor de Hermas: *Mand.* 3, 1–7.

[45]J. Quasten es de la opinión de que no excluye ningún pecado del posible arrepentimiento, salvo el pecado del cristiano que no quiere arrepentirse.

elevado a formar parte de la Trinidad como premio a sus padeci-
mientos. Así, el Salvador sería hijo adoptivo de Dios en cuanto a su
naturaleza humana:

> "Al Espíritu Santo, que es preexistente, que creó toda
> la creación, Dios le hizo morar en el cuerpo de carne que
> Él quiso. Ahora bien, esta carne en que habitó el Espíri-
> tu Santo sirvió bien al Espíritu, caminando en santidad y
> pureza, sin mancillar absolutamente en nada al mismo Es-
> píritu. Como hubiera, pues, llevado ella una conducta ex-
> celente y pura y tenido parte en todo trabajo del Espíritu
> y cooperado con Él en todo negocio, portándose siempre
> fuerte y valerosamente, Dios la tomó por partícipe jun-
> tamente con el Espíritu Santo. En efecto, la conducta de
> esta carne agradó a Dios, por no haberse mancillado so-
> bre la tierra mientras tuvo consigo al Espíritu Santo. Así,
> pues, tomó por consejero a su Hijo y a los ángeles glorio-
> sos, para que esta carne, que había servido sin reproche
> al Espíritu, alcanzara también algún lugar de habitación
> y no pareciera que se perdía el galardón de este servicio.
> Porque toda carne en que moró el Espíritu Santo, si fuere
> hallada pura y sin mancha, recibirá su recompensa".[46]

3. Iglesia: es presentada como necesaria para la salvación; es representada como una torre edificada —y haciendo una sola cosa— sobre la
   roca, que es Cristo. Se mencionan los diversos grados de la jerarquía,
   pero sin resaltar especialmente el episcopado monárquico, probablemente porque Hermas era hermano de Pío I y porque ve un peligro
   claro en la ambición de poder que había en aquella época en Ro-

---

[46]*Pastor de Hermas, Comparación* 5, 6, 5–7.

ma. Presenta varias imágenes de la Iglesia: la Iglesia preexistente,[47] la presente y la escatológica; una visión sincrónica de la Iglesia y una diacrónica, etc.

4. Bautismo: es necesario para la salvación, hasta tal punto, que Hermas llega a decir que los Apóstoles y maestros bajaron al Limbo después de la muerte para bautizar a los justos muertos antes de Cristo; en este sentido se utiliza la imagen de la torre (Iglesia) edificada sobre el agua, y las piedras que se van utilizando para construirla salieron del fondo del agua.[48] En la octava parábola se recoge la visión del sauce con ramas verdes, en la que se simboliza cómo la mayoría de los fieles no había perdido la inocencia del bautismo.[49]

5. Doctrina moral:

- Distingue entre mandato y consejo (obras supererogatorias); entre estas últimas están el ayuno, el celibato y el martirio.
- En el corazón del hombre puede haber un ángel bueno o un ángel malo que no pueden coexistir, pero que le influyen:

  "Dos ángeles hay en cada persona: uno de la justicia y otro de la maldad...El ángel de la justicia es delicado y vergonzoso, y manso, y tranquilo. Así, pues, cuando quiera subiere a tu corazón este ángel, al punto se pondrá a hablar contigo sobre la justicia, la castidad, la santidad, sobre la mortificación y sobre toda

---

[47]"Mientras yo dormía, hermanos, tuve una revelación que me fue hecha por un joven hermosísimo, diciéndome: — ¿Quién crees tú que es la anciana de quien recibiste aquel librito?...le dije. — La Iglesia — me contestó. — ¿Por qué entonces —le repliqué yo— se me apareció vieja? —Porque fue creada antes que todas las cosas. Por eso aparece vieja y por causa de ella fue ordenado el mundo" (*Vis.* 2, 4,1).

[48]Pastor de Hermas: *Vis.* 3, 3, 5.

[49]Cfr. J. Quasten: *Patrología*, cit., vol. I, págs. 198–109.

obra justa y sobre toda virtud gloriosa. Cuando todas estas cosas subieren a tu corazón, entiende que el ángel de la justicia está contigo. He ahí, pues, las obras del ángel de la justicia. Cree, por tanto, a éste y a sus obras. Mira también las obras del ángel de la maldad. Ante todas las cosas, ese ángel es impaciente, amargo e insensato, y sus obras, malas, que derriban a los siervos de Dios. Así, pues, cuando éste subiere a tu corazón, conócele por sus obras".[50]

- El divorcio no es aceptado ni en caso de adulterio. El marido debe alejarse de la mujer adúltera que se niega a hacer penitencia. Pero no puede casarse de nuevo. El marido está obligado a recibirla de nuevo si hace penitencia y cambia de vida.[51]

- Permite la segundas nupcias de los viudos, siguiendo una práctica contraria a muchos escritores antiguos.[52]

- Hermas proporciona un listado de siete virtudes, simbolizándolas con siete mujeres. Son fe, continencia, simplicidad, ciencia, inocencia, reverencia y amor.[53]

- Fustiga principalmente el afán mundano de riqueza y la ambición de honores.

---

[50]Pastor de Hermas: *Mand.* 6, 2, 14.

[51]Pastor de Hermas: *Mand.* 4, 1, 8.

[52]Pastor de Hermas: *Mand.* 4, 4, 1–2.

[53]Pastor de Hermas: *Vis.* 3, 8, 1–7.

3.6 Breves noticias sobre los demás autores u obras: san Policarpo de Esmirna; Papías de Hierápolis; la Epístola de Pseudo-Bernabé; la II Epístola de Pseudo-Clemente

3.6.1 San Policarpo de Esmirna

Vida

Discípulo de san Juan; consagrado por los Apóstoles; hace un viaje a Roma en 155 para fijar la fecha de la Pascua con el papa Aniceto (provocó muchas conversiones): muere mártir en 156, en Esmirna, a los 86 años.[54]

(San Policarpo de Esmirna)

Era ya obispo de Esmirna en el 110, cuando Ignacio pasa por esa ciudad.

Cuando Ignacio visitó la iglesia de Esmirna camino al martirio, Policarpo, el obispo de esa comunidad, tendría menos de cuarenta años. Indudablemente, el ejemplo de Ignacio influyó decisivamente en su vida posterior, llena de celo y rectitud hasta el día de su martirio que ocurrió muy proba-

---

[54]Cfr. M. Simonetti: *Introducción...*, cit., c. 2; L. F. Mateo Seco: *Policarpo de Esmirna, San*, en GER, vol. XVIII, págs. 696 ss.; G. Fritz: *Polycarpe (Saint)*, en DTC, vol. XII, cols. 2515–2520; D. Ramos–Lisson: *Patrología*, cit., págs. 76–81; J. Quasten: *Patrología*, cit., vol. I, págs. 85–91; D. Ruiz–Bueno: *Padres Apostólicos...*, cit., págs. 631–728; E. Moliné: *Los Padres...*, cit., págs. 54–55.

blemente un 23 de febrero del año 155: es quemado vivo en un estadio de Esmirna ante el procónsul romano.

En 154 va a Roma para hablar con Aniceto la cuestión de la fecha de celebración de la Pascua, sin llegar a un acuerdo con él porque ambos querían ser fieles a las tradiciones recibidas en las respectivas iglesias.

Acta del martirio

Se conserva una relación que la iglesia de Esmirna manda a la de Filomelio en febrero de 156, escrita por un testigo ocular, relatando el martirio de Policarpo. Es el primer documento hagiográfico (vidas de santos) que se conserva.

Policarpo, siendo anciano, fue apresado por la autoridad y obligado a rechazar la fe. Policarpo se mantuvo fiel y fue condenado a morir quemado vivo. Todos los cristianos quedaron admirados de su valentía y cada año se celebró a partir de entonces su *dies natalis*, es decir, el día de su martirio y de su nacimiento a la vida gloriosa. Muestra la gran personalidad de Policarpo.

Epístola a los Filipenses escrita por san Policarpo

Escribe a la iglesia de Filipos con motivo del envío de las cartas de Ignacio.

La Epístola a los Filipenses (la única obra que conservamos de Policarpo) son dos cartas fundidas:

1. Una del 110: nota enviando copia de las cartas de S. Ignacio (dos capítulos: 13 y 14).

2. Y otra —que contiene el resto del texto— del año 130, atacando a Marción. Toca la doctrina de la encarnación y muerte de Jesús. contra los docetas. Narra la organización de la comunidad (Filipos estaba gobernada por un consejo de ancianos), y comenta algunas prácticas de caridad. Pide rezar por las autoridades y por los que nos persiguen.

3.6.2 Papías de Hierápolis

(Papías de Hierápolis)

Por esos años (a. 130) Papías, obispo de Hierápolis, en Frigia, discípulo de san Juan, había escrito, inspirado en los Evangelios y en otros escritos muy antiguos, cinco libros sobre la Exposición de los dichos del Señor: "Explicaciones de las sentencias del Señor" (Λογίων κυριακών εξήγησες).[55]

Es importante para conocer la Tradición oral:

> "...yo trataba de discernir los discursos de los ancianos, qué había dicho Andrés, qué Pablo, qué Felipe, qué Tomás o Santiago, o qué Juan o Mateo, o cualquier otro de los discípulos del Señor..., porque no pensaba yo que los libros pudieran serme de tanto provecho como lo que viene de la Palabra viva y permanente".[56]

Se menciona la canonicidad de los cuatro Evangelios. Dice que el segundo lo escribió Marcos recogiendo la enseñanza de Pedro:

---

[55]Cfr. M. Simonetti: *Introducción...*, cit., c. 2; S. Aznar Tello: *Papías de Hierápolis*, en GER, vol. XVII, págs. 763 ss.; G. Bardy: *Papias d´Hiérapolis*, en DTC, vol. XI, cols. 1944–1947; D. Ramos–Lisson: *Patrología*, cit., págs. 81–83; J. Quasten: *Patrología*, cit., vol. I, págs. 91–94; D. Ruiz–Bueno: *Padres Apostólicos...*, cit., págs. 863–889; E. Moliné: *Los Padres...*, cit., pág. 55.

[56]Cfr. Eusebio, *Hist. Eccl.* 3, 39, 3–4.

"Marcos, que fue el intérprete de Pedro, puso puntualmente por escrito, aunque no con orden, cuantas cosas recordó referentes a los dichos y a los hechos del Señor. Porque ni había oído al Señor ni le había seguido, sino que más tarde, como dije, siguió a Pedro, quien daba sus instrucciones según las necesidades, pero no como quien compone una ordenación de las sentencias del Señor. De suerte que en nada faltó Marcos poniendo por escrito algunas de aquellas cosas tal como las recordaba. Porque en una sola cosa puso su cuidado: en no omitir nada de lo que había oído o mentir absolutamente en ellas".[57]

Menciona el Mateo arameo.

Sólo quedan fragmentos recogidos por Eusebio de Cesarea. Eusebio dice que Papías tuvo ideas milenaristas y por eso no se difundió mucho su obra. También porque fue selectivo de las fuentes que utilizó, transmitiendo también fábulas y leyendas sin apoyo histórico.[58]

3.6.3   La Epístola de Pseudo–Bernabé

También nos ha llegado otro documento atribuido a san Bernabé, compañero de Pablo en la evangelización de Chipre, que al parecer fue escrito en la primera mitad del siglo II (año 130) en Alejandría. Es un tratado teológico escrito en forma de carta. No oímos en este texto las tranquilas especulaciones del catequeta, sino más bien el grito de alarma del pastor.[59]

---

[57]Eusebio: *Hist. Eccl.*, 3, 39, 15–16.

[58]De ahí, tal vez, la opinión tan pobre que Papías mereció de Eusebio: "Fue un varón de mediocre inteligencia, como lo demuestran sus escritos" (*Hist. eccl.* 3, 39, 3. 11–12).

[59]M. Simonetti: *Introducción…*, cit., cap. 2; Fliché: *Historia*, dots, cit., vol. I, c. 12; R. Trevijano: *Patrología*, cit., págs. 22–30; Drobner: *Manual…*, cit., c. 1; D. Ruiz–Bueno: *Padres…*, cit., vol. 1, págs. 729–803; J. Quasten: *Patrología*, cit., vol. 1, págs. 94–100; E. Moliné: *Los Padres…*, cit., págs. 55–56.

Autor

Forma parte de los apócrifos. Es literatura pseudoepigráfica. Hay variadas teorías sobre la identidad del autor. Algunos (Rabillard) mencionan tres autores: el mismo Bernabé, un judío helenista y un antijudío pregnóstico. Otros mencionan varias fuentes. Se duda entre su origen alejandrino (es el más probable por quienes citan más el escrito: Clemente de Alejandría, Orígenes...) o del ambiente de Siria–Palestina (por su parecido a escritos qumrámicos y su crítica áspera al judaísmo, y su orientación escatológica). La fecha de composición es probablemente el 130, porque menciona la destrucción y reconstrucción de Jerusalén.

Esta corriente culminará con la herejía de Marción.

División

Se pueden distinguir cuatro partes:

1. Introducción: cap. 1, breves saludo y exordio.

2. La primera parte de la obra —más larga— (parte dogmática, cap. 2 a 17) es una interpretación del Antiguo Testamento que sigue el estilo de exégesis alegórica, que ya habían utilizado Filón, Pablo y el autor de la Carta a los Hebreos, y que será una característica típica de los escritores eclesiásticos de la Escuela de Alejandría a partir del siglo III (Panteno, Clemente, Orígenes). Es una apología antijudaica. Exagera en cuanto a la insuficiencia de la Ley y todo lo contenido en el Antiguo Testamento por interpretarlo alegóricamente, calificando la historia de Israel de "perversión diabólica" siguiendo un poco el discurso de Esteban (es un precursor, en este sentido, de Marción); en efecto, según el autor, los judíos entendieron mal el Antiguo Testamento porque fueron engañados por las maquinaciones de un ángel malo.

3. La segunda parte es de carácter moral (cap. 18 a 21) y se centra en la alegoría de la Doble Vía que también aparece en otro escrito de la época: la *Didaje*.

4. Conclusión: cap. 21, exhortación a guardar los mandamientos, saludo y bendición.

Doctrina

1. Existencia eterna del Hijo: las palabras del Padre "hagamos al hombre..." fueron dichas a su divino Hijo.[60]

2. Encarnación, por dos motivos: por salvarnos de los pecados, y por decisión de su propia voluntad.[61]

3. Bautismo: nos transforma en templos del Espíritu Santo, nos hace hijos de Dios e imprime en el alma la imagen y semejanza de Dios.[62]

4. Domingo es el día de celebración cristiana y o el sábado, porque fue cuando resucitó el Señor.[63]

5. *Nasciturus*, contra el aborto: "No matarás a tu hijo en el seno de la madre ni, una vez nacido, le quitarás la vida".[64]

6. Escatología milenarista. Los seis días de la creación significan un período de seis mil años, porque mil años son como un día a los ojos del Señor. En seis días, esto es, en seis mil años, todo quedará completado, después de lo cual este tiempo perverso será destruido y el Hijo de Dios vendrá de nuevo a juzgar a los impíos y a cambiar el sol y la

---

[60]Pseudo–Bernabé: *Epist.*, 5, 5.

[61]Pseudo–Bernabé: *Epist.*, 5, 11–13.

[62]Pseudo–Bernabé: *Epist.*, 6, 1–4. 6–8. 11–12.

[63]Pseudo–Bernabé: *Epist.*, 15, 8–9.

[64]Pseudo–Bernabé: *Epist.*, 19, 5.

luna y las estrellas; y el día séptimo descansará. Entonces amanecerá el sábado del reino milenario.[65]

Todo lo anterior está desarrollado sobre la base de una interpretación tipológica y espiritual del Antiguo Testamento como profecía referida a Cristo y modo de vida cristiano, con una radicalidad sin par (oposición de Dios y el pueblo judío).

Ejemplos de esa exégesis alegórica exagerada del Antiguo Testamento son:

- Los animales prohibidos por la Antigua Ley, son en realidad tipos de pecados: el cerdo indica la gula; el águila, el halcón, el gavilán o el cuervo indican la rapiña.

- El rito de la circuncisión se refiere en realidad al oído, para inclinarnos siempre a la verdad.

- La circuncisión ordenada por Abrahán a trescientos dieciocho siervos son un tipo de la Redención de Jesucristo por su crucifixión: el Símbolo griego de 318 así lo descubre (10 = ι; 8 = η, que hace ιη-(σους); 300 = τ, que significa la cruz).[66]

3.6.4 Escritos del Pseudo–Clemente

Debido al gran prestigio que tuvo san Clemente Romano, en la antigüedad se le atribuyeron escritos que no son realmente de él:[67]

---

[65]Pseudo–Bernabé: *Epist.*, 15, 1–9.

[66]J. Quasten: *Patrología*, cit., vol. I, págs. 94–95.

[67]M. Simonetti: *Introducción...*, cit., cap. 2; Fliché: *Historia*, dots, cit., vol. I, c. 12; R. Trevijano: *Patrología*, cit., págs. 14–22; D. Ruiz–Bueno: *Padres...*, cit., vol. I, págs. 239–375; J. Quasten: *Patrología*, cit., vol. I, págs. 63–73; E. Moliné: *Los Padres...*, cit., págs. 58–59.

- La llamada Segunda Epístola de Clemente, se trataría de otra carta a los Corintios: es una homilía (la más antigua que se conserva); su origen es Corinto; escrita en el año 150.[68]

  Tiene importantes ideas para la doctrina teológica. Se nota mucho la influencia de los escritos de san Pablo. En efecto, se afirma claramente la divinidad y humanidad de Cristo. La Iglesia existiría antes de la creación del Sol y de la Luna, aunque era invisible y estéril; pero ahora ha tomado carne siendo el Cuerpo de Cristo, su Esposa, y nosotros le hemos sido entregados como hijos. El bautismo es un sello que hay que guardarlo íntegro. Con todo, los aspectos morales son los más importantes (penitencia, buenas obras para salvarse, la vida del cristiano es de lucha: competiciones atléticas).

- También se le atribuyeron dos cartas a las vírgenes: editadas en 1752; escritas en el siglo II o primera mitad del siglo III; describen la vida de los primitivos ascetas y vírgenes antes de la aparición del estado religioso; vivían normalmente en sus casas; se habla del celibato, la caridad y el apostolado.

- Las llamadas "Pseudo–clementinas", que son en realidad una amplia novela con fines didácticos cuyo protagonista es san Clemente. De esta obra quedan tan solo veinte homilías supuestamente de san Pedro pero recogidas por san Clemente, y los diez libros de las *recognitiones*, una especie de autobiografía de san Clemente.

---

[68]Hay varias hipótesis sobre su composición. La más plausible es que fuera redactada en el mismo Corinto, porque los juegos isthmicos que se celebraban en sus cercanías podrían explicar las comparaciones de su cap. 7. Probablemente la carta se conservara en los archivos de la comunidad junto con la verdadera carta de Clemente, la primera, siendo luego descubierta simultáneamente. La doctrina penitencial que describe, hace suponer que fue escrita después del Pastor de Hermas, de ahí la fecha del 150.

Capítulo 4

La literatura apócrifa cristiana

4.1   La noción de "apócrifo"

Para decidir sobre la inspiración de los libros canónicos —y distinguir-los así de otros muchos escritos parecidos a los neotestamentarios que se produjeron en los cinco primeros siglos—, se fijó el criterio de la apostolici-dad de sus autores. Esto supuso que frecuentemente las obras de literatura cristiana se adscribieran al nombre de algún Apóstol, para garantizar de este modo su autoridad. Estamos ante el problema de los apócrifos.[1]

En efecto, a mediados del siglo II, movidos por la herejía gnóstica (que pretendía utilizar libros no fiables en sus reuniones), se produjo en la gran Iglesia el proceso de establecer un consenso sobre los libros fiables,[2] aun-que hasta el siglo IV no quedó fijada definitivamente la lista de los 27 li-

---

[1]Cfr. H. Drobner: *Manual...*, cit., cap .1; J. Quasten: *Patrología*, cit., vol I, págs. 114–160; D. Ramos–Lissón: *Patrología*, cit., págs. 91–103; E. Mangenot: *Apocryphes*, en DTC, vol. I, cols., 1498–1504; D. Muñoz León: *Libros Apócrifos Del Nuevo Testamento*, en GER, vol. II, págs. 477 ss.; V. Cano Sordo: *Patrología...*, cit., tema 4.

[2]Cfr. *Canon de Muratori* = manuscrito del siglo VIII escrito en Roma hacia el año 200 que contiene una lista de 22 libros reconocidos como canónicos. Ludovico Antonio Muratori lo descubrió en la Biblioteca Ambrosiana de Milán antes de 1740.

(Odas de Salomón. Texto cristiano hebreo, principio del s. II)

bros canónicos del Nuevo Testamento.[3] Todos los libros que tienen títulos y contenidos parecidos a la literatura inspirada, pero que no lo son, se llaman "apócrifos".

Con todo, son muy inferiores a los escritos canónicos (como por ejemplo se comprueba en la abundancia de relatos de milagros que rayan en lo ridículo).[4]

El término significa etimológicamente, "cosa substraída a la vista, secreta, oculta y escondida" (griego: $\alpha\pi\acute{o}$ 'lejos', $\kappa\rho\upsilon\varphi o\varsigma$ 'oculto'; latín: *apócryphus*). Un libro podría ser "apócrifo" por las siguientes razones:

- El autor verdadero permanece oculto.

- El argumento es oculto, misterioso, místico.

- El contenido ha de ocultarse a ciertas personas.

- Contiene errores, aunque algunos aspectos puedan ser útiles.

---

[3]San Atanasio (Iglesia griega, año de 367) y Dámaso (Sínodo romano de 382, contenido en el Decreto Gelasiano).

[4]J. Quasten: *Patrología*, cit., vol. I, págs. 114 ss.

La definición real de "apócrifos bíblicos" es la de un conjunto de obras de literatura de autores desconocidos, semejantes por el título y por el argumento a los libros sagrados, que incluso llegaron a veces a ser tenidos por inspirados, pero a los que la Iglesia Universal nunca recibió oficialmente en el canon de las Sagradas Escrituras.

Los apócrifos surgen originariamente en las religiones paganas, y trataban de mitos, astrologías, adivinaciones, etc. De ahí tomaron nombre los apócrifos bíblicos que se escribieron entre el s. II a J.C. y el IV d. de J.C., aunque algunos son todavía de fecha posterior.

La razón de la aparición de estos libros la presenta con claridad J. Quasten:

> "El Nuevo Testamento ofrece poca información sobre la infancia de Nuestro Señor, sobre la vida y muerte de su Madre y sobre los viajes misioneros de los Apóstoles. No es de extrañar, pues, que hubiera imaginaciones piadosas que trataran de aportar los detalles que faltan. Con la finalidad de edificar, el proceso de creación de leyendas encontró campo libre. Por su parte, los herejes sintieron la necesidad de recurrir a narraciones evangélicas para apoyar sus doctrinas, particularmente los gnósticos. Merced a ello, alrededor de los libros canónicos de las Escrituras surgió una colección de leyendas que forman lo que llamamos Apócrifos del Nuevo Testamento. Evangelios, apocalipsis, cartas y hechos de los Apóstoles, toda una literatura no canónica hace su aparición como contrapartida de los escritos canónicos".[5]

Así pues, para los gnósticos, los libros "apócrifos" eran los libros mantenidos en secreto, y tenían un sumo valor. Para los cristianos estos libros

---

[5] J. Quasten: *Patrología*, cit., vol. I, pág. 114.

eran falsos, heréticos y reprobables. Sin embargo, muchos apócrifos contienen fundamentos fiables de teología y espiritualidad eclesial. La Patrología no estudia los libros canónicos, pero sí los apócrifos.

Hay que tener en cuenta, también, la diferente denominación que utiliza la teología protestante para los apócrifos del Antiguo Testamento, pues consideran como tales los siguientes libros:

- Los deutero–canónicos del Antiguo Testamento, que no aceptan como inspirados (Tobías, Judith, Baruc, Sabiduría, Sirácida y I y II de Macabeos).

- Y tres libros que son propiamente, "apócrifos" del Antiguo Testamento.

  - La oración de Manasés.
  - Libro III de Esdras.
  - Libro III y IV de los Macabeos.

En cambio, llaman "pseudoepigráficos" a los que la teología católica llama "apócrifos". No hay cambio de nomenclatura para los "apócrifos" del Nuevo Testamento.

Los tipos de escritos apócrifos a partir de finales del siglo II, se han clasificado de varias maneras. Las siguientes son las más frecuentes:

1. Por su intencionalidad:

   (a) Evangelios y hechos de los Apóstoles pretenden llenar lagunas de los textos canónicos.

   (b) Obras que rivalizan con los textos canónicos (de sectas o determinadas comunidades locales).

   (c) Escritos tardíos que tratan de resolver problemas teológicos o apologéticos de su propio tiempo, apoyándose en la autoridad apostólica.

2. Por su contenido con relación a los escritos canónicos:

   (a) Evangelios que pretenden complementar los Evangelios canónicos.

   (b) Cartas pseudoepigráficas.

   (c) Hechos de los Apóstoles.

   (d) Apocalipsis.

4.2 Características generales de esta literatura y su utilidad para el conocimiento de la antigüedad cristiana

El estudio de los apócrifos cristianos es muy útil porque algunos son contemporáneos de las cosas que narran y ofrecen una información histórica interesante. Pero además:

1. Muestran las creencias, la vida y las costumbres de las primitivas comunidades cristianas.

2. Son los primeros ensayos de las leyendas, historias novelescas e historias populares con motivos cristianos.

3. Manifiestan los errores de la Iglesia naciente.

4. Los autores eclesiásticos y algunos santos Padres, además de los propios hagiógrafos del Nuevo Testamento utilizaron algunos apócrifos del Antiguo o del Nuevo Testamento. Así, por ejemplo, san Judas se sirve de los libros de *Enoc* y de la *Asunción de Isaías* en su Carta. La traducción de los LXX contenía el *III libro de Esdras*. La edición Sixto–clementina de la Vulgata pone como "apéndices" la *Oración de Manasés* y el *libro III y IV de Esdras*.

5. Ayudan a entender mejor muchas obras de arte y de literatura cristianos, como, por ejemplo, los mosaicos de la Basílica Santa María la Mayor en Roma, los relieves de los sarcófagos cristianos, las miniaturas de los libros litúrgicos, las vidrieras de las catedrales, los sucesos escatológicos de la Divina Comedia, etc.

6. Se comprenden algunos usos litúrgicos, como por ejemplo:

   • Los nombres de los padres de la Virgen María: S. Joaquín y santa Ana.

   • Presentación de la Virgen niña en el Templo.

   • El buey y el asno al lado del pesebre del Niño Jesús.

   • Los nombres de los tres Reyes Magos: Melchor, Gaspar y Baltasar.

   • El gesto de la Verónica.

   • Los nombres de Dimas y Gestas como los ladrones crucificados con Cristo.

   • El nombre de Longinos como el soldado que traspasó el costado de Cristo crucificado.

   • Etc.

7. A veces contienen rasgos de la Tradición Apostólica.

4.3   Clasificación de estos escritos según su procedencia y género

Algunos se refieren al Antiguo Testamento y otros al Nuevo Testamento. Por el objeto de la Patrología, interesan éstos segundos.

Los más conocidos son los siguientes:[6]

---

[6]Simonetti, c.3, Drobner, c.1.

1. *Evangelios apócrifos*: Hay 21 Evangelios apócrifos. Entre ellos están: el *Evangelio según los Hebreos* (segunda mitad del siglo II, en Palestina: habla de Santiago el Menor y del Evangelio de san Mateo); el *Evangelio de Tomás*; *Testamento de los Doce Patriarcas*; el *Protoevangelio de Santiago* (infancia de María y Jesús; quiere probar la virginidad perpetua de María; habla de Joaquín y Ana; contiene errores); etc.

2. *Hechos apócrifos*: muy fantásticos y novelados (*Hechos de san Pablo y Tecla*, del año 180, en el Asia Menor; *Hechos de san Pedro*, del año 190, que recoge la Tradición del *Quo vadis?*). Otros Hechos son: *Los Actos de Tomás* y *Los Actos de Juan*.

3. *Apocalipsis apócrifos*: La obra del Apocalipsis de san Pedro (año 125 a 150) tiene una gran calidad literaria; se habla del cielo y del infierno.

4. *Epístolas apócrifas*: La *Epístola de los Apóstoles* (año 140 a 160) menciona las dos naturalezas de Cristo, la encarnación del Verbo, la consustancialidad con el Padre, y contiene algún error en puntos secundarios.

5. *Otros escritos apócrifos*: la *Ascensión de Isaías* y los *Agrafa*.

4.3.1   Evangelios. Género literario

Al principio, se conocía bajo el nombre de "evangelio" sólo el mensaje mismo del evangelio. Después del siglo II se llaman así también los libros que lo contienen. El género "evangelio" indica tanto el contenido como la forma. Hay evangelios apócrifos que no concuerdan plenamente con este género. La clasificación ha de recaer principalmente sobre el contenido a causa del carácter teológico de la literatura, por lo que se pueden diferenciar los siguientes grupos:

1. Los que siguen la tradición sinóptica (Pedro, Nazarenos y Ebionitas).[7]

2. Los que por su origen, son evangelios judeocristianos, próximos a Mateo (Nazarenos y Ebionitas).

3. Evangelios heterodoxos (gnósticos): los descubiertos en la biblioteca de Nag Hammadi.

4. Por los contenidos que intentan complementar de los Evangelios canónicos:

   - Evangelios de la infancia: *Protoevangelio de Santiago, Evangelio árabe de la infancia de Jesús*; gran influencia en la liturgia y piedad popular.

   - Evangelios que complementan la pasión de Jesús: *Hechos de Pilato, Evangelio de Nicodemo, Evangelio de Bartolomé*.

   - Evangelios que precisan el diálogo de Jesús con los Apóstoles después de la resurrección.

5. Fragmentos de evangelios y agrapha.

4.3.2   Hechos apócrifos de los Apóstoles. Género literario

No nacieron en paralelo con los Hechos de los Apóstoles de san Lucas, sino posteriormente y para complementarlos. Los cinco grandes Hechos

---

[7]Los ebionitas fue una secta judía que floreció entre los siglos I al IV. Nos ha llegado información fragmentaria a través de algunos santos Padres: san Justino, san Ireneo, Hipólito. Procedían del ala más extrema de los cristianos judaizantes. Jesús era el profeta anunciado por las Escrituras, pero solo era un gran Maestro. Se opusieron violentamente contra la teología de san Pablo. Su primera condena se haría en el concilio de Jerusalén. Unían a la vida comunitaria, una estricta pobreza, y tuvieron mucho contacto con las sectas encratistas. Las medidas canónicas y civiles contra los encratistas del s. IV, también acabaron cpn esta secta.

apócrifos datan de los siglos II y III: *Acta Andreae, Ioannis, Pauli, Petri y Thomae.*

Hay otros Hechos redactados a partir del siglo IV, pero de menor importancia, y que dependen de los anteriores.

Tema común: vida, viajes, doctrina de los Apóstoles.

Pretendían servir de entretenimiento, edificación y adoctrinamiento de los cristianos, pero no para discutir problemas teológicos o eclesiales.

Elementos: 1) motivo del viaje, 2) aretológico (milagros), 3) teralógicos (mundo encantado), 4) tendencioso (en sus homilías), 5) erótico (motivos amorosos y rasgos ascético encratitas).

4.3.3 Cartas. Género literario

Las Cartas tienen menos importancia. Son literatura epistolar de ficción o pseudoepigráfica.

4.3.4 Apocalipsis. Género literario

El nombre proviene del Apocalipsis de Juan. El género proviene del judaísmo. El Libro de Daniel es el Apocalipsis más sobresaliente del Antiguo Testamento.

Elementos de contenido y estilísticos:

- Escritos seudónimos, de un tiempo pasado, que contienen vaticinios futuros de hechos históricos para dar confianza al lector y mencionan el final de los tiempos.

- El que escribe es raptado al cielo y presentado ante el trono de Dios. Narra la visión que tiene.

- Las imágenes son visiones que un intérprete explica al vidente.

- Sistematizan los fenómenos contemplados mediante números.

- Su finalidad es preparar al creyente para superar las apreturas del tiempo final; contienen oraciones, súplicas, alabanzas, acciones de gracias.

- Contraposiciones del mundo conceptual de los apocalipsis: 1) dualismo de dos eones, 2) universalismo e individualismo, 3) pesimismo y esperanza del más allá, 4) determinismo e inminencia.

Los apocalipsis cristianos son escritos nuevos o refundiciones de otros antiguos, como el *Testamento de Abraham*, el apocalipsis de Esdras, Libro de Henoc.

Temas de los apocalipsis del siglo II: explican el retraso de la parusía, el fin del mundo y el más allá. En el siglo IV: descripción del cielo y del infierno, detalles sobre el juicio final o el fin del mundo.

Apocalipsis cristianos: *el Apocalipsis de Pedro*, la *Ascensión de Isaías*, el *Apocalipsis de Pablo, el Apocalipsis de Tomás.*

4.4   Breves noticias sobre algunos de los más antiguos y significativos apócrifos cristianos

4.4.1   El Protoevangelio de Santiago

- Contenido: descripción de la infancia de Jesús. Son leyendas basadas en historias del Antiguo Testamento.

- Autor: Egipto, segunda mitad del siglo II.

- Extensión: en Oriente. El Decreto Gelasiano (c.500) lo condena y es olvidado en Occidente.

- Valor: gran influencia en la liturgia y en la piedad mariana. El centro es la Virgen (su virginidad).

4.4.2 El Evangelio copto de Tomás

- Autor: Siria del este a mediados del siglo II. Escrito en griego.

- Contenido: colección de 114 dichos de Jesús paralelos a los contenidos en los sinópticos y a los descubiertos en la fuente Q (*Quelle*).

- Valor: evidencia el género literario de los "dichos". No parece gnóstico.

4.4.3 La *Epistula Apostolorum*

- Género: conversaciones con los discípulos después de resucitado. Ordinariamente este género es propio de obras gnósticas, sin embargo, esta obra es todo lo contrario: va contra la gnosis utilizando métodos de ella. Es un discurso de revelación compuesto de relato evangélico y de carta.

- Lugar: judeo–cristianismo helenista del Egipto de mediados del siglo II.

- Contenido teológico: argumentos contra el docetismo y el dualismo gnósticos.

- Desconocemos su influencia en la antigüedad.

4.4.4 El Evangelio De Nicodemo

- Complementa la historia de la pasión de Jesús.

- Contenido:

  - Caps. 1 a 11: *Actas de Pilato* (se le pretende disculpar: la iglesia siriaca lo veneraba como santo) (anterior al 376). Desarrolla el proceso de Jesús, crucifixión y sepultura.

- – Caps. 12 a 16: reunión del sanedrín en que Nicodemo y José de Arimatea defienden a Jesús.

- – Caps. 17 a 27: *Descensus Christi ad inferos*; la homilía sobre el Sábado Santo trasmitida bajo el nombre de Epifanio, bebe de esta parte del Evangelio de Nicodemo.

- Compilación: el año 425.

4.4.5   Los Hechos de Pedro

- Escritos entre 180 y 190, en Asia Menor o Roma. Se conservan dos terceras partes de la obra.

- Contenido:

  - – Primera parte: san Pablo se despide de los cristianos de Roma y parte para España.

  - – Segunda parte: Simón el Mago llega a Roma y confunde a los cristianos con sus milagros falsos.

  - – Tercera Parte: san Pedro se traslada a Roma y confunde a Simón el Mago, quien muere al intentar volar del foro romano al cielo. El documento concluye con el martirio de san Pedro (predica la castidad ocasionando problemas con Agripa, el prefecto romano; Quo vadis; martirio con la cabeza hacia abajo).

- Mucho de su contenido se encuentra en la famosa novela *Quo vadis?* de Henry Sienkiewicz (premio Nobel de literatura 1905).

- El elemento aretológico determina la estructura de la obra.

4.4.6   Los Hechos de Pablo

- Escritos entre 185 y 195 por un presbítero del Asia Menor. Están incompletos.

- Estructura de la obra con mención de los viajes y estancia del Apóstol en Damasco, Jerusalén, Antioquía, Iconio, Antioquía, Myra, Sidón, Tiro, Esmirna, Éfeso, Filipos, Corintio, Italia, Roma:

  - Parte primera: *Acta Pauli cum Theclae* Pablo (juega un papel secundario).
  - Correspondencia epistolar de Pablo con los Corintios (versa sobre falsas doctrinas gnósticas que alguno hombres han propalado en Corinto).
  - Martirio de Pablo en Roma.

- La finalidad no es teológica, sino de entretenimiento y edificación.

- Temas principales: resurrección y continencia.

- El efecto de esta obra se ve en la literatura y arte cristianos, porque se da una descripción de san Pablo que se popularizó en la iconografía cristiana primitiva: hombre de corta estatura, calvo, piernas torcidas, porte noble, cejas unidas, nariz pequeña y poco saliente. Pedro: rostro lleno, con pelo y con barba rizada.

Capítulo 5

Los apologistas griegos del s. II

5.1 Características generales de la literatura apologética cristiana de los primeros siglos

Los Padres Apostólicos y los primeros escritores cristianos se dirigen principalmente a los fieles y buscan su edificación. Los apologistas del siglo II, en cambio, salen en defensa del cristianismo ante los cada vez más frecuentes ataques de los paganos.[1]

5.1.1 Ataques de los paganos al cristianismo en el siglo II

Los principales ataques se centran en la idea falsa de que el cristianismo destruye la sociedad y es enemigo del Imperio. Atacaban a los cristianos de:

---

[1] R. Simonetti: *Introducción...*, cit., cap. 5; J. Quasten: *Patrología*, cit., vol. I, págs. 187–250; V. Cano Sordo: *Patrología...*, cit., tema 5. Transmisión de los textos: Casi todas las obras de los apologistas las conocemos a través del *Codex Parisinus* gr. 451. Se trata de un manuscrito que Aretas, obispo de Cesarea, mandó copiar en 914. En este manuscrito, que está en la Biblioteca Nacional de Paris, faltan los escritos de Justino, los tres libros de Teófilo *Ad Autolycum*, la *Irrisio* de Hermias y la *Epistulam ad Diognetum*.

- Ateísmo, malentendiendo el rechazo al politeísmo por parte del cristianismo.

- Antropofagia, concibiendo así la eucaristía cristiana. Practicarían las comidas *thyesticas*.[2]

- Desórdenes morales, desconociendo el verdadero sentido de la "agapé" cristiana. Así se acusan de relaciones edípicas e incestuosas.

- Odio al género humano, por la mala interpretación del "contemptus mundi".

Según san Justino el origen está en el odio de los judíos al cristianismo. Bastaba la denuncia para condenar a los cristianos (cfr. rescripto de Trajano a Plinio, en el siglo II).

Los principales escritores paganos cultos que escribieron para desprestigiar al cristianismo (el emperador Teodosio quemó muchos de estos escritos) fueron los siguientes:

1. Luciano de Samosata: *De morte peregrini* (170). Se mofa del afecto fraternal de los fieles y de su amor a la muerte.

2. Frontón de Cirta: *Discurso*. Profesor de Marco Aurelio.

5.1.2   Un caso paradigmático: Celso

La obra *Discurso verdadero* (Αληθής λόγο), que el filósofo pagano Celso dirigió contra los cristianos hacia el año 178, es probablemente el ataque más peligroso del paganismo de la época contra el cristianismo. Ve en la nueva religión una mezcla de superstición y fanatismo.

---

[2]El padre que se come a sus hijos. Atreo, hermano de Thieste, para vengarse de éste, mató a dos de sus hijos y los dio a comer a su padre en un banquete; Atreo fue muerto por el otro hijo de Thieste.

(Aulo Cornelio Celso)

Conviene detenerse en este autor, por la importancia que tuvo. Como dice J. Quasten:

"La obra de Celso se ha perdido, pero se puede reconstruir casi completamente con las citas de Orígenes, que forman las tres cuartas partes del texto de su libro. Celso se proponía convertir a los cristianos al paganismo haciéndoles avergonzarse de su propia religión. No se hace eco de las calumnias del vulgo. Él había estudiado el asunto, había leído la Biblia y gran número de libros cristianos. Conoce la diferencia que existe entre las sectas gnósticas y el cuerpo principal de la Iglesia. Es un adversario lleno de recursos, que da muestras de gran habilidad y a quien no se le escapa nada de lo que pueda decirse contra la fe. La ataca primeramente desde el punto de vista de los judíos en un diálogo en el que un judío formula sus objeciones contra Jesucristo. Se adelanta luego Celso y dirige por su cuenta un ataque general contra las creencias judías y cristianas. Se burla de la idea del Mesías, y ve en Jesús un impostor y un mago. Como filósofo platónico, afirma la neta superioridad del culto y de la filosofía de los griegos. Somete el evangelio a una crítica severa, especialmente en todo lo que atañe a la resurrección de

Cristo; y afirma que fueron los Apóstoles y sus sucesores los que inventaron esta superstición."[3]

Sus principales argumentos eran los siguientes:[4]

- Se ponía a los cristianos en línea con los despreciados judíos. Se peleaban cristianos y judíos tontamente, porque coincidían en lo esencial y sobre todo en la cómica fe mesiánica.

- La autoridad de Moisés es la que le dio a su pueblo la fe en Dios, la creencia en los ángeles y la magia.

- Jesús sigue las huellas de Moisés: era un mago engañador.

- Las historias de los patriarcas son estúpidas y escandalosas..., por eso las interpretan alegóricamente.

- El Dios cristiano y judío es único, pero:

    - Es antropomórfico: vgr. se encoleriza.
    - No tiene poder infinito:
        * No puede auxiliar ni salvar a su Hijo.
        * No salva a Israel de la diáspora.
        * No salva a los cristianos del martirio.

- La religión cristiana con su pretensión de universalismo no se puede tolerar (tal vez sí la judía, por ser nacional y no dañar el poderío romano).

- La encarnación supone mutación en Dios.

---

[3]J. Quasten: *Patrología*, cit., vol. I, pág. 366.

[4]Cfr. R. Trevijano: *Patrología*, cit., págs. 96–98; D. Ruiz Bueno: *Padres Apologetas Griegos*, Madrid, BAC, 1954, págs. 49–88.

- La concepción virginal de Cristo fue en realidad el fruto de una relación adulterina.

- Está lleno de historias increíbles como las de los Magos, la huida a Egipto, bautismo de Cristo, milagros o la resurrección.

- La cruz de Cristo fue un castigo justo.

- Tanta inconsistencia lógica, hace que el cristiano acuda a la fe y desprecie la razón. Lo mejor sería que los cristianos fueran consecuentes con lo que predican y que salieran de este mundo, sin dejar descendencia.

5.1.3 Posición de los Apologistas griegos del siglo II ante estos ataques

En resumen, la línea de sus argumentos seguía estas tres direcciones:

- Salir al paso de la acusación de que la Iglesia era un peligro para el Estado.

- Presentar la verdad sobre Dios, el hombre y el mundo contra los errores paganos.

- Presentar el cristianismo como la verdadera filosofía.

En concreto, estas líneas de pensamiento se concretaban en los siguientes puntos principales:

1. Refutaban las calumnias; hacían ver cómo la Iglesia es necesaria para el bienestar y orden del mundo: la Iglesia no es un peligro.

2. Defendían a los cristianos de las críticas populares (canibalismo, incesto, orgías) señalando las virtudes cristianas; las apologías están dirigidas a la autoridad civil y a personas cultas; son una defensa

apasionada de la libertad de las conciencias necesaria para un verdadero culto a Dios.

3. Manifestaban la inconformidad de los cristianos con las leyes persecutorias (iniciadas con Nerón –*religio illicita*– y concretadas con Trajano), haciendo ver la ejemplaridad del comportamiento civil de los cristianos.

4. Criticaban la religión romana (idolatría, culto al emperador), señalando un camino más perfecto.

5. Manifestaban la superioridad del cristianismo en relación con la filosofía pagana (monoteísmo, providencia divina, etc.). El argumento fundamental era la antigüedad del cristianismo como continuación del pueblo de Israel. Los apologistas, al exponer sus ideas en moldes helénicos, cristianizaban el helenismo.

6. Mostraban cómo el cristianismo es la religión verdadera (milagros de Cristo, profecías, etc.).

7. Difundían el evangelio entre las clases altas e intelectuales, con un lenguaje más culto y razonamientos más acordes con la mentalidad de la época. Con ese fin, especialmente explican las doctrinas que podrían impactar más a los paganos: el monoteísmo (contra la idolatría), la libertad unida a la responsabilidad (contra el determinismo estoico), la resurrección de la carne, etc.

8. Hacían ver a los judíos que no había llegado a la verdad plena.

9. Rebatían los errores de los herejes, que son un verdadero obstáculo para la propagación del cristianismo.

5.1.4 cristianismo y filosofía pagana

Los apologistas, al contacto con la cultura helénica, comienzan la exposición filosófica de las verdades cristianas. Los apologistas son paganos cultos que se convierten en los primeros teólogos. Asumen la filosofía helénica, pero dando por supuesto que el cristianismo es superior a la filosofía. Por ejemplo, san Justino dice: "los que han dicho alguna verdad... son de los nuestros y su verdad nos pertenece".

Aunque algunos apologistas rechazan y critican la filosofía pagana, otros la admiten como una preparación para el evangelio, ya sea porque conceden a la razón la posibilidad de conocer algunas verdades reveladas de tipo natural, ya sea porque piensan que los antiguos filósofos pudieron recoger algunas de estas verdades de los escritos de Moisés.

Especialmente Homero y sobre todo Platón (concepto de creación en el *Timeo*, concepto de alma en *Fedro*, huida del mundo para acercarse a Dios en el *Teeto*) fueron fuentes de inspiración para la tarea de los apologistas. La utilización del concepto de "Logos" (como ser intermedio a través del cual Dios crea el mundo: concepción cosmológica) para referirlo a Cristo siguiendo la doctrina paulina y joánica de considerar a Cristo como "Logos", Sabiduría del Padre, se revelaría muy importante para el futuro, tanto por el peligro de subordinacionismo que encerraba como por la gran riqueza que contiene para la formulación del dogma cristológico.

También en teología, los apologistas eran hijos de su tiempo. Así se puede comprobar en:

- La terminología que utilizan, pues son conceptos que ellos habían aprendido antes de su conversión al cristianismo, y eran los que pululaban en el ambiente cultural de la época.

- Lo mismo ocurre con el modo de presentar los argumentos en favor de la nueva religión y en la interpretación del dogma.

- Utilizan también formas de los géneros literarios propios de su tiempo, predominantemente la forma dialéctica o diálogo, según las normas de la retórica griega.

Pero en su contenido teológico, las ideas helénicas influyeron en ellos mucho menos de lo que, a veces, algunos patrólogos han considerado, pues tal influencia se refiere a detalles insignificantes. Por eso, se puede hablar de una cristianización del helenismo, y no de una helenización del cristianismo.

Los apologistas no escriben solo a autores paganos o judíos, sino también contra los herejes. La mayoría escribió tratados antiheréticos, que se han perdido, lamentablemente, ya que éstos hubieran sido una fuente de información valiosísima sobre sus ideas propiamente teológicas, ya que las apologías contra judíos y paganos son más bien de tipo filosófico. Esta realidad explica algunas características de los escritos apologetas que nos han llegado hasta nosotros:

- No hay muchas pruebas de tipo teológico o católico, lo que en su caso no es indicio de tendencia alguna al racionalismo, sino exigencia del tipo de obras que escribieron y de los adversarios que enfrentaban.

- La falta de preparación teológica de los destinatarios explica que pasaran a un segundo plano, entre otros puntos, la Persona del Salvador o la eficacia de la gracia.

- Al presentar al cristianismo sobre todo como religión de la verdad, raramente se reivindican sus derechos aduciendo como prueba los milagros de Jesucristo, sino que se recurre con frecuencia a la antigüedad como motivo de credibilidad.

5.1.5 Tipos de apologías

1. Refutaciones.

2. Amonestaciones a los paganos.

3. Resolución de dudas privadas de algún pagano concreto.

5.2 San Justino

5.2.1 Introducción

San Justino es el apologista más importante porque utiliza ampliamente la filosofía griega, que para él es verdadera pero incompleta. Toda la verdad que existe en los distintos sistemas filosóficos nos pertenece a los cristianos que la tenemos en plenitud, ya que nosotros hemos conocido al Verbo, y ellos sólo lo han conocido oscuramente en la creación.[5]

(San Justino)

De padres paganos, nace a principios del siglo II en Flavia Neápolis (Sichem, Palestina). Busca la verdad primero con un estoico (que no le logra explicar la esencia de Dios), luego con un peripatético (con un interés económico que decepciona a Justino) y después con un pitagórico (que le obliga a estudiar música, astronomía y geometría). Se hace platónico pero

---

[5]Cfr. M. Simonetti: *Introducción...*, cit., cap. 5; J. Quasten: *Patrología*, cit., vol. I, págs. 196–218; D. Ramos–Lissón: *Patrología*, cit., págs. 109–115; G. Bardy: *Justin (S.)*, en DTC, vol., VIII, cols. 2228–2277; M. Guerra Gómez: *Justino, San*, en GER, vol. XIII, págs. 708 ss.; D. Ruiz Bueno: *Padres Apologistas Griegos*, cit., págs. 155–548; É. Gilson: *History of Christian Philosophy in the Middle Ages*, New York, Random House, 1955, págs. 11–14.

en cierta ocasión, paseando junto al mar, un viejo le habla de la sabiduría de los profetas y Justino se convierte al cristianismo en Éfeso. Se cubre con el *pallium* (manto de los filósofos) y va a Roma, en época de Antonino Pío (138-161), como predicador ambulante (profesor itinerante). Funda una escuela privada. Una pugna con Crescencio, filósofo cínico adversario suyo, le lleva al martirio con seis compañeros, siendo prefecto Junio Rústico (165). Taciano es discípulo suyo.

Las causas de la conversión de san Justino son:

- La búsqueda incesante de la verdad que le lleva a realizar su amplio itinerario a través de las filosofías de su tiempo.

- La impresión que le causó el heroico desprecio de los cristianos por la muerte (los mártires).

- La oración humilde tras sus experiencias anteriores.[6]

5.2.2   Las Apologías de san Justino

Parece que la segunda (15 capítulos) es un apéndice o adición de la primera (68 capítulos). Ambas van dedicadas a Antonino Pío (138-161). Las escribió en Roma entre 148 y 161. La ocasión fue el martirio de tres cristianos siendo Urbico prefecto. Eusebio las cita.[7] Tienen defectos literarios innegables: digresiones frecuentes, pensamiento desarticulado, falta de elocuencia y vehemencia, pero revelan un carácter sincero y recto que trata de llegar a un acuerdo con el adversario.

---

[6]J. Quasten: *Patrología*, cit., vol. I, pág. 197.

[7]Sus tres escritos —dos *Apologiae* y el *Dialogo contra el judío Trifón*— se conservan en un manuscrito de mediocre calidad, de 1364 (*Codex Parisinus* n. 450).

La primera Apología

Tiene 68 capítulos. Escrita entre los años 150 y 155, en Roma, y dirigida a Antonino Pío. Es fundamentalmente una defensa del cristianismo. Se pueden distinguir las siguientes partes:

1. Introducción (cap. 1 a 3): apela al emperador en defensa de los cristianos perseguidos.

2. Parte principal (cap. 4 a 67):

   (a) Primera sección (cap. 4 a 12): contra el sistema judicial aplicado a los cristianos; contra las calumnias; contra castigar sólo por el nombre cristiano; se defiende de la acusación de "ateísmo". Las ideas escatológicas de los cristianos y el miedo a los castigos eternos les impiden obrar mal y hacen de ellos el mejor sostén del gobierno.[8]

   (b) Segunda sección (cap. 13 a 67), es una justificación de la religión cristiana (fundamentación histórica y filosófica):

   - De su doctrina: es la única verdadera; los filósofos paganos tomaron sus verdades del Antiguo Testamento; Jesús es el Hijo de Dios, Salvador, Fundador de la Iglesia, lo que se puede probar por las diversas profecías. Los demonios remedaron e imitaron las profecías del Antiguo Testamento en los ritos de los misterios paganos, lo que explican los puntos de contacto y las semejanzas entre la religión cristiana y las formas paganas de culto.

   - De su culto: bautismo, eucaristía (describe el desarrollo de la liturgia eucarística). Vida social.

---

[8]Cfr. J. Quasten: *Patrología*, cit., vol. I, pág. 200.

3. Conclusión (cap. 68): es una amonestación severa al emperador; se adjunta un rescripto del año 125 de Adriano a Minucio Fundano (procónsul de Asia) en el que se establece un modo recto de juzgar en las causas contra los cristianos:

- Juicio ordinario ante un tribunal;

- Castigos sólo después de pruebas de haber transgredido las leyes romanas;

- Castigos proporcionales a los delitos;

- Castigos de las falsas acusaciones.

Segunda Apología

Es continuación de la primera. Escrita entre los años 150 y 160. Centrada sobre todo en las persecuciones injustas que sufrían los cristianos, sostiene los siguientes puntos:

- Protesta por la sentencia capital de tres cristianos decapitados por confesar su fe.

- Alega el amor a la verdad, por parte de los cristianos, al ser interrogados.

- Considera la persecución como un ataque del demonio.

- Explica el gozo de los cristianos ante el martirio: sus sufrimientos y muerte les conseguirán el premio eterno.

- Pide al emperador justicia, piedad y amor a la verdad.

Diálogo con Trifón

Es la más antigua apología contra los judíos. Es posterior a las Apologías, porque en el capítulo 120 se hace una referencia a la primera Apología.

Se trata de la recensión de un diálogo o disputa de dos días de duración con el judío Trifón (Tarfón, probablemente, rabino de Éfeso), sostenida en Éfeso entre los años 132 y 135. Dedicada a un tal Marco Pompeyo. Consta de 142 capítulos:

- Introducción (cap. 2 al 8): cuenta su vida (formación intelectual, conversión).

- Cuerpo principal (cap. 9 a 142):

  1. Primera parte (cap. 9 a 47): sobre la concepción cristiana del Antiguo Testamento, al que da gran importancia. La Ley mosaica tuvo validez solo por cierto tiempo. El cristianismo es la Ley nueva y eterna para toda la humanidad.

  2. Segunda parte (cap. 48 a 108): defiende la divinidad de Cristo.

  3. Tercera parte (cap. 109 a 142): la Iglesia es el pueblo escogido y el nuevo Israel.

5.2.3 Obras perdidas y manuscritos pseudo justinianos

Obras perdidas: solo quedan los títulos o pequeños fragmentos, citados por el mismo S. Justino, o por Eusebio. Otros son fruto de la investigación reciente. Entre estas obras, hay que recordar, *Liber contra omnes haereses*; *Contra Marción*, que fue usado por san Ireneo; *Discurso contra griegos*, usado por Eusebio de Cesarea, y donde se trata de cuestiones para cristianos y griegos, y se hace una disertación sobre la naturaleza de los demonios; *Refutación*; *Sobre la soberanía de Dios*, libro compuesto en base a las Sagradas Escrituras y también a ideas de los griegos; *Sobre el alma*; *Salterio*; *Sobre la resurrección*.

Manuscritos pseudo justinianos: *Cohortatio ad Graecos* (s. III); *Oratio ad Graecos* (que es una apología *pro vita sua* de un cristiano griego convertido) (s. III); *De monarchia*; etc.

5.2.4   Teología de Justino

Hay que tener en cuenta que las obras que conservamos no son propiamente teológicas. En ellas se nota una fuerte influencia platónica, filosofía que a juicio de Justino poseía el más alto valor. Se trata del eclecticismo religioso del medio platonismo, que es una mezcla de la ética y psicología estoica con un misticismo de tendencia religiosa.

Como ya se ha mencionado, para poder hacer un juicio certero de su teología, necesitaríamos haber conservado sus obras teológicas, hoy perdidas. Como apologeta, san Justino utiliza más argumentos de razón y los puntos de contacto entre la nueva religión y el pensamiento de los filósofos y poetas griegos.

Concepto de Dios

Dios es uno, bueno, sin principio, ingénito (*agenetos*), inefable y sin nombre (nadie se lo ha puesto porque no hay nadie antes que Él, por eso, los nombres de Creador, Señor, Dueño, etc. no son propiamente nombres, sino denominaciones tomadas de sus beneficios y de sus obras), trascendente. Su mejor nombre es el de "Padre" por ser el Creador de todo (πατήρ των ὅλων, o πάντων πατήρ).

Sostiene la trascendencia absoluta de Dios; niega el panteísmo y la omnipresencia substancial de Dios en el mundo. Dios Padre vive, según él, en las regiones situadas encima del cielo. No puede abandonar su morada, y consiguientemente no puede aparecer en el mundo.[9]

Doctrina del "Logos"

La doctrina más importante de san Justino es la del "Logos", que forma una especie de puente entre la filosofía pagana y el cristianismo.

---

[9]San Justino: *Diál.*, 60, 2; 127, 2–3.

Se salva el abismo entre Dios y el mundo porque el "Logos" es una emanación de Dios, una procesión del interior de Dios (como el fuego que procede de otro fuego; como la Palabra mental).[10] Hay una cierta tendencia al subordinacionismo. Cristo es una persona divina pero subordinada al Padre. Al parecer, san Justino supone que el Verbo se hizo externamente independiente solo con el fin de crear y gobernar el mundo.[11] Su función personal, le dio su existencia personal.

Dios crea y ordena todo *per Verbum* ("Logos"), que es intermediario entre Dios y los hombres. El Hijo de Dios es igual a Dios.

El "Logos" divino apareció en su plenitud en Cristo. Pero una "semilla del Logos" estaba ya esparcida por toda la humanidad anteriormente, no solo en los profetas del Antiguo Testamento, sino también en los filósofos paganos. En la razón de cada hombre hay semillas ("sperma") ingénitas de verdad ("logicas"). Esto explica que ya entre los paganos (Heráclito, Sócrates) encontremos gérmenes de verdad. En cierta manera se puede decir que fueron verdaderos cristianos porque vivieron según las normas del "Logos".[12] Más solamente los cristianos poseen la verdad entera porque Cristo se les apareció como la Verdad en persona. Existe un verdadero endiosamiento del hombre, por el "Logos".

Por eso, no existe una oposición entre cristianismo y filosofía, no existe conflicto entre la fe y la razón. La razón tiene un valor intrínseco para conocer algunas verdades.[13]

María y Eva

Es el primer autor cristiano que profundiza en el paralelismo paulino de Adán–Cristo extendiéndolo al de Eva–María. Por un lado están la obe-

---

[10]San Justino: *Diál.*, 61.

[11]San Justino: *Diál.*, 61; *Apol.*, 2, 6.

[12]San Justino: *Apol.*, I, 46, 2–3.

[13]San Justino: *Apol.*, II, 13, 4–6, 10, 2–8.

diencia, la fe, la alegría. Por el otro la desobediencia, el pecado, la muerte. "Engendrados" por Eva, con la aceptación de la palabra de la Serpiente; y engendrados por María en la aceptación del "Logos" en su seno.[14]

Ángeles y demonios

Justino es uno de los primeros testigos del culto y patrocinio de los ángeles a quienes concibe con un cuerpo espiritualizado.[15] Explica su función y naturaleza. A pesar de su naturaleza espiritual, tienen un cuerpo semejante al nuestro, por eso se llama al "maná" *pan de los ángeles*, y por eso, pecaron con mujeres humanas (que fue en lo que consistió el pecado de los ángeles).[16]

Los demonios serían hijos de ángeles y mujeres que no serán castigados y lanzados al fuego eterno hasta la segunda venida de Cristo. Por eso, pueden tentar ahora a los hombres. Desde Cristo su función es impedir que los hombres se conviertan a Dios y al "Logos", y por eso tienen como sus ministros a los herejes, que son instrumentos de los demonios. Los demonios se someten al nombre de Jesús.[17]

Pecado original

Explica cómo nuestros Primeros Padres eran hijos de Dios y dioses, de alguna manera (cfr. dones preternaturales). El hombre es un ser capaz de deificación (poder de hacerse dioses).[18]

---

[14]San Justino: *Diál.*, 100, 4, 6.

[15]San Justino: *Diál.*, 57; *Apol.*, 2, 5.

[16]San Justino: *Apol.*, 2, 5.

[17]San Justino: *Apol.*, I, 26, 54, 57, 62.

[18]San Justino: *Diál.*, 124, 4.

Eucaristía y bautismo

- Al final de su Primera Apología, habla sobre la eucaristía, instituida por Cristo. Menciona la presencia real: san Justino dice que no es pan y bebida comunes, sino la carne y la sangre de Jesús encarnado, y para probarlo, cita las palabras de la institución. El alimento eucarístico es consagrado por una oración que contiene las mismas palabras de Jesucristo.

En el capítulo 65, se relata la eucaristía de los recién bautizados, y en el capítulo 67 se habla de la eucaristía de todos los domingos, en general. Explica el tipo semi–fijo de liturgia que se celebraba entonces. Los fieles se reunían los domingos para asistir a la celebración en que:

- Se leía la Sagrada Escritura (Antiguo y Nuevo Testamento: "Memorias de los Apóstoles").
- Iba seguida de un sermón.
- Después tenía lugar la oración por todos los fieles y el ósculo de la paz.
- Se presentaban el pan y el vino.
- Se pronunciaba la oración consagratoria (las mismas palabras de Cristo en la Ultima Cena).
- Los diáconos repartían la Comunión a los presentes y la llevaban a los ausentes, enfermos, etc.

En su "Diálogo con Trifón" (117,2) compara la eucaristía con el Sacrificio de Malaquías. Es el primero que menciona a la eucaristía como "oblatio rationabilis", λογική Θυσία, de los filósofos, expresión utilizada en el Canon Romano. Rechaza los sacrificios externos de sangre.

Estos datos son contundentes para solventar la polémica sobre si san Justino habló de la eucaristía como sacrificio.[19] Como dice J. Quasten:

> "Justino concuerda, pues, tanto con los filósofos paganos como con los profetas del Antiguo Testamento cuando afirma que los sacrificios externos tienen que ser suprimidos. En adelante los sacrificios materiales sangrientos no han lugar. La eucaristía es el sacrificio espiritual por tanto tiempo deseado, la λογική Θυσία, porque el mismo "Logos", Jesucristo, es aquí la víctima. La identificación de la λογική Θυσία con la eucaristía fue en extremo feliz. Al incorporar esta idea a la doctrina cristiana, hacía suyas el cristianismo las realizaciones más elevadas de la filosofía griega, al mismo tiempo que se subrayaba el carácter nuevo y único del culto cristiano. Pudo así mantener un sacrificio objetivo y al mismo tiempo dar toda la importancia al carácter espiritual del culto cristiano, que le confiere su superioridad sobre todos los sacrificios paganos o judíos".[20]

- Explica también cómo se llevaba a cabo la ceremonia del bautismo: instrucción, oración, ayuno, penitencia, inmersión en el agua (hace una curiosa comparación entre el nacimiento a la vida natural y de pecado por un germen húmedo por la mutua unión de los padres, y la regeneración del bautismo por agua), y bautismo ("iluminación") en el nombre del Padre, del Hijo y del Espíritu Santo.

> "Vamos a explicar ahora de qué modo, después de ser renovados por Jesucristo, nos hemos consagrado a Dios, no

---

[19]San Justino: *Diál.*, 41.

[20]J. Quasten: *Patrología*, cit. vol. I, pág. 217.

sea que, omitiendo este punto, demos la impresión de proceder en algo maliciosamente en nuestra exposición. Cuantos se convencen y tienen fe de que son verdaderas estas cosas que nosotros enseñamos y decimos y prometen vivir conforme a ellas, se les instruye ante todo para que oren y pidan, con ayunos, perdón a Dios de sus pecados, anteriormente cometidos, y nosotros oramos y ayunamos juntamente con ellos. Luego, los conducimos a sitio donde hay agua, y por el mismo modo de regeneración con que nosotros fuimos también regenerados, son regenerados ellos, pues entonces toman en el agua el baño en el nombre de Dios, Padre y Soberano del universo, y de nuestro Salvador Jesucristo y del Espíritu Santo...La razón que para esto aprendimos de los Apóstoles es ésta: Puesto que de nuestro primer nacimiento no tuvimos conciencia, engendrados que fuimos por necesidad de un germen húmedo por la mutua unión de nuestros padres y nos criamos en costumbres malas y en conducta perversa; ahora, para que no sigamos siendo hijos de la necesidad y de la ignorancia, sino de la libertad y del conocimiento, y alcancemos juntamente perdón de nuestros anteriores pecados, se pronuncia en el agua sobre el que ha determinado regenerarse y se arrepiente de sus pecados el nombre de Dios, Padre y Soberano del universo, y este solo nombre aplica a Dios el que conduce al baño a quien ha de ser lavado. Porque nadie es capaz de poner nombre al Dios inefable; y si alguno se atreviera a decir que ese nombre existe, sufriría la más imprudente locura. Este baño se llama iluminación, para dar a entender que son iluminados los que aprenden estas cosas. Y el iluminado se lava también en el nombre de Jesucristo, que fue crucificado bajo Poncio Pilato, y en el nombre del Espíritu Santo, que por los profetas nos anunció de antemano todo lo referente a Jesús".[21]

Eclesiología

No desarrolla una eclesiología especulativa, como sucede, por ejemplo en la Epístola a los Efesios y en el Pastor de Hermas.

Ideas escatológicas

Comparte las ideas quialistas y milenaristas tan extendidas en su época (mil años del reinado de Jesús antes de su segunda venida), aunque reconoce que hay cristianos de pura y piadosa sentencia que no admiten tales ideas.

Piensa que las almas de los fieles difuntos, al morir van al hades hasta el fin del mundo, excepto la de los mártires que van al Cielo inmediatamente. Con todo, las almas buenas están en el Hades separadas de las almas malas.[22]

---

[21]San Justino: *Apol.*, I, 61. 1–3. 7–13.
[22]San Justino: *Diál.*, 5, 80; 80.

5.3 Breves noticias sobre los demás apologistas griegos de este período: Cuadrato y las Epístolas a Diogneto; Arístides; Aristón de Pella; Taciano; Atenágoras; san Melitón de Sardes; san Teófilo de Antioquía

5.3.1 Cuadrato y el misterio de la Carta a Diogneto

Cuadrato es el primer apologista. Conoció a algunos "de los que fueron curados o resucitados por Cristo". Es un griego culto, ateniense. Conoció a Pablo y a Juan. Según san Jerónimo fue obispo de Atenas, o por lo menos fue presbítero.[23]

Eusebio menciona un pequeño fragmento de la *Apología* de Cuadrato (a. 125) que no se ha conservado, dirigida a Adriano (117–138). El trozo que recoge Eusebio es el siguiente:

> "A Adriano le dirigió Cuadrato un discurso, consistente en una Apología que compuso en defensa de nuestra religión, porque algunos malvados trataban de molestar a los nuestros. Este escrito lo conservan todavía muchos hermanos, y nosotros poseemos también una copia, y en él pueden verse brillantes pruebas del talento de Cuadrato y de su ortodoxia apostólica. Y él mismo afirma su antigüedad, como se refiere de estas palabras: *Las obras, empero, de nuestro Salvador estuvieron siempre presentes, puesto que eran verdaderas: los que él curó, los que resucitó de entre los muertos no fueron vistos solamente en el momento de ser curados y resucitados, sino que estuvieron siempre*

---

[23]Cfr. M. Simonetti: *Introducción...*, cit., cap. 5; J. Quasten: *Patrología*, cit., vol. I, págs. 191–192, 245–250; D. Ramos–Lissón: *Patrología*, cit., págs. 107–108, 123–125; É. Amann: *Quadratus*, en DTC, vol., XIII, cols. 1429–1431; S. Aznar Tello: *Cuadrato*, en GER, vol. VI, págs. 785 ss.; É. Gilson: *History of Christian Philosophy...*, cit., págs. 9–11.

presentes; y eso no solo mientras el Salvador vivía aquí abajo,
sino aun después de su muerte, han sobrevivido mucho tiempo,
de suerte que algunos de ellos han llegado hasta nuestros días".[24]

Lo interesante es que este pequeño fragmento encaja en una laguna del "Discurso a Diogneto"; por eso, parece ser que la "Apología de Cuadrato a Adriano" es nada menos que el conocido "Discurso a Diogneto" (o "Epístola a Diogneto") y que conservamos. Éste es una apología del cristianismo en forma de carta dirigida a Diogneto, eminente personalidad pagana. Sin embargo, no se sabe nada en concreto ni del autor ni del destinatario. Se han aportado varias hipótesis. Algunos piensan que su autor podría ser el mismo Quadrato, otros (Trevijano) piensan que es posterior (años 190 a 200) y su autor podría localizarse en el ámbito alejandrino (¿Panteno?). Entre los primeros, O. Andriessen cree que fue Cuadrato quien compuso la "Epístola", y que ésta no es sino la "Apología" perdida de este autor. La mayor objeción es que el único texto de la "Apología" que conservamos citado por Eusebio, no está en la "Epístola a Diogneto"; pero en el cap. 7 de la "Epístola" hay una laguna en la que encajaría perfectamente el único texto conservado por Eusebio. Además el contenido de la Epístola coincide con los datos que tenemos de Cuadrato en la Tradición: fue discípulo de los Apóstoles, escribió en estilo clásico y dirigió su Apología a Adriano, uno de cuyos uno de cuyos apelativos era "Diogneto" ("conocido de Zeus").

El "Discurso a Diogneto", del año 124, es muy breve. Está dirigido a Adriano, Fue leído en público y entregado al emperador. Es de un estilo muy perfecto. Su autor dominaba la retórica. A la vez es sencillo y profundo.

Su contenido es:

1. Describe la vida cristiana; el cristiano vive en el mundo (como todos los demás en vestido, cuidados, lengua, género de vida...), pero se siente como forastero.

---

[24]Eusebio: *Hist. Ecles.* , 4, 3, 1–2).

2. Sin embargo, los cristianos son como el alma del mundo (como el alma con respecto al cuerpo): le da la vida y lo mantiene unido. Sin el alma, el cuerpo se desintegra y muere.

3. El cristianismo tiene un origen divino.

4. Cristo es Dios (milagros).

5. Exhortación a los oyentes para abrazar la doctrina cristiana.

5.3.2 Arístides de Atenas y las otras religiones.

La primera Apología que conservamos (sin contar el "Discurso a Diogneto") es la de Arístides de Atenas, también dirigida a Adriano, hacia el año 124 a 126, cuando el Emperador estuvo en Atenas.[25] Fue filósofo.[26]

(Arístides de Atenas)

Es un escrito sencillo, lleno de nobleza y de tono elevado. J. Quasten considera que la Apología es limitada en perspectiva; su estilo, pensamiento y orden es sin artificio.[27]

---

[25]Cfr. M. Simonetti: *Introducción...*, cit., cap. 5; J. Quasten: *Patrología*, cit., vol. I, págs. 192–195; D. Ramos–Lissón: *Patrología*, cit., págs. 108–109; G. Bereille: *Aristide*, en DTC, vol., I, cols. 1864–1867; L. F. Mateo Seco: *Arístides Ateniense*, en GER, vol. II, págs. 739 ss.; D. Ruiz Bueno: *Padres Apologetas...*, cit., págs. 103–154.

[26]Eusebio de Cesarea: *Hist. Ecles.*, 4, 33.

[27]J. Quasten: Patrología, cit., vol. I, pág.

Los temas que desarrolla son los siguientes:

1. Demuestra la existencia de Dios y sus atributos con argumentos de inspiración aristotélica y estoica.

2. Critica el politeísmo.

3. Sostiene la divinidad de las Tres Personas.

4. Describe las diversas religiones y la superioridad del cristianismo. Los seres humanos se pueden dividir en cuatro grupos según la religión que profesan: bárbaros, griegos, judíos y cristianos. Los bárbaros adoraron los cuatro elementos (pero el cielo, la tierra, el agua, el fuego, el aire, el sol, la luna y, finalmente, el mismo hombre no son sino obras de Dios y, por lo tanto, no tuvieron jamás derecho y los honores divinos). Los griegos adoran dioses que por las debilidades e infamias que se les atribuyen prueban que no son dioses. Los judíos merecen ser respetados por tener un concepto más puro de la naturaleza divina, como también normas más elevadas de moralidad (no obstante, tributaron más honor a los ángeles que a Dios y dieron a los ritos externos del culto, como la circuncisión, el ayuno, el cumplimiento de los días festivos, más importancia que a la adoración auténtica). Esta división queda simplificada más tarde en la de buscadores de la verdad e indiferentes.

5. Los cristianos salvarán el mundo. Los pueblos no cristianos se engañan y caminan en oscuridad. Solo el mundo sigue existiendo por las oraciones de los cristianos.[28] Solamente los cristianos están en posesión de la única idea justa de Dios y "son los que, por encima de todas las naciones de la tierra, han hallado la verdad, pues conocen al Dios

---

[28]Aristides de Atenas: *Apol.*, 16.

creador y artífice del universo en su Hijo Unigénito y en el Espíritu Santo y no adoran a ningún otro Dios".[29] (15,3).

5.3.3 Aristón de Pella

Aristón de Pella (140) es un escritor antijudío, que fue el primero en defender por escrito al cristianismo frente al judaísmo. Fue autor de la *Discusión entre Jasan y Papisco sobre Cristo*, que no se conserva. Orígenes la conoció y defendió esta obra contra los ataques de Celso, quien criticaba a Aristón la interpretación alegórica del Antiguo Testamento. Muestra cómo las profecías del Antiguo Testamento se cumplen en Jesucristo.[30]

5.3.4 Taciano el Sirio, el encratista

Discípulo de san Justino en Roma, pero con un temperamento radical que le lleva a:

- Rechazar absolutamente toda la cultura helenística (arte, ciencia y lengua).

- Criticar al mismo cristianismo porque no habría rechazado suficientemente la cultura y la educación de la época.

Como san Justino, Taciano fue también un converso a lo que llegó buscando la verdad.[31]

---

[29]Aristides de Atenas: *Apol.*, 16.

[30]J. Quasten: Patrología, cit., vol. I, págs. 195–196.

[31]Cfr. J. Quasten: *Patrología*, cit., vol. I, págs. 219–226; D. Ramos–Lissón: *Patrología*, cit., págs. 115–117; G. Bardy: *Tatien*, en DTC, vol., XV, cols. 59–66; J. Ibáñez Ibáñez: *Taciano*, en GER, vol. XXII, págs. 25 ss.; D. Ruiz Bueno: *Padres Apologetas...*, cit., págs. 551–630; É. Gilson: *History of Christian Philosophy...*, cit., págs. 14–16.

(Taciano, el Sirio)

En Oriente fundó una secta herética (los encratitas o abstinentes)[32] caracterizada por su rigorismo moral: se abstenían de la carne, del uso del matrimonio, del vino. Llamados también *aquarii*, porque sustituían el vino por el agua en la eucaristía.

Solo dos de sus obras se han conservado:

- *Discurso contra los griegos*: Menciona las relaciones entre el cristianismo y el helenismo (la cultura griega ha de ser rechazada). Tiene cuatro secciones:

   1. La primera (cap. 4,3 al 7,6) es una cosmología cristiana (concepto cristiano de Dios, relación entre el "Logos" y el Padre, historia de la salvación, ángeles y demonios).

   2. La segunda (cap. 8 al 20) es una demonología cristiana.

   3. La tercera (cap. 21 al 30) critica la civilización griega desde la luz que trae el cristianismo.

---

[32]Su nombre en griego significaba "moderado" o "continente", secta, que tiene sus orígenes en los tiempos apostólicos, pero que alcanza su máximo desarrollo entre los siglos II al IV.

4. La cuarta (cap. 31 al 41) valora la antigüedad del cristianismo y su grandeza moral.

Todo concluye (cap. 42) con el desafío a los griegos de ser capaz de responder a todas sus críticas.

- *Diatessaron*: Es la ordenación cronológica de los cuatro Evangelios en una historia evangélica continua. Es su obra más importante

5.3.5 Atenágoras de Atenas, el de la teología más precisa

Atenágoras, contemporáneo de Taciano, del que no se conoce prácticamente nada de su vida,[33] pues solo se le menciona una sola vez en toda la literatura cristiana.[34]

Sus obras tienen una gran calidad, son convincentes y tienen un estilo excelente: en tono moderado y con orden expositivo. De gran profundidad teológica, conoce a fondo la cultura griega.

Expone, además, la moral cristiana: indisolubilidad, procreación, no al aborto, vida después de la muerte.

Obras

A) En el año 177 escribe una *Apología* (*Legatio*) a Marco Aurelio y Cómodo. La Apología que tiene por título *Súplica en favor de los cristianos* (πρεσβεία περί των χριστιανών). Tiene tres partes:

1. Una introducción (cap. 1–3) donde se dedica la obra y presenta su intencionalidad:

---

[33]Cfr. J. Quasten: *Patrología*, cit., vol. I, págs. 227–233; D. Ramos–Lissón: *Patrología*, cit., págs. 117–119; G. Bereille: *Athénagore*, en DTC, vol., I, cols. 2210–2214; S. Aznar Tello: *Atenágoras*, en GER, vol. III, págs. 299 ss.; D. Ruiz Bueno: *Padres Apologetas...*, cit., págs. 631–754; É. Gilson: *History of Christian Philosophy...*, cit., págs. 16–19.

[34]Cfr. Metodio: *De resurrectione*, 1, 36, 6–37, 1.

"Por nuestro discurso habéis de comprender que sufrimos sin causa y contra toda ley y razón, y os suplicamos que también sobre nosotros pongáis alguna atención, para que cese, en fin, el degüello a que nos someten los calumniadores".

2. Cuerpo (cap. 4–36) dedicado a la refutación de las tres acusaciones principales que hacían los paganos a los cristianos:

- Primera sección, probando que los cristianos no son ateos. No creen en los dioses paganos, pero sí en Dios (son monoteístas). Algunos poetas y filósofos paganos también se acercaron al monoteísmo y no fueron acusados de ateos, y eso, a pesar de no tener pruebas sólidas para sostener su monoteísmo. Pero los cristianos sí que poseen esas pruebas:

  – La Revelación de Dios mismo por medio de sus profetas.

  – Argumentos de razón: el concepto de Dios cristiano es mucho más puro y perfecto que el de los filósofos.

  – La vida heroica de los cristianos muestra la superioridad de sus convicciones.

- Segunda sección, dedicada a sostener que los cristianos no son culpables de canibalismo:

  – Les está prohibido matar a nadie.

  – No encuentran placer en el juego de gladiadores.

  – Tienen mucho más respeto a la vida humana que los paganos.

  – Rechazan la costumbre de abandonar a los niños recién nacidos.

  – Creen en la resurrección de los cuerpos.

- Tercera sección, donde se refuta la acusación de incesto, que es una injuria nacida del odio. Los cristianos no caen en el incesto, porque:
  - El cristiano rechaza hasta el pensamiento impuro.
  - La castidad es virtud cristiana que se manifiesta en el modo de vivir el matrimonio y la virginidad.

3. Conclusión (cap. 37) pidiendo que se juzgue con justicia a los seguidores de Jesucristo.

B) Otra obra suya es *Sobre la resurrección de la carne* (opúsculo). Está dirigida a los griegos que consideraban esta doctrina ininteligible. Las razones que da Atenágoras para justificar el dogma son:

- No contradice los atributos divinos de sabiduría, omnipotencia y justicia de Dios.

- Es necesaria para cumplir la finalidad de la naturaleza humana, creada toda ella —cuerpo y alma— para la eternidad.

- El hombre es cuerpo y alma: esta unidad ha de ser restaurada después de la muerte, porque el destino del hombre es la eternidad.

- Tanto el cuerpo como el alma están sujetos a la ley moral..., y, por lo mismo, a obtener ambos el premio prometido.

- El hombre está destinado a la felicidad que no se puede alcanzar en esta vida, sino en la otra.

Teología

Hay que subrayar las siguientes ideas:

1. Fue el primero que intentó una demostración científica de Dios, lo que realiza estudiando la relación entre la existencia de Dios en su infinitud y el espacio (no caben dos infinitos en el espacio).

2. Establece claramente la divinidad del "Logos", evitando expresiones de sabor subordinacionista:

> "Y si por la eminencia de vuestra inteligencia se os ocurre preguntar qué quiere decir *hijo*, lo diré brevemente: El Hijo es el primer brote del Padre, no como hecho, puesto que desde el principio, Dios, que es inteligencia eterna, tenía en sí mismo al Verbo, siendo eternamente racional, sino como procediendo de Dios, cuando todas las cosas materiales eran naturaleza informe y tierra inerte y estaban mezcladas las más gruesas con las más ligeras para ser sobre ellas idea y operación. Y concuerda con nuestro razonamiento el Espíritu profetice: *El Señor —dice— me crió principio de sus caminos para sus obras*".[35]

3. El Espíritu Santo habla en los profetas. Es "emanación de Dios, emanando y volviendo".[36]

4. Aporta también una definición ingeniosa de la Trinidad:

> "¿Quién, pues, no se sorprenderá de oír llamar ateos a quienes admiten a un Dios Padre y a un Dios Hijo y un Espíritu Santo, que muestran su potencia en la unidad y su distinción en el orden?"[37]

5. Existencia de los ángeles.

---

[35] Atenágoras de Atenas: *Súpl.*, 10.

[36] Atenágoras de Atenas: *Súpl.*, 10.

[37] Atenágoras de Atenas: *Súpl.*, 10.

6. Testigo importante de la doctrina de la inspiración de la Sagrada Escritura:

> "...tenemos por testigos a los profetas, que, movidos por el Espíritu divino, han hablado acerca de Dios y de las cosas de Dios. Ahora bien, vosotros mismos...diríais que es irracional adherirse a opiniones humanas, abandonando la fe en el Espíritu de Dios, que ha movido como instrumentos suyos, las bocas de los profetas".[38]

7. Alaba la virginidad como uno de los más hermosos frutos de la moral cristiana: "...con la esperanza de un más íntimo trato con Dios".[39]

8. El matrimonio: la procreación es el primero y último fin del matrimonio.

9. Aborto: es comparado al infanticidio. Se opone al Derecho romano para el cual el feto no era un ser en absoluto y se le negaba el derecho a la existencia.[40]

10. El matrimonio es tan indisoluble que llama a las segundas nupcias de un viudo, "adulterio decente".[41]

5.3.6 Melitón de Sardes

Melitón, obispo de Sardes (175), es un teólogo de Asia Menor, del que poco sabemos de su vida. Estuvo rodeado de gran veneración. Fue un escritor prolífico sobre muy variados temas. *Salvo de su Homilía sobre la pasión*, solo conocemos pocos fragmentos de sus obras o referencias en otros autores.

---

[38]Atenágoras de Atenas: *Súpl.*, 7.
[39]Atenágoras de Atenas: *Súpl.*, 33.
[40]Atenágoras de Atenas: *Súpl.*, 35.
[41]Atenágoras de Atenas: *Súpl.*, 33.

(Melitón de Sardes)

Es autor de una Apología dirigida al Emperador Marco Aurelio (ca. 170), de la que cabe destacar su visión de la relación entre el Estado y la Iglesia, a los que ve como hermanos de leche, y sostiene la solidaridad de la Iglesia con el Imperio, siendo aquélla una bendición para éste.

Melitón de Sardes es autor de dos libros *Sobre la Pascua*, en los que defiende el llamado uso cuartodecimano (compuestos hacia el 166-167). Los cuartodecimanos celebraban la Pascua el día 14 de Nisan, y daban particular relieve a la pasión de Cristo, en lugar de a la resurrección, como se hacía en Occidente.

También se ha descubierto una homilía sobre la pasión que es importante. Está construida sobre la comparación entre la pasión de Cristo y la Pascua Judía. Entre sus ideas hay que destacar:

- Sobre Cristo:

    - La divinidad y preexistencia de Cristo. Se le llama: θεός, λόγος, πατήρ, Υιός, ὁ πρωτότοκος του Θεού, δεσπότης, ὁ βασιλευς Ισραήλ, υμών βασιλεύς.

    - Se afirma la encarnación del Hijo claramente:

        "Este es el que se hizo carne en una virgen, cuyos (huesos) no fueron quebrados sobre el madero, quien en la tumba no se convirtió en polvo, quien resucitó de entre los muertos y levantó al hombre desde las profundidades de la tumba hasta las alturas de los cielos. Este es el cordero que fue inmolado, éste es el cordero que permanecía mudo, éste es el que nació de María, la blanca oveja".[42]

- La pre–existencia de Cristo domina los himnos de alabanza al Señor.[43] Así pues, en su doctrina cristológica afirma la existencia de dos naturalezas en Cristo como reacción al error monarquiano (Trevijano).

- Su misión fue rescatar al hombre del pecado, de la muerte y del diablo.[44]

- Su descenso al Hades.[45]

• En cuanto al pecado original, queda firmemente establecido.[46]

• La Iglesia es depósito de la verdad.[47]

Escribió también un libro, del que solo conservamos el prefacio, donde se contiene la lista más antigua de las Escrituras canónicas del Antiguo Testamento: *Seis Libros de Extractos de la Ley y de los Profetas sobre nuestro Salvador y de Toda nuestra Fe.*

Melitón escribió otras muchas obras desaparecidas, pero cuyos títulos indican la amplitud de temas sobre los que escribió: *Sobre la vida cristiana y los profetas, Sobre la Iglesia, Sobre el día del Señor, Sobre la fe del hombre, De la creación*, etc.

---

[42]Melitón: *Hom. Pass.*, 70–71.

[43]Melitón: *Hom. Pass.*, 82.

[44]Melitón: *Hom. Pass.*, 54.103; 102.103; 67.68.102.

[45]Melitón: *Hom. Pass.*, 101–102.

[46]Melitón: *Hom. Pass.*, 54–55.

[47]Melitón: *Hom. Pass.*, 40.

5.3.7   San Teófilo de Antioquía

Nace cerca del Eúfrates. Es el sexto obispo de Antioquía. Su formación es helénica.[48]

(Teófilo de Antioquía)

Aunque escribió varios libros que no se conservan, fue el autor del *Ad Autolycum* (a. 180), que consta de tres libros:

1. Libro I: Sobre la espiritualidad de Dios, su naturaleza y atributos.

2. Libro II: Sobre las profecías inspiradas por el Espíritu Santo, que muestran la necedad de la religión pagana y de las creencias de los poetas griegos. Analiza en detalle y alegóricamente el Génesis en su descripción de la creación del mundo, del hombre, del Paraíso y de la caída.

3. Libro III: Sobre la superioridad moral del cristianismo; refuta las acusaciones contra él, apelando a la vida real de los cristianos.

Entre sus ideas teológicas hay que destacar:

---

[48]É. Gilson: *History of Christian Philosophy...*, cit., págs. 19–21; L. Ortiz de Urbina: *Teófilo de Antioquía*, en "Padres Apostólicos", GER, vol. XVII, pág. 594; G. Bardy: *Théophile D'Antioche (Saint)*, en DTC, vol. XV, cols, 530–536; D. Ramos–Lisson: *Patrología*, cit., págs. 119–122.

- Sobre la Trinidad (*trias*) y la creación del mundo *ex nihilo*. Es el primero que uso la palabra Τριας (trinitas) para expresar la unión de las tres divinas Personas en Dios:

  > "Los tres días que preceden a la creación de los luminares son Símbolo de la Trinidad, de Dios, de su Verbo y de su Sabiduría".[49]

- Es también el primero en distinguir entre el "Logos ἐνδιάθετος" y el "Logos προφορικός", el Verbo interno o inmanente en Dios y el Verbo emitido o proferido por Dios.

  > "Teniendo, pues. Dios a su Verbo inmanente en sus propias entrañas, le engendró con su propia sabiduría, emitiéndole antes de todas las cosas. A este Verbo tuvo El por ministro de su creación y por su medio hizo todas las cosas".[50]

- Sobre la inmortalidad del alma: no es inherente a su naturaleza. De suyo el alma humana no es mortal ni inmortal, pero es capaz de mortalidad o de inmortalidad. La inmortalidad es premio a la observancia a los mandamientos de Dios.[51]

---

[49]Teófilo de Antioquía: *Ad Aut.*, 2, 15.

[50]Teófilo de Antioquía: *Ad Aut.*, 2, 10.

[51]Teófilo de Antioquía: *Ad Aut.*, 2, 27.

Capítulo 6

Los comienzos de la literatura martirial

La realidad de las persecuciones y de los martirios entre los primeros cristianos, así como el ejemplo heroico y la valentía de los mismos, fueron el motivo de un conjunto de escritos que se ha denominado la *literatura martirial*.[1]

Desde el punto de vista de su valor histórico se han diferenciado tres tipos de escritos sobre los mártires: Actas, Pasiones y Leyendas.

Son fuentes preciosas para la historia de las persecuciones contra los cristianos.

Se solían leer en las comunidades cristianas en los actos litúrgicos que conmemoraban el aniversario de los martirios.

---

[1]Cfr. J. Quasten: *Patrología*, cit., vol. I, págs. 177–186; R. Civil Desveus: *Mártir 5. Actas de los Mártires*, en GER, vol. I págs. 151 ss.; D. Ramos–Lissón: *Patrología*, cit., págs. 127–138; M. Simonetti: *Introducción...*, cit., cap. 2; Fliché-Martin: *Historia...*, cit. vol. I, cap. 12; E. Moliné: *Los Padres...*, cit., págs. 115–140; V. Cano Sordo: *Patrología...*, cit., tema 6.

6.1   Actas, Pasiones y Leyendas de los mártires

6.1.1   Actas de los mártires

Son documentos basados en los interrogatorios a los mártires por parte de la autoridad romana en los procesos judiciales penales llevados a cabo contra los cristianos.

Solo contienen:

- Preguntas de la autoridad.

- Respuestas de los mártires.

- Sentencias dictadas.

Los cristianos obtenían copia de los archivos oficiales.

Son los protocolos del proceso judicial ante el procónsul; contienen retoques cristianos; se pide al cristiano ofrecer una *supplicatio* por el emperador, es decir, volver a la ancestral y racional religión de los romanos. Los mártires se niegan, ante las seducciones del procónsul, al culto pagano. Se lee la sentencia de muerte *ex tabella*, es decir, ya preparada de antemano.

Su valor histórico es grande, pues se trata de fuentes de información inmediatas a los hechos y absolutamente dignas de crédito.

Existen las *Actas paganas de los mártires* que no son equiparables, ni hay que confundir, con las cristianas. Son las actas de los procesos que se siguieron en Alejandría a griegos que se oponían a la dominación romana. No se trata de mártires por la fe.

Entre las actas de las que tenemos noticia debemos destacar:

1. La más importante es el Acta del martirio de san Justino y compañeros, del año 165.

2. De los mártires escilitanos (17–VIII–180), en latín eclesiástico, en Africa.

3. Actas proconsulares de san Cipriano, del año 258: dos juicios y muerte (14–IX–258).

6.1.2 *Passiones o martyria*

Relatos de testigos oculares o contemporáneos.

Los escritores cristianos hablan —a veces dando una interpretación decididamente teológica— de los últimos días y muerte del mártir. Se exponen las circunstancias de la detención, la estancia en la cárcel, descripción de las torturas, milagros, etc. Se añaden reflexiones teológicas y espirituales. Se busca la edificación de los creyentes.

Como ejemplos se pueden destacar:

1. *Passio* de san Policarpo (año 156).

2. *Passio* de Perpetua y Felicidad (7–III–202) en Cartago. Una parte está escrita por la misma Perpetua.

3. *Actas de Apolonio* (180–185). Es una apología, la defensa de Apolonio, que era filósofo.

4. Actas de los mártires de Lyon (177).

6.1.3 Leyendas de los mártires

Escritos siglos después. De poco valor histórico. Escritos para edificar. Por ejemplo, las leyendas de san Lorenzo, santa Inés, santa Cecilia, san Sebastián, etc.

Sin estar exentas de un núcleo histórico, contienen muchos elementos de la fantasía piadosa. Son el origen de la literatura hagiográfica. Nacieron a partir del siglo IV.

En estos relatos no exigen tener en cuenta la lengua y el autor.

6.2   Breves noticias sobre algunas Actas y Pasiones más antiguas

6.2.1   "Acta" del martirio de san Justino

(Martirio de San Justino)

Con Justino fueron encarcelados otros cinco hombres y una mujer que, sin duda, se contaban entre sus discípulos. Sorprende que se mencionen las "leyes injustas" de los romanos, pues antes de Decio no se tiene noticia de dichas leyes. El prefecto romano hace preguntas que buscan establecer la culpabilidad de los acusados. Justino responde siempre acertadamente dejando clara su inocencia. La última pregunta que se le hace es: "¿Eres tú cristiano?" Ante la respuesta afirmativa de todos los acusados se dicta la sentencia de muerte, que se basa no en el *nomen Christianum* sino en la negativa a ofrecer el sacrificio como lo mandan las leyes.

El martirio tuvo lugar probablemente en Roma, en el año 165. Fueron decapitados.

Hay tres recensiones de las cuales la "A" es la más breve.

6.2.2 "Acta" de los mártires escilitanos

Las Actas de los mártires escilitanos de África es el documento latino eclesiástico más antiguo de cuantos se han conservado. Mencionan una traducción latina de la Biblia. Al parecer Scilli se ubicaba en el Norte de África.

Fecha: 17 de julio de 189. Es un protocolo procesal breve y auténtico de 17 párrafos. Son siete hombres y cinco mujeres los procesados, de los cuales sólo Esperato y Saturnino se convierten en portavoces.

En el diálogo se comprueba el diverso modo de pensar de los dos bandos. Para el procónsul el cristianismo es una locura (*dementia*) y convicción mala. Lo único que persigue el procónsul es hacer cambiar de posición a los cristianos, hacerlos reflexionar, pero no enredarse con ellos en una discusión sobre el cristianismo. Al final se lee la sentencia de muerte por decapitación. Los condenados dan gracias a Dios por ello. "Y fueron decapitados inmediatamente por el nombre de Cristo. Amén".

6.2.3 "Pasión" de san Policarpo de Esmirna

(Martirio de San Policarpo)

Remitiéndonos a los datos aportados sobre este santo Padre apostólico en el capítulo correspondiente, baste referir ahora un fragmento de la Carta a la Iglesia de Filomelio en el que se narra el proceso y el martirio del santo:

"Al llegar a presencia del procónsul, le preguntó si él era Policarpo. Respondiendo afirmativamente el mártir, el procónsul trataba de persuadirle para que renegase de la fe, diciéndole: 'Ten consideración a tu avanzada edad', y otras cosas por el estilo, según tienen por costumbre, como: 'Jura por el genio del César; muda de modo de pensar; grita: ¡Mueran los ateos!'.

A estas palabras, Policarpo, mirando con grave rostro a toda la muchedumbre de paganos que llenaban el estadio, tendiendo hacia ellos la mano, dando un suspiro y alzando sus ojos al cielo, dijo:

—Sí, ¡mueran los ateos!

—Jura y te pongo en libertad. Maldice de Cristo.

Entonces Policarpo dijo:

—Ochenta y seis años hace que le sirvo y ningún daño he recibido de Él; ¿cómo puedo maldecir de mi Rey, que me ha salvado?

Nuevamente insistió el procónsul, diciendo:

—Jura por el genio del César.

Respondió Policarpo:

—Si tienes por punto de honor hacerme jurar por el genio, como tú dices, del César, y finges ignorar quién soy yo, óyelo con toda claridad: yo soy cristiano. Y si tienes interés en saber en qué consiste el cristianismo, dame un día de tregua y escúchame.

Respondió el procónsul:

—Convence al pueblo.

Y Policarpo dijo:

—A ti te considero digno de escuchar mi explicación, pues nosotros profesamos una doctrina que nos manda tributar el honor debido a los magistrados y autoridades, que están establecidas por Dios, mientras ello no vaya en detrimento de nuestra conciencia; mas a ese populacho no le considero digno de oír mi defensa.

Dijo el procónsul:

—Tengo fieras a las que te voy a arrojar, si no cambias de parecer.

Respondió Policarpo:

—Puedes traerlas, pues un cambio de sentir de lo bueno a lo malo, nosotros no podemos admitirlo. Lo razonable es cambiar de lo malo a lo justo.

Volvió a insistirle:

—Te haré consumir por el fuego, ya que menosprecias las fieras, como no mudes de opinión.

Y Policarpo dijo:

—Me amenazas con un fuego que arde por un momento y al poco rato se apaga. Bien se ve que desconoces el fuego del juicio venidero y del eterno suplicio que está reservado a los impíos. Pero, en fin, ¿a qué tardas? Trae lo que quieras (...).

Enseguida fueron colocados en torno a él todos los instrumentos preparados para la pira y como se acercaban también con la intención de clavarle en un poste, dijo:

—Dejadme tal como estoy, pues el que me da fuerza para soportar el fuego, me la dará también, sin necesidad de asegurarme con vuestros clavos, para permanecer inmóvil en la hoguera.

Así pues, no le clavaron, sino que se contentaron con atarle. Él entonces, con las manos atrás y atado como un cordero egregio, escogido de entre un gran rebaño preparado para el holocausto acepto a Dios, levantando sus ojos al cielo dijo:

—Señor Dios omnipotente, Padre de tu amado y bendecido siervo Jesucristo, por quien hemos recibido el conocimiento de Ti, Dios de los ángeles y de las potestades, de toda la creación y de toda la casta de los justos, que viven en presencia tuya:

Yo te bendigo, porque me tuviste por digno de esta hora, a fin de tomar parte, contado entre tus mártires, en el cáliz de Cristo para resurrección de eterna vida, en alma y cuerpo, en la incorrupción del Espíritu Santo.

¡Sea yo con ellos recibido hoy en tu presencia, en sacrificio pingüe y aceptable, conforme de antemano me lo preparaste y me lo revelaste y ahora lo has cumplido, Tú, el infalible y verdadero Dios!

Por lo tanto, yo te alabo por todas las cosas, te bendigo y te glorifico, por mediación del eterno y celeste Sumo Sacerdote, Jesucristo, tu siervo amado, por el cual sea gloria a Ti con el Espíritu Santo, ahora y en los siglos por venir. Amén.

Apenas concluida su súplica, los ministros de la pira prendieron fuego a la leña. Y levantándose una gran llamarada, vimos una gran prodigio aquellos a quienes fue dado verlo; aquellos que hemos sobrevivido para poder contar a los demás lo sucedido. El fuego, formando una especie de bóveda, rodeó por todos lados el cuerpo del mártir como una muralla, y estaba en medio de la llama no como carne que se abrasa, sino como pan que se cuece o como el oro y la plata que se acendra al horno. Percibíamos un perfume tan intenso como si se levantase una nube de incienso o de cualquier otro aroma precioso.

Viendo los impíos que el cuerpo de Policarpo no podía ser consumido por el fuego, dieron orden al confector para que le diese el golpe de gracia, hundiéndole un puñal en el pecho. Se cumplió la orden y brotó de la herida tal cantidad de sangre que apagó el fuego de la pira, y el gentío quedó pasmado de que hubiera tal diferencia entre la muerte de los infieles y la de los escogidos".[2]

6.2.4 "Pasión" de Felicidad y Perpetua

Esta "pasión" relata el martirio de:

- Saturo, Saturnino y Revocato (catecúmenos).

- Perpetua (romana joven de 22 años, esposa y madre de un niño).

- Felicidad (esclava de Perpetua, que dio a luz antes del martirio).

Sus autores, son en gran parte, los protagonistas:

- Caps. 3–10: diario de Perpetua.

- Caps. 11 y 14: escritos por Saturo.

- Composición final: Probablemente por Tertuliano (contemporáneo de Perpetua) el más grande escritor de la Iglesia africana de aquel tiempo.

Su prestigio fue tanto que san Agustín tuvo que advertir que no podía ponerse esta 'pasión' a la altura de las Escrituras canónicas.[3]

El valor del escrito es muy relevante para la historia del pensamiento cristiano. En efecto:

- Las visiones de Perpetua en la cárcel están llenas de las ideas escatológicas de los primeros cristianos.

---

[2]*Carta de la Iglesia de Esmirna a la Iglesia de Filomelium,* 1, 7-11, 13-16

[3]Cfr. San Agustín: *De Anima et eius Origine* 1, 10, 12.

(Santas Felicidad y Perpetua)

- Al martirio se le llama "el segundo bautismo" por dos veces.[4]

- En la visión del Buen Pastor se refleja el rito de la comunión.

6.2.5   Los mártires de Lyon

Pertenece este escrito a las "pasiones". Es uno de los más interesantes documentos conservados por Eusebio de Cesarea.[5]

Es un retrato de los mártires que sufrieron persecución en esa Iglesia en los años 177–178.

No disimula la apostasía de algunos cristianos.

Entre los mártires destaca la figura del Obispo Fotino, de más de noventa años y enfermo, pero lleno de valor y de entrega.

Es curiosa la descripción del martirio de Blandina, esclava frágil y delicada que sostuvo el valor de sus compañeros con su ejemplo y sus palabras. Soportó sus tormentos, no como condenada a las fieras, sino como convidada a un banquete de bodas. A ella está dedicada esta parte del texto:

---

[4]Cfr. 18, 3 y 21, 2.

[5]Este texto fue conservado por Eusebio: *Hist. Eccl.* 5, 1, 1–2, 8. Es la *Carta de las Iglesias de Viena y Lyon a las Iglesias de Asia y Frigia.*

"La bienaventurada Blandina, la última de todos, cual generosa madre que ha animado a sus hijos y los ha enviado por delante victoriosamente al rey, recorrió por sí misma todos los combates de sus hijos y se apresuraba a seguirlos, jubilosa y exultante ante su próxima partida, como si estuviera convidada a un banquete de bodas y no condenada a las fieras. Después de los azotes, tras las dentelladas de las fieras, tras el fuego, fue, finalmente, encerrada en una red y arrojada ante un toro bravo, que la lanzó varias veces a lo alto. Mas ella no se daba ya cuenta de nada de lo que le ocurría, por su esperanza y aun anticipo de los bienes de la fe, absorta en íntima conversación con Cristo. También ésta fue al fin degollada. Los mismos paganos reconocían que jamás habían conocido una mujer que hubiera soportado tantos y tan grandes suplicios".

Capítulo 7

Los movimientos heréticos del siglo II

7.1 Introducción

El cristianismo tuvo que defenderse, en sus primeros tiempos, contra:

- Dos enemigos exteriores:

    - Judaísmo.

    - Paganismo.

- Cuatro enemigos interiores.

    - Gnosticismo.

    - Marcionismo.

    - Monarquianismo.

    - Montanismo.

De los cuatro movimientos heréticos, el gnosticismo era mucho más peligroso y, como se verá, se encuentra más o menos camuflado a lo largo de toda la historia de la Iglesia hasta nuestros días.[1]

Este tema va a examinar esas cuatro herejías que se desarrollan durante los s. II y III, y que precederán a la crisis arriana del s. IV. Dicho examen nos mostrará el medio ambiente intelectual y teológico que tendrán que enfrentar buena parte de los santos Padres y escritores eclesiásticos de ese tiempo.

7.2   El gnosticismo y su importancia

7.2.1   Definición

El gnosticismo, en sus diferentes modalidades y presentaciones, puede ser descrito como un conjunto de personas, ideas religiosas y especulaciones que en torno al misterio de Dios rechazan la verdad de la doctrina trinitaria y de la economía de la salvación. Su origen es anterior al cristianismo y es producto de un sincretismo entre el dualismo de las doctrinas orientales, nombres y conceptos religiosos del pensamiento judío y del gusto especulativo del pensamiento griego. Tuvo su máxima fuerza entre los siglos II–IV y su principal opositor en san Ireneo.[2]

---

[1]Cfr. Juan A. Jorge: *Cristología,* cit., vol. I, págs. 161–170; V. Messori, *Pensare la storia,* San Paolo, Milano 1992, p. 173–175 y 302–305; L. Suárez, *La Conversión de Roma,* págs. 169 ss.; J. Quasten: *Patrología,* cit., vol. I, págs. 250–278; L. Cencillo: *Gnosticismo. Historia de la Filosofía,* en GER, vol. XI, págs. 63 ss.; L. F. Mateo Seco: *Gnosticismo. Doctrina,* en GER, vol. XI, págs. 61 ss.; D. Ramos–Lissón: *Patrología,* cit., págs. 139–147; E. Moliné: Los *Padres...,* cit., págs. 141–160; V. Cano Sordo: *Patrología...,* cit., tema 7.

[2]San Ireneo ("Adversus Hæreses") insiste en la necesidad de mantener firme la unidad de Dios, en Sí mismo y en su designio de salvación para el mundo, en contra de los gnosticismos y dualismos de la época. También ha de ser mantenida la unidad de Cristo quien es Dios y hombre al mismo tiempo; suprimir cualquiera de las dos realidades, humana o divina, sería invalidar el principio de nuestra Redención.

7.2.2 Orígenes

Tiene orígenes remotos. Es una amalgama de ideas que proceden de las antiguas religiones orientales y del pensamiento y filosofía griegos:

- De las religiones orientales toma:

  1. Dualismo absoluto entre Dios y el mundo, entre el alma y el cuerpo.
  2. La explicación del origen del mal y del bien, de dos principios divinos absolutamente diferentes.
  3. Anhelo de la redención.
  4. El ansia de inmortalidad.

- Del pensamiento y filosofía griegos toma:

  1. En general adopta su elemento especulativo.
  2. Del neoplatonismo recoge sus ideas sobre los mediadores entre Dios y el mundo.
  3. Del neopitagorismo toma su misticismo naturalista.
  4. Del neoestoicismo acoge el valor del individuo y del deber moral.[3]

Aparece con el sincretismo que es una consecuencia de las conquistas de Alejandro Magno (334 a 324 a.C.), y luego de Roma, y de la mezcla de dos mundos, el oriental y el griego. Hacia el siglo II antes de Cristo aparecen los primeros brotes. En Siria, Palestina y Egipto estaba ya difundida la gnosis antes de la predicación del cristianismo. Su mayor influjo entre los cristianos tuvo lugar entre los años 130 y 180.

El gnosticismo pre–cristiano difiere del cristiano, evidentemente, en que la figura de Jesús no figura para nada en sus escritos. Una vez que el

---

[3]J. Quasten: *Patrología*, cit., vol. I, págs. 251–252.

gnosticismo se tiñe de cristianismo, empezó una producción literaria enorme, sobre todo el siglo II. La primera literatura teológica cristiana y la primera poesía cristiana fueron obra de los gnósticos. Forman parte de este grupo muchos de los evangelios, epístolas, hechos y apocalipsis apócrifos.

Toda esta propaganda hizo estragos por el carácter popular de su contenido.[4]

7.2.3   Teología gnóstica

La teología gnóstica puede ser sintetizada en los siguientes puntos:

1. Gnosis = conocimiento o ciencia. Hay que distinguir entre la gnosis verdadera y la falsa. Los Padres y escritores cultivan la "gnosis" verdadera (la filosofía como preparación para la fe).[5] En cambio, para los gnósticos, la "gnosis" es una revelación, trasmitida en secreto, de tradiciones antiguas recibidas de los mismos dioses (libros herméticos, de Hermes) o, en el caso de la gnosis cristiana, de Cristo a través de algún apóstol. Los gnósticos pretendían poseer una revelación privada de los Apóstoles a unos pocos elegidos, una tradición al margen de la Tradición. Se presentan como cristianos que poseían los conocimientos altos y secretos. Ponen la filosofía por encima de la religión (racionalismo).

2. Teogonía: la divinidad sufre un proceso de *emanación* degradativo en sucesivos *eones*.[6] De Dios (el Bien) salen los eones —que están entre el Bien y el Mal— (*Pleroma*) por parejas, de los cuales el "Logos" (el Redentor) es el eon superior y el Demiurgo, un eon que se hizo malo (que da origen al mundo), el más pequeño (es el Dios del Antiguo Testamento).

---

[4]J. Quasten: *Patrología*, cit., vol. I, págs. 252–253.

[5]Vgr. Clemente de Alejandría es el fundador de la teología especulativa.

[6]Se llega hasta treinta eones.

3. Sostiene un dualismo, bien sea de tipo creador (como el caso de Cerinto), o bíblico (como el caso de Marción): el Dios del Antiguo Testamento es malo e incompatible con el Dios del Nuevo Testamento.
Hubo hasta 60 sectas gnósticas. Profesaban el dualismo (Dios y Materia).

4. Origen del mundo: no es por Dios, sino que fue realizado por un
subproducto del pecado de uno de los eones divinos: *Sofía*. Fue creado
por un *demiurgo* malo, estúpido y ciego. Dios es totalmente ajeno a
este mundo, de tal modo que sólo se puede entrar en contacto con
Él separándose de todo lo natural. A través de seres intermedios se
puede subir al dios supremo espiritual. Lo material por su origen es
malo, es una cárcel.

5. Salvación por auto–conocimiento: el hombre se salva a sí mismo al
tomar conciencia del parentesco con la divinidad y de su superioridad con respecto al mundo. También es una doctrina de salvación
(liberarse de lo material y hacerse espiritual, por medio de ritos mágicos) ofrecida a unos cuantos iniciados.

   Los hombres son chispa de espíritu encerrada en la materia. Son
de tres tipos: espirituales, psíquicos y materiales. El "Logos" baja al
mundo con un cuerpo aparente (error doceta), para redimir a algunos hombres (los gnósticos o *pneumáticos*), que se distinguen de los
demás (los *hílicos* o materiales). Los simples fieles (*psíquicos*) deben
elegir entre los dos.

6. Moral: en el terreno moral aparecen varias opiniones; algunos propugnan la renuncia a todo lo material y, al mismo tiempo, la posibilidad de una vida licenciosa, como consecuencia de no dar importancia a lo corporal. En efecto, en su doctrina se mezcla un naturalismo
(desprecio por la libertad) en unos aspectos con un rigorismo (*contra*

naturam) en otros y un laxismo (admitían la licitud de no confesar la fe ante la amenaza de martirio, etc.) en otros.

El problema de fondo al que intenta responder el gnosticismo es en realidad el siguiente: ¿Cómo explicar que un Dios tan bueno y tan puro se haya encarnado o que haya sufrido realmente en la carne?

De ahí que en cristología presenten dos tendencias principales:

a)   El docetismo: Cristo no era un hombre verdadero. La encarnación no era sino una apariencia. Cristo parecía ser un hombre, parecía que sufría y que moría. Pero no era así en la realidad. Cristo no podía ser un hombre como nosotros.[7]

b)   El subordinacionismo gnóstico: Cristo es un ser intermedio, ni verdadero Dios ni verdadero hombre. Mientras que los docetas seguían manteniendo la divinidad de Cristo, éstos también la niegan. Consideraban que Cristo era un demiurgo, un ser creado por Dios cuya misión no era sino comunicar a algunos iniciados los secretos relativos a las emanaciones divinas y a la creación del mundo, de modo que una elite de escogidos pudiera salvarse por el conocimiento (gnosis); por lo tanto, la salvación no se opera por la participación en la vida divina mediante la incorporación a Cristo.

---

[7]La negación de la humanidad de Cristo es algo que puede parecer extraño, pero es el reflejo de un miedo que va a aflorar en varios momentos de la historia de la Iglesia: lo inexplicable es que Dios "se hunda" en la materia mala, comprometiendo su pureza y santidad.

7.2.4 Contraste con el cristianismo

Los contrastes entre cristianismo y gnosticismo son muy claros:[8]

Cristianismo: perspectiva general	Gnosticismo: perspectiva general
Llama a la conversión de todos los seres humanos	Conquista las élites
Carácter público	Carácter secreto
Busca la esperanza futura	Busca el retorno a los orígenes
Tiene un pensamiento histórico	Es pensamiento estático, sin historia
Es religioso, pero vive en el mundo	Es un laicismo, pero en el fondo, es religión

Dios y el mundo en el cristianismo	Dios y el mundo en el gnósticismo
Dios es unidad y no contradicción	Dualismo
Dios es diverso del hombre	Unidad de Dios y del hombre
Dios ama el mundo	Dios odia el mundo
Es incomprehensible pero inteligible	Es cognoscible sólo por el mito y la iluminación mística
El mundo es bueno	El mundo es malo
La carne es buena y resucitará	La carne es despreciada

---

[8]Cfr. http://www.rodin.org.mx/patrologia/pac/index.html Tema 7.

El mal para el cristianismo	El mal para el gnosticismo
Es consecuencia de nuestros pecados	Es parte de Dios y del mundo
Es efecto de nuestra libertad imperfecta y creada	No es causado por el hombre
Hay que huir del mal	Hay que conocer el mal y practicarlo para vencerlo

El conocimiento para el cristianismo	El conocimiento para el gnosticismo
La verdad es pública	La verdad es secreta y para unos pocos escogidos
El principio de identidad y de no contradicción	Los contrarios son verdaderos los dos
La teología es un discurso racional	La teología es un relato mítico

Salvación para el cristianismo	Salvación para los gnósticos
La historia como redención	La historia como progresiva caída
La redención está hecha en Jesucristo y llegará a su plenitud en la Parusía	La redención la hace cada uno por el conocimiento
Podemos liberarnos del pecado	Solo los elegidos se liberan del pecado
Todos pueden tener acceso a ella	Solo unos pocos la consiguen
Los pobres se salvan	Sólo los mejores se salvan
Espíritu misionero de la Iglesia	Espíritu sectario de la gnosis
La salvación es volver a Dios	La salvación es volver a ser Dios
La salvación es cognoscible para todos por la fe	La salvación es un secreto reservado para pocos

7.2.5 Actualidad del gnosticismo

Alguno ha dicho que la historia de Occidente es la historia de los intentos de la mentalidad gnóstica por desterrar al cristianismo o corromperlo desde dentro. El gnosticismo como actitud ha pervivido a lo largo de toda la historia de la Iglesia, donde reaparece con frecuencia, revestido de diversas formas, pero siempre con el intento de racionalizar la fe y adaptarla al modo de pensar puramente humano, sacrificando todo el misterio y la fe a las exigencias de la pura razón mundana. En este sentido, tal vez sea la peor de todas las herejías.

Aunque los principales exponentes de la época que estudiamos se verán un poco más adelante, sin embargo esta herejía renace siempre a lo largo de la historia de la Iglesia, y así se pueden considerar, bastantes de los movimientos heréticos posteriores, como los cátaros y albigenses de la Edad Media, ciertos filones del Renacimiento, la ilustración, la masonería, cierto romanticismo, el idealismo, el nazismo, el fascismo, el marxismo leninismo, el ocultismo, el esoterismo, el modernismo y el neo–modernismo, el movimiento *New age* y la cultura post moderna.[9]

---

[9]Según Gianni Vattimo, autor de *El fin de la modernidad*, el Paraíso terrestre que anunciaban los marxistas, ya no está más delante, sino atrás. Se busca el retorno a un mundo incontaminado y premoderno. El gusto artístico actual va a lo pasado, a lo antiguo. Las cajas de galletas se diseñan con motivos ecológicos. No más fábricas, ferrocarriles, carreteras... Ahora se aprecia más un blanco molino de agua, campesinos *Ancien Régime* y carros tirados por caballos en el fondo. Imágenes de un mundo perdido.

Son grandes éxitos editoriales los libros sobre esoterismo, ocultismo, parapsicología, magia, alquimia, diabolismo... Además, se han revalorizado las revistas que comentan los últimos sucesos de las casas reales europeas. En la modernidad, en cambio, se despreciaba todo lo aristocrático.

Los médicos "normales" no tienen pacientes, en cambio los homeópatas, herboristas, acupunturistas, iridiólogos, etc., están llenos de trabajo.

Lo que al mundo de hoy interesa, dice Gianni Vattimo, no es la teología computarizada, sino el peregrinaje al santuario o el exorcismo; no es un Evangelio racionalizado, sino el escándalo del misterio...

Dentro de la Iglesia actual, buena parte de esta actitud se encuentra reflejada en el movimiento modernista y neo–modernista.

7.2.6   Consecuencias para el cristianismo

Las consecuencias principales de la victoria del cristianismo contra el gnosticismo fueron las siguientes:

1. Independencia del cristianismo de toda otra religión y filosofía incompatible con la fe.

2. Unicidad de la verdadera religión: no se convirtió el cristianismo en una religión más.

3. Incontaminación de la Revelación.

4. Catolicidad.

Derrotar al gnosticismo de estos primeros momentos constituyó un mérito mayor que la victoria sobre las persecuciones.

7.2.7   Principales representantes

Exponentes en los comienzos

Ya en la carta a los Gálatas habla san Pablo de gnósticos judaizantes; dice que practicaban ritos mágicos y supersticiosos. Pero, sobre todo, más tarde en las cartas de la cautividad (Colosenes, Efesios) aparece en primer lugar la gnosis que se había desarrollado en las Iglesias (Col 2:8). Aún más claro el desarrollo de estas herejías aparece en las cartas pastorales (1 Tim 1: 3-4; 1 Tim 6: 20).

Primeros gnósticos

Simón el Mago vive en Samaria. Se hace bautizar por Felipe e intenta comprar el don del Espíritu Santo a Pedro y a Juan. Es reprendido y, aparentemente se arrepiente. Su actividad gnóstica se difunde. En muchos escritos primitivos se le menciona (Justino, Ireneo, etc.). Es el exponente de la gnosis siriaca.

Otros gnósticos de los principios son Cerinto y los elcesaitas. Hubo entre ellos hombres brillantes que produjeron una literatura erudita y abundante (comentarios a la Sagrada Escritura, tratados dogmáticos, etc.).

Principales sectas gnósticas

1. Gnosticismo oriental (aceptan el Antiguo Testamento y rechazan el Nuevo Testamento):

   (a) Nicolaitas (diácono Nicolás de Jerusalén). Para apagar la concupiscencia daban rienda suelta a los placeres. Hoy se usa la palabra "nicolaismo" para expresar la falta de celibato en los sacerdotes.

   (b) Mandeos (del armeno "manda" = conocimiento). Es una pequeña secta gnóstica extracristiana del Oriente medio. Quedan actualmente algunos millares en Mesopotamia meridional. Pretenden tener su origen en Juan Bautista. Consideran que Jesús es un falso profeta. Poseen una abundante literatura sagrada. Clara influencia de doctrinas maniqueas.

2. Gnosticismo helenístico o gnosis alejandrina (toman más del Nuevo Testamento que del Antiguo Testamento):

   (a) Basílides. En Alejandría (120–145). Era discípulo de Menandro y de Simón el Mago. Tiene una exégesis del Evangelio en 24 libros. Profesa el rigorismo ético, según principios cristianos, pero sostiene que las acciones morales son en sí indiferentes. Según J. Quasten, sus principios son los siguientes: 1. El conocimiento (gnosis) libra de los principados que hicieron este mundo. 2. Solamente unos pocos, uno por mil, dos por diez mil, pueden poseer el verdadero conocimiento. 3. Los misterios deben guardarse en secreto. 4. El martirio es inútil. 5. La redención afecta solamente al alma, no al cuerpo, que está sujeto a corrupción. 6. Todas las acciones, incluso los más horrendos pecados de lujuria, son materia totalmente indiferente. 7. El cristiano no debería confesar a Cristo crucificado, sino a Jesús, el enviado del Padre. De otra suerte sigue siendo esclavo y bajo el poder de los que formaron su cuerpo. 8. Hay que despreciar los sacrificios paganos, pero puede hacerse uso de ellos sin escrúpulo alguno, porque no son nada.[10]

(b) Valentín. Se traslada de Alejandría a Roma (136−160) donde desarrolla la doctrina de los 30 eones y de la división de los hombres.

3. Gnosticismo cristiano:

(a) Cerinto (judeo−cristiano). Vive en Asia menor a fines del s. I. Judaizante rígido y gnóstico. Niega la divinidad de Cristo. Afirma el error doceta (decir que Cristo recibió el poder divino de hacer milagros en su bautismo, pero que desaparecería en la pasión; el cuerpo de Cristo no es verdaderamente humano: es aparente). S. Juan escribe su Evangelio, en parte, para refutar estas ideas.

Según san Ireneo, Cerinto, un hombre educado en la sabiduría de los egipcios, decía tener inspiración angélica. Enseñó que el

---

[10]Estos datos se extraen de la descripción que hace de la doctrina de Basílides, san Ireneo: *Adv. Haer.*, 1, 24, 3−4.

mundo visible y los cielos no fueron hechos por un Ser Supremo, sino por un poder menor (el Demiurgo) distinto de él. No Yahveh sino los ángeles hicieron el mundo y le dieron sus leyes. Estos ángeles–creadores no conocían de la existencia de Dios. La ley judía se volvía entonces sagrada y esencial para la salvación. Cerinto distinguió entre el hombre *Jesús* y el *Cristo*. Negó el nacimiento sobrenatural de Jesús, haciéndolo hijo de José y María, y distinguiéndolo de Cristo, que descendió sobre él en el bautismo y lo dejó de nuevo en su crucifixión. También se decía que Cerinto enseñó que Jesús será levantado de entre los muertos en el Último Día, cuando todos los hombres se levantarán con Él. En ese sentido, era similar a un ebionita en su cristología, pero gnóstico en su doctrina de la creación. Cerinto creía en un milenio feliz que sería realizado en la tierra antes de la resurrección y en el reinado espiritual de Dios en el cielo.[11]

(b) Marción, del que se trata más adelante.

(c) Encratitas: Seguidores de Taciano (discípulo de S. Justino) que profesaban un gran rigorismo e ideas gnósticas.

7.3 Marción y el marcionismo

Marción, cristiano gentil del Ponto, armador de barcos, llega a Roma en el a. 139, y hace un fuerte donativo a la Iglesia de esta ciudad (400 mil sextercios). En 144 rompe y funda otra iglesia con jerarquía. Es excomulgado en Roma, pero antes lo fue por su propio padre, el Obispo de su ciudad natal. Marción predicaba una especie de "comunismo de la caridad", bajo

---

[11]De acuerdo con Ireneo, Policarpo de Esmirna contaba la historia de que san Juan el Divino temía tanto a Cerinto que una vez huyó de un baño cuando se enteró que Cerinto estaba dentro, gritando: "¡Huyamos, antes de que el edificio se venga abajo; pues Cerinto, el enemigo de la verdad, está adentro!"

el pontificado de Pio I (144), que se hallaba muy cerca de los ideales pita-góricos.

Negaba toda comunicación entre la carne y el espíritu, y rechazaba al Dios de los judíos. Sólo admite el Evangelio de S. Lucas. Era más práctico, ri-gorista en ética, dualista, rechaza el Antiguo Testamento. Sostiene un fuerte antijudaismo contraponiendo el Dios de la justicia (Antiguo Testamento) al Dios del amor (Nuevo Testamento). Jesús tiene un cuerpo aparente. Moral severísima (no matrimonio, no carne, no vino).

Aunque coincide con los gnósticos en temas importantes, como el do-cetismo, difiere en otros muchos. Esto ha llevado a algunos autores a negar su adscripción al movimiento gnóstico; así B. Aland o L. F. Mateo Seco, por ejemplo, son de esta opinión, al no encontrar en Marción especulaciones en torno a los eones, ni afirmar que el hombre sea portador de una chispa divina.[12] Sin embargo otros autores sí piensan que Marción debería estar entre los gnósticos, a pesar de sus peculiaridades, pues si bien es verdad que no trata de salvar la distancia entre lo infinito y lo finito a través de una serie de eones, ni especula sobre la causa del desorden que reina en el mundo visible, y repudia la interpretación alegórica de la Sagrada Escri-tura, sin embargo, su teología coincide con la de los gnósticos en muchos otros puntos de vista, como:

- El concepto gnóstico de divinidad, suponiendo una distancia entre el "Dios bueno" del Nuevo Testamento que vive en el tercer cielo, y el "dios justo" que es inferior a Él.

- Concepto de creación por el "dios justo", que es el demiurgo gnóstico.

- El concepto de creación hecha no de la nada, sino de la materia eter-na, principio de todo mal.

---

[12]Cfr. B. Aland: *Marcione. Marcionismo*, en "Dizionario Patristico e di Antichità Chris-tiane", II, 2095–2098; L. F. Mateo Seco: *Dios Uno y Trino*, Pamplona, 1988, pág. 201. Fue la posición de Harnack.

- La cristología marcionita sostiene que Cristo ni nació ni creció, sino que apareció en la Sinagoga de Cafarnaúm; con su muerte rescata el alma del poder del demiurgo, del "dios justo". La redención afecta solo al alma.[13]

Lo critican Tertuliano, Ireneo, S. Justino, etc. Su secta pervivirá hasta el siglo V. Escribió la "Antítesis", obra en la que expone las relaciones entre el Antiguo Testamento y el Nuevo Testamento: el primero es fruto del demiurgo y el segundo del Dios del amor que toma un cuerpo aparente.

7.4 El monarquianismo y el comienzo de las cuestiones trinitarias

La última gran herejía del momento será el monarquianismo, una herejía trinitaria, que tiene sus corolarios cristológicos, como es lógico. El monarquianismo tuvo dos vertientes, el adopcionista y el modalista.[14]

Estas herejías fueron calificadas así por Tertuliano,[15] porque todas las corrientes de este pensamiento coinciden en afirmar que hay un solo Dios, un solo "monarca", una sola Persona que se llama *Padre, Hijo* o *Espíritu Santo* según las épocas de la Revelación.

Ya al final del siglo I, algunos herejes de origen judío, Cerinto y los ebionitas, sostuvieron firmemente que había un solo Dios y una sola Persona, negando la divinidad de Cristo. Los ebionitas, según opinión común, serían

---

[13]Es la posición de J. Quasten.

[14]cfr. Juan A. Jorge: *Cristología*, vol. I, Santiago de Chile, Shoreless Lake Press, 2016, págs. 163–168.

[15]Tertuliano, como sabemos, defiende la humanidad de Cristo frente a los docetas, pero no olvida su divinidad. Su máxima aportación en cristología es que encontró los términos lingüísticos que más tarde servirían para solucionar el problema de la unión de las dos naturalezas en Cristo; además subraya bien el hecho que la unión de naturalezas, no priva a ninguna de sus operaciones y actividades propias.

LOS PRIMEROS INTENTOS DE EXPLICACIÓN TEOLÓGICA DE LA TRINIDAD EN LOS SIGLOS II Y III Y SUS RIESGOS

Monarquismo modalista (sabelianismo) o patripasionista	El Hijo (y el Espíritu Santo) no son más que manifestaciones de Dios Padre, el único Dios. Es el mismo Padre quien ha padecido. (Por tanto, las tres personas divinas en realidad se confundirían).
Subordinacinismo	El Hijo (y el Espíritu Santo) son realmente distintos, pero de alguna manera son inferiores y están subordinados al Padre. (Por tanto, aunque se diga lo contrario, ni el Hijo ni el Espíritu Santo serían Dios).
Monarquianismo dinámico o adopcionista	Cristo es un hombre que ha sido especialmente asociado a Dios, quien le ha hecho Hijo adoptivo suyo. (Por tanto, Cristo no sería Dios).

(Cfr. E. Moliné: *Los Padres...*, cit., pág. 588)

judíos convertidos al cristianismo que vivían conforme a la Ley judía. Consideraban a Cristo como verdadero profeta, el más glorioso, porque incluso habitaría un ángel dentro de él. Pero sería un puro hombre, concebido o no virginalmente, según las diversas corrientes de este pensamiento, y nunca pre-existente a la encarnación. San Ireneo los enfrentó.[16]

Hacia el final del siglo II, los llamados "monarquianistas" afirmaron que sólo había una Persona en Dios ("tenemos una monarquía..." era su lema). Cristo no era pues Dios, y según consideraran la realidad de Cristo, los monarquianistas se pueden dividir en dos ramas: el *monarquianismo dinámico o adopcionista* (para el que Jesús sería un simple hijo adoptivo de Dios, en el sentido de que habitaba en él la "fuerza" —"δύναμις"— divina) , y el *monarquianismo modalista o patripasianismo* (porque Jesús sería uno de los "modos" como Dios se nos ha revelado, llegando a decir que fue el Padre el que murió en la cruz ("patripasianismo").

El monarquianismo dinamista niega la divinidad del Hijo. Los modalistas o patripasianos (otro tipo de monarquianismo) niegan la distinción de Personas.

1. Monarquianismo dinamista: Enseña que Cristo fue un mero hombre, aunque nacido de un modo sobrenatural del Espíritu Santo y la Virgen María. En su bautismo, Dios le otorgó un poder divino en medida extraordinaria, al tiempo que fue adoptado por Dios como si fuera un hijo. Sus principales representantes fueron:

   (a) Teodoto de Bizancio, quien enseña su doctrina en Roma en el año 190 y fue excomulgado por el Papa Víctor.

   (b) Pablo de Samosata, Obispo de Antioquía, quien también se sumó a esta doctrina, y fue excomulgado por un Sínodo de Antioquía del año 268. Para este heresiarca:

---

[16]El recuento más temprano sobre Cerinto lo da san Ireneo en su refutación del Gnosticismo, *Adversus Hæreses* (I: xxvi; III: iii y xi), escrito alrededor del año 170.

- Cristo no es Dios. El "Logos" es la "fuerza divina" impersonal entregada a Cristo para que le guiase.

- El Hijo y el Espíritu Santo son "fuerzas" divinas que se identifican con el Padre.

- ὁμοούσιος es usado aquí en sentido herético: el "Logos" no es una persona distinta del Padre, sino una sola esencia indiferenciada. Por eso el Sínodo de Antioquía del año 269 rechazó este término, que sería posteriormente clave en el concilio de Nicea, aunque entendido, lógicamente, en sentido ortodoxo.

(c) El Obispo Fotino de Esmirna, quien fue depuesto por un Sínodo de la misma ciudad del año 351.

2. Monarquianismo modalista: Desde el siglo III se conoce en Oriente como "sabelianismo" a consecuencia de la gran influencia de Sabelio en esta herejía.

Sostiene que Cristo fue Dios, pero al mismo tiempo la divinidad sólo tiene una sola Persona, resolviendo la aporía enseñando que fue el Padre el que se hizo hombre en Jesucristo y el que sufrió en la cruz ("patri–pasianismo").

(a) El iniciador del modalismo fue el obispo Noeto de Esmirna, quien hacia el año 180 predicaba en esa ciudad (Asia Menor) la identidad del Hijo de Dios con el Padre. A Noeto lo conocemos por la refutación de S. Hipólito, *Homilía contra la herejía de Noeto*, en la que sintetiza así su pensamiento: "Dijo que Cristo era el mismo Padre, que el mismo Padre era el que había nacido, padecido y sufrido".[17]

---

[17]San Hipólito: (*Contra Noetum*, 1). Cfr. F. J. Fernández Conde: *Modalismo*, en GER, cit., t. XVI, pág. 89. Expulsado de la iglesia de Esmirna por contumaz, llegó a Roma donde contó

(b) Un segundo protagonista fue Práxeas. Por Tertuliano sabemos que llegó a Roma procedente de Asia. Desde Roma, Práxeas pasó a Cartago, encontrándose allí con Tertuliano quien, noticioso de sus ideas, escribirá contra él hacia el a. 213 el tratado polémico *Adversus Praxeam*,[18] por el que sabemos que Práxeas, al enfrentarse con los textos de la Sagrada Escritura en los que se establece una distinción real entre el Padre y el Hijo, la interpretó de un modo muy singular: "El Hijo es la carne, el hombre, Jesús; el Padre el espíritu, Dios, Cristo".[19]

(c) Finalmente, Sabelio[20] extendió este pensamiento al Espíritu Santo, enseñando que en Dios había una sola "hipóstasis" (entendido como nuestro concepto actual de persona) y tres "prósopa" (entendido en su sentido original griego de máscara de actor, de papel de una obra de teatro), que correspondería a cada uno de los modos de revelación: el Dios unipersonal se habría revelado

---

con Epígono como discípulo y propagador de sus doctrinas, y éste, a su vez, con Cleómenes "que confirmaba —según Hipólito— la doctrina errónea con una vida y unas costumbres desordenadas" (*Philosophumena*, IX,7).

[18]Tertuliano, quien ya era por entonces montanista, describió en los siguientes términos a Práxeas: "Era hombre de carácter inquieto, hinchado por el orgullo de haber sido confesor, sólo por algunos momentos de fastidio que padeció durante algunos días en la cárcel. En aquella ocasión aun cuando 'hubiese entregado su cuerpo al fuego, de nada le hubiera servido' (1 Cor 13:3), porque no tenía caridad. Había resistido a los dones de Dios y los había destruido" (*Adversus Praxeam*, 1).

[19]*Adversus Praxeam*, 27.

[20]Sabelio era originario de la Pentápolis de Libia, llegó a Roma en vida del Papa Ceferino (199–217), probablemente el 217, donde, a través de Cleómenes, entró en contacto con el modalismo, aplicando también al Espíritu Santo las ideas que Noeto y Práxeas habían aplicado sólo al Hijo. Ganó numerosos adeptos y fue combatido por S. Hipólito y el Papa S. Calixto (217–222), quien le excomulgó, debiendo huir a Oriente y Egipto, donde continuó la propagación de sus errores, siendo combatido allí por S. Dionisio de Alejandría y el Papa S. Dionisio (D.S. 112–115). Murió en Egipto el a. 260. Cfr. J. M. Revuelta: *Sabelio y Sabelianismo*, en GER, cit., t. XX, pág. 581.

como Padre en la creación, como Hijo en la Redención, y como Espíritu Santo en la obra de santificación.

Las teorías modalistas de tipo sabeliano pervivieron durante bastante tiempo, utilizando comparaciones bien singulares para explicar sus errores, como por ejemplo, indica S. Epifanio al describir el pensamiento de dicha secta:

> "El Padre, el Hijo y el Espíritu Santo son una misma realidad, de tal manera que las tres denominaciones corresponden a una misma 'hipóstasis'. Así como en un hombre existe el cuerpo, el alma y el espíritu, de la misma manera el Padre se asemeja al cuerpo, el Hijo al alma, el Espíritu Santo al espíritu humano... El sol tiene una sola 'hipóstasis' y, sin embargo, un triple modo de actuar: iluminar, calentar y conformar circularmente; la función de calentar corresponde al Espíritu, la de iluminar al Hijo y al Padre la de dar forma personal".[21]

7.5 Montanismo

Esta herejía se conoce también con el nombre de "nueva profecía" o "herejía de los frigios", debido a que su fundador, Montano, nació en ese país, hacia el año 170 y dijo poseer el Espíritu Santo, quien le inspiró las profecías sobre los últimos tiempos. Fue ayudado por dos profetisas, Priscila y Maximila.

Montano anunciaba el fin del mundo inminente, que ocurriría poco después de su muerte. Para prepararse al evento, era necesaria una ascesis muy rigurosa a base de ayunos severos, celibato, continencia sexual, limosnas,

---

[21]*Panarion*, 11, 82. Cfr. F. J. Fernández Conde: *Modalismo*, cit., pág. 90.

insistencia en el martirio y en la prohibición de huir de las persecuciones, etc.

Se presentaba como una vuelta a la primitiva Iglesia.

Todo ello hizo que fuera muy acogido entre almas buenas. Sin embargo pronto se manifestó su peligro para la fe, pues oponía una Iglesia carismática a la institucional e incluso a la Sagrada Escritura. Desde fines del siglo II y principios del III, se condena el movimiento en varios sínodos de Asia Menor. Sin embargo se extendió en algunos círculos de Roma y de Africa del Norte, donde Tertuliano acoge la secta en el año 207.

El movimiento pervivirá hasta el siglo IX en Oriente.

El gnosticismo y el montanismo utilizaban terminología y conceptos cristianos; sin embargo, sus ideas eran de carácter opuesto. En efecto:

Gnósticos	Montanistas
Cristianismo adaptado al mundo	Cristianismo exige renuncia total al mundo
Tratan de absorber la filosofía religiosa de los griegos y los mitos religiosos de Oriente	Desprecian el saber pagano
La revelación y la fe tienen un espacio muy reducido	Utilizan la revelación heréticamente
Tratan de ganarse al mundo	Esperaban el inminente fin del mundo, por lo que tenían una moral muy rigorista, y pregonaban el apartamiento del mundo y de sus placeres

Capítulo 8

La primera literatura antiherética

8.1 San Ireneo de Lyon y su lucha contra el gnosticismo

8.1.1 Vida

Es el teólogo más importante del siglo II.[1]

Nace entre el 140 y 160, probablemente en Esmirna. En una carta (a. 190) al presbítero romano Florino, amigo de la infancia que había caído en la herejía, relata cómo aprendió la doctrina de san Policarpo (+155). A través de san Policarpo, san Ireneo estuvo en contacto con la era apostólica. Por razones desconocidas, san Ireneo dejó el Asia Menor y marchó a las Galias.

---

[1]Cfr. J. Quasten: *Patrología*, vol I, cit., 287–314; S. Cola: *Perfiles de los Padres*, ed. Ciudad Nueva, Madrid 1991, p. 23–27; R. Trevijano: *Orígenes...*, cit., págs. 77–86; V. Cano Sordo: *Patrología...*, cit., tema 8; D. Ramos–Lisson: *Patrología*, cit., págs. 147–150; E. Moliné: *Los Padres...*, cit., págs. 152–160; J. Ibáñez Ibáñez: *Ireneo (San)*, en GER, vol. XIII, págs. 71 ss.; F. Vernet: *Irénée (S.) Évêque de Lyon*, en DTC, vol. VII, cols. 2394–2533. É. Gilson: *History of Christian Philosophy...*, cit., págs. 21–24.

(San Ireneo de Lyon)

En 177 los fieles de Lyon, que sufrían una dura persecución bajo Marco Aurelio (su obispo estaba encarcelado y murieron cuarenta mártires en aquella persecución) lo envían a Roma, como embajador de paz con Eleuterio papa, preocupados por la comunidad sacudida por la herejía de Montano. Elogian sus virtudes, sobre todo, el ser sacerdote.

A su regreso a Lyon ha muerto mártir el obispo Fotino, e Ireneo es nombrado su sucesor. Contribuye a la difusión del cristianismo por todo el valle del Ródano.

Escribe a Víctor I (189–198), papa, y a varios obispos asiáticos excomulgados por Víctor con motivo de las controversias pascuales, para exhortarlos a la concordia (*pacificador* = *eirenopoios*, es decir su propio nombre *Ireneo*).

No sabemos más de Ireneo. Gregorio de Tours dice que murió mártir (?) hacia el año 202.

8.1.2 Escritos

Combate a los gnósticos, combinando esta tarea con la administración de su diócesis. Escribió muchas obras en griego de las cuales sólo quedan dos completas, y títulos y fragmentos de otras.

Su preparación para el combate contra las herejías era excelente porque:

- Tenía un vasto conocimiento de las fuentes gnósticas.

- Poseía una gran seriedad moral y entusiasmo religioso.

- Tenía una gran familiaridad con san Policarpo y con los demás discípulos de los Apóstoles.

Adversus haereses

S. Ireneo, en *Adversus haereses*, da tres reglas para luchar contra el gnosticismo, que es el propósito fundamental del libro:

- Apoyarse en el Antiguo y Nuevo Testamentos.

- Eliminar los ritos falsos y creer en la historicidad de Jesús.

- La apostolicidad: sucesión apostólica; la iglesia de Roma.

El gnosticismo sobrevivió, sobre todo en las sectas maniqueas.

Su título original es: "Desenmascaramiento y derrocamiento de la pretendida falsa gnosis".

Son cinco libros, que pueden dividirse en dos grandes partes:

1. La primera parte se recoge en el primer libro de la obra, que trata sobre el descubrimiento de la falsa gnosis. Es de tipo histórico. Menciona a los valentinianos, luego, los orígenes del gnosticismo con Simón el Mago y Menandro. Por fin alude al resto de los principales gnósticos: Satornil, Basílides, Carpócrates, Cerinto, los ebionitas, los nicolaítas, Cerdón, Marción, Taciano, los encratitas.

2. Los restantes cuatro libros están dedicados a la segunda parte de la obra en la que refuta la falsa gnosis.

   (a) En el segundo libro, con argumentos de razón (a los que da gran importancia), refuta a los valentinianos y marcionitas. Comienza tratando en él la unidad de Dios.

(b) En el tercero, con argumentos de doctrina eclesiástica trata de la unidad de Dios y de Cristo.

(c) En el cuarto con las palabras del Señor trata de la unidad y del progreso dogmático en el Antiguo y Nuevo Testamentos, y de las economías divinas (historia de la salvación).

(d) El quinto libro trata de la resurrección de la carne y, al final, defiende el quialismo milenarista que es característico de la teología asiática (Justino, Papías...), es decir, el reinado de Cristo durante mil años en este mundo después de la Parusía.

En resumen, el primer libro es una historia de la gnosis, el segundo una refutación de la gnosis con la razón y los tres últimos una refutación de la gnosis con la Sagrada Escritura y la Tradición.

Aunque tuvo una difusión enorme, el escrito adolece de falta de nitidez y de unidad. No logra una síntesis armónica. Sin embargo expone clara, simple y persuasivamente la doctrina católica. No pretende el autor hacer retórica. Utiliza fuentes ya desaparecidas.[2]

Demostración de la enseñanza apostólica

Eusebio la cita en su Historia Eclesiástica (5, 26). Se conserva en una versión armenia.

Está escrito como una carta a un amigo. Es un tratado apologético, y no una catequesis, como dijeron algunos. Este carácter apologético aparece incluso en el mismo título de la obra. Se trata de una exposición del Credo como una historia de la salvación, que consta de una introducción y dos partes. Su contenido es el siguiente:

1. Introducción (cap. 1 a 3): motivos de composición de la obra.

---

[2]En cuanto a la transmisión del texto, se conservan varios manuscritos en la versión latina que fue hecha al parecer en Africa entre el 200 y el 420 (los expertos disputan).

2. Primera parte (cap. 4 a 42): explica la esencia de la fe cristiana mediante un desarrollo de la historia de la salvación desde Adán a Cristo: Trinidad, creación, caída, encarnación y redención.

3. Segunda Parte (cap. 49 a 97): esgrime pruebas sobre la verdad de la revelación cristiana (parte apologética), sacadas de las profecías del Antiguo Testamento, y presenta a Jesús como Hijo de David y como Mesías.

4. En la conclusión exhorta a la coherencia en la fe, precaviendo contra la herejía y la impiedad.

8.1.3 Teología del "fundador de la Teología cristiana"

Ireneo es un apologista, defensor de la verdad contra la gnosis falsa. Pero, además, es el fundador de la teología cristiana, por dos motivos:

- Porque desenmascaró el carácter pseudo–cristiano de la gnosis, acelerando así la eliminación de este herejía.

- Porque defendió con éxito los artículos de la fe católica negados por los gnósticos.

Paradógicamente, él personalmente recela de la especulación racional. Así por ejemplo:

> "Es mejor no saber absolutamente nada, ni siquiera una sola de las razones por las que ha sido hecha una sola cosa de la creación, pero creer en Dios y perseverar en su amor, que hinchado por un conocimiento así, apartarse de ese amor, que es la vida del hombre. Y más vale no buscar otro conocimiento que el de Jesucristo, el Hijo de Dios, que fue crucificado por

nosotros, que caer en la impiedad por cuestiones sutiles y discusiones alambicadas".[3]

Con todo es el primer formulador de la doctrina cristiana en términos dogmáticos. Se caracteriza por el valor que da a la Tradición.

S. Ireneo inquiere el porqué (*dia ti*) de los grandes datos decisivos del plan de salvación, que forman "un conjunto" para el discípulo espiritual. Sin elaborar una teología sistemática, piensa la fe como unidad coherente, y concibe la obra redentora como inserta en una visión amplia de la historia del hombre y del mundo.

Escribe fórmulas inigualables sobre la Iglesia, la Tradición, etc., establece relaciones (eucaristía–inmortalidad, idea de "recapitulación"), y propone distinciones (imagen–semejanza), unos y otros elementos de verdadera teología, toda ella dentro de la fe, interpretativa de la fe, relativa a la preservación de la verdad.

Podemos decir que las dos grandes líneas de la teología de Ireneo son:

- Su gran preocupación por la unidad de la fe y la unidad de la Iglesia; ante la división introducida por los gnósticos, Ireneo contrapone la unidad, como criterio de verdad.

- El tema de la recapitulación de todas las cosas en Cristo; Él es quien logra la unidad, recapitulando todas las cosas en sí. Hace una auténtica teología de la historia (*oikonomia*) al mencionar la unidad de Dios y de Cristo, luego el plan divino de salvación realizado en la Iglesia y por fin el retorno de la unión del hombre con Dios.

La Trinidad

No utiliza la expresión "trias" mencionada por su contemporáneo Teófilo de Alejandría. Explica como algo muy claro la presencia de la Trinidad

---

[3]San Ireneo: *Adv. Haer.*, 2, 26, 1.

en el Antiguo Testamento: Tres Personas en un sólo Dios: "Hagamos al hombre a nuestra...", lo dice el Padre al Hijo y al Espíritu Santo ("sus manos").[4]

Subraya la unidad en torno al Padre, que es Dios = Creador = Dios del Antiguo Testamento = Padre del "Logos". Es el que da todas las órdenes. El Espíritu Santo está al servicio del "Logos" inspirando a los profetas (en contra de algunas ideas contrarias de los gnósticos y de Marción).

No trata de las relaciones entre las tres Personas, porque, expresamente, se niega a especular sobre estos temas como lo hacían imprudentemente los gnósticos. Prefiere atenerse a lo que ha recibido por la Tradición sin añadir más.

Insistencia en la "monarquía divina". Cristo y el Espíritu Santo actúan en el Antiguo Testamento junto con el Padre.

Cristología

a) Relación de Cristo con el Padre. La generación del Hijo por el Padre es inenarrable, inexplicable, dice Ireneo en contra de las pretensiones de explicación por parte de los gnósticos:

> "Si alguno nos dijere: ¿Cómo fue, pues, producido el Hijo por el Padre?, les responderíamos que nadie entiende esta producción, o generación, o pronunciación, o cualquiera que sea el nombre con el que quiera llamar esta generación, que de hecho es inenarrable..., sino solamente el Padre, que engendró, y el Hijo, que fue engendrado. Y supuesto que esta generación es inenarrable, todos los que se afanan en narrar generaciones y producciones, no están en su sano juicio, por cuanto que intentan explicar cosas que son inexplicables".[5]

---

[4] San Ireneo: *Adv. Haer.*, 5, 1, 3; 5, 5, 1; 5, 28, 1.
[5] San Ireneo: *Adv. Haer.*, 2, 28, 6.

Sin embargo, también dice que "Dios se ha manifestado por el Hijo que está en el Padre y tiene en Sí al Padre", estableciendo, de esta manera, la *perichoresis* o *circumincessio*.

Manifiesta la unidad del misterio de Cristo = "Logos" = Hijo de Dios = Hombre–Dios = Jesus Nuestro Salvador y Señor.

b) La Recapitulación. Toda la teología de san Ireneo se centra en su "teoría de la recapitulación" (*anakefalaiosis*, ανακεφαλαίωση) que toma de san Pablo (cfr. Eph 1:10) y la desarrolla. La recapitulación es el resumen de todas las cosas en Cristo desde el principio. En Cristo se da una nueva creación de la humanidad; todo queda restaurado y renovado; se recupera la imagen y semejanza de Dios perdida por el pecado de Adán; se destruye la muerte y el adversario.

Para san Ireneo, la obra de la Redención sigue exactamente las etapas de la caída del hombre. Por cada paso en falso que dio el hombre, seducido por Satanás, Dios le exige una compensación a fin de que su victoria sobre el Seductor sea completa. La humanidad recibe a un nuevo progenitor, que ocupa el lugar del primer Adán. Pero como la primera mujer también estuvo complicada en la caída por su desobediencia, el proceso curativo empieza también en la obediencia de una mujer. Dando la vida al verdadero Adán, ella viene a ser la verdadera Eva, la madre de los vivientes y la "causa salutis":

> "Así como la raza humana quedó vinculada a la muerte por causa de una virgen, de igual manera es liberada por la Virgen".[6]

Mariología

Como en cristología, la idea de fondo es la recapitulación, aplicada a la mariología.

---

[6]San Ireneo: *Adv. Haer.*, 5, 19, 1.

Pablo establece el paralelismo Adán–Cristo. Justino, el de Eva–María. Ireneo lo desarrolla. Eva y María, ambas vírgenes, están relacionadas: Eva hizo un nudo con su desobediencia y su incredulidad. María desata el nudo con su obediencia y su fe. María es la nueva Madre de la humanidad (maternidad universal de María). Porque lo que la virgen Eva había fuertemente ligado con su incredulidad, la Virgen María lo libertó con su fe.[7]

Ireneo extiende aún más el paralelismo entre Eva y María. Está tan convencido de que María es la nueva madre de la humanidad, que la llama *seno de la humanidad*. Enseña así la Maternidad universal de María. Habla del nacimiento de Cristo corno "del ser puro que abrió con toda pureza el puro seno que regenera a los hombres en Dios".[8]

Eclesiología

Nuevamente, de la teoría de la recapitulación, surge la idea de Cristo como Cabeza (re–capitulación = *anakefalaiosis*) de la Iglesia que atrae hacia sí todas las cosas. Cristo resume en sí, no solo el pasado, sino también el futuro. Por eso Dios lo hizo cabeza de la Iglesia, con el fin de perpetuar mediante Ella su obra de renovación hasta el fin del mundo.

Explica cómo la inmutabilidad de la doctrina recibida de los Apóstoles, que es la norma de fe, se mantiene a causa de la sucesión apostólica ininterrumpida en las iglesias fundadas por ellos. Los gnósticos carecen de esta garantía de la fe.

Describe la fe de la Iglesia siguiendo el Símbolo de los Apóstoles casi literalmente.[9]

---

[7]San Ireneo: *Adv. Haer.*, 3, 22, 4.
[8]San Ireneo: *Adv. Haer.*, 4, 33, 11.
[9]San Ireneo: *Adv. Haer.*, 1, 10, 1–2.

El primado de Roma

Como sería largo dar las listas de la sucesión apostólica en todas las iglesias, se decide por dar la lista de Roma que es "la iglesia más grande, más antigua y mejor conocida de todos, fundada y establecida por los dos gloriosísimos Apóstoles Pedro y Pablo", desde Pedro a Eleuterio.

En este texto latino (el original griego no se conserva) se funda el primado de la iglesia romana en Ireneo:

> "Ad hanc enim ecclesiam propter potentiorem principalitatem (la mayoría traduce este fragmento así: "por razón de su caudillaje más eficaz") necesse est omnem convenire ecclesiam, hoc est omnes qui sunt undique fideles, in qua semper ab his qui sunt undique, conservata est ea quae est ab apostolis traditio".

La palabra "principalitas" puede corresponder a muchas palabras griegas con significado muy diferente: *αυθεντία, εξουσία, καθολικός, ηγεμονικός, προηγουμένως, πρωτεύειν*. Algunos importantes patrólogos sugieren la traducción de *principalitas* por αρχή, ἁρχαῖον o αρχαιότης. En este caso, Ireneo asignaría a la Iglesia de Roma un lugar más elevado por razón de su "origen superior", o sea, por haber sido fundada por los dos Príncipes de los Apóstoles.

La eucaristía

Cree firmemente en la presencia real de Jesucristo en la eucaristía, que se produce por la invocación de Dios sobre el pan y el vino): προσλαβόμενος την ἐπίκλησιν του θεού.[10]

El realismo de la transubstanciación sostiene el realismo de la resurrección de la carne al final de los tiempos. Cree en que la resurrección de la

---

[10]San Ireneo: *Adv. Haer.*, 4, 18, 5.

carne se debe a la influencia del cuerpo y sangre de Cristo en la carne de quienes los recibieron:

> "Y así como el grano de trigo…, al recibir la Palabra de Dios se convierte en eucaristía, que es el cuerpo y la sangre de Cristo, así también nuestros cuerpos, alimentados por ella, deposita-dos en la tierra donde sufren la descomposición, se levantarán a la hora que les fue señalada".[11]

Cree en el carácter sacrificial de la eucaristía, que es el sacrificio profe-tizado por Malaquías ("desde donde sale el Sol hasta el ocaso").[12]

Escritura

Los libros canónicos según Ireneo son los cuatro Evangelios (que sólo pueden ser cuatro, como los cuatro puntos cardinales o las cuatro regiones del mundo),[13] las Epístolas paulinas y joánicas, el Apocalipsis, la primera Epístola de Pedro, el Pastor de Hermas y los Hechos. Niega la canonicidad de la epístola a los Hebreos.

La canonicidad de un escrito se fundamenta en:

- Apostolicidad.

- Tradición de la Iglesia.

Afirma que la Escritura (γραφή) —así llama a los escritos del Nuevo Testamento— ha de ser leída y recibida en la Iglesia, con el mismo valor que los escritos del Antiguo Testamento.

---

[11]San Ireneo: *Adv. Haer.*, 5, 2, 3.

[12]San Ireneo: *Adv. Haer.*, 4, 17, 5.

[13]San Ireneo: *Adv. Haer.*, 3, 11, 8.

Explica el origen de los Evangelios: Mateo hebreo, Marcos recogiendo la doctrina de Pedro, Lucas la de Pablo y, por fin Juan redacta su Evangelio en Éfeso.[14]

Para la simbología cristiana es importante la comparación que hace con los cuatro querubines, imágenes de la actividad del Hijo de Dios:

- León: san Juan, vida.

- Toro: san Lucas, sacrificio y sacerdocio.

- Águila: san Marcos, don del Espíritu Santo.

- Hombre: san Mateo, Dios hecho hombre.

Antropología

Siguiendo a Platón, admite la triple estructura del hombre: φύσις, ψυχή και νους (cuerpo, alma y espíritu).[15] A veces se refiere al espíritu como recibido del mismo Espíritu de Dios, y necesario para que la naturaleza humana esté verdaderamente completa.

Como los gnósticos creían en la inmortalidad del alma por naturaleza, Ireneo los ataca y afirma que el alma no es inmortal por naturaleza, sino sólo por la unión con Dios, cuando el alma es agradecida a su Creador.[16]

Sostiene una antropología "sarcológica", es decir, que resalta la carne unida (koinonia) al espíritu (contra los gnósticos).

Soteriología

Todo el eje de la soteriología de Ireneo es que el hombre tiene necesidad de redención y es capaz de ella.

---

[14]San Ireneo: *Adv. Haer.*, 3, 1, 1.

[15]San Ireneo: *Adv. Haer.*, 3, 22, 1.

[16]San Ireneo: *Adv. Haer.*, 2, 34, 3.

Evita la palabra "deificación" (*theopoiesis, θεοποίησις*) pero emplea términos como "unirse a Dios", "participar de la gloria de Dios", sin suprimir los límites entre Dios y el hombre (salva la trascendencia de Dios), como hacían las religiones paganas y el gnosticismo.

El hombre es "imago Dei" por naturaleza, y "similitudo Dei" por gracia sobrenatural, obra del Pneuma divino.

El hombre se salva en la Iglesia por los sacramentos que son el punto culmen de la recapitulación en Cristo.

El bautismo origina un nuevo nacimiento. Es el primer autor cristiano que menciona el bautismo de los niños.[17]

Escatología

Aplica su teoría de la recapitulación de todas las cosas en Cristo, que llegará después de que el anticristo aparezca recapitulando toda la apostasía, injusticia, malicia, falsa profecía, superchería (número 666).[18]

Al final será restaurado el mundo y durante mil años estará bajo el dominio de los justos; y después vendrá el juicio (ideas milenaristas).[19]

8.2 Los escritos atribuidos a san Hipólito Romano

8.2.1 Vida (170–236)

En el año 212 Orígenes, durante su viaje a Roma, oye la homilía de un presbítero en una de las Iglesias de la Urbe. Era Hipólito que hablaba "sobre la alabanza de Nuestro Señor y Salvador".

---

[17]San Ireneo: *Adv. Haer.*, 2, 22, 4.
[18]San Ireneo: *Adv. Haer.*, 5, 29, 2.
[19]San Ireneo: *Adv. Haer.*, 5, 32, 1.

Hipólito procedía del Este y escribió en griego.[20] Se puede notar por el gran conocimiento que tenía del griego. Tuvo una formación helenística (probable relación con Alejandría: habla del "Logos" con frecuencia). Parece ser discípulo de Ireneo. Era más práctico que científico.

(San Hipólito de Roma)

Su producción literaria es de la misma magnitud que la de Orígenes, aunque menos profunda y original.

En sus escritos ataca el modalismo trinitario y patripasiano de Noeto y Sabelio. Su teología del "Logos" tiende la subordinacionismo. Resalta mucho la Trinidad en Dios y no tanto la Unidad. Por eso acusa a san Calixto, Papa, de debilidad (por su actitud clemente en la práctica de la penitencia)

---

[20]Cfr. J. Quasten: *Patrología*, vol I, cit., págs. 468–513; D. Ramos–Lissón: *Patrología*, cit., págs. 204–209; E. Amann: *Hippolyte*, en DTC, vol. VI, cols. 2487–2511; A. J. Petit Caro: *Hipólito Romano, San*, en GER, vol. XI, págs. 828 ss.; É. Gilson: *History of Christian Philosophy...*, cit., págs. 24–28.

e infiel a la Tradición (le llama sabeliano y hereje por su actitud de defensa de la Unidad en Dios).

Aunque ya en época de Ceferino (198–219) había tenido algunas diferencias con el Papa, se convierte en el primer antipapa (219–235) desde la elección de Calixto (219–222) hasta que el emperador Maximino el Tracio (235–238) lo envía, junto con Ponciano (230–235) —sucesor de Calixto— a las minas de sal de Cerdeña.[21] En 235 Ponciano renuncia al pontificado y le sucede Antero (235–236) y Fabián (236–250). Hipólito se reconcilia con Ponciano y ambos mueren en la "isla de la muerte" en 235 o 236. Sus funerales se celebran en Roma el 13 de agosto del 236 o 237. Ponciano se encuentra enterrado en la cripta papal de san Calixto; Hipólito en el cementerio cristiano de Via Tiburtina.[22]

Escribe el *Philosophoumena, Stygmata, Tratado sobre la resurrección*[23], y la *Traditio Apostolica* (fuente muy importante sobre la liturgia). Es el primero que aplica a la Virgen el título de "Madre de Dios". Su teología moral es sumamente rigorista. Critica a Calixto de blando y monarquiano (de permitir que los obispos y sacerdotes se casen, de permitir el aborto, etc.). Era ambicioso y exagerado, pero murió arrepentido.

8.2.2 Obras

Muchas han desaparecido a causa de la cristología "herética" de Hipólito, de haber sido un presbítero cismático y de haber sido escritas en griego, en una época en que el latín ya se había generalizado. Sus obras son más pastorales que científicas, y tuvieron más influencia en Oriente, donde se conservan traducciones de casi todas sus obras a diferentes lenguas

---

[21]Es anti–papa durante el periodo de los verdaderos Papas Calixto (219–222), Urbano (223–230 y Ponciano (230–235).)

[22]Una estatua de Hipólito, del siglo III, se encontró en el siglo XVI y está actualmente en el vestíbulo de la Biblioteca Vaticana. En ella está grabada la fecha de la "depositio martyrum": idus de agosto de 354.

[23]Actualmente perdido, y dedicado a Julia Mamea, madre de Alejandro Severo.

(siríacas, coptas, árabes, etiópicas, armenias, georgianas y eslavas), lo que manifiesta la fama que tuvieron en esa zona del Imperio.

Existe una controversia sobre la paternidad de muchas obras supuestamente atribuidas a Hipólito.[24]

Tratados dogmáticos

Pueden ser clasificados en los siguientes grupos:

1. *Philosophoumena.*[25]

2. *Syntagma.* Su título es: "Contra las Herejías" (Πρὸς ἀπάσας τάς αἱρέις). Fue escrita antes de los *Philosophoeumena*, y fue mucho más conocida que ésta en la antigüedad. No se ha conservado el texto, pero se pueden reconstruir las 32 herejías que cita, por los autores posteriores que mencionan la obra.

3. *El Anticristo,* Περί τοῦ ἀντιχρίστου (hacia el 200), donde se anuncia que piensa tratar de las siguientes cuestiones:

   > "En qué consistirá la venida y cómo se producirá; en qué ocasión y en qué momento se revelará ese impío; de dónde vendrá y de qué tribu; cuál es su nombre, ese nombre indicado con números en la Escritura; cómo inducirá a los seres humanos a error, reuniéndolos de los confines de la tierra; cómo provocará tribulaciones y persecuciones contra los santos; de qué manera se ensalzará a sí mismo como dios; cuál será su fin y cómo se revelará en el cielo la

---

[24]Algunos investigadores piensan, por ejemplo, que los *Philosophoumena* o *Refutación de todas las Herejías* (llamada también *Elenchos*) fueron escritos por Josipo, antipapa romano, y que en cambio Hipólito, obispo oriental, es el autor de: *Anticristo, Comentario sobre Daniel* (postura milenarista; profetiza que en el año 500 el Imperio romano se desintegraría en 10 naciones), *Syntagma, Contra Noetum, Traditio apostolica*, etc.

[25]Cfr. *infra.*

repentina aparición del Señor; qué cosa será la conflagración del universo; cuál será el glorioso y celestial reinado de los santos cuando reinen juntamente con Cristo, y cuál será el castigo de los culpables por el fuego".[26]

4. Tratados exegéticos (siguiendo el método alegórico y tipológico):

- *El Comentario sobre Daniel* (cuatro libros).

- *El Comentario sobre el Cantar de los Cantares.*

- *Sobre las bendiciones de Isaac, Jacob y Moisés.*

- *La Historia de David y Goliat.*

- *Homilías sobre los Salmos.*

5. Tratados cronológicos:

- *La Crónica.*

- *El Cómputo Pascual.*

6. Homilías:

- *Sobre la Pascua.*

- *Sobre la alabanza del Señor, Nuestro Salvador.*

- *Homilía sobre la herejía de Noeto.*

7. *Demostración contra los judíos.*

8. *La Traditio Apostolica.*[27]

---

[26]San Hipólito de Roma: *De Antichristo*, c. 5.
[27]Cfr. *infra*.

El fragmento muratoriano

El fragmento muratoriano (es posible que Hipólito sea su autor), fue descubierto y publicado por L.A. Muratori en 1740, en un manuscrito del siglo VIII de la Biblioteca Ambrosiana de Milán. El fragmento comprende en total 85 líneas. Parece que el original fue escrito en griego en la segunda mitad del siglo II. Contiene la primera lista de libros del Nuevo Testamento que se consideran inspirados. Su autor podría ser Hipólito. Este sería uno de sus primeros escritos en el que recaba la lista de libros, según el fragmento, elaborada en Roma poco después de haber gobernado Pío (142–155) la Iglesia de Roma.

Distingue cuatro clases de libros:

- Los tenidos por todos como sagrados y leídos públicamente en las Iglesias:

    – Los cuatro Evangelios.

    – Trece epístolas de san Pablo. No está Hebreos.

    – 1 y 2 de Jn; Judas; 1 y 2 Pedro (probablemente) y Apocalipsis.

- Libros no tenidos por todos como sagrados y que no deben leerse públicamente en las Iglesias: el Apocalipsis de san Pedro.

- Libros de lectura privada que no es lícito leer en las Iglesias: el Pastor de Hermas.

- Libros que la Iglesia no puede recibir, a saber, la literatura apócrifa y la herética.[28]

---

[28]Cfr. B. Mondin: *Storia...*, cit., vol. I, 111–112.

Los Philosophoumena

Su título propiamente es "Refutación de todas las Herejías" (*Kata pason aireseon elegxos, Κατά πασών αἱρέσεων ἔλεγχος*).[29] Es posterior al 222, porque el autor conoce la muerte del Papa Calixto. Tiene diez libros divididos en dos partes. La primera (libros 1 a 4) explica los sistemas de la filosofía pagana. La segunda (libros 5 a 9) es de más calidad y está dedicada a refutar las herejías de 33 sectas gnósticas. Depende este escrito mucho de su maestro Ireneo. Es una valiosa historia del gnosticismo. El libro décimo es un resumen de los expuesto, con una cronología de la historia judía y una exposición de la doctrina verdadera.[30]

8.3 La *Traditio Apostolica*

La *Traditio Apostolica* (Apostoliké paradosis, Ἀποστολική παράδοσις) fue escrita en el año 215. Fue descubierta en 1916. Después de la *Didajé*, es la Constitución eclesiástica más antigua y más importante. No existe el original griego. Sí versiones en copto, árabe, etiópico y latín.[31]

Tuvo mucha influencia en Oriente y muy poca en Occidente. Por ejemplo, en Oriente influyó en la redacción del Libro VIII de las *Constituciones Apostólicas* (380), *Testamento de Nuestro Señor* y *Canon de Hipólito* (500).

Contiene un ritual para la ordenación de un obispo y reglas para la celebración del bautismo y la eucaristía.

---

[29]El de *Philosophoumena,* o *Exposición de las Doctrinas Filosóficas,* solo se puede aplicar propiamente a los cuatro primeros libros.

[30]Transmisión del texto: el libro 1° se conocía desde 1701, los 7 últimos se descubrieron en 1842, en un manuscrito griego del siglo XIV. Estos ocho libros (faltan el 2° y el 3°) se publicaron en Oxford en 1851 bajo el nombre de Orígenes. Los primeros libros son filosóficos y sólo a ellos el autor atribuye el título de la obra. Cfr. J. Quasten: *Patrología*, vol. I, cit., págs. 468–513; Apuntes.

[31]Del siglo IV, y un palimpsesto —manuscrito raspado en el que se ha vuelto a escribir— del siglo V.

Hipólito insiste en que ha escrito la *Traditio* con el fin de hacer ver la necesidad de permanecer fieles a la Tradición litúrgica. Por esta razón puede suponerse que su contenido refleja costumbres romanas antiguas, por lo menos de mediados del siglo II.

8.3.1   Partes

Primera (De la Jerarquía)

1. Prólogo.

2. Cánones para la elección y consagración de un obispo: la elección era popular y pública; en domingo; se hacía la consagración con la asistencia de los obispos vecinos: imposición de las manos, oración de todos en silencio, un obispo impone las manos y pronuncia la oración consagratoria, en la que se menciona la sucesión apostólica y el perdón de los pecados.

3. Liturgia eucarística posterior a la consagración del obispo (contiene la más antigua plegaria eucarística; tiene epíclesis; aparecen las formas fijas). Es cristológico, pero no tiene "sanctus"

   "(Prefacio) El Señor sea con vosotros. Y con tu espíritu, ¡En alto los corazones! Los tenemos vueltos hacia el Señor. Demos gracias al Señor. Es propio y justo.

   Te damos gracias, ¡oh Dios!, por tu bienamado Hijo Jesucristo, a quien Tú has enviado en estos últimos tiempos como Salvador, Redentor y Mensajero de tu voluntad, Él que es tu Verbo inseparable, por quien creaste todas las cosas, en quien Tú te complaciste, a quien envías del cielo al seno de la Virgen, y que, habiendo sido concebido, se encarnó y se manifestó como tu Hijo, nacido del Espíritu Santo y de la Virgen;

que cumplió tu voluntad y te adquirió un pueblo santo, extendió sus manos cuando sufrió para libertar del sufrimiento a los que crean en Ti.

(Consagración) Y cuando Él se entregó voluntariamente al sufrimiento, para destruir la muerte y romper las cadenas del diablo, aplastar el infierno e iluminar a los justos, establecer el testamento y manifestar la resurrección, tomó pan, dio gracias y dijo: 'Tomad, comed, éste es mi cuerpo, que es roto por vosotros'. De la misma manera también el cáliz, diciendo: 'Esta es la sangre que es derramada por vosotros. Cuantas veces hagáis esto, haced memoria de mí'.

(Aclamación) Recordando, pues, su muerte y su resurrección, te ofrecemos el pan y el vino, dándote gracias porque nos has juzgado dignos de estar ante Ti y de servirte.

(Epíclesis) Y te rogamos que tengas a bien enviar tu Santo Espíritu sobre el sacrificio de la Iglesia.

(Peticiones) Une a todos los santos y concede a los que la reciban que sean llenos del Espíritu Santo, fortalece su fe por la verdad, a fin de que podamos ensalzarte y loarte

(Doxología) por tu Hijo, Jesucristo, por quien tienes honor y gloria; al Padre y al Hijo con el Espíritu Santo en tu santa Iglesia, ahora y en los siglos de los siglos. Amén."

4. Bendición del aceite, queso, aceitunas...

5. Normas y oraciones para la ordenación de sacerdotes y diáconos.

6. Normas para los confesores, lectores, viudas, vírgenes, subdiá-
conos, quienes tienen el don de curar, etc.

Segunda (Normas para seglares)

1. Leyes para recién convertidos.

2. Artes y profesiones prohibidas.

3. Normas para los catecúmenos.

4. Ritos para la ceremonia del bautismo (contiene el primer Símbolo romano: "¿crees en Dios Padre, crees en Jesucristo su Hijo, crees en el Espíritu Santo?"; después se le sumergía en cada
"Credo" y un presbítero le ungía):

> " Que baje al agua y que el que le bautiza le impon-
> ga la mano sobre la cabeza diciendo: '¿Crees en Dios
> Padre todopoderoso?' Y el que es bautizado responda:
> 'Creo'. Que le bautice entonces una vez teniendo la
> mano puesta sobre su cabeza. Que después de esto di-
> ga: '¿Crees en Jesucristo, el Hijo de Dios, que nació por
> el Espíritu Santo de la Virgen María, que fue crucifica-
> do en los días de Poncio Pilato, murió y fue sepultado,
> resucitó al tercer día vivo de entre los muertos, subió
> a los cielos, está sentado a la diestra del Padre, ven-
> drá a juzgar a los vivos -y a los muertos?' Y cuando
> él haya dicho: 'Creo', que le bautice por segunda vez.
> Que diga otra vez: '¿Crees en el Espíritu Santo y en la
> santa Iglesia y en la resurrección de la carne?' Que el
> que es bautizado diga: 'Creo'. Y que le bautice por ter-
> cera vez. Después de esto, cuando sube del agua, que
> sea ungido por un presbítero con el óleo que ha sido
> santificado, diciendo: 'Yo te unjo con óleo santo en el
> nombre de Jesucristo'. Y luego cada cual se enjuga con

una toalla y se ponen sus vestidos, y, hecho esto, que entren a la iglesia".

5. Ritos de la confirmación como ceremonia distinta del bautismo:

"Que el obispo, imponiéndoles la mano, ore: '¡Oh Señor Dios, que juzgaste a estos tus siervos dignos de merecer el perdón de los pecados por el lavacro de la regeneración del Espíritu Santo!, envía sobre ellos tu gracia, para que puedan servirte según tu voluntad; porque a Ti es la gloria, al Padre y al Hijo con el Espíritu Santo, en la santa Iglesia, ahora y por los siglos de los siglos. Amén.'

Luego, derramando con la mano óleo santificado e imponiéndola sobre la cabeza de ellos, diga: 'Yo te unjo con óleo en el Señor, el Padre todopoderoso, y en Jesucristo y en el Espíritu Santo'. Y después de haber hecho la consignación en la frente, que les dé el saludo de paz y diga: 'El Señor sea contigo'. Y que el que ha sido consignado diga: 'Y con tu espíritu'. Que haga de la misma manera con cada uno. Que después de esto ore con todo el pueblo. Pero que no recen con los fieles antes de haber recibido todo esto. Y cuando hayan orado, que den todos el saludo de paz."

6. Ceremonia de la Primera Comunión y de la Misa pascual: los diáconos ofrecían a los candidatos tres cálices: de agua (pureza), de leche y miel (simboliza el cumplimiento de las promesas), de vino con agua (simboliza la sangre de Cristo: este cáliz es el que se consagra posteriormente junto con el pan). La Comunión es con el pan y vino consagrados.

Tercera (Costumbres cristianas)

1. Descripción de la misa dominical.

2. Normas para las costumbres del ayuno, del ágape fraterno (la "eulogía" o pan bendito se distingue de la eucaristía), de la ceremonia de la bendición del "lucernario".

3. Sobre las horas de la oración, Comunión diaria en casa, cuidado de la eucaristía.

4. Normas para el entierro, la oración de la mañana, la instrucción catequética, las horas para hacer la lectura espiritual, santiguarse, la oración, etc.

Epílogo en el que exhorta a prestar oídos a la Tradición Apostólica.

8.3.2   Doctrina teológica

En cristología: tendencia subordinacionista.

- Naturalezas y Persona de Cristo: Sigue la línea de los apologetas (san Justino, Atenágoras, Teófilo, Tertuliano) y tiene términos de sabor subordinacionista, aunque más acentuados que ellos. Distingue el Verbo interno e inmanente en Dios (Λόγος ἐνδιάθετος) y el Verbo emitido o proferido por Dios (Λόγος προσφορικός) (así también en Teófilo); pero, además, describe la generación del Verbo como un desarrollo progresivo en tres fases. El "Logos" como persona no apareció hasta más tarde, en el tiempo y en la forma determinada por el Padre:

  - "Logos" en el tiempo que precede a la creación.
  - "Logos" que crea.
  - "Logos" que se encarna, lo que hace al "Logos" "Hijo Predilecto".

Por eso, Hipólito fue más lejos que los apologistas, asociando al "Logos" no solo a la creación del mundo, sino también a la encarnación.

Es cierto que Hipólito no se dio cuenta de los errores que cometía, a saber:

- Introducía un crecimiento progresivo en Dios que es incompatible con la inmutabilidad divina.
- El "Logos" no aparece como igual al Padre.

Por eso, tenía razón el Papa Calixto cuando calificaba a Hipólito de "diteísta" o adorador de dos dioses, aunque Hipólito se resintiera amargamente de esa calificación.

Se ve claramente la buena intención de los santos Padres más antiguos (su fe es firme en que Dios es uno y no variedad de emanaciones como dicen los gnósticos; pero hay varias Personas divinas); pero, también, la insuficiente dicción y falta de recursos teológicos (todavía falta mucho para Nicea). ¿Hereje subordinacionista? No. De ahí, su resentimiento ante el calificativo del Papa Calixto.

• La obra de Cristo, la Redención: aquí su teología es impecable porque sigue la sana doctrina de san Ireneo, del que toma la idea de la recapitulación.

En Penitencia: contra Calixto (217–222), es un rigorista. Se opuso a la decisión del papa de permitir que una mujer libre se casara con un esclavo (esto lo prohibía el derecho romano).

Se oponía a conceder el perdón fácilmente y a las interpretaciones de la parábola de la cizaña y el trigo y del Arca de Noé con animales puros e impuros en el sentido de justificar el perdón otorgado fácilmente.

Capítulo 9

Las primeras confesiones de fe y el Canon bíblico

9.1 El origen de los primeros Símbolos

El *Credo* o *Regula fidei* de la Iglesia, considerado desde un punto de vista global, coincide con la Sagrada Escritura: toda la Palabra de Dios contenida en la Escritura pertenece al Credo de la Iglesia. Sin embargo, por exigencias catequéticas y bajo la presión de las primeras herejías, la Iglesia advirtió la necesidad de resumir en fórmulas breves la *Regula fidei*, la Regla de fe.[1]

Se suele afirmar que fue en el concilio de Nicea (año 325) cuando, por primera vez, se presentó el conjunto de la verdad fundamental de la fe cristiana bajo la forma de un Símbolo elevado a la categoría de Regla de fe. Sin embargo, el Símbolo niceno, representa solamente el término de un largo desarrollo, en el cual los primeros inicios se pueden rastrear en las confesiones cristológicas de fe de san Pablo (y que en inglés se han denominado *precredal elements*).

---

[1]Cfr. B. Mondin: *Storia...*, cit. I, págs. 112–113; V. Cano Sordo: *Patrología...*, cit., tema 9

El núcleo cristológico inicial fue sucesivamente ampliado con la premisa relativa a Dios Padre y creador, y con el añadido referente al Espíritu Santo y a la Iglesia.

La Primera redacción de la *Regula fidei* (fórmula *antiquior*) es la de la Iglesia romana. Hipólito la trasmitió fielmente en su *Traditio apostolica* y Tertuliano en su *De praescriptione haereticorum*. Esta fórmula omite los siguientes incisos: *creatorem coeli et terrae; conceptus; passus et murtuus; descendit ad inferos; omnipotentis; catholicam; sanctorum communionem; vitam aeternam.*[2] Pero contiene todas las verdades fundamentales sobre Dios, la Trinidad, Cristo, el Espíritu Santo y la Iglesia.

La fórmula era usada principalmente como profesión de fe en el bautismo. Otras fórmulas análogas a la romana circulaban en Alejandría, Antioquía, Jerusalén, Cartago, Lyon y en otros lugares.

9.2   La aparición de las *regulae fidei*

A través de testimonios de san Ignacio, san Ireneo, san Hipólito, san Justino y Tertuliano sabemos que en los primeros años del cristianismo (siglo I) no había fórmulas fijas en la liturgia y disciplina eclesiástica para manifestar la profesión de fe, pero muy pronto se elaboraron para precisar el contenido de la fe. Así surgieron los primeros "Símbolos"[3] (*symbolum* = es la parte que necesita otra con qué unirse, creando así reconocimiento mutuo y unidad; p. ej., la mitad de una sortija, un bastón o una placa).[4]

---

[2]Muchas de estas expresiones se introducen en las fórmulas de la Iglesia Gala, a partir del s. VII, y luego se reintroducen en la Romana. cfr. las fórmulas, breve en D. S. 10 y la larga en D. S. 27 y 30.

[3]Cfr. M. Simonetti: *Introducción...*, cit., págs. 42 y ss.: J. Quasten, *Patrología*, vol. I, págs. 32–38.

[4]El *Diccionario* de Blánquez señala que *simbolus, –i,* es "anillo u otro objeto justificativo de la identidad; señal de reconocimiento".

1. En Occidente (Símbolo de los Apóstoles). Aparece, tal como ahora lo conocemos, en Arles, durante el siglo VI. Aunque no parece que su origen se deba a que los Apóstoles hayan compuesto cada uno de sus doce artículos, sin embargo, hay que decir que todos sus elementos doctrinales ya se encuentran en los escritos apostólicos de finales del siglo I. El desarrollo de su contenido corre paralelo al progreso de la liturgia bautismal.

En Occidente aparecen, originalmente, tres formas distintas:

(a) *Formas cristológicas* (antes del año 100). La más primitiva es la de Hech 8:37 (bautismo del Etíope: "Yo creo que Jesucristo es el Hijo de Dios"). Más tarde se añade la palabra "Salvador" y surge el acróstico ICTYS (pez): *Iesus Christus Dei Filius, Salvator* (en griego). S. Pablo presenta el mensaje del Evangelio centrado en el Hijo de Dios (Ro 1:3; 1 Cor 15:3). S. Ignacio de Antioquía,[5] hacia el año 100 hace lo mismo.

(b) *Formas trinitarias* (durante el siglo II; p. ej., en S. Justino, año 150). Surge desde los tiempos apostólicos, para el rito bautismal ("en el nombre del Padre y del Hijo y del Espíritu Santo"). Así, en Roma, se recoge la fórmula de Mt 28:19 en el rito del bautismo y se formula la triple pregunta: "¿Crees en Dios Padre, todopoderoso?, ¿Crees en Jesucristo, Hijo de Dios?, ¿Crees en el Espíritu Santo?", a la que se responde con un triple "credo".

(c) *La fórmula combinada*: Hacia el año 200, en Roma, surge una forma de Credo con ocho o nueve cláusulas (*Traditio Hipoliti*). Este Símbolo Romano era conocido por Tertuliano. Probablemente fue compuesto hacia la mitad del siglo II. Es el arquetipo de todos los Credos occidentales, en donde se da más impor-

---

[5]San Ignacio de Antioquía: *Trall.* 9.

tancia al nacimiento de Jesús de la Virgen María.[6] El texto sigue siendo griego.

La evolución posterior fue la siguiente:

- s. IV: el texto se traduce al latín de forma corrida y nace la leyenda de su origen apostólico.

- s. V: la leyenda se amplía: cada artículo habría sido compuesto por cada uno de los doce Apóstoles. El Símbolo apostólico se difunde por todo el Occidente, con ligeras variantes en cada nación, gracias a la preeminencia alcanzada por la Iglesia romana.

- s. IX: Carlomagno, acepta una variante francesa que luego es aceptada también por Roma y se convierte así en texto unitario.

- s. XV: en el concilio de Florencia los occidentales se asombran de que en Oriente no se conocía el Símbolo apostólico.

2. En Oriente:

   (a) s. II–III: se utilizan distintas fórmulas bautismales de profesión de fe, pero todas basadas en el esquema trinitario. Se desarrolla más el aspecto cósmico metafísico (Cristo preexistente), relacionando cristología y creación: lo singular de la historia y lo permanente y comprensible de la creación. En Oriente, antes del Símbolo niceno–constantinopolitano, había dos Credos principales: el de Jerusalén y el de Cesarea. S. Cirilo nos da una versión, del Símbolo de Jerusalén.

---

[6]En Oriente se resalta más el nacimiento eterno del Hijo (Símbolos de Jerusalén y de Cesarea, utilizados desde antes del de Nicea).

(b) s. IV–V: aparecen los grandes Símbolos de las Iglesias orientales (Cesarea,[7] Jerusalén,[8] Antioquía[9]) como el Símbolo Niceno,[10] Niceno-Constantinopolitano,[11] etc.

9.3   La formación del Canon neotestamentario

(Fragmento muratoriano)

La vida y predicación de Cristo se trasmite oralmente en los primeros años de la historia de la Iglesia. Pronto comienzan a escribirse relatos como la supuesta llamada *fuente Q* y otros escritos secundarios (cfr. Lc 1: 1–4.).

Ante la difusión de las herejías (p. ej. Marción hacia la mitad del siglo II), en Roma y Asia Menor se fue perfilando el Canon de Libros inspirados (Ireneo, Canon muratoriano) reconocidos por su apostolicidad, antigüedad, uso en la liturgia y ortodoxia en la doctrina.

El Canon bíblico es la colección o lista, recogida bajo la autoridad de la Iglesia, de todos aquellos libros, que, como inspirados por Dios, y, por tanto, dotados de una autoridad infalible, constituyen y contienen la regla de fe y costumbres de los creyentes, por su instrucción dogmática y moral.

---

[7]D. S. 40.

[8]D. S. 41.

[9]D. S. 50.

[10]D. S. 125.

[11]*D. S.*, 150.

La definición del Canon de las Sagradas Escrituras fue un evento de capital importancia para la historia de la Iglesia y para el futuro desarrollo de la teología.

A fines del primer siglo y al inicio del segundo de la era cristiana se multiplicaban los escritos apócrifos, que durarán hasta el siglo IV, aunque algunos serán todavía más modernos. Todos pretendían trasmitir la Palabra revelada, la Revelación originaria, recibida de los Apóstoles o directamente del Espíritu Santo. De esta manera, circulaban innumerables evangelios, además de aquellos de Mateo, Marcos, Lucas y Juan, que eran los Evangelios de Pedro, Felipe, Bartolomé, Bernabé, etc. Además, había confusión sobre la necesidad de aceptar los libros del Antiguo Testamento. Por ejemplo, Marción, los excluía a todos ellos y también muchos del Nuevo Testamento.

Por otra parte, el cauce de la Tradición aparecía demasiado largo y contaminado. Se llegó así a la determinación del Canon (es decir, de la regla de fe o credo), que llegó a ser el criterio inderogable para un ulterior desarrollo de la Tradición y el punto de referencia seguro tanto para la catequesis como para la teología.

La definición del Canon, en este periodo histórico, no fue obra de un concilio, ni ecuménico ni local, sino el resultado de una progresiva convergencia de consensos en relación al uso de los textos sagrados en las asambleas litúrgicas. La *lex orandi* llega a ser progresivamente también *lex credendi*.

9.3.1 El Canon del A. T. en el cristianismo

En la *Primera Carta de Clemente a los Corintios* afirma la verdad de las Escrituras y su origen divino, pero no presenta ningún elenco de libros inspirados. La adquisición del Antiguo Testamento como libros sagrados de la comunidad cristiana fue llevada a cabo por los apologistas en su polémica contra los judíos.

Ni Jesucristo ni los Apóstoles dieron una declaración explícita sobre el Canon completo del Antiguo Testamento, pues no había polémica al respecto, sino que se seguían diferentes cánones en las comunidades judías, pero de un modo pacífico. Se ha considerado la existencia de al menos tres cánones de Escrituras Sagradas vigentes en tiempos de Jesucristo:

1. El primero es el llamado "Canon palestinense" o Canon corto, atestiguado por Flavio Josefo y el IV libro de Esdras, que contiene veintidós libros siguiendo la concordia con el alefato hebreo y que se obtiene considerando como uno, varios de los libros que hoy son independientes, como son el caso de 1 y 2 de Samuel, o 1 y 2 de Reyes, por ejemplo; este Canon se cierra con la desaparición del profetismo (Artajerjes en a. 424 a. de C.); era el que seguía la secta farisea, y no se considera en ese tiempo una posición "oficial" de todo el judaísmo.

2. El segundo Canon es el llamado "Canon Alejandrino", que se desarrolla entre las comunidades de habla griega de la diáspora, sobre todo la de Alejandría; estaba basado sobre la traducción de los LXX. Añaden a los veintidós del Canon palestinense los deuterocanónicos[12] del Antiguo Testamento (Tobías, Judith, Sabiduría, Eclesiástico, Baruc y 1 y 2 de los Macabeos) y algunos más.

3. El Canon de los saduceos que se limitaba a la Torah, o el Pentateuco.

Solo se adopta una posición oficial en el Judaísmo en el Sínodo de Yamnia (Jabne) en torno al 95 o 100 d. JC., donde se decide seguir el Canon palestinense, con treinta y nueve libros (separando los que antes se consideraban como uno solo) y excluyendo a los deuterocanónicos. Parece ser

---

[12]La distinción entre protocanónicos y deuterocanónicos del Antiguo Testamento se debe a Sixto de Siena (a. 1566 d. JC), en base al criterio de haber sido reconocida su Canonicidad en un segundo momento. No se le otorga, sino que meramente se la reconoce, y no indica mayor o menos autoridad entre un grupo u otro, sino solo el hecho de su reconocimiento posterior.

que la razón fue la fuerte influencia del fariseísmo en aquel momento, sobre todo desde la destrucción de Jerusalén, y además la polémica contra los cristianos, que usaban pacíficamente la Biblia griega y seguían así, el Canon alejandrino.

En efecto, los Apóstoles utilizan la Biblia griega, incluso en aquellos textos que difieren de la Biblia hebrea. Eligen, por tanto el Canon largo, pero eso sí, según sus necesidades por lo que a veces no van a usar algunos libros protocanónicos o no citan algunos deuterocanónicos.

El problema que se le planteaba a la Iglesia naciente no era reconocer los libros protocanónicos, ya que eran aceptados generalmente por todos los judíos de la época, sino los deuterocanónicos. Con respecto a éstos, se produce una evolución en el modo como son aceptados por la Iglesia.

- En un primer momento se vive una pacífica posesión de esos libros, que dura hasta la segunda mitad del s. II, donde no hay controversia sobre el Canon y la Iglesia no hace declaraciones al respecto, sino que sigue la Tradición de los Apóstoles de usar toda la Biblia griega según las necesidades pastorales, con lo que está sancionando implícitamente el Canon largo.

- En un segundo momento se produce un periodo de dudas, sobre todo hacia el final del s. II, que ocurren al iniciarse las polémicas con los judíos, quienes no aceptaban ya los deuterocanónicos, por lo que los apologetas cristianos no los usan en sus controversias. El desuso favorece las primeras dudas, y la influencia judía determina que las primeras listas de libros traigan solo el Canon corto (Melitón y Orígenes). En el s. III, la difusión de la literatura apócrifa agrava las cosas, y los libros "discutidos" se hacen más dudosos, debido a la necesaria prudencia que el tema requería, y así los libros "dudosos" no aparecerán en las listas oficiales de libros sagrados: se generaliza en Oriente el Canon corto (Jerusalén, Asia Menor y Chipre), aunque los Padres de estas Iglesias conocen y refieren la aceptación del Canon largo por otras Iglesias, y ellos mismos llegan a citar los libros "discutidos" con valor de libros admitidos. Por su parte, la Iglesia latina y la alejandrina siguen siendo fieles al Canon largo.

- En un tercer momento, desde el s. IV en adelante, se produce un acuerdo unánime y consciente en torno al Canon largo, que es el que se acepta finalmente. Y así, aceptan la inspiración de los "discutidos" san Basilio, san Gregorio Magno, san Juan Crisóstomo, san Ambrosio, Orosio, san Agustín, san León Magno, etc.

9.3.2 El Canon del N. T. en el cristianismo

No ocurrió lo mismo con el Nuevo Testamento. Antes de Marción (año 140) no se podía hablar de "Nuevo Testamento". Es precisamente con ocasión de la herejía de Marción cuando Ireneo propone, como defensa, responder con los cuatro Evangelios. Él lucha por una enseñanza de los Apóstoles que incluya los cuatro Evangelios, los Hechos de los Apóstoles, los dichos del Señor y las Cartas apostólicas de san Pablo.

Antes de esta polémica, existe en la Iglesia primitiva una época de pacífica y parcial posesión de los escritos del que acabaría siendo el Nuevo Testamento. En efecto, no hay listas expresas ni textos magisteriales, pero se citan textos de libros del Nuevo Testamento con idéntico valor y equiparándolos a los textos del Antiguo Testamento, utilizando expresiones como "dice la Escritura" o "como está escrito". Así por ejemplo, san Ignacio de Antioquía equipara el Evangelio y "los Apóstoles" a los libros del Antiguo Testamento; san Clemente Romano, dirá que san Pablo escribe "bajo la inspiración"; y en el mismo sentido, varios Padres Apostólicos. En este tiempo, hay oscilación entre una u otra Iglesia sobre el número de libros admitidos, y en algunos casos se consideran algunos libros como inspirados, que luego no entraron en el Canon oficial (fue el caso de la Didajé o el de las Cartas de san Ignacio).

Poco tiempo después de Clemente de Alejandría (fines del siglo II) se incluye el Apocalipsis de san Juan y se muestra reverencia por el Pastor de Hermas.

Hacia el año 200 después de Cristo el Canon muratoriano propone una lista cerrada que excluye a Hermas. Esta lista se convierte en el Nuevo Testamento.[13]

Se puede decir que a mediados del s. III (ca. 250), el Canon del Nuevo Testamento está casi completo. Universalmente admitidos en todas las Iglesias son los protocanónicos. No hay universal acuerdo en torno a los llamados "deuterocanónicos", que son siete de los libros: Hebreos, Santiago, Judas, 2 de Pedro, 2 y 3 de Juan y Apocalipsis; y tres fragmentos: Mc 16: 9–20, el final del Evangelio; Lc 22: 43 ss, sudor de sangre; Jn 7:53–8:11, la adúltera.

9.4   Libros del Nuevo Testamento

Se ha discutido mucho sobre la fecha de los escritos neotestamentarios.[14] Proponemos la más adecuada:

1. San Mateo escribe su Evangelio en arameo, pero sólo conservamos la versión griega, escrita posteriormente.

2. San Marcos y san Lucas escriben sus Evangelios antes del año 70. También los Hechos de los Apóstoles son anteriores a esta fecha.

3. El Evangelio de san Juan es el "evangelio espiritual".

---

[13]La lista más conocida de los Libros del Nuevo Testamento es la recogida en el "fragmento muratoriano", llamado así por su descubridor (Muratori, 1740). Es de fines del siglo II (el más antiguo Canon) y consta de 85 líneas. Señala el origen de los cuatro Evangelios haciendo una referencia expresa a san Juan, como autor del cuarto Evangelio. Cfr. B. Mondin: *Storia...*, cit., vol. I, 111–112. Cfr. el estudio de este canon en el apartado dedicado a Hipólito de Roma.

[14]M. Simonetti: *Introducción...*, c. 1; B. Mondin: *Storia...*, cit. vol. I, 111–112.

4. Las Cartas paulinas:

   (a) 50–51: I y II a los Tesalonicenses (Corinto).

   (b) 55–57: Gálatas (Éfeso).

   (c) 55–57: I Corintios (Éfeso).

   (d) 57: II Corintios (Macedonia).

   (e) 57–58: Romanos (Corinto).

   (f) 61-63: Filemón, Filipenses, Colosenses, Efesios (Roma).

   (g) 63–67: 1 y 2 Timoteo, Tito (Roma).

5. Las Cartas Católicas: Santiago, Judas, Pedro (2), Juan (3).

6. El Apocalipsis.

9.5 Importancia y significado de estos testimonios

El estudio de la prehistoria y de la historia del Símbolo de la fe y del Canon neotestamentario ha demostrado que las *Regulae fidei* son fruto espontaneo de la vida de la Iglesia en la variedad de sus manifestaciones. Son una respuesta a necesidades que se hicieron sentir en las diferentes esferas de la vida, en particular, una respuesta a las manipulaciones de la fe cristiana llevadas a cabo por los gnósticos. En la variedad de formas expresivas con las que se revistieron, esas Reglas de fe revelaron la misma flexibilidad y capacidad de adaptación que tiene la vida.[15]

Desde hace tiempo los investigadores han renunciado a la pretensión de encontrar una forma original única que pudiera considerarse la *Urform* o *Grundtypus* de todas las fórmulas sucesivas. Por otra parte, sin embargo, cada una de esas fórmulas ha pretendido ser una auténtica *Regula fidei* objetiva, que se "cree" y no se "crea", que se "acepta" y no se "inventa".

---

[15]Cfr. B. Mondin: *Storia...*, cit., vol. I, págs. 113.

Solamente así podían ser verdaderamente Símbolo, es decir, signo de reconocimiento entre cristianos (*tessera hospitalitatis*, según Tertuliano).

Parte III

Los comienzos de la reflexión teológica
(siglo III)

Capítulo 10

Las primeras escuelas teológicas

A finales del siglo II, la literatura cristiana experimenta dos grandes cambios:

- Se desarrolla extraordinariamente.

- Deja su carácter polémico (apologético contra los paganos y judíos, y anti–herético), para tener un sentido más bien expositivo y de ciencia teológica propiamente dicha (tratando de hacer una exposición de las creencias, de un modo ordenado, completo y exacto).

En ese ambiente, se puede decir que, hasta ese momento, existían cuatro posturas fundamentales respecto a las relaciones entre fe y razón, representadas por:

- Taciano: desprecio de la razón.

- Gnosis: subordinación de la fe a la razón.

- San Ireneo: no recurrir a la filosofía.

- San Justino: valoración de la razón para exponer la fe.

Es entonces, cuando surge la Escuela de Alejandría, en un siglo, el III, donde hay una relativa paz para el cristianismo, que se desarrolla grandemente. Por otro lado, el cristianismo se iba extendiendo hacia las clases más altas y cultas de su tiempo, lo que exigía mayor cuidado en la presentación de la fe y en la preparación de maestros adecuados para esa labor.[1]

Con todo, ni Alejandría ni las otras Escuelas teológicas habrían podido surgir sin la preparación de la literatura de los siglos anteriores: al defender la fe con las armas de la razón, prepararon el camino al estudio científico de la Revelación.[2]

Como dice Drobner:

> "Cuando se habla de escuelas en la antigüedad —tanto en el ámbito cristiano como no cristiano— hay que distinguir en primer lugar, admitiendo la posibilidad de ulteriores matizaciones, entre escuela como centro docente y escuela en el sentido figurado de una determinada doctrina común...
>
> El sistema de enseñanza helenístico–romano constaba de tres etapas y comenzaba en el sexto o séptimo año de edad con la enseñanza elemental de la lectura, escritura y cuentas impartida por un maestro en casa o en la escuela elemental del *litterator/ludi magister* (γραμματες). Venían luego las clases con el *grammaticus*, que enseñaba la gramática, la primera de las siete 'artes liberales', es decir, los fundamentos de la lengua. Para ello se servía de las principales obras literarias de la antigüedad; sobre todo de Homero y de Virgilio. El *rethor*

---

[1]Cfr. V. Cano Sordo: *Patrología...*, cit., tema 10; E. Moliné: *Los Padres...*, cit., págs. 183–189; D. Ramos–Lissón: *Patrología*, cit., págs. 155–157; J. Quasten: *Patrología*, cit., vol. I, págs. 316 ss.

[2]J. Quasten: *Patrología*, cit., vol. I, pág. 316.

continuaba la formación en las seis materias restantes: dialéctica, retórica, aritmética, música, geometría y astronomía. Hasta entonces los fundamentos escolares eran comunes para todos los ilustrados de la antigüedad. Aunque algunos Padres de la Iglesia (por ejemplo, Tertuliano) lamentaban que los hijos de cristianos aprendieran en esas escuelas los inútiles, incluso dañinos, mitos paganos, sin embargo, jamás existieron en la antigüedad escuelas cristianas que impartieran la enseñanza general. La formación literaria uniforme constituía la base de todas las profesiones cultas. Todas ellas presuponían un sobresaliente dominio de la lengua: la del *rethor* (maestro), la del abogado y la del político. Por último, estaba la etapa superior: la 'escuela superior' del pensamiento y de la comprensión del mundo, la filosofía, donde el término 'escuela' tenía dos significados. Se podía asistir a las clases de un filósofo (la escuela de filosofía más famosa e importante fue desde el año 387 a. C. hasta el año 529 d. C., y, sin duda, la escuela de más larga vida de la historia, la Academia Platónica de Atenas, en la que estudiaron también destacados Padres de la Iglesia como Basilio el Grande y Gregorio de Nacianzo), pero uno también podía adherirse a una doctrina filosófica ('escuela')".[3]

10.1   La escuela de Alejandría y sus características

Su peculiaridad reside en que:

- Es la Escuela catequética más importante de la antigüedad cristiana.

- Constituye uno de los primeros intentos de fundar una ciencia teológica utilizando la filosofía neoplatónica.

---

[3]H. Drobner: *Manual...*, cit., págs. 145–147.

10.1.1   Precedentes

Desde su fundación en 331 a. C. por Alejandro Magno, en la ciudad de Alejandría se desarrolló una intensa vida intelectual. La mezcla de culturas (oriental, egipcia y griega) produjo el helenismo. En ese ambiente, la comunidad hebrea, que era muy importante —la tercera parte de sus habitantes y estaba instalada en dos de los cinco barrios de la ciudad—, recibió también una seria influencia de la filosofía griega. Entre los siglos III y II a. C. se escribió la versión griega del Antiguo Testamento, la llamada "traducción de los LXX". Filón (25 a. C. a 41 d. C.) utiliza ampliamente los escritos de los filósofos griegos, especialmente los de Platón y los estoicos, así como los escritos del Antiguo Testamento.

10.1.2   Origen. Panteno

Es el fundador de la Escuela. Siciliano de origen, y estoico al principio, hizo un viaje a la India. Entre historia y leyenda es la noticia que nos proporciona Eusebio en su Historia:

> "Se cuenta, pues, que demostró un celo tan grande por la doctrina divina con su ardentísima disposición de ánimo, que incluso fue proclamado heraldo del Evangelio de Cristo para los paganos del Oriente y enviado hasta las tierras indias. [...] y se dice que fue a la India, donde es tradición que se encontró con que el Evangelio de Mateo se le había adelantado en su llegada entre algunos habitantes del país que conocían a Cristo: Bartolomé, uno de los Apóstoles, les había predicado y les había dejado el escrito de Mateo en los propios caracteres hebreos, escrito que conservaban hasta el tiempo mencionado".[4]

---

[4]Eusebio de Cesarea: *Historia...*, cit., 10, 2-3.

(San Panteno)

Se establece en Alejandría en el año 180 y muere hacia el 200. Algunos opinan que es el autor de la "Epístola a Diogneto". Fue maestro de san Clemente de Alejandría, quien le alabará grandemente:

> "Cuando di con el último de mis maestros, el primero en realidad por su valor, a quien descubrí en Egipto, encontré reposo. Verdadera abeja de Sicilia, recogía el néctar de las flores que esmaltan el campo de los profetas y los apóstoles, engendrando en el alma de sus oyentes una ciencia inmortal".[5]

10.1.3 Representantes de la escuela de Alejandría

- San Atanasio de Alejandría.

- Dídimo el Ciego.

- San Cirilo de Alejandría.

- Los tres Capadocios (indirectamente).

---

[5]San Clemente de Alejandría: *Stromata*, 1, 1, 11.

10.1.4 Exégesis

El fundamento de la teología es la Sagrada Escritura: una exégesis correcta de la misma y el empleo de la filología. En general se podría decir que siguen la exégesis:

- Literal: contra los herejes.

- Alegórica: para edificación de los fieles.

Con todo, su apuesta es por la interpretación alegórica y mística de la Sagrada Escritura. Esta última es la característica más notable de la presente escuela. Los filósofos griegos (estoicos principalmente) la utilizaban para interpretar las mitologías de Homero y Hesiodo, tratando de encontrar un significado profundo a estas historias cuyo sentido literal ofendía a los oídos. El primer judío que la utilizó para interpretar el Antiguo Testamento fue Aristóbulo en el siglo II a. C. Filón la usa mucho.

La preferencia por el sentido alegórico se basa en varias razones:

- Una interpretación literal es, a menudo, indigna de Dios.

- San Pablo la usó, lo que le daba legitimidad (Ga 4:24; 1 Cor 9: 9 ss.).

- Era muy útil para solucionar los problemas de interpretación del Antiguo Testamento.

10.1.5 Filosofía

- Neoplatonismo (participación de las Ideas arquetípicas; *exitus* (salida de Dios) y *reditus* (vuelta a Dios de todo).

- Como consecuencia: misticismo (vida ascética e intensa contemplación).

10.1.6 Teología

Se destaca por su interés por la investigación especulativa metafísica (trascendente) del contenido de la fe, con la ayuda preferente de las ideas de la filosofía neoplatónica.

Alejandría seguía el esquema "Logos—Carne" del Evangelio de san Juan: "Y el Verbo de Dios se hizo carne..." Muestra bien la unidad profunda de Cristo ya que contempla primero la unidad del Verbo hecho carne, para considerar a continuación la carne que Él ha asumido. Pero el peligro en que podía incurrir consistía en que lo humano se atenuaba, con la consecuencia de tender a absorberlo en lo divino.[6]

Destacan, pues, los siguientes extremos:

1. Defensa de la divinidad del Verbo (consubstancialidad).

   - exageración: modalismo (sabelianismo).

2. San Cirilo: unidad de Cristo en sus dos naturalezas, camino hacia la formulación de la unión hipostática.

3. Subrayaron lo divino del Dios-hombre.

   - Exageración: monofisismo y monotelismo.

4. Difunden los privilegios marianos.

---

[6] J. A. Jorge: *Cristología*, vol. I, Santiago de Chile, Shoreless Lake Press, págs. 186–188.

10.2   Otras escuelas y centros teológicos: Cesarea, Antioquía

10.2.1   Escuela de Cesarea

Es una filial de la de Alejandría, fundada por Orígenes en el año 232, al ser desterrado de Egipto.[7] Tiene influencia en Palestina y en Capadocia. Las obras de Orígenes formaron el fondo con el que el presbítero Pánfilo transformó lo iniciado por Orígenes en un centro de erudición y saber.

Representantes

- San Gregorio el Taumaturgo.

- Eusebio de Cesarea.

- Los Tres Capadocios.

10.2.2   Escuela de Antioquía

Períodos

1. Formación: 260–360 (Luciano de Samosata, su fundador, y Arrio); en esta etapa la escuela de Antioquía no fue una institución, sino una teología que se remontaba a Luciano, que influyó mucho en la escuela creada en Edesa ya a principios del siglo III. Nace como reacción a los excesos y fantasías del método de Orígenes.

2. Esplendor: 360–430 (Diodoro de Tarso, Teodoro de Mopsuestia y san Juan Crisóstomo); Diódoro de Tarso fue el que fundó un verdadero centro docente en Antioquía, que alcanzó su apogeo en el siglo IV.

3. Decadencia: desde el 431.[8]

---

[7]Cfr. la sección dedicada a este escritor eclesiástico.

[8]Cfr. J. Quasten: *Patrología*, vol. I, págs. 316–428.

Características

Seguía el esquema "Logos—hombre": El Verbo del Señor se hizo hombre...Se subraya la realidad humana de Cristo y se tiende a explicar su misterio personal a partir de esa realidad humana. La ventaja de esta posición es que se comprende mejor la doble realidad de Cristo: considera en Cristo separadamente al Hijo de María y al Hijo de Dios, preguntándose luego cómo estos dos hijos no forman más que el único Cristo. Pero arriesga caer en el peligro de la dificultad de concebir la dualidad en la unidad, con la tendencia a yuxtaponer ambas naturalezas.[9]

- Orientación aristotélica: investigaciones meticulosas; análisis, síntesis.

  – Como exageración, el peligro del racionalismo.

- Exégesis: sentido literal: filología; sentido típico: relaciones Antiguo Testamento–Nuevo Testamento.

  – Algunos exageraron la tendencia literalista.

- Desarrollan la moral: especialmente san Juan Crisóstomo.

  – Exageraciones: moral naturalista de sabor pelagiano.

- Acentuaron la distinción en Cristo de lo divino y lo humano.

  – Peligros: arrianismo, nestorianismo.

10.2.3   Escuela latina

Cabría señalar también una tercera escuela, la latina, representada por san León Magno y por san Agustín, que haría de puente entre ambos cen-

---

[9] J. A. Jorge: *Cristología*, vol. I, Santiago de Chile, Shoreless Lake Press, págs. 186–188.

tros orientales, ya que si bien señala con precisión la distinción de naturale-zas en Cristo, sin embargo subraya y acepta la comunicación de idiomas.[10]

10.3   Conclusión

Un buen resumen de las diferencias entre las escuelas principales estu-diadas es el que aporta Drobner:

> "Al interpretar la Sagrada Escritura, los antioquenos pres-taban especial atención al sentido literal, histórico (sin reducir-se a él). Los alejandrinos, en cambio, cultivaban con intensidad el sentido alegórico, moral y anagógico de la Escritura; trata-ban de descubrir en los textos bíblicos un sentido oculto, más profundo. Ese objetivo casaba bien con su valoración del cris-tianismo como 'gnosis verdadera' que no necesita misteriosos libros esotéricos, sino que descubre los misterios en los textos trasmitidos y reconocidos por la Iglesia. En la dogmática, los antioquenos tendían a subrayar más las diferencias en Dios y en Cristo ('teología de la separación'), mientras que los alejan-drinos acentuaban más la unidad de las tres personas en Dios y de las dos naturalezas en Cristo ('cristología de la unidad'). Por supuesto que esta tipificación tosca de las escuelas sirve tan sólo como punto de apoyo para la orientación básica y no debe caer en el esquematismo: en concreto, hay que examinar y valorar cuidadosamente en sí misma cada aseveración de las 'escuelas'".[11]

---

[10]Cfr. B. Studer y A. Ortiz: *Dios Salvador en los Padres de la Iglesia: Trinidad, Cristología, Soteriología*, Salamanca, Secretariado Trinitario, 1993, pág. 305; A. Amato: *Jesús...*, cit., pág. 297.

[11]H. Drobner: *Manual...*, cit., págs. 146–147.

Capítulo 11

Los escritores alejandrinos del siglo III

11.1   Clemente de Alejandría

11.1.1   Vida

Tito Flavio Clemente nace en Atenas el año 150. Sus padres eran paganos. Viaja mucho.[1]

Es sucesor de Panteno en la Escuela catequética, del año 200 al 202. En este año Septimio Severo (193–211) desata una persecución y la escuela tiene que cerrarse. Clemente huye a Capadocia y muere el año 215.

Tenía una extraordinaria cultura. Era un hombre de una vasta erudición en filosofía, poesía, arqueología, mitología, literatura, etc. Conocía la lite-

---

[1] J. Quasten: *Patrología*, cit., vol. I, págs. 320–351; D. Ramos–Lissón: *Patrología*, cit., págs. 157–164; R. B. Tollington: *Clement of Alexandria. A Study in Christian Liberalism*, 2 vols., London 1914; Th. Camelot: *Foi et gnose. Introduction a l'étude de la connaissance mystique chez Clément d'Alexandrie*, París 1945; L. F. Mateo–Seco: *Clemente de Alejandría, San*, en GER, vol. V, págs. 777–779; A. de la Barre: *Clément d'Alexandrie*, en DTC, vol. III, cols. 137–199; V. Cano Sordo: *Patrología...*, cit., tema 11; É. Gilson: *History of Christian Philosophy...*, cit., págs. 29–35.

(San Clemente de Alejandría)

ratura cristiana primitiva, tanto la Biblia como las obras post–apostólicas y heréticas. Cita mil quinientas veces el Antiguo Testamento; dos mil, el Nuevo; y conoce también a los clásicos, a los que cita trecientas sesenta veces. Fue pues, un espíritu brillante, aunque más intuitivo que sistemático.

San Clemente se daba cuenta de que la Iglesia tenía que enfrentarse necesariamente con la filosofía y la literatura paganas si quería cumplir su misión evangelizadora en medio de las Naciones. Demostró que la fe, la filosofía, el saber profano y el Evangelio no se oponen, sino que se complementan mutuamente.[2]

Se le puede considerar uno de los fundadores de la teología especulativa. Lo que se ve claramente cuando se le compara con un tipo muy diferente de doctor eclesiástico, con san Ireneo de Lyon, que fue contemporáneo suyo. San Ireneo era un hombre de la Tradición que derivaba de la predicación apostólica, y consideraba la cultura y la filosofía de su tiempo como peligros para la fe. San Clemente, por su parte, fue el hombre que se propuso defender la fe mediante su profundización, usando la filosofía. Se dio cuenta, como san Ireneo, del peligro de la helenización de la fe cristiana que estaba operando de manos de la gnosis y de las herejías. Pero no se quedó en la pura negación del error y la herejía, sino que a la "gnosis falsa" opuso

---

[2]Cfr. J. Quasten: *Patrología*, cit, vol. I, pág. 321.

la "gnosis verdadera", explicando los contenidos de la fe verdadera con la ayuda de la sana filosofía. Como veremos, san Clemente, explicó bien las relaciones entre fe y razón.[3]

Más adelante, Demetrio, obispo de Alejandría, confía la dirección de la escuela a Orígenes.

En conclusión, san Clemente de Alejandría fue el primer pensador cristiano neoplatónico, más moralista que teólogo sistemático y uno de los hombres más doctos de su época.

11.1.2 Obras

Concibe sus tres obras según un plan pedagógico: *Protréptico* (exhortar), *Pedagogo* (educar), *Stromata* (enseñar):

1. En el *Protréptico* anima a la conversión mostrando la superioridad de la vida cristiana. Su título original es Προτρεπτικόι πρός Ελληνας, es decir "Exhortación a los Griegos". Su contenido está estrechamente relacionado con las primeras apologías cristianas, reanudando la polémica contra la mitología antigua. Vuelve a sostener la tesis de la anterioridad del Antiguo Testamento. En el Epílogo se lee:

   "¿A qué cosa te exhorto, pues? Anhelo salvarte. Cristo lo quiere. En una palabra, Él te concede la vida. Y, ¿quién es Él? Apréndelo rápidamente: la Palabra de la Verdad, la Palabra de la incorruptibilidad, el que regenera al hombre elevándole a la verdad; el aguijón de salvación, el que expele la corrupción y destierra la muerte, el que edificará un templo en cada hombre a fin de instalar a Dios en cada hombre".[4]

---

[3]J. Quasten: *Patrología*, vol. I, cit., págs. 334–335.

[4]San Clemente de Alejandría: *Protrept.* II. 117, 3–4

Con todo, si se comparan las apologías del siglo anterior con ésta, se ve que san Clemente no consideraba necesario defender el cristianismo de las falsas acusaciones y calumnias. Se percibe un tono de tranquila certeza en la función educadora del "Logos" a lo largo de la historia de la humanidad que culmina en el cristianismo.

Por eso, más que al género apologético, el *Protréptico* pertenece, más bien, al género de exhortaciones,[5] cuyo fin era animar a los hombres a un fin más elevado para sus vidas.[6]

2. El *Pedagogo* (Παιδαγογος) es una continuación del Protréptico, con el fin de que, a los ya convencidos a abrazar la nueva fe, se les enseña ahora las normas de vida cristiana. Es un tratado de moral dividido en tres libros:

- El primero trata sobre Cristo educador y la filiación divina (en esencia, una moral general). El "Logos" más que instruir al alma, lo que realiza es el hacerla mejor. Los "niños" a educar son los hijos de Dios regenerados por el bautismo. Su principio básico es el amor, a diferencia del principio de educación de la Ley Antigua, que era el temor; aunque el temor también es necesario porque nos impide caer en el pecado. En Dios hay amor y justicia a la vez, en contra de las tesis de Marción y sus seguidores.

- El segundo y tercer libro dan normas prácticas de vida cristiana cotidiana (por tanto, el equivalente a la moral especial): comida, bebida, casa, mobiliario, música, danza, recreación... Hay un retrato vivo y realísimo de la vida de Alejandría, que es deprimente. Se avisa al cristiano que se aparte de lo malo, pero no

---

[5]Este tipo de obras fueron escritas entre otros, por Aristóteles, Epicuro, o Cicerón (su famoso *Hortensius*).

[6]Cfr. J. Quasten: *Patrología*, vol. I, cit., págs. 322–323.

que renuncie al mundo ni haga voto de pobreza. Hay cosas buenas, como la cultura. Pero no hay que estar apegado a nada.[7]

3. En el libro llamado *Stromata* (Tapices), (Στρωματεις) en lugar de seguir el primitivo plan (es decir, dedicarlo a hablar de la enseñanza),[8] es una obra de carácter fragmentario que no llega a formar un todo unitario. Trata de las relaciones entre la fe y la filosofía griega.

Este libro pertenece a un género más bien parecido a los actuales ensayos, esto es, no se trata de obras sistemáticas ordenadas que intentan estudiar todo el contenido de un tratado, sino de estudios variados sin conexión sistemática. Era un género muy cultivado por los filósofos de la época. Los temas quedan entretejidos en la obra, como los colores en el tapiz.

En este sentido se descubre que san Clemente no tenía las cualidades de un teólogo sistemático que trabaja con grandes cantidades de material.

4. Además, escribe otra obra: *Quis dives salvetur?* (Τίς ο σωζόμενος πλούσιος). Es una homilía sobre Mc 10: 17–31. Insiste en la pobreza de espíritu.

11.1.3 Doctrina teológica

- Fe y filosofía: la filosofía es una preparación de la humanidad para la venida de Cristo. Insiste en la supremacía de la fe. La verdadera gnosis consiste en compaginar la fe con la filosofía. Es el fundador de la teología especulativa. Así, en efecto, en los *Stromata*:

---

[7]Cfr. J. Quasten: *Patrología*, vol. I, cit., págs. 324–325.

[8]Algunos sostienen que hubo un hipotético tratado del Santo: Αιδασκαλος que nunca escribió.

- Defiende la filosofía griega contra los que la negaban todo valor. La filosofía es un don de Dios a los gentiles, lo mismo que el Antiguo Testamento fue para los judíos: era el medio para prepararles a la aceptación del "Logos".[9]

  Es más audaz que san Justino, porque éste hablaba de las "semillas del Logos" en la filosofía de los griegos; pero san Clemente otorga a la filosofía el mismo papel que el que tuvo el Antiguo Testamento.

- Con todo, la filosofía no puede suplantar a la Revelación divina y a la fe. Por eso, en el libro II, defiende la fe contra los filósofos que la calumniaban. Solo la fe llega al conocimiento verdadero de Dios. Es más, los filósofos antiguos recibieron muchas verdades del Antiguo Testamento.

- El "Logos": es el creador del universo; reveló el Antiguo Testamento y también la filosofía; se encarnó, nos redimió, nos dio a conocer al Padre y al Espíritu Santo; es el *Pedagogo*. La idea del "Logos" es el principio fundacional de su sistema teológico. Se parece a san Justino, pero lo supera, porque el "Logos" es el principio supremo de la explicación religiosa del mundo: creador del Universo, revelador de Dios en el Antiguo Testamento y en la filosofía griega, se encarnó, es con el Padre y con el Espíritu Santo la Trinidad divina, es el maestro del mundo y el legislador de la humanidad por ser la ciencia divina, es el salvador de la raza humana, es quien por la fe, la ciencia, la caridad y el temor conduce a la inmortalidad y a la deificación.[10]

---

[9]Cfr. San Clemente de Alejandría: *Stromata*, libro I.

[10]J. Quasten: *Patrología*, vol. I, cit., págs. 336–338. "La idea del 'Logos' es el centro del sistema teológico de Clemente y de todo su pensar religioso. Sin embargo, el principio supremo del pensamiento cristiano, no es la idea del 'logos', sino la de Dios. Esta es la razón por la cual Clemente fracasó en su intento de crear una teología científica" (pág. 338).

- Eclesiología: trata de la unidad y universalidad de la Iglesia, que es depositaria de las Escrituras, que están divinamente inspiradas. Una Iglesia, como también solo hay un Dios Padre, un solo Dios Hijo y solo Dios Espíritu Santo.

  La llama "madre" porque alimenta a sus hijos con la leche del Verbo divino.

  Se distingue de las sectas heréticas por su unidad y su antigüedad. Por eso, el mayor obstáculo para la conversión de judíos y paganos es la división de la cristiandad en sectas heréticas.

  La jerarquía de la Iglesia son: obispos, presbíteros y diáconos, a imitación de la jerarquía angélica

- Moral y sacramentos: no hay que abandonar el mundo sino usarlo rectamente; la moral consiste en vivir según la naturaleza; expone la doctrina sobre los sacramentos; concibe el matrimonio como algo santo; resalta la excelencia del celibato.

11.2 Orígenes: importancia e influjo como exégeta, teólogo y místico

Nos centraremos en la figura principal de la Escuela. Es el escritor eclesiástico que más influyó hasta san Agustín. Es el fundador de la ciencia escriturística y de la teológica espiritual.

Tenemos muchas fuentes con datos de su vida (Eusebio de Cesarea —que escribió mucho sobre él—, Gregorio el Taumaturgo, san Jerónimo, etc.). Muchos son representantes de la Escuela de Cesarea, fundada por Orígenes, como ya sabemos.[11]

---

[11]Cfr. J. Quasten: *Patrología*, cit., vol. I, págs. 351–412; D. Ramos–Lissón: *Patrología*, cit., págs. 164–175; F. Mendoza Ruiz: *Orígenes y origenismo*, en GER, vol. XVII, págs. 453 ss.; G.

11.2.1   Vida

Hijo mayor de una familia cristiana numerosa, nace en 185. Su padre, Leónidas, murió mártir en el año 202.

(Orígenes)

A los 18 años de edad, confiscados sus bienes por el Estado, se dedica a la enseñanza para sostener económicamente a su familia. Demetrio, obispo de Alejandría, le pone al frente de la Escuela catequética que preparaba a los catecúmenos para el bautismo. Desde el año 203 hasta el 231 gobierna la Escuela con gran prestigio. Era un hombre de gran coherencia. Eusebio le llama "Adamantius" (hombre de acero) por su fortaleza y vida mortificada. Practicaba un ayuno riguroso, dormía en el duro suelo, vivía una pobreza extrema. Tomaba a la letra, cayendo a veces en el exceso, algunos consejos del Evangelios (p. ej. Mt 19:12; no llevar dos túnicas y dos sandalias).

Su método de enseñanza era el siguiente:

- Cursos preparatorios (geometría, astronomía, lógica, dialéctica); pronto dejó estos cursos a sus discípulo Heraclas, dedicándose él a impartir sólo los cursos de perfeccionamiento.

- Cursos de perfeccionamiento: filosofía, ética, teología e interpretación de la Sagrada Escritura.

Bardy: *Origène*, en DTC, vol. XI, cols. 1489–1565; V. Cano Sordo: *Patrología...*, cit., tema 11; É. Gilson: *History of Christian Philosophy...*, cit., págs. 35–43.

Compaginaba la enseñanza con la asistencia a los cursos que impartía Ammonio Saccas, fundador del neoplatonismo. Sabía matemáticas, astronomía y música.

Durante la época alejandrina (203–231), Orígenes realizó varios viajes, gozando de gran prestigio:

- A Roma en el año 212, para ir a visitar a la cabeza de la Iglesia (conoce a Hipólito a quien oyó la homilía "sobre la alabanza de Nuestro Señor y Salvador").

- A Arabia en el 215, para instruir al gobernador romano de esa provincia.

- A Antioquía, en esa misma época, mandado llamar por la madre del emperador Alejandro Severo (Julia Mamea).

- A Palestina, un viaje en 216 —época en que Caracalla saquea Alejandría— (en el que predica sin ser sacerdote con el descontento consiguiente de su obispo).

- A Palestina en 230, en el que sus grandes amigos Alejandro de Jerusalén y Teocisto de Cesarea de Palestina le ordenan sacerdote para poder predicar, lo cual motivó que Demetrio lo excomulgara, por no haber sido consultado y con el agravante de que en su juventud se había castrado siguiendo a la letra Mt 19:12. La condena fue confirmada por Roma, pero en Oriente no se la tuvo en cuenta.

- En 231 tiene que trasladarse definitivamente a Palestina (Cesarea) con el beneplácito de los obispos de esa región.

En 232 muere Demetrio, al que sucede Heraclas, que estaba enemistado con Orígenes.

En Cesarea continúa enseñando con el mismo método de Alejandría. Hace un viaje a Arabia en 244. Durante la persecución de Decio (249–251) sufre tormentos. Diógenes, discípulo de Orígenes, era por entonces el obispo de Alejandría y lo rehabilita con su Iglesia madre. Muere a causa de los tormentos en Tiro (253), sin que se sepa el motivo de su estancia en esa ciudad.

11.2.2 Pensamiento

Estudia la filosofía como cristiano. Está muy influido por el neoplatonismo; por esta razón en el año 543 se condenaron quince proposiciones suyas.

Dificultades de su pensamiento

Aunque considera la filosofía como sierva de la Sagrada Escritura, la influencia de Platón en toda su obra es notable. A consecuencia de ello cae en algunos errores: p. ej. la preexistencia de las almas. Por otra parte, su interpretación alegórica de la Sagrada Escritura le hace correr el peligro del subjetivismo en muchas ocasiones. Como dice J. Quasten:

> " Así, pues, Orígenes recalca más que Clemente la importancia de la Sagrada Escritura. Sin embargo, Orígenes cometió el error de dejar que la filosofía de Platón influyera en su teología más de lo que él mismo sospechaba. Esta influencia le llevó a errores dogmáticos graves, especialmente a la doctrina de la preexistencia del alma humana. Otro escollo de su sistema fue la interpretación alegórica. No es verdad que él viera en este método sólo un medio para eliminar el Antiguo Testamento, por el cual, al contrario, sentía la mayor estima. Es verdad, empero, que con este método introdujo en la exégesis un subjetivismo peligroso, que lleva a la arbitrariedad y al error".[12]

---

[12]J. Quasten: *Patrología*, cit., vol. I, pág. 356.

Esto dio lugar a que se suscitaran posteriormente las famosas "controversias origenistas" en los años 300 (a favor: Eusebio y Pánfilo de Cesarea; en contra: Metodio de Filipos y Pedro de Alejandría), 400 (en contra: Epifanio de Salamina, Teófilo de Alejandría y el Papa Atanasio) y 543 (en contra: Justiniano, el concilio de Constantinopla, el Papa Vigilio).

El concilio de Constantinopla (543), por instigación de Justiniano I, condena varias proposiciones de Orígenes, ratificadas por la firma del Papa. Sin embargo no se le puede considerar hereje pues todo lo que dijo lo hizo como una opinión. En este sentido hay que tener en cuenta que sus sermones siempre eran sencillos y claros, no así sus escritos especulativos que, en ocasiones, eran audaces.

Exégesis

Es el primer exegeta científico de la Iglesia. Parte de que la Sagrada Escritura es Palabra de Dios y funda toda la teología católica.

Para comprender su obra exegética, conviene tener presente la distinción que existe entre los tres sentidos de la Escritura según el mismo Orígenes, que corresponden a las tres partes del hombre, a saber, cuerpo, alma y espíritu:

- Sentido somático o literal–histórico: puede ser propio o impropio (o metafórico). Se basa en las circunstancias históricas, costumbres, etc.

- Sentido psíquico o moral (que corresponde a la significación interior e individual).

- Sentido espiritual, místico o alegórico (que corresponde a la significación colectiva y universal del misterio). Se basa en la "figuras" o "tipos", y surge como fruto del estudio, oración personal y unión con Dios del exégeta, al relacionar pasajes de la Escritura entre sí.

Los principios en los que se basa la exégesis de Orígenes son los siguientes:

1. La Biblia es la Palabra de Dios viva.

2. El Nuevo Testamento ilumina al Antiguo Testamento y el Antiguo Testamento descubre más luz en el Nuevo Testamento.

3. El uso de la alegoría: relación entre el Nuevo Testamento y el Antiguo Testamento.

4. Todos los pasajes tienen sentido alegórico, no todos sentido literal.

5. Afirma la inspiración verbal de la Escritura.

Su exégesis, con interpretaciones a veces demasiado forzadas de la Sagrada Escritura, es el punto de partida de las exageraciones propias del alegorismo medieval.

Práctica en la exposición de la Sagrada Escritura un misticismo que recuerda el de san Bernardo de Claraval o el de santa Teresa de Jesús.

Trinidad

Fundamenta su sistema en la noción de Dios como Uno, Inmutable, Eterno.... Dios Padre así descrito es incomprensible en Sí para el ser humano. No obstante, se puede entender algo a través de:

- El "Logos" que es la figura expresa de su substancia y la subsistencia de Dios.

- Las creaturas, como el Sol se puede conocer por sus rayos.

El Padre y el Hijo son "dos Dioses y un único Poder": dos Personas y una Naturaleza; emplea el término *homoousios* (ομοούσιος); tiene expresiones de sabor subordinacionista (que no los son realmente).

Utiliza el término "trias" (τριάς).[13]

Rechaza y refuta el modalismo, y para ello utiliza expresiones que han abierto una gran polémica sobre si Orígenes era o no subordinacionista. Así por ejemplo, san Jerónimo afirmará que sí lo era; en cambio, san Gregorio Taumaturgo, san Atanasio, afirmaron lo contrario. Para comprender la polémica hay que tener en cuenta que Orígenes utiliza dos clases de textos:

1. Textos claramente ortodoxos:

   - El Hijo procede del Padre no por proceso de división, sino de la misma manera que la voluntad procede de la razón, es decir, por un acto espiritual.

   - La generación del Hijo es eterna, porque en Dios todo es eterno: *aeterna ac sempiterna generatio.*[14]

   - Por eso, el Hijo no tiene principio; nunca hubo un tiempo en que Él no fuera: ουκ εστίν ότε ουκ ην.[15]

   - La relación del Hijo con el Padre es la de la unidad de la sustancia. Así acuña el término "homousios" que prevalece en Nicea.

2. Textos dudosos, que podrían ser interpretados como subordinacionistas (error) o como orden jerárquico en la Trinidad (ortodoxia):

   - El "Logos" es llamado "segundo Dios" (*Deutero zeos*, δεύτερος θεός).[16]

   - Solo el Padre es la "bondad original" (autozeos, aulós agazós). El Hijo es la imagen de la bondad, εικών αγαθότητος.[17]

---

[13]Orígenes: *In Ioh.* 10, 39, 270; 6, 33, 166; *In Ies. hom.* 1, 4, 1.

[14]Orígenes: *In Ier.*, 9, 4; *De princ.* 1, 2, 4.

[15]Orígenes: *De princ.*, l, 2, 9s; 2; 4, 4, 1; *In Rom.*, 1, 5.

[16]Orígenes: *Contra Cels.*, 5, 39; *In Ioh.*, 6, 39, 202.

[17]Orígenes: *Contra Cels.*, 5, 39; *De princ.*, 1, 2 ,13.

- El Hijo no es más poderoso que el Padre, antes bien, es inferior a Él.[18]
- El Hijo y el Espíritu Santo son intermediarios entre el Padre y las creaturas.

Cristología

Sus principales afirmaciones son:

1. Es el primero en usar el término *theanthropos*, Dios–hombre (θεάνθρωπος).[19]

2. El lazo de unión del "Logos" con la carne humana de Cristo es su alma humana, que para Orígenes fue pre–existente, como todas las almas humanas.

3. La carne de Cristo fue concebida virginalmente.

4. El alma de Cristo, por su unión con el "Logos" no podía pecar.[20]

5. La unión de las dos naturalezas en Cristo fue estrecha: "porque el alma y el cuerpo de Jesús, después de la *oikonomia* formaron un solo ser con el "Logos" de Dios.[21]

---

[18]Orígenes: *Contra Cels.* 8, 15.

[19]Orígenes: *In Ez. hom.*, 3,3.

[20]"No cabe poner en duda que su alma fuera de la misma naturaleza que la de todos los demás. De no serlo de verdad, no se le habría podido llamar alma. Mas, correspondiendo a todas las almas el poder de escoger entre el bien y el mal, la de Cristo eligió el amor de la justicia, de manera que con toda la inmensidad de su amor se adhirió a ella irrevocablemente y sin separación posible, de modo que la firmeza de su intención, la inmensidad de su afecto y el ardor inextinguible de su amor anularon toda posibilidad de retroceder y cambiar. Lo que anteriormente dependía de la voluntad, quedó en adelante trocado en naturaleza por la fuerza de una larga costumbre. Debemos, por tanto, creer que en Cristo existió un alma humana y racional, sin que por ello hayamos de suponer que tuviera ninguna inclinación ni posibilidad de pecado (*De princ.*, 2, 6, 5)."

[21]Orígenes: *Contra Celso*, 5, 2, 9.

6. Enriquece la teología griega con términos muy importantes, tales como:

- physis.

- hypostasis.

- ousia.

- homousios.

- theanthropos.

También explica la *communicatio idiomatum*; María es Θεοτόκος, Madre de Dios (conclusión de esta doctrina). Por otro lado defendió la maternidad universal de la Virgen.[22]

Origen y fin de la creación

Influencia neoplatónica; los tres errores principales de Orígenes: el origen del mundo y de las almas *ab aeterno*,[23] el fin del mundo y el fin de las almas (*apocatástasis*, (αποκατάσταση), sucesión de mundos, almas encerradas en el cuerpo en castigo). La *apocatástasis* es la restauración universal de todas las cosas a su estado original, puramente espiritual. Y por eso:

- Las almas de los pecadores son purificadas con fuego después la muerte.

- El infierno no es eterno.

- Los demonios también serán purificados por el "Logos".

Cuando todos se hayan purificado, será la Parusía y la resurrección de todos los hombres, no en sus cuerpos materiales sino espirituales, y, entonces, Dios será todo en todos.

---

[22]Orígenes: *In Ioh.*, 1, 6.
[23]Orígenes: *Contra Cels.*, 1:32.

Con todo, la "apocatástasis" no será el fin del mundo, sino solamente de una fase transitoria. Por influencia de Platón, Orígenes enseñó que antes de que empezara a existir este mundo, existieron otros mundos; y cuando deje de existir el presente mundo, surgirán otros en sucesión ilimitada. Apostasía de Dios y retorno a Dios se van sucediendo ininterrumpidamente.[24]

De este modo explica lo que hacía Dios antes de la creación del mundo presente.

Estas teorías están relacionadas con su concepto de creatura espiritual: la voluntad libre, le permite apostatar del bien e inclinarse al mal siempre que quiera hacerlo. La recaída de los espíritus hace necesario un nuevo mundo corpóreo; de este modo, a un mundo sigue otro, y la creación del mundo viene a ser un acto eterno.

Sacramentos

Enseñanza muy completa y precisa; el pecado original hace necesario el bautismo; el bautismo de los niños es de Tradición apostólica:

> "La Iglesia ha recibido de los Apóstoles la costumbre de administrar el bautismo incluso a los niños. Pues aquellos a quienes fueron confiados los secretos de los misterios divinos sabían muy bien que todos llevan la mancha del pecado original, que debe ser lavado por el agua y el espíritu".[25]

Respecto a la penitencia: todo pecado es remisible. El bautismo perdona todos los pecados. Los cometidos después, pueden ser perdonados de variadas maneras: el martirio, la limosna, perdonar a los que nos ofenden, convertir a un pecador (San 5:20), la caridad (Lc 7;47), y la confesión de los pecados ante un sacerdote.[26]

---

[24]Orígenes: *De Princ.*, 3, 5 ,3.

[25]Orígenes: *In Rom. com.* 5, 9.

[26]Orígenes: *In Lev. hom.* 2, 4.

Mística

Influye en los monasterios; imitación de Cristo, primero conociéndose a sí mismo y luchando contra el pecado; renuncia de sí mismo (martirio).

J. Quasten lo compara al misticismo de san Bernardo de Claraval y de santa Teresa de Ávila.[27] Fue uno de los grandes místicos de la Iglesia.

Este aspecto ha sido estudiado solo recientemente, y es necesario para completar la idea de su doctrina y su personalidad.

- Noción de perfección:

  - Consiste en asemejarse a Dios lo más posible.
  - Fundamento: "el hombre hecho a imagen y semejanza de Dios".[28]
    * Como "imagen", el hombre ha recibido la capacidad de mejorarse para imitar a Dios.
    * Solo cuando imita a Dios, llega a ser "semejante" a Dios.
  - Este objetivo se consigue igualmente con la combinación de:
    * La gracia.
    * Nuestro esfuerzo.
  - El camino es la imitación de Cristo. Pero ese camino es para los que reciban esta vocación solamente. Se distingue, pues, entre las almas escogidas y los fieles comunes, como ocurrió en tiempos de Jesucristo, cuando el Señor tenía discípulos y turbas que le seguían.[29]

- Conocimiento de sí mismo: examen de conciencia. El primer paso para conocerse a sí mismo es determinar:

  - Lo que debemos hacer.

---

[27]J. Quasten: *Patrología*, cit., vol. I, págs.405–410.

[28]Orígenes: *De Princ.*, 3, 6, 1.

[29]Orígenes: *In Matth. comm.*, 11, 4.

- Lo que debemos evitar.

- Lo que debemos mejorar.

- Lo que debemos conservar.[30]

• Resultado: lucha contra el pecado y desprendimiento.

Esta lucha significa pugna contra las causas del pecado:

- Las pasiones (πάθη), y conseguir la ἀπάθεια, la destrucción completa de las πάθη.

- El mundo.

Por ello es siempre necesaria la mortificación de la carne.

Aconseja la virginidad como medio de entregar a Dios, no las cosas exteriores, sino el interior del hombre. Cristo fue el que trajo la virginidad al mundo.[31]

Pero, además, el imitador de Cristo debe practicar el desprendimiento total de:

- La familia.

- Toda ambición humana.

- La propiedad.... Solo así se podrá "vacare Deo".[32]

• Necesidad de los ejercicios ascéticos durante toda la vida para conseguir ese desprendimiento:

- Vigilias para domeñar el cuerpo.[33]

- Ayunos severos para doblegarlo.

---

[30]Orígenes: *Cant.* 2, 143–145.

[31]Orígenes: *In Cant.* 2, 155.

[32]Orígenes: *In Ex. hom.*, 8, 4, 226, 2s.

[33]*In Ex. hom.*, 13, 5; *In Ios. hom.*, 15, 3.

- Estudio ininterrumpido, día y noche, de las Sagradas Escrituras para ayudar a concentrarse en las cosas divinas.
- Necesidad de la humildad.[34]

• Los comienzos de la ascensión mística, en pasos:[35]

1. Abandono del mundo: el hombre vive en esta tierra solo de paso.

2. Lucha contra el Diablo y las tentaciones para conquistar la virtud.

3. Lucha contra los sufrimientos interiores del alma.

4. Recepción de las consolaciones del alma junto con los combates que ayudan a superar las tentaciones.

5. Recepción del don de visiones durante la oración o la lectura de la Sagrada Escritura:

   - Estas visiones fortalecen el alma frente a las aflicciones venideras.
   - Son oasis en el desierto del sufrimiento y de la tentación.
   - No conviene prestar excesiva atención a las visiones porque el demonio podría valerse de ellas.

6. La unión mística con el "Logos".

   Es el fin de la vida espiritual.

   Hay dos Símbolos que la explican:

   - El nacimiento y crecimiento de Cristo en el alma.[36]
   - El matrimonio espiritual:

---

[34]Orígenes: *In Ier. hom.*, 8, 4; *In Ez. hom.*, 9, 2.

[35]Cfr. Orígenes: *Homilía sobre los Números*, 27.

[36]Orígenes: *In Cant. comm. prol.* 85; *In Ier. hom.* 14, 10.

"Consideremos el alma cuyo único deseo es unirse y juntarse con el Verbo de Dios y entrar en los misterios de su sabiduría y de su ciencia, como en el tálamo de un esposo celeste. A esta alma ya le han sido entregados sus dones, a manera de dote. Así como la dote de la Iglesia fueron los libros de la ley y de los profetas, hemos de pensar que, para el alma, los bienes matrimoniales son la ley natural, la razón y la libre voluntad. La enseñanza que recibió en su primera juventud por parte de guías y maestros le proporcionó estos bienes que constituyen su dote. Pero, al no encontrar en ellos la plena y completa satisfacción de su deseo y de su amor, niegue para que su inteligencia pura y virginal pueda recibir la luz de la iluminación y de la intimidad del mismo Verbo de Dios. Porque, cuando la mente está llena de la ciencia e inteligencia divinas sin intervención de hombre o de ángel, puede entonces pensar que está recibiendo los besos del mismo Verbo de Dios. Por estos besos y otros semejantes parece decir el alma a Dios en su oración: Que me bese con los besos de su boca. Mientras el alma era incapaz de recibir la enseñanza completa y substancial del mismo Verbo de Dios, recibía los besos de sus amigos, es decir, la ciencia de labios de sus maestros. Mas cuando empieza a ver por sí misma las cosas ocultas, a desenmarañar las cosas enredadas, a resolver los problemas complicados, a explicar las parábolas, los enigmas y las palabras de los sabios según un método justo de interpretación, entonces el alma puede creer que ha recibido ya los besos de su mismo esposo, esto es, del Verbo de Dios. El escritor dice besos, en plural, para hacernos comprender que el sacar a la luz cada uno de los sentidos ocultos es un beso del Verbo de Dios sobre el alma perfecta...Posiblemente se refería a esto mismo el espíritu profético y perfecto cuando decía: Abro mi boca y suspiro (Ps. 118:131). Por boca del esposo entendemos el poder con que ilumina la inteligencia. Dirigiéndole, como si dijéramos, unas palabras de amor, suponiéndola digna de recibir la visita de un ser tan excelente, le descubre todas las cosas ocultas y desconocidas. Este es el beso más verdadero, el más íntimo y el más santo que, según lo dicho, da el esposo, el Verbo de Dios, a su esposa, el alma pura y perfecta".[37]

Orígenes relaciona profundamente esta doctrina de la unión con el "Logos" con el misticismo de la cruz y del Crucificado. Los perfectos han de seguir a Cristo hasta sus sufrimientos y la cruz.

El verdadero discípulo de Jesús es el mártir como se ve en su obra "Exhortación al Martirio".

Para los que quieran imitar a Cristo, pero no puedan sufrir el martirio, queda la muerte espiritual de la mortificación y de la renuncia.

Por eso, los dos, el mártir y el asceta, tienen un mismo ideal: la perfección de Cristo.

---

[37]Orígenes: *In Cant.* 1.

Muchas ideas de Orígenes fueron adoptadas por los primeros monásticos e influirán en el desarrollo de la vida monástica posterior.

11.2.3 Escritos

Escribió entre dos mil y seis mil tratados. Los títulos conocidos son unos 800. Tenía siete o más estenógrafos, varios copistas, varios calígrafos, etc., a su disposición.

Para llevar a cabo toda esta obra contó con la ayuda económica de Ambrosio, un cristiano acaudalado.

Tiene los siguientes tipos de escritos:

- Crítica textual: las *Exaplas*.

- Obras exegéticas.

- Obras apologéticas (*Contra Celso*).

- Obras dogmáticas (Peri–Archon o "De Principiis").

- Escritos prácticos (*De Orationes, Exhortación al martirio*)

- Cartas.

Conviene examinar alguna de las más importantes de sus obras.

Crítica textual

Las *Exaplas* que es una Biblia séxtuple, constituyen una obra monumental de crítica textual en la que se contiene, dispuesto en seis columnas, el texto del Antiguo Testamento:

- 1ª col.: texto hebreo con caracteres hebreos.

- 2ª col.: texto hebreo con caracteres griegos (para la pronunciación).

- 3ª col.: versión griega de Aquila (judío de la época de Adriano).

- 4ª col.: versión griega de Símaco (judío de la época de Septimio Severo).

- 5ª col.: versión griega de los LXX.

- 6ª col.: versión griega de Teodoción (que vivió en Alejandría en el a. 180).

En la versión de los LXX añade algunos signos para señalar lo que se ha añadido (:) o los lugares donde hay lagunas (*).

San Jerónimo pudo consultar esta obra monumental en un ejemplar conservado en Cesarea. Actualmente quedan sólo algunos fragmentos.[38]

Obras exegéticas

Son de tres tipos:

1. *Escolios* (*excerpta* σχόλια, σημείωσες): explicaciones breves de pasajes difíciles.[39]

2. Homilías (*tractatus*, ὁμιλίαι): explicaciones de algún pasaje hechas en reuniones litúrgicas para edificación del pueblo, con una fuerte carga de espiritualidad y misticismo.[40]

3. Comentarios (*Volumina*, τόμοι): exégesis científica, con interpretación mística más que literal.[41]

---

[38]Versión siriaca de la 5ª col., del siglo VI; palimpsesto de las col. 1ª, 2ª, 3ª, 4ª y 6ª de los Salmos; citas en manuscritos griegos y obras de otros Padres.

[39]No han llegado completos

[40]Han llegado veinte fragmentos en griego, 200 en versiones latinas y 388 en otras versiones.

[41]Quedan fragmentos de comentarios a Mateo, Juan, Romanos, Cantar de los Cantares, etc.

De principiis

Περί αρχών es el más importante de sus escritos. Fecha de composición: 220 a 230. Es el primer sistema de teología cristiana y el primer manual del dogma.[42]

El título, Περί αρχών, manifiesta bien su contenido: un estudio de las doctrinas cristianas fundamentales.

Está dividido en cuatro partes, después de un prefacio sobre el saber teológico, que es muy importante para comprender la visión del quehacer teológico de Orígenes. Allí se aborda el problema de los fines y fuentes del saber teológico que son:

1. Las fuentes de la doctrina cristiana son la Escritura y la Tradición. Hay pues una regla de fe que contiene la enseñanza fundamental de los Apóstoles.

2. Sin embargo, los Apóstoles no dieron argumentos en apoyo de esas verdades ni explicaron las relaciones recíprocas de las mismas. Además quedaban un gran número de cuestiones sin respuesta sobre los más variados temas, como son el origen de las almas, de los ángeles, de los demonios, etc. Es ahí donde aparece la misión de la Teología:

   "Conviene saber que los santos Apóstoles, al predicar la fe de Cristo, manifestaron clarísimamente aquellos puntos que creyeron necesarios a todos los creyentes, incluso a aquellos que parecían menos diligentes en la investigación de la ciencia divina; dejando la tarea de indagar las razones de esas afirmaciones a aquellos que merecieron los dones superiores del Espíritu, sobre todo a los que, por

---

[42]Solo quedan fragmentos del original griego y dos traducciones no muy buenas de Rufino y de san Jerónimo.

medio del mismo Espíritu Santo, obtuvieron el don de lenguas, de sabiduría y de ciencia. En cuanto a los demás, se contentaron con afirmar el hecho, sin explicar el porqué, ni el cómo, ni el origen, sin duda para que, andando el tiempo, los amigos apasionados del estudio y de la sabiduría tuvieran en qué ejercitar su ingenio con provecho — me refiero a aquellas personas que se preparan para ser dignos receptáculos de la sabiduría."[43]

3. Orígenes, pues, distingue claramente dos elementos de toda teología: Tradición y progreso (teología positiva y teología especulativa). La doctrina cristiana, lejos de ser estéril y estar anquilosada, está en continuo desarrollo y sigue las leyes naturales del crecimiento y de la vida:

"Los que creen y están convencidos de que la gracia y la verdad han venido por Jesucristo, y que Jesucristo es la verdad misma, según su propia afirmación: 'Yo soy la verdad' (Jn 14:6), no buscan la ciencia de la verdad y de la felicidad más que en las palabras mismas y en la doctrina de Cristo...[44]

Mas como entre los que hacen profesión de creer en Cristo hay muchas divergencias, no solamente en detalles insignificantes, sino también en materias sumamente importantes,...parece necesario establecer sobre todos esos puntos una regla de fe fija y precisa antes de abordar el examen de las demás cuestiones... Mas como la enseñanza eclesiástica, transmitida en sucesión ordenada desde los

---

[43]Orígenes: *Prefacio*, 3.

[44]No solamente las que pronunció en su vida mortal, sino también las que habló por medio de los profetas y Moisés en el Antiguo Testamento.

Apóstoles, se conserva y perdura en las iglesias hasta el presente, no se deben recibir como artículo de fe más que aquellas verdades que no se apartan en nada de la Tradición eclesiástica y apostólica".[45]

El tratado, pues, se divide en cuatro partes:

1. El libro Primero es una "teo–logía" y una angelología:

   - Unidad y espiritualidad de Dios.
   - Jerarquía de las tres divinas Personas y sus relaciones con la vida creada:
     - El Padre: actúa sobre todos los seres.
     - El Hijo: actúa sobre los seres racionales y las almas.
     - El Espíritu Santo: actúa sobre seres que son a la vez racionales y santificados.
   - Origen, esencia y caída de los ángeles.

2. El libro segundo es una cosmología y una antropología teológica, pues trata del mundo y el hombre, Redención y fin del mundo:

   - Mundo material.
   - Creación del hombre como consecuencia de la defección de los ángeles.
   - El hombre como espíritu caído de su primer estado de gracia y encerrado en un cuerpo material.
   - Pecado de Adán.
   - Redención por el "Logos".
   - Resurrección, juicio final y vida futura.

---

[45]Orígenes: *Prefacio* 1–2

3. El libro tercero es un esbozo de una teología moral: la libertad y la lucha entre el cuerpo y el espíritu. Ayuda de ángeles y tentaciones del Demonio.

4. El libro cuarto se dedica a la interpretación de las Sagradas Escrituras, según el esquema que ya se vio más arriba, y resume las enseñanzas fundamentales.

Tiene algunos errores que dieron luego lugar a las controversias origenistas. Sin embargo tuvo mucha influencia en la teología posterior. Como dice J. Quasten:

> "Para ser justos con el autor, hemos de tener en cuenta el número de dificultades que tuvo que salvar en este primer ensayo de síntesis, para coordinar los diversos elementos del depósito de la fe y vaciarlos en el molde de un sistema completo. Se comprende, pues, sin dificultad que para la solución de muchos problemas recurriera a la filosofía griega. El haber fundado sus especulaciones en pasajes de la Escritura interpretados alegóricamente está indicando que, incluso en estas teorías filosóficas, no quería apartarse de la verdad bíblica ni de la enseñanza de la Iglesia. A pesar de sus deficiencias, el De principiis señala una época en la historia del cristianismo".[46]

Contra Celsum

Κατά Κέλσοις, *Contra Celsum*, es una apología escrita hacia el año 246, donde crítica del "Discurso verdadero" (Ἀληθής λόγο) de Celso (año 178), que ya se examinó al estudiar los ataques de la filosofía pagana al naciente cristianismo.

---

[46]J. Quasten: *Patrología*, cit., vol. I, págs. 374–375.

El método de Orígenes fue refutar punto por punto los argumentos de Celso, con una profunda convicción de la verdad de la religión cristiana y, al mismo tiempo, una sabiduría que supo conjugar la fe con la ciencia.

Se considera la más grande de las apologías de la Iglesia primitiva, pues enfrentó a dos pensadores señeros, tanto por parte del paganismo, como por parte del cristianismo.

De oratione

Περί ευχής fue escrita entre el 233 y 234. Dividida en dos partes:

1. Estudio general sobre la oración (cap. 3–17), donde se examinan los siguientes extremos:

   - Don de Dios: es imposible para la naturaleza humana, pero algo que se hace posible con la gracia de Dios.

   - La oración de petición es buena, aunque Dios conozca todo y predestine todo, porque no anula la libertad.

   - El efecto de la oración es la contemplación de la belleza y majestad divinas, así como la santificación de todo el ser cristiano; fortifica el alma frente a las tentaciones y aleja a los malos espíritus.

   - Conveniencia: dedicar determinadas horas del día.

   - Pedir bienes celestiales y no materiales.

   - Clases, según 1 Tim 2:1: petición, adoración, súplica y acción de gracias.

   - Debe dirigirse al Padre y no a Cristo, como el mismo Cristo nos enseñó (es un efecto de su concepción monoteísta y de un cierto subordinacionismo).

   - Condiciones:

- Lucha contra el pecado.

- Lucha contra los afectos desordenados y contra las pasiones.

- Reconciliación con los hermanos.

- Lucha contra las distracciones en la oración.

2. Comentario del Padrenuestro (cap. 18–30).

El tratado acaba con un apéndice (cap. 31–33) sobre la actitud del cuerpo y del alma, de los gestos, del lugar y orientación de la oración, y diferentes clases de oración.

Es una joya llena de piedad y, a la vez, un tratado científico, el más antiguo que poseemos sobre la oración cristiana.

Exhortación al martirio

Εις μαρτύριον, *Exhortatio ad martyrium*, fue escrito en el 235. Tiene el valor, como señala J. Quasten, de que:

"...es el mejor comentario a la conducta de Orígenes tanto en su infancia como en su vejez, pues murió a consecuencia de los tormentos que sufrió en el nombre de Cristo. Revela su valentía, la fidelidad a la fe y su inextinguible amor al Salvador. Los principios que consignó en este escrito fueron los que gobernaron su vida".[47]

La obra consta de cinco partes:

1. Exhortación a permanecer firmes en las tribulaciones y persecuciones (cap. 1–5).

2. Prevención contra la apostasía y la idolatría (cap. 6–10).

---

[47]J. Quasten: *Patrología*, cit., vol. I, pág. 384.

3. Exhortación al martirio propiamente dicha (cap. 11–21). Se salvan solo los que lleven la cruz de Cristo; el premio futuro será proporcionado a los bienes terrenos que se perdieron; no podemos violar la promesa hecha en el catecumenado de renunciar a las divinidades paganas; la conducta de los mártires será juzgada por todo el mundo; necesidad de aceptar cualquier clase de martirio para no seguir la suerte de los ángeles malos.

4. Necesidad del martirio, su esencia y sus clases (cap. 28–44).[48]

5. Resumen, consuelo y esperanza del bien hecho por esta obra.

Cartas

Escribió muchísimas. Sólo se conservan dos:

- A Gregorio el Taumaturgo, a quien exhorta al uso de la sabiduría griega como preparación al estudio de la Teología, como los judíos tomaron los vasos preciosos de Egipto para el culto de Yahveh. Pero no es fácil, puesto que hay que tener cuidado en no caer en la herejía. Para ello, es imprescindible el contacto directo con la Sagrada Escritura:

  > "Pero tú, señor e hijo mío, atiende ante todo a la lectura de las Sagradas Escrituras, sí, atiende bien. Porque debemos poner mucha atención cuando leemos las Escrituras, para que no hablemos o pensemos demasiado temerariamente acerca de ellas. Y leyendo así, con atención, los divinos oráculos, con aplicación fiel y agradable a Dios, llama a estas puertas cerradas y te serán abiertas por el portero aquel de quien dijo Jesús: 'A éste le abre el portero' (Mt 7:7;

---

[48]Los cap. 45 y 46 son una digresión sobre el culto a los demonios y sobre el nombre adecuado para Dios.

Jn 10:3). Y, atento a la lectura divina, busca, con rectitud y con una fe inquebrantable en Dios, el sentido de las letras divinas, oculto para la mayoría. Pero no te contentes con llamar y buscar; porque, para entender las cosas divinas, lo más necesario es la oración".

- A Julio el Africano, en la que defiende la canonicidad de algunos libros del Antiguo Testamento.

11.3 Orígenes, el origenismo y las controversias origenistas: visión general

11.3.1 Causa de la controversia

Como hemos visto, Orígenes nace en Alejandría a fines del s. II. Fue discípulo de S. Clemente. Escribió comentarios a la Sagrada Escritura y el *De principiis* (apología, y amplia exposición teológica de algunos aspectos de la fe). Fue un piadoso asceta, influido por Filón. Admitió la preexistencia de las almas y la caída en pecado de estas antes de la creación. Defendió la "apocatástasis" (vuelta de los espíritus a su primitivo modo de existir). Además, afirmó que el "Logos" es menor que el Padre, y el Espíritu Santo menor que el Hijo.

Después de su muerte, algunos aspectos de su teología suscitaron una viva polémica. Además, se dio la circunstancia de que los arrianos se apoyaron en él para sostener su doctrina.[49]

11.3.2 Obispos que repudiaron la teología de Orígenes

- S. Epifanio de Constanza o de Salamina, en Chipre (escribió su *Armario farmaceutico* y el *Anchoratus*). Epifanio conquistó a su causa a

---

[49]Cfr. B. Mondin: *Storia...*, cit., vol. 1, págs. 227–230.

san Jerónimo que, al principio, era un gran admirador de Orígenes; a favor de Orígenes estaba Rufino de Aquileya.

- Teófilo de Alejandría, que persiguió a los monjes de Nitria (Egipto) que seguían a Orígenes. En el año 400 convoca un sínodo que condena el origenismo.

Por otra parte, a principios del siglo V, san Juan Crisóstomo protegió a 50 de los 300 monjes origenistas que huyeron de la persecución que se había desatado en su contra. Son dignos de notar los cuatro "grandes hermanos" famosos por su piedad y fortaleza física. En el Sínodo de la Encina (Synodus ad quercum), el 403, Teófilo (acompañado por su sobrino S. Cirilo) con 29 obispos egipcios, apoyados por Eudoxia, deponen al Crisóstomo y lo destierran a Bitinia. El pueblo lo reclama, pero fue nuevamente desterrado, y en el camino muere (14-IX-407).

A principios del s. VI, los monjes de Palestina (con S. Sabas) se oponen a Orígenes. Entonces, Efren de Antioquía condena el origenismo. Pedro de Jerusalén (542) levanta una querella ante Justiniano contra los origenistas. Justiniano también se opone a los origenistas, y en un edicto de 552 condena 9 proposiciones del *De Principiis* y se pone entre los libros de los herejes. Esta condena se confirma en el V concilio ecuménico, tenido en Constantinopla (año 553). Todos se adhieren condenando a Orígenes del modo más severo; hasta Vigilio.

11.3.3   Seguidores de Orígenes en el siglo III

San Dionisio de Alejandría

Fue discípulo de Orígenes en la Escuela de Alejandría. Más tarde (c. 248) llegó a ser obispo de esa ciudad. En la persecución de Decio (249–250) se refugió, como san Cipriano. En 251 sostiene a Cornelio (obispo de Roma) contra su adversario Novaciano en la cuestión de la readmisión de los lapsi. Luego se adhiere a la postura de Cipriano, en contra de Esteban (254–257)

(San Dionisio de Alejandría)

y Sixto II (257–258), en el asunto de si había que volver a bautizar. Escribe a los obispos de la Pentápolis libia contra el obispo Tolemaidas, al que tacha de sabeliano. Dionisio de Roma (259–268) le envía una carta reprochando su postura, y Dionisio de Alejandría le envía su Refutación y apología en cuatro libros (citado por Atanasio en su *De sententia Dyonisii*). No puede acudir al juicio contra Pablo de Samosata, en Antioquía (a. 265), por motivos de salud y edad. Fallece poco después. Escribe un Canon pascual y varias obras perdidas entre las que se encuentra la titulada *Sobre las promesas* en la que niega la autoría de san Juan en el Apocalipsis.[50]

San Gregorio Taumaturgo

Nació en el Ponto de una familia pagana acomodada. Fue discípulo de Orígenes durante su estancia de cinco años en Cesarea de Palestina. Más tarde fue consagrado obispo de Neocesarea del Ponto hacia el año 240. Participó en el concilio de Antioquía contra Pablo de Samosata (a. 264). Los Padres capadocios lo consideraron como el padre de la Iglesia de Capadocia y le dirigen numerosos elogios. Escribió su Discurso de acción de gracias a Orígenes, en el cual explica con detalle el método de enseñanza de la escuela misionera de Orígenes en Palestina.[51]

---

[50]A. di Bernardino: *Diccionario...*, cit., vol. I, (Cfr. P. Nautin) págs. 609–610.

[51]A. di Bernardino: *Diccionario...*, cit., vol. I, (Cfr. P. Crouzel) págs. 998–999.

(San Gregorio Taumaturgo)

San Metodio de Olimpo

(San Metodio de Olimpo)

Fue obispo de Olimpo, en Licia, y murió mártir en Eubea (a. 311). Se formó en la tradición exegética de Orígenes, como muestran sus escritos, pero no aceptó la teoría de la sucesión indefinida de los mundos, la pre-existencia de las almas y su interpretación de la resurrección de la carne. Aceptó en cambio, la tipología, la ascética y la mística, interpretando la historia sagrada como una revelación progresiva. Este mensaje lo expuso en sus obras exegéticas conservadas sólo en pocos fragmentos (por ejemplo, *Sobre el Levítico y Proverbios*). En los escritos conservados encontramos una antropología totalizante: la resurrección del justo será a imagen de Cristo resucitado, con un cuerpo glorioso idéntico al cuerpo mortal; la libertad fue dada al hombre para que pudiera merecer con sus acciones (*Sobre la resurrección, Sobre el libre albedrío, Sobre la vida y la conducta razonable*). La única obra que conocemos en el original griego es el *Siomposio o Sobre la virginidad.*[52]

---

[52]A. di Bernardino: *Diccionario...*, cit., vol. II, (Cfr. C. Riggi) pág. 1463.

Capítulo 12

El comienzo de la literatura cristiana latina

12.1 Características generales de la literatura y de la teología africanas de este período

Se pueden señalar como características de esta época las siguientes:[1]

1. Introducción del uso del latín en la Iglesia. Como dice Drobner sobre el uso del griego y del latín en este periodo:

> "Desde la conquista de Grecia por los romanos (consumada en el año 147 a.C. con la de Corinto), el griego se había convertido en la lengua franca (ἡ κοινὴ διάλεκτος) de todo el Imperio, por lo que al principio la liturgia y la literatura cristianas utilizaron el griego también en Occidente. Esto no significa que, además del griego, no se conservaran también las lenguas concretas de cada región. En

---

[1] J. Quasten: *Patrología*, cit., vol. I, págs. 544–546.

el Occidente latino el latín siguió siendo la lengua oficial, la literaria y la utilizada por el vulgo. Sobre todo en el norte de África nunca llegó a grecizarse, y la población sencilla rural sin estudios rara vez aprendía una lengua que no fuera la materna del lugar. Puesto que los éxitos obtenidos por la acción misionera del siglo II alcanzaron también, y quizá de modo principal, a los pertenecientes a las clases bajas, llevaron a finales del siglo II al nacimiento de una literatura cristiana latina, comenzando por la traducción de textos fundamentales para la predicación y la praxis cristianas: liturgia y Biblia. A este respecto es significativo que los primeros testimonios de literatura cristiana conocidos provengan de la no grecizada África: *las Acta Scillitanorum* en el año 180 y Tertuliano a partir del año 197".

"Como les ocurrió a los cristianos de lengua griega, también los que hablaban latín cayeron en la cuenta de que el latín 'clásico' (pagano) no podía cubrir del todo la necesidad del objeto cristiano. Por eso comenzó a desarrollarse desde un principio una 'lengua especial' cristiano–latina en la que, debido al origen de los traductores y de los destinatarios, entraron muchas propiedades del lenguaje vulgar que siguieron siendo perceptibles en autores más tardíos de elevada cultura".[2]

2. Época de graves persecuciones:

- Por eso, "semen est sanguis christianorum" (adagio que probablemente nació en África).

---

[2]H. Drobner: *Manual...*, cit., págs. 169–170.

- Se comprueba por las muchas obras latinas que hablan del martirio:

  – *Actas de los Mártires.*

  – Tertuliano: *Apologeticum, Ad Nationes, Ad Scapulam.*

  – San Cipriano: *De Lapsis*, y su propio martirio.

  – Lactancio: *De Mortibus Persecutorum.*

3. Época de graves herejías internas:

   - Valentinianos.

   - Marcionitas.

   - Montanistas.

   - Novaciano y Felicísimo en contra de san Cipriano.

   - Etc.

4. Ya se habla de los diferentes estilos e intereses del cristianismo occidental y oriental, diferencia que se irá acentuando con el paso de los siglos, pero que ya aparece profunda en el inicio de esta época. Así por ejemplo:

   (a) Grecia y el Oriente (cfr. san Clemente de Alejandría, Orígenes):

       i. Importancia de la Filosofía.

       ii. Contenido metafísico del Evangelio.

       iii. La fe es la única verdadera filosofía, muy por encima de los sistemas helenísticos.

       iv. Se subraya el valor objetivo de la Redención, que se funda en la encarnación del "Logos", quien al encarnarse llena la humanidad de un poder divino.

   (b) Roma (cfr. Tertuliano, san Cipriano):

       i. Importancia del Derecho y de la administración política.

ii. Concepto cristiano de la vida, muy por encima de los vicios que caracterizan al paganismo.

iii. Centran su atención en el aspecto subjetivo de la salvación, para cada individuo, en lo que la persona todavía tiene que hacer: fe en acto, lucha contra el pecado, práctica de la virtud.

12.2   Las primeras traducciones de la Biblia

Antes de cualquier otro escrito, se tradujo la Biblia del griego al latín. Ya se mencionan, en las *Acta Scillitanorum*, las cartas de san Pablo. También se puede demostrar que los escritos de Tertuliano hacen referencia a versiones latinas del Nuevo Testamento. Por lo tanto, se puede afirmar que en la segunda mitad del siglo II existían, al menos en el norte de África, versiones latinas del Nuevo Testamento.

Medio siglo después, las obras de Cipriano atestiguan versiones latinas del Antiguo Testamento, que se tradujeron no del hebreo sino de la *Septuaginta*. Los traductores no eran cuidadosos y no tenían la debida formación. Por eso esas traducciones produjeron al principio en san Agustín un fuerte rechazo.

Tanto san Jerónimo como san Agustín hablan de un número plural de traducciones latinas, pero de ellas sólo se han conservado fragmentos, principalmente en las citas de los Padres. A finales del siglo IV la *Vulgata* de san Jerónimo desplazó todas las otras versiones latinas. Al parecer había versiones de origen africano (*Afra*), italiano (*Itala*) e hispano (*Hispana*), todas relacionadas entre sí.

12.3 Tertuliano

Como dice Quasten, "A excepción de san Agustín, Tertuliano es el más importante y original de los autores eclesiásticos latinos".[3]

(Quinto Septimio Florente Tertuliano, 160–220)

12.3.1 Vida

Quinto Septimio Florencio Tertuliano nace en Cartago alrededor del año 160.[4] Sus padres eran paganos. Su padre era un centurión. En Roma recibe formación jurídica, practica la abogacía y adquiere renombre. Su producción como jurista aparece recogida en varias partes del *Corpus Iuris Civilis*. También tiene una amplia formación en letras latinas, griegas y en filosofía.

En el año 193 se produce su conversión, y se establece en Cartago. Fue ordenado sacerdote (cf Jerónimo: *De vir. ill.*, 53) aunque él nunca lo men-

---

[3]J. Quasten: *Patrología*, cit., vol. I, pág. 546.

[4]Cfr. J. Quasten: *Patrología*, cit., vol. I, 556–635; J. Frickel: *Tertuliano*, en GER, vol. XXII, págs. 356 ss.; G. Bardy: *Tertullien*, en DTC, vol. XV, cols. 130–171; R. E. Roberts: *The Theology of Tertullian*, London, 1924; J. Moingt: *Théologie Trinitaire de Tertullien*, 4 vols., Theol (P) 68–70, 75, Paris, 1966–1969; D. Ramos–Lissón: *Patrología*, cit., págs. 182–191; V. Cano Sordo: *Patrología...*, cit., tema 12; É. Gilson: *History of Christian Philosophy...*, cit., págs. 44–46.

ciona. De carácter apasionado y extremista,[5] alimentó una pasión fanática por la verdad.

Como dice Quasten:

> "La verdad fue el objetivo supremo de su defensa del cristianismo, de sus ataques contra el paganismo y la herejía: '*Veritas nihil erubescit nisi solummodo abscondi*', escribe en *Adv. Valent. 3*. De temperamento violento y de ardiente energía, alimentó dentro de sí una pasión fanática por la verdad. En una de sus obras, la palabra *veritas* aparece ciento sesenta y dos veces. Todo el problema del cristianismo y del paganismo se reduce para él a la *vera vel falsa divinitas*. Cuando Cristo fundó la nueva religión, lo hizo para conducir la humanidad *in agnitionem veritatis* (*Apol.*, 21, 30). El Dios de los cristianos es el *Deus verus*; los que le hallan, encuentran la plenitud de la verdad. Veritas es lo que odian los demonios y rechazan los paganos; los cristianos sufren y mueren por ella. *Veritas* distingue al cristiano del pagano".[6]

Todos sus escritos son polémicos: "...siempre trata de probar demasiado. Cuandoquiera que habla, actúa como un abogado preocupado únicamente de ganar su causa y de aniquilar al adversario. Por esto, en más de una ocasión puede ser que reduzca a silencio a sus adversarios, pero no los convence".[7]

---

[5]"Su actitud no admite compromisos. Luchador empedernido, no concede tregua a sus enemigos, sean paganos, judíos, herejes o, más tarde, católicos. Todos sus escritos son polémicos. No dice las razones que le indujeron a convertirse. No fue evidentemente una concienzuda comparación de los diversos sistemas filosóficos la que le llevó a la fe, como en el caso de san Justino. Parece que lo que más influyó en él fue el heroísmo de los cristianos en tiempos de persecución..." (J. Quasten: *Patrología*, cit., vol. I, pág. 547).

[6]J. Quasten: *Patrología*, cit., vol. I, pág. 547.

[7]J. Quasten: *Patrología*, cit., vol. I, págs. 547–548.

Es rigorista y cercano al montanismo. Sus escritos desde el año 207 (año en que pasó abiertamente al montanismo) al 212 tienen sabor montanista. En el año 213 se produce la ruptura formal con la gran Iglesia. Desde el 220 no se tienen noticias suyas.

Ya en el montanismo, llegó a ser jefe de una de sus sectas, los "tertulianistas" que llegó hasta la época de san Agustín.

12.3.2 Obras

Sus obras pueden dividirse en:

- apologéticas,

- polémicas, y

- morales.

Escribe en un latín sentencioso. Se ha dicho que es el creador del latín eclesiástico. Aunque esta apreciación es exagerada, Tertuliano tiene mucha importancia en este tema pues introduce muchas palabras latinas luego empleadas en la teología.[8]

Escritos apologéticos

1. *Ad nationes* (197): dirigida a los paganos en general; es una obra más filosófica y retórica; consta de dos libros, el primero de carácter más bien defensivo y el segundo más agresivo; prueba que las divinidades paganas son pura invención humana.

---

[8]En cuanto a la transmisión del texto, hay que recordar que existen cinco "Corpus" (Trecense, Masburense, Agobardinum, Cluniacense, Ottoboniense) formados en los siglos V y VI, que nos han llegado a través de copias de épocas posteriores (siglos XIV a XVI). Sin embargo, recientemente se ha descubierto en los Países Bajos un manuscrito del siglo IX que contiene un fragmento del "De spectaculis". Este manuscrito pertenecía a la biblioteca de la Catedral de Colonia.

2. *Apologeticum* (197): es su obra más importante; dirigida a los gobernantes de las provincias romanas, por eso se trata de una obra más de carácter jurídico; critica el procedimiento judicial contra los cristianos; reclama la libertad de culto; rechaza el crimen *laesae divinitatis* (por, aparentemente, despreciar la religión del Estado) y *laesae maiestatis* (alta traición); resalta la caridad cristiana.

   Se puede dividir en tres secciones:

   - Introducción: en la que se expone que:
     - La ignorancia explica el odio y las persecuciones que hacen contra los cristianos.
     - El procedimiento judicial contra ellos va contra la tradición jurídica y la justicia.
     - El valor de toda legislación humana depende de su moralidad y del fin que persigue.
     - La historia muestra que solo los emperadores malos persiguen a los cristianos.
     - La historia nos dice que las leyes pueden revocarse.
   - Cuerpo del escrito:
     - Sobre los crímenes secretos que se imputan a los cristianos. Nunca se ha probado que cometieran infanticidio sacramental, banquete de Thyeste o incesto.
     - Sobre los crímenes públicos que se imputan a los cristianos:
       * Los cristianos no pueden tomar parte en los cultos paganos ("laesae divinitatis") de la religión del Estado porque esos dioses no son más que hombres muertos y sus imágenes son materiales e inanimadas. Por eso en el teatro son ridiculizados por los mismos romanos, y,

por eso, en el templo pagano son menospreciados por los mismos romanos.

Los cristianos adoran a Dios creador del mundo que se reveló en las Escrituras: es injusto acusarlos de "ateísmo".

Por eso, pide la libertad de religión.

* No son tampoco, reos de alta traición ("laesae maiestatis"). Porque ellos ruegan al verdadero Dios por el emperador. Además, el emperador recibe su autoridad del único Dios verdadero, al que adoran los cristianos. Por eso, el culto cristiano no es ni enemigo del Estado ni de la raza humana. Con ese fin, hace una bellísima descripción del culto cristiano.

  · Las asambleas litúrgicas son para "asaltar" a Dios, y pedirle por el bien del Imperio y de todos los hombres. Esa "violencia" es agradable a Dios.

  · Se medita en las Escrituras para mejor vivir en el tiempo presente y en el futuro.

  · Hay exhortaciones y castigos para los malos cristianos, para evitar que lleguen al Juicio Final sin haberse convertido.

  · Existe una caja común (no obligatoria) para atender a las necesidades de los cristianos pobres, encarcelados, etc.

  · La práctica de la caridad es lo que llama la atención de los paganos.

• Conclusión: El cristianismo no es una nueva filosofía, sino que es la Revelación divina. Por eso, no la pueden destruir ni sus enemigos ni sus perseguidores:

> "Pero de nada sirven cualesquiera de vuestras más re-
> finadas crueldades; antes son un estímulo para nues-
> tra secta. Nos hacemos más numerosos cada vez que
> nos cosecháis: semilla es la sangre de los cristianos".[9]

3. *De testimonio animae* (197): demuestra la existencia y los atributos
de Dios, así como la vida de ultratumba y el premio o castigo tras la
muerte, a través del testimonio del alma que no ha sido aún perver-
tida por la "educación" pagana.

Se describen esos contenidos sin necesidad de acudir a la reflexión o
a la meditación filosófica; es solo con la experiencia psicológica y con
el sentido común como el alma descubre directamente estas verdades
sobre Dios y sobre sí misma:

> "Pero yo no me dirijo a ti, alma, que formada en las escue-
> las, ejercitada en las bibliotecas y alimentada en las acade-
> mias y pórticos de Grecia, vomitas sabiduría. Más bien yo
> te invito a comparecer a ti, que eres simple, ruda, bárbara
> e ignorante; a ti, tal como te poseen los que no te tienen
> más que a ti; a ti, que llegas directamente de la calle, de la
> plaza y del taller. Yo necesito tu ignorancia, ya que nadie
> puede creerte, desde el momento en que sepas la menor
> cosa. No te pido sino lo que traes al hombre contigo, lo
> que has aprendido por ti mismo o de tu autor, sea lo que
> fuere".[10]

4. *Ad scapulam* (211–213): dirigida al procónsul de Africa; defiende la
libertad de culto.

---

[9]Tertuliano: *Apolog.*, 50, 13.

[10]Tertuliano: *De Testimonio...*, 1.

5. *Adversus Iudaeos*: la ocasión fue la disputa de un cristiano con un prosélito judío que duró todo un día.

Obras polémicas

1. *De praescriptione haereticorum* (200): por *prescripción*, los herejes no tienen derecho a utilizar la Sagrada Escritura, pues no es suya, sino de la autoridad eclesiástica; la fuente de las herejías no está en la Sagrada Escritura sino en la filosofía.

   Es un tratado en el que Tertuliano demuestra su profundo conocimiento del Derecho romano. Para acabar con las herejías utiliza el instrumento jurídico de la "praescriptio": procedimiento en el que el defensor detiene todo el proceso antes de entrar en la cuestión litigada, con la objeción de fondo, que se presenta por escrito antes ("praescribere") de la "intentio" en la forma del proceso.

   Según Tertuliano, el objeto del litigio entre la Iglesia y los herejes son las Escrituras. Pero los herejes ni siquiera pueden hacer uso de ellas en la disputa, porque hay una "praescriptio" que excluye la argumentación: no pueden hacer uso de las Escrituras porque sencillamente la Escritura no es suya.

   En efecto:

   - El mismo Apóstol Pablo sancionó la exclusión de los herejes del uso de las Escrituras (1 Tim 6: 3–4; Tit 3:10).
   - La Escritura pertenece solamente a los que poseen la regla de la fe: donde veamos la verdad de la doctrina y de la fe cristianas, allí indudablemente se hallan las verdaderas Escrituras.
   - Hay dos "praescriptiones" que privan del uso de la Sagrada Escritura a los sistemas heréticos:

- Solo pueden utilizar la Sagrada Escritura los que han recibido el encargo de predicar que Cristo dio a los Apóstoles, sin el cual, nadie debe ser recibido como ministro del Evangelio.

- Solo los que reciben la verdad transmitida por los Apóstoles a las Iglesias que fundaron, tienen el derecho a usar la Sagrada Escritura. Toda doctrina que esté en contra de estas verdades, debe ser considerada falsa de antemano.

- Solo la Iglesia católica ha conservado estas verdades y el encargo de predicar de parte de los Apóstoles, porque su doctrina no difiere en nada de la suya.

- Las objeciones que oponen los herejes no se sostienen:

  - Los Apóstoles no habrían transmitido fielmente la verdad de Cristo, porque ignoraban algunas cosas, o no transmitieron todo lo que sabían.

  - Las Iglesias católicas no han sido fieles a la transmisión del depósito de la fe:

    * Sería absurdo que la Revelación hubiera de esperar a la aparición de un hereje para dar la verdadera interpretación, permitiendo que en el *interim* se corrompiera el Evangelio.

    * La verdad viene antes que el error, y la Iglesia aparece antes que las herejías, como el grano bueno que se sembró antes que la cizaña.

    * La Iglesia nunca ha permitido ninguna alteración de las Escrituras, mientras que los herejes la corrigen y la mutilan.

  - También hay muy poca diferencia entre las herejías y el pensamiento pagano:

* Los dos demuelen y destruyen.

* Los dos han nacido de Satanás.

* La conducta de los herejes es infame, porque han perdido el temor de Dios.

El "De Praescriptione Haereticorum" es con mucho el escrito más acabado y el más característico y precioso de Tertuliano.

2. *Adversus Marcionem* (207-212): es su obra más extensa. Es también la fuente principal para el conocimiento de la herejía de Marción.

   Tiene cinco libros:

   (a) Libro 1°: refutación del dualismo del Dios del Antiguo Testamento y del Nuevo Testamento, por ser contraria a la misma noción cristiana de Dios, puesto que Dios no puede ser Dios si no es uno.

   (b) Libro 2°: El Creador del Mundo es idéntico al Dios bueno del Nuevo Testamento.

   (c) Libro 3°: La cristología de Marción. Contra el hereje, Tertuliano prueba que Cristo es el Mesías prometido en el Antiguo Testamento.

   (d) Libro 4°: Comentario crítico al Evangelio de Marción, probando que no existen contradicciones entre el Antiguo y el Nuevo Testamento, y que incluso el mismo texto del Evangelio de Marción, refuta sus doctrinas heréticas. Comparó la edición de Marción con el texto católico, por lo que este tratado de Tertuliano es muy importante para la historia del texto bíblico.

   (e) Libro 5°: Comentario crítico a la edición de las Cartas de san Pablo que hizo Marción, el llamado "Apostolicón".

3. *Adversus Hermogenem* (200).

4. *Adversus Valentinianos.*

5. *De Baptismo* (198–200): es de suma importancia para la historia de la liturgia y de los sacramentos del bautismo y la confirmación, ya que es el único tratado anteniceno sobre un sacramento.

   Es un escrito anti–herético porque lo escribió contra las tesis de un tal Quintilla, que estaba arrastrando a muchos. Destacan las siguientes ideas:

   (a) El modo como el agua trae la salvación eterna: no es por su materialidad, sino por el gesto sagrado junto con la fórmula sacramental.

   (b) El uso del agua estaba vinculada a la idea de salvación en el Antiguo Testamento: Génesis, creación del mundo, paso por el Mar Rojo, etc.

   (c) Se consagra el agua que luego se usará para bautizar; se unge después del bautismo; luego se imparte la confirmación que confiere el Espíritu Santo.

   (d) Cristo no administró este sacramento, pero sí es necesario para la salvación.

   (e) Los Apóstoles (salvo san Pablo) no necesitaron ser bautizados porque el bautismo no es necesario para la salvación antes de la resurrección de Cristo.

   (f) El inciso de san Pablo de que no había sido enviado a bautizar (1 Cor 1:17) hay que saberlo entender propiamente.

   (g) Solo hay un bautismo válido: el de la Iglesia. Niega la validez del rito de los herejes.

   (h) Solo hay una excepción a la necesidad del bautismo para la salvación: el martirio, que es un "bautismo de sangre".

(i) El ministro ordinario: el obispo. Pueden conferirlo también los sacerdotes y diáconos con el permiso del obispo. En caso de necesidad, también los laicos.

(j) Es necesario hacer una verdadera preparación previa y no administrarlo a la ligera. No es partidario de la costumbre del bautismo de los niños.

6. *De Carne Christi* (210-212).

7. *De Resurrectione Carnis* (ca. 208–211). En tres de sus obras, defiende la verdad de la resurrección frente a sus detractores.[11] Su tratado principal es *De Resurrectione Carnis*, y refuta las herejías de unos herejes gnósticos, semi–saduceos, que negaban la resurrección aunque aceptaban la inmortalidad del alma. Tertuliano hace una especie de panegírico de la carne desde el punto de vista teológico y filosófico. Muestra que el poder de Dios es la garantía de la resurrección, pues si creó el mundo de la nada, más puede operar la resurrección de los cuerpos. El argumento decisivo en favor de la resurrección es la justicia divina, que debe ser perfecta en su juicio al hombre, y abarca al alma y al cuerpo. Todos los anteriores argumentos de razón son el prefacio a la prueba escriturística que ocupara dos tercios del tratado, mostrando los textos del Antiguo y del Nuevo Testamento. Dedica el final del tratado al tema de la identidad de los cuerpos resucitados, a pesar de la transformación de la que habla san Pablo.

8. *Adversus Praxeam* (213): Praxeas negaba la Trinidad de Personas afirmando el modalismo.

---

[11]Tertuliano: *Apologeticum*, c. 48 (*P. L.*, 1, 523 ss.); *De Resurrectione Carnis*, (*P. L.*, 2, 795–886); *Adv. Marcionem*, libro 5 (*P. L.*, 2, 491–501). Cfr. P. Fuente Santidrián: *Sobre la Terminología de la resurrección en Tertuliano*, en "Burgense" 19 (1978) 361–374; P. Siniscalco: *Ricerche sul 'De Resurrectione' di Tertulliano*, Roma, Studium, 1966.

9. *De Anima* (210-213): es su obra más extensa después del *Adversus Marcionem*; rechaza la preexistencia y eternidad de las almas; cae en el error del *traducionismo* (pone el origen del alma en la transmisión que de ella hacen los padres) por su falta de conocimientos filosóficos.

Obras morales y ascéticas

1. *Ad martyres* (202): es muy breve: en todas sus páginas se respira el espíritu de heroísmo de los primeros cristianos (6 capítulos); pero se trata de una de sus obras más leídas.

2. *De fuga in persecutione* (213): escrito montanista.

3. *De spectaculis* (197): es una condenación absoluta de todos los juegos públicos (circo, estadio, anfiteatro, combates, atletas, y gladiadores). Tienen dos partes: la histórica y la moral. Su origen, historia, nombres y lugares de celebración, muestran que son formas de idolatría.

4. *De cultu feminarum*: sobre el vestido de las mujeres.

5. *De oratione* (198-200)

6. *Ad uxorem* (200–206): sobre el matrimonio: da consejos a su esposa para cuando él haya partido de este mundo. No aconseja las segundas nupcias de los viudos, aunque no estén estrictamente prohibidas.

7. *De patientia* (200–203).

8. *De poenitentia* (203).

9. *De exhortatione castitatis* (204–212).

12.3.3   Doctrina teológica

Se puede resumir en los siguientes puntos:

1. Se opone a la filosofía; dice que es fuente de errores y herejías; no hay posibilidad de unión entre fe y filosofía. No obstante, toma muchos elementos del estoicismo, como son su propio concepto de Dios, del alma, y sus principios morales, aunque deja bien claro que los filósofos robaron sus verdades del Antiguo Testamento.

2. Tiene mucha confianza en las pruebas jurídicas: usa mucho la terminología jurídica en su moral. Así, por ejemplo, para Tertuliano, el Evangelio es "la Ley" para los cristianos; el pecado es la "violación de esa Ley"; el pecado es "culpa" o "reatus" y ofende a Dios; hacer el bien es "satisfacer" a Dios; las palabras "deuda", "satisfacción", "culpa", "compensación" son frecuentes en sus escritos; distingue entre "precepto" y "consejo"; etc.

3. Utiliza por primera vez el término "Trinitas" (del griego trias y también "persona" referido a la Trinidad.

   Alguna de sus formulaciones y definiciones fueron tan acertadas que pasaron a la terminología teológica de siempre:

   - "Trinitas unius Divinitatis, Pater et Filius et Spiritus Sanctus".
   - "Tres unius substantiae et unius status et unius potestatis".
   - "Filium non aliunde deduco, sed de substantia Patris".
   - "Spiritum non aliunde deduco quam a Patre per Filium".
   - "Conexus Patris in Filio et Filii in Paraclito tres effici coherentes, alterum et altero. Qui tres unum sunt, non unus".
   - Etc.

4. Señala en Cristo una Persona y dos Naturalezas.

5. Es el primer autor que describe el procedimiento y las formas que la práctica de la penitencia había adoptado con el tiempo; en cambio, habla sólo incidentalmente de la eucaristía.

6. Al principio cree en la Iglesia como *Domina Mater Ecclesia*; es el primer autor en denominar a la Iglesia así; al final dice que hay dos Iglesias, la del Espíritu Santo, de los perfectos, y la otra de la asamblea de los obispos que es terrena y jerárquica.

7. En su época montanista afirma la irremisibilidad de algunos pecados: la idolatría, la fornicación y el homicidio.

12.4   Minucio Felix

(Minucio Félix - año †177 ca.)

De origen africano. Vive como abogado en Roma.[12]

Escribió el *Octavius* en latín, a fines del siglo II. Es un diálogo de Minucio con Octavio (cristiano) y Cecilio (pagano), ambientada en Ostia. Cecilio habla del escepticismo y ataca el cristianismo. Octavio refuta amablemente todas las afirmaciones de Cecilio.

Se menciona la existencia de un Dios único, la inmortalidad del alma, la providencia divina.

---

[12]Cfr. D. Ramos–Lissón: *Patrología*, cit., págs. 191–193; S. Aznar Tello: *Minucio Félix, Marco*, en GER, vol. XV, págs. 870 ss.; H. I. Baylis: *Minutius Felix and his Place among the Early Fathers of the Latín Church*, Londres 1928; E. Amann: *Minutius Felix*, en DTC, vol. X, cols. 1793–1798; É. Gilson: *History of Christian Philosophy...*, cit., págs. 46–47.

12.5 San Cipriano

12.5.1 Vida (200-258)

Detalles

Tenemos numerosas fuentes sobre su vida: tratados suyos, correspondencia, *Actas proconsularia Cypriani*, *Vita Cypriani* de su diácono Poncio (carece de valor histórico pues sólo buscaba la edificación).

Cecilio Cipriano Tascio nace en la primera década del siglo III en una familia pagana, rica, culta y bien relacionada. Estudia brillantemente y pronto logra fama en la retórica. Es maestro de elocuencia. Parece que también se dedicó a la administración pública.

Se convierte al cristianismo gracias al apostolado del presbítero cartaginés Cecilio. Después de bautizarse da todo a los pobres. Al poco tiempo es ordenado sacerdote (246) y consagrado obispo de Cartago (248 o 249) por aclamación popular. Se le opone el presbítero Novato.[13]

(San Cipriano, Obispo de Cartago)

---

[13]Cfr. J. Quasten: *Patrología,* cit., vol. I, págs. 635–676; Fliché: *Historia...,* cit., vol. IV, págs. 544–547; R. Trevijano: *Patrología,* cit., págs. 125–134; I. Campos Ruiz: *Cipriano, San,* en GER, vol. V, págs. 641 ss.; P. Godet: *Cyprien,* en DTC, vol. III, cols. 2459–2470.

El problema de los "lapsi"

En 250 estalla la persecución de Decio. Cipriano huye y se refugia en un lugar seguro para poder ayudar a sus fieles. El Papa Fabián (236–250) muere en esa persecución y, los presbíteros de Roma escriben a los de Cartago alabando a Fabián y criticando a Cipriano. Cipriano decide escribir a los presbíteros de Roma para explicarles las razones que le han movido a actuar así. Se conserva esta carta con copia de otras trece escritas a los confesores, clero y comunidades de Cartago durante su ausencia, para demostrar que cuidó de su diócesis. Su huida fue para evitar mayores males a su rebaño, que hubiera sido mucho más perseguido si él hubiera quedado en Cartago:

> "He creído necesario escribiros esta carta para daros cuenta de mi conducta, de mi conformidad con la disciplina y de mi celo. Así que estalló el primer disturbio, el pueblo me reclamaba con mucho griterío e insistencia. Entonces, según las enseñanzas del Salvador, preocupado de la paz de toda la comunidad, más que de mi propia seguridad, de momento acordé huir, a fin de evitar que mi imprudente presencia sirviera de incentivo al motín que se había armado. Pero, aunque ausente en el cuerpo, he estado presente en espíritu, y con mis acciones y consejos, según la medida de mis pobres fuerzas, siempre que lo he podido, me he esforzado en dirigir a mis hermanos según los preceptos del Señor".[14]

Durante su ausencia, en Cartago se levanta el cisma de Novato que ha ordenado de diácono a su satélite Felicísimo. Él y otros cinco presbíteros declaran a Cipriano fuera de la comunión y tratan de atraerse a los "lapsi" con una actitud de indulgencia y laxismo. Nombran a un obispo llamado Fortunato ("la fracción de Fortunato"). Surge entonces la disputa en torno

---

[14]San Cipriano: *Epist.* 20

a la penitencia en la que Cipriano (como también lo hará el papa Cornelio) se muestra más indulgente con la readmisión de los "lapsi", pero sin llegar al laxismo de Novato, Felicísimo, y otros cuatro presbíteros. Cipriano reacciona contra el laxismo de Felicísimo y lo excomulga.

Sin embargo, también existía otra postura contraria e igualmente equivocada en torno a la reconciliación de los "lapsi". Novaciano, en Roma, rigorista, sostenía que no era lícito que se les reconciliaran, ni siquiera en el momento de la muerte, y que no se podían remitir los pecados capitales. Se formó una secta de "cataros", rebautizados.[15] Una vez muerto el Papa Fabián le sucede Cornelio. Novaciano se nombra antipapa.

San Cipriano escribe a Novaciano, que había sido cabeza del clero romano en sede vacante, el *De ecclesiae unitate*, en el que defiende a Cornelio, el nuevo papa, contra el rigorismo de Novaciano. También escribe el *De lapsis*. En 251 Cornelio escribe cartas a Cipriano y se reúne un sínodo en Cartago para confirmar la postura equilibrada de Cipriano y Cornelio frente a los "lapsi". Se decidió que todos los lapsos sin distinción fueran admitidos a la penitencia y reconciliados al menos a la hora de la muerte. La duración de la expiación debía variar según la gravedad del caso. Esta doctrina prevalece en Roma y en todas partes.

La peste del 253

En los años siguientes se manifiesta el celo de Cipriano durante una gran peste que asoló el norte de Africa (253).

El problema del bautismo de los herejes

Más adelante surge la segunda gran disputa a la que se tiene que enfrentar Cipriano: la del bautismo recibido de manos de herejes. Siguiendo

---

[15] A los novacianos los condenan un Sínodo en Italia (251), Cipriano de Cartago y Dionisio de Alejandría. Con muchos adeptos en Oriente (sobre todo, montanistas), siguen hasta el s. VII.

la tradición africana (Tertuliano, *De baptismo*; concilio de Cartago del 220), Cipriano se inclina por negarle la validez (concilios de Cartago del 255 y 256) y rebautizar a los herejes. Hay una disputa epistolar con el nuevo Papa Esteban que afirmaba, con la tradición romana, la validez de esos bautismos. Hay relaciones tensas entre los dos, pero sin llegar a la ruptura.

Al final se cierra la disputa con la muerte de Esteban (257) y Cipriano durante la persecución de Valeriano (253–260). Cipriano es desterrado a Cuculis (30-VIII-257) y decapitado el 14-IX-258. Se conservan las actas de su martirio.

12.5.2   Escritos

Como teólogo depende de Tertuliano, a quien consideraba como su maestro y leía diariamente. Tertuliano es superior como escritor. Tenía mayor talento literario, fogosidad apasionada y profundidad, pero Cipriano le supera en celo pastoral, sabiduría cristiana, espiritualidad y prudencia práctica. Sus obras están provocadas por las circunstancias particulares prácticas. Es un hombre de acción, un Pastor. Tiene un lenguaje y un estilo claros. Fue muy popular en la Antigüedad y en la Edad Media.

Tenemos varios catálogos de sus obras, que son siempre de cuestiones prácticas y concretas: en el cap. 7 de la *Vita Cypriani* de Poncio se mencionan 12 tratados; en un manuscrito del siglo X que recoge un testimonio del año 359; en un sermón de san Agustín (*De Natale Cypriani*):

1. *Ad Donatum*: describe su conversión; confiesa sus propias caídas, y cómo la gracia de Dios logró su conversión. Recuerda al escrito autobiográfico más importante que hará mucho tiempo después san Agustín: sus *Confesiones*. Donato es amigo suyo; menciona la corrupción de la sociedad y la necesidad de luchar contra las pasiones.

2. *De habitu virginum*, sobre el vestido de las vírgenes (249), en el que exhorta a las vírgenes a precaverse de los vicios y vanidades de las

que han consagrado su virginidad a Cristo, no buscando el modo de vestir mundano, sino cuidando sobre todo la modestia y la simplicidad y huyendo de los ambientes paganos.

3. *De lapsis* (251). Escrito después de su vuelta a la diócesis tras la persecución de Decio. Alaba a los mártires, y se apena por los que sacrificaron a los ídolos por debilidad o incluso de los que renegaron de su fe para salvar la vida. Todos han de hacer penitencia (incluso los que no sacrificaron de hecho a los ídolos, pero se procuraron certificados falsos de haber sacrificado —los *libellatici*—), aunque merecen más clemencia los que se mostraron débiles después de grandes torturas. Los *lapsi* no deben buscar la intercesión de los confesores para ser reincorporados a la Iglesia sin penitencia.

4. *De ecclesiae unitate.* Es tal vez, el escrito más importante de san Cipriano y el que nos da idea de su personalidad y su forma de escribir.

   (a) Causa: los cismas de Novaciano (Roma) y Felicísimo (Cartago).

   (b) Fecha: mayo de 251 a la vuelta del destierro, en el sínodo.

   (c) Destinatario: confesores adictos a Novaciano que se oponían a Cornelio, recién elegido papa.

   (d) Estructura:

   - Introducción: exhorta a estar alerta contra los cismas que son más peligrosos que las persecuciones porque atentan contra la unidad de la Iglesia.

   - Se dice que los cismas y las herejías son causados por el diablo, y son más peligrosos que las persecuciones porque rompen la unidad de los fieles de la Iglesia, y arruinan la fe y la verdad. Fuera de la Iglesia única no hay salvación. El hereje mal–interpreta las palabras de Cristo de "donde haya dos o tres congregados en su nombre allí estoy yo"

(Mt 18:20). El hereje no puede ser mártir pues ni la sangre es capaz de borrar la mancha de la herejía o del cisma. Los falsos doctores son mucho peor que los lapsos.

- "A Pedro se le da el primado para que manifieste que es una la Iglesia de Cristo".

- Algunos autores dudan de la autenticidad de algunos pasajes del capítulo cuarto que parecen interpolaciones posteriores reafirmando con mucha fuerza el primado de Pedro.

5. *De dominica oratione.* San Cipriano se sirvió del *De Oratione* de Tertuliano. Pero su modo de tratar la oración del padrenuestro, es mucho más moderada, profunda y completa que la de Tertuliano.

6. *Ad Demetrianum.* Responde a las antiguas acusaciones de que la decadencia del Imperio se debe a los cristianos y al abandono del culto pagano. Es algo que ya había enfrentado Tertuliano (*Apologeticum*, y *Ad Scapulam*), y que luego volverá a tratar san Agustín en su famosa *De Civitate Dei.* Los verdaderos males del mundo se deben a los pecados y a la inmoralidad de los paganos. Dios está irritado por los crímenes, idolatría y persecuciones de los paganos contra los cristianos, y por eso se produce la decadencia del Imperio.

7. *De mortalitate*: sobre la peste.

8. *De opere et eleemosynis.*

9. *De bono patientiae.*

10. *Ad Fortunatum de exhortatione martyrii* (257): dirigida formalmente a un amigo pero en realidad a su grey. Es una exhortación al martirio. Es un florilegio bíblico, esto es una colección de textos bíblicos en doce títulos. Los primeros títulos tratan de la idolatría y del culto del verdadero Dios, del castigo de los que sacrifican a los ídolos y

de la cólera de Dios contra ellos (1-5). Habiendo sido redimidos por la sangre de Cristo, no debemos preferir nada a Él ni volver más al mundo (7), sino perseverar en la fe y en la virtud hasta el fin (8). Las persecuciones surgen para probar a los discípulos de Cristo (9), pero no hay que temerlas, porque estamos seguros de la protección del Señor (10). Si han sido anunciadas (11), también lo han sido el premio y la corona que aguardan a los justos y a los mártires (12).

11. *Ad Quirinum: testimoniorum libri III* (248-49).

12. *Quod idola dii non sunt.*

13. Cartas (81; se conservan 65): escritas en latín coloquial y vivo.

Doctrina teológica

- La Iglesia es el único camino de salvación ("salus extra Ecclesiam non est"); es necesario estar unidos al obispo; no es sólo Cuerpo, sino también Madre; es la "Domus Dei" con sentido escatológico y también eucarístico; es *sacramentum unitatis.*[16]

En efecto, el carácter fundamental de la Iglesia es la unidad. Para describirla, san Cipriano utiliza toda clase de metáforas:

  - Es como la túnica inconsútil de Cristo, que no puede ser dividida.
  - Es el Arca de Noé: solo en ella se salvan las gentes.
  - Es como el pan: hecho por la unión de los granos de trigo.
  - Es como la madre, que une a sus hijos en una gran familia.

Para defender la unidad de la Iglesia amenazada por los cismas, san Cipriano escribió el *De Ecclesiae Unitate*, y gran parte de sus obras.

---

[16]Cfr. san Cipriano: *De Unitate*, cit., 6; 7; 23; *Epist.*, 33, 1; 54, 1; etc.

- El primado de Pedro es la causa de la unidad; pero para san Cipriano el obispo de Roma es sólo un "primus inter pares", no reconocía una supremacía de jurisdicción del obispo de Roma sobre los otros obispos, ni tampoco creía que san Pedro hubiera recibido algún poder especial sobre los demás Apóstoles.[17]

Cipriano es decididamente episcopalista, sin embargo, tanto en su "De unitate Ecclesiae" como en la "Epístola LIX" reconoce la principalidad de la Iglesia de Roma y se pregunta si puede considerarse dentro de la Iglesia quien se aparta de la Sede Romana sobre la cual está fundada la Iglesia. La explicación de esta aparente aporía estriba en que san Cipriano, si bien no aceptaba el primado de jurisdicción, sin embargo sí consideraba que la Iglesia de Roma era clave para la unidad de la Iglesia y de la fe, por lo que la Iglesia de Roma era la *ecclesia principalis*, y el origen de la *unitas sacerdotalis*. Pedro fue el primer obispo, luego el Señor confirió el mismo poder a los demás Apóstoles; Pedro quedó, sin embargo, como signo vivo de la unidad originaria.

> "Nadie entre nosotros se proclama a sí mismo obispo de obispos, ni obliga a sus colegas por tiranía o terror a una obediencia forzada, considerando que todo obispo por su libertad y poder tiene el derecho de pensar como quiera y no puede ser juzgado por otro, lo mismo que él no puede juzgar a otros. Debemos esperar todos el juicio de Nuestro Señor Jesucristo, quien solo y señaladamente tiene el poder de nombrarnos para el gobierno de su Iglesia y de juzgar nuestras acciones".[18]

---

[17]Cfr. san Cipriano: *De Unitate...*, cit., 4; *Epist.*, 59.
[18]San Cipriano: en CSEL 3–1, 436.

- El bautismo es necesario; defiende la costumbre del bautismo de los niños, a diferencia de Tertuliano; comenta los efectos y la naturaleza del bautismo de sangre, que es más rico en gracia, más sublime en poder y más maravilloso en sus efectos que el de agua.[19]

- En la doctrina sobre la Penitencia es equilibrado, sosteniendo la práctica tradicional de la Iglesia contra los extremos del laxismo y del rigorismo. La penitencia pública tiene tres actos distintos: confesión, satisfacción proporcionada a la gravedad de los pecados, y reconciliación una vez terminada la satisfacción. Subraya el poder curativo y el carácter sacramental de la reconciliación.[20]

- En una carta "sobre el sacramento del cáliz del Señor" expone su fe en el carácter sacrificial de la eucaristía y la presencia real de la carne y sangre de Cristo.[21]

> "Pues si el mismo Jesucristo, Señor y Dios nuestro, es Sumo Sacerdote de Dios Padre y se ofreció a sí mismo como sacrificio al Padre, y mandó que se hiciera esto en memoria suya, por cierto aquel sacerdote hace verdaderamente las veces de Cristo, el cual imita aquello que hizo Cristo, y entonces ofrece un sacrificio verdadero y lleno en la Iglesia a Dios Padre, si empieza a ofrecerlo así conforme a lo que ve que ofreció el mismo Cristo".[22]

---

[19]San Cipriano: *Epist.*, 64; 55; 58; *De Unitate...*, cit., 14.

[20]San Cipriano: *De Lapsis*, 17 y 28; *Epist.*, 55; 59; *De Opere et El.*

[21]San Cipriano: *Epist.*, 63.

[22]San Cipriano: *Epist.*, 64, 14.

Capítulo 13

Los escritores romanos y de otras áreas geográficas del siglo III

13.1 Características generales de la literatura y de la teología romana de este siglo

Los escritores romanos del siglo III desarrollan su actividad literaria sobre todo en relación a dos grandes desafíos del momento: el monarquianismo y la doctrina de Novaciano.

13.1.1 Tendencias heréticas del momento

Dos tendencias heterodoxas aparecen en la comunidad de Roma en la época del papa Víctor I (189–199): el montanismo (cristianismo asiático, influencia del Apocalipsis de Juan, fin del mundo, tensión Iglesia–Imperio, martirio como ideal, fue combatido por el papa Eleuterio) y el monarquianismo (basado en las doctrinas de Práxeas —venido de Asia para advertir a los romanos sobre el montanismo— ampliado por Noeto y, en cierta manera, tolerado por Ceferino y Calixto). Ambos fueron estudiados más arriba en el capítulo dedicado al gnosticismo y a las herejías del siglo II.

13.1.2 San Hipólito, exponente de la época

Para conocer el ambiente de esta primera mitad de siglo, es muy útil recordar las circunstancias de la vida y de la obra de san Hipólito (c.170 a 235) al que ya se ha estudiado, porque reflejan el ambiente que se vivía en estos momentos. En efecto, los escritos de san Hipólito son típicamente romanos, de origen petrino (es decir, sirio y judío–palestinense), en los que se notan ecos de las Homilías clementinas, también de influencia petrina. También tiene la influencia de san Ireneo (de quien se presenta como discípulo, según Focio) y por tanto de Asia. Se nota la estima de Hipólito por el Apocalipsis. Además, comparte el milenarismo de los asiáticos y cree en la inminencia del fin del mundo. Tiene hostilidad frente a la filosofía y preferencia por el estoicismo (como Melitón). Finalmente, es un precioso testigo de la liturgia romana.

Dos corrientes se advierten en Roma en el siglo III: 1ª) la corriente apocalíptica (que obedece a ciertas características antiguas de la Iglesia romana: cfr. el Pastor de Hermas), culto a los mártires Pedro y Pablo, favorecida por el montanismo, 2ª) la corriente de la jerarquía que se muestra favorable a la moderación, a la indulgencia, a la búsqueda de la unidad entre los grupos y al diálogo con el poder imperial.

En su *Elenchos* (Refutación de todas las herejías), Hipólito critica violentamente a san Ceferino y a san Calixto. La violencia era el tono habitual. Hipólito realmente ataca un "ambiente", el de los cristianos que pertenecen a las clases dirigentes (Marco Aurelio Carpóforo, Marcia, Minucio Felix, etc.). San Calixto era un gran administrador, que dialoga con los hombres ricos del Imperio. San Ceferino y san Calixto no son dos intelectuales, sino hombres de acción. Hipólito sueña con una Iglesia de santos en conflicto con el mundo, pobres, sin bienes.

(San Calixto I, Papa)

Sin embargo, cuando san Calixto intuyó el peligro del monarquianismo, no dudó en condenar a Sabelio.

Hipólito aparece como representante del viejo presbiterado romano, con su tradición catequética y sus prácticas litúrgicas. Se nota su hostilidad hacia los diáconos y a una concepción más monárquica del episcopado. Hipólito escribe en griego, aunque en Roma los cristianos hablaban en latín desde mediados del siglo II.

Hipólito, sin embargo, no es un antagonista del papa ni un cismático. Sus escritos respiran la más pura Tradición. Su violencia procede, en gran parte, de un género literario. Fue el representante de una tendencia rigorista, pero fue también un gran doctor de la Iglesia, venerado como santo.

13.2 Novaciano

En este clima teológico y disciplinar, Novaciano llegó a desempeñar un papel muy prominente en la comunidad romana a mediados del siglo III.[1] Sin embargo, sabemos relativamente poco acerca de su vida. Era natural de

---

[1] Cfr. H. Drobner: *Manual...*, cit., págs. 198–199; J. Quasten: *Patrología*, cit., vol. I, págs. 516–534; D. Ramos–Lissón: *Patrología*, cit., págs. 209–212; A. Riesco Terrero: *Novaciano y*

(Novaciano, antipapa)

Roma. Fue bautizado estando gravemente enfermo, pero nunca recibió la confirmación. Por eso el clero y el pueblo romano se opusieron a que Fabián le ordenase sacerdote. Poseía una formación descollante. Era un "lider" nato. Vivía retirado, quizá como eremita, hasta que estalló la persecución de Decio. Al morir el papa Fabián en el verano de 250, tomo bajo su responsabilidad la comunidad de Roma. Escribe tres cartas a Cipriano, en las que le apoya en la cuestión de los "lapsi". Al ser elegido Cornelio obispo de Roma, en lugar suyo, se convirtió en el abanderado del partido rigorista y se hizo elegir obispo de Roma (antipapa).

Propugnaba una Iglesia pura y de los puros. Si se pecaba gravemente no podía seguirse perteneciendo a la Iglesia. En su postura subyacen ideas estoicas más que bíblicas.

Según el historiador Sócrates, Novaciano padeció el martirio en la persecución de Valeriano.

La obra capital de Novaciano es su *De Trinitate*, escrita el año 240. En su contenido y en su estructura se reflejan las numerosas discrepancias teológicas de su tiempo:

1. En la primera parte (caps. 1–8) defiende la identidad de Dios Padre con el Creador del mundo, contra el gnosticismo

---

Novacianismo, en GER, vol., págs. ; E. Amann: *Novatien et Novatianisme*, en DTC, vol. XI, cols. 816–849; V. Cano Sordo: *Patrología...*, cit., tema 13.

2. La segunda parte (caps. 9–28), dedicada al "Logos", ocupa la mayor parte de la Obra.

   - Contra los marcionistas, defiende que Jesús es el Hijo verdadero de Dios Creador (cap. 9).

   - Contra los docetas, sostiene su encarnación real (cap. 10).

   - Contra los adopcionistas, su verdadera divinidad (caps. 11–25).

   - Y contra los modalistas, afirma que Jesús es distinto del Padre (caps. 26–28).

3. El capítulo 29 trata brevemente del Espíritu Santo.

4. Los capítulos 30 y 31 estudian la unidad de Dios en la distinción de ambas personas divinas del Padre y del Hijo.

De Tertuliano toma los conceptos de una *substancia, tres personae, ex substantia dei*. Además, introduce los términos: *incarnari y praedestinatio*.

No debe extrañar que Novaciano no incluya al Espíritu Santo en la discusión sobre Dios. La doctrina de la divinidad del Espíritu Santo no llegará a ese estadio hasta mediados del siglo IV, sobre todo con Basilio el Grande. Novaciano concibe al Espíritu Santo, sobre todo, como fuente de la santidad, de la iluminación y de la inmortalidad.

Con todo, esta obra es de una gran importancia, porque como dice J. Quasten:

> "Por lo completo de su teología, por la riqueza de la argumentación bíblica y por la influencia que ha ejercido en los teólogos posteriores, admite comparación con los *Primeros principios* de Orígenes, aunque la sobria teología occidental esté lejos de poseer la envergadura de la especulación alejandrina. Resume de una manera clásica la doctrina de la Trinidad

desarrollada por Teófilo de Antioquía, Ireneo, Hipólito y Tertuliano, pero no por eso carece de originalidad e independencia. De hecho, su manera de tratar el problema es mucho más exacto y sistemático, mucho más completo y extenso que la de ningún ensayo anterior".[2]

Poco sabemos de la repercusión de este primer gran tratado del primer teólogo romano.

13.3 Autores latinos de otras áreas geográficas: Lactancio

Lucio Cecilio Firmiano Lactancio fue el último gran Padre de la Iglesia latino que experimentó en su propia vida la persecución de los cristianos, como delata con fuerza su obra.[3]

Se le conoció más tarde como el "Cicerón cristiano" por su excelente estilo clásico.

Nació en África, donde le instruyó el famoso retórico Arnobio y donde él mismo ejerció como maestro de retórica. Fue llamado por Diocleciano para que diera clase de retórica en su nueva residencia de Nicomedia de Bitinia, junto al Mar Negro. Uno de sus alumnos probablemente fue el futuro emperador Constantino. Así se explica que luego lo llamara a Tréveris para que fuera tutor de su hijo mayor Crispo.

Durante la persecución de Diocleciano (303) renunció a su cátedra y poco después se convirtió al cristianismo. También por entonces compuso

---

[2]J. Quasten: *Patrología*, cit., vol. I, pág. 520.

[3]H. Drobner: *Manual...*, cit., págs. 200–201; D. Ramos–Lisson: *Patrología*, cit., págs. 200–203; U. Dominguez del Val: *Lactancio, Lucio Cecilio Firmiano*, en GER, vol. XIII, págs. 830 ss.; E. Amann: *Lactance*, en DTC, vol. VIII, cols., 2425–2448; É. Gilson: *History of Christian Philosophy...*, cit., págs. 50–51.

(Comienzo de las *Instituciones divinas* de Lactancio)

su obra apologética *De opificio hominis* y entre 304 y 311 su obra principal: *Divinae institutiones.* Como dice Healy:

"Ésta es la más importante de todas las obras de Lactancio; es sistemática así como apologética y su intención era señalar la futilidad de las creencias paganas y establecer la razonabilidad y verdad del cristianismo. Fue el primer intento de una exposición sistemática de la teología cristiana en latín, y aunque iba dirigida a ciertos folletistas que ayudaban a los perseguidores mediante asaltos literarios sobre la Iglesia, la obra fue planeada sobre un esquema lo suficientemente amplio para silenciar a todos sus oponentes. Es en esta obra, mejor que en ninguna otra, donde se muestran las fortalezas y debilidades de Lactancio. La belleza del estilo, lo escogido y adecuado de la terminología, no pueden esconder la falta de dominio del autor de los principios cristianos y su casi absoluta ignorancia de las Escrituras. Los pasajes 'dualistas y panegíricos' que han sido un acertijo para los estudiantes de Lactancio, evidentemente no son de su autoría, sino de la de alguien que vivió cerca de su tiempo, probablemente un retórico de Trier.[4]"

Está dividido en siete libros:

- Libro 1, sobre la falsa religión, donde se refuta el politeísmo.

- Libro 2, el origen del error, que son los demonios.

- Libro 3, sobre la falsa sabiduría de los filósofos, donde su ignorancia se prueba en base a argumentos de ética.

- Libro 4, sobre la sabiduría y religión verdaderas, que es la Revelación cristiana.

- Libro 5, sobre la justicia, que se perdió en la cultura pagana y que Jesucristo restableció.

- Libro 6, sobre la verdadera religión, en línea con el libro anterior.

- Libro 7, sobre la vida bienaventurada, con una escatología milenarista.

En Tréveris terminó su escrito *De mortibus persecutorum* y *De ira Dei*. También compuso una versión abreviada (Epitome) de las *Institutiones*. Murió hacia el año de 325.

---

[4]P. Healy: *Lucius Caecilius Firmianus Lactantius*, en "The Catholic Encyclopedia", Vol. 8. New York, Robert Appleton Company, 1910.<http://www.newadvent.org/cathen/08736a.htm

Parte IV

La Edad de Oro de la Patrística (325-451)

Capítulo 14

Características generales de este período (años 325-451)

14.1 El contexto histórico después de la paz de Constantino

Para comprender mejor la literatura cristiana del siglo IV y primera mitad del V, es necesario que revisemos la historia de esta época desde tres puntos de vista:

- Política estatal.

- Sucesos eclesiales y de la política eclesiástica.

- Cuestiones teológicas.

La suma de estos tres enfoques debe arrojar al final una imagen lo más próxima posible a la realidad.[1]

---

[1]Cfr. H. Drobner: *Manual...*, cit., págs. 211–214; D. Ramos–Lissón: *Patrología*, cit., págs. 213–227; V. Cano Sordo: *Patrología...*, cit., tema 15.

14.1.1   Política estatal

La idea del Imperio romano, desde Constantino a Teodosio el Grande, era una idea de unidad: un Imperio, un emperador, un Dios. En la persona del emperador se encuentra la idea sacro–dinámica del Imperio. Él era no sólo soberano supremo, guardián de la unidad y propulsor del bienestar del Imperio, sino también sumo sacerdote, incluso dios, en el que se encarnan los dioses del Imperio que garantizan la unidad y el bienestar del Estado.

Constantino se sentía *episkopos* de Dios y *pontifex maximus*. Sentía la responsabilidad del bienestar del pueblo tanto en el plano político como en el religioso.

Por eso los emperadores cristianos actuaron como dirigentes de la iglesia, convocaban concilios, promovían, confirmaban y rechazaban sus conclusiones, aprobaban elecciones de obispos o deponían obispos; incluso fijaban la fe recta y obligatoria tras el asesoramiento de sínodos o de teólogos.

Teodosio, en el 381, elevó esa fe a la categoría de ley. Se podían tolerar simultáneamente otras religiones y confesiones en la medida en que ellas no pusieran en peligro el bien del Estado.

Esta idea del Imperio podía adoptar diversas formas, pasando del cristianismo al paganismo (cfr. Juliano "el Apóstata"), o haciendo del arrianismo la religión del Estado. La oportunidad política servía de medida, no tanto las creencias personales del soberano. Los emperadores no tenían reparo alguno de servirse de la Iglesia y de la fe como un instrumento de la lucha por el poder, porque el éxito político documentaba el favor de los dioses.

Es falsa la idea de la "era constantiniana" —que aún duraría— como una era de compromiso temporal de la Iglesia con el Estado, clericalismo, opresión de las conciencias. Son, por tanto, falsas también las esperanzas de una era "post–constantiniana", en la que la Iglesia recuperaría su perspectiva exclusivamente espiritual. Para la Iglesia no hay eras, pues ha sido siempre la misma a través del tiempo.

EL MUNDO MEDITERRÁNEO EN EL BAJO IMPERIO

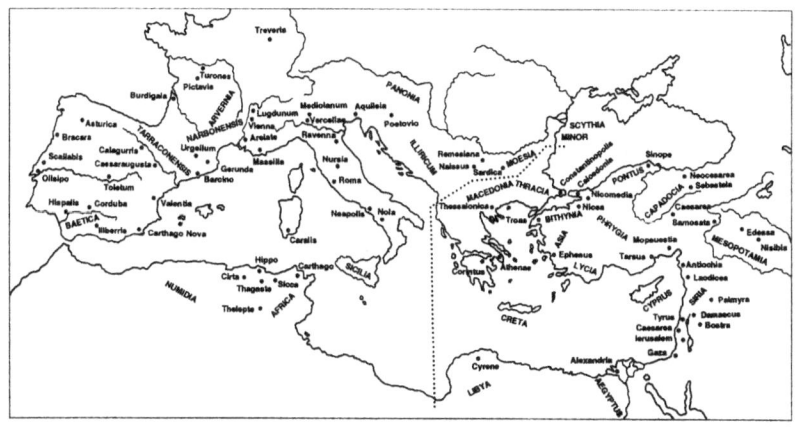

.... Límite de las zonas de uso corriente del latín y el griego

(Cfr. E. Moliné: *Los Padres...*, cit., pág. 596)

LA EXPANSIÓN DEL CRISTIANISMO

Partos. Roma — Nombres que se mencionan en el capítulo segundo de los Hechos de los Apóstoles.

Zonas de expansión del cristianismo hasta comienzos del siglo IV.

- - - - - - Límites de la expansión del cristianismo hasta comienzos del siglo V.

● ● ● ● ● ● Límites de los patriarcados de Constantinopla, Antioquía, Jerusalén y Alejandría.

(Cfr. E. Moliné: *Los Padres...*, cit., pág. 597)

14.1.2 Emperadores del momento

En 324 Constantino derrota a Licinio y queda como único emperador. Protege a los cristianos. Construye las Basílicas de san Pedro y san Pablo,

san Juan de Letrán en Roma y la del Santo Sepulcro en Jerusalén. En el
330 funda Constantinopla. En Roma la aristocracia seguía siendo pagana.
También tuvo errores: ajustició a Fausta (su esposa) y a Crispo (su hijo) por
sedición. Se hace arriano y ataca a Atanasio. Muere cristiano en Pentecostés
de 337, haciéndose bautizar por un obispo arriano (Eusebio).

Los emperadores de esta época eran cristianos (excepto Juliano). Limi-
tan las religiones paganas, aunque nunca las persiguen:

- Constancio (337–361).

- Juliano (361–363): concede derechos y protección oficial a las religiones paganas; quita a la Iglesia lo que tenía; no pone cristianos en
  cargos públicos; favoreció el cisma y el arrianismo; favorece un templo en Jerusalén.

- Graciano (375–383): renuncia al *Pontifex Maximus*, cierra el altar de
  la victoria en Roma; desoye a Símaco, *senator et vir eloquens*, por consejo de S. Ambrosio.

- Teodosio el Grande (379–395): impulsa el Credo de Nicea; hace al
  catolicismo la religión del Estado.

14.2   Nuevas oportunidades y nuevos problemas para la Iglesia

- Todos los cristianos dan gracias por la paz y la expansión cristiana
  (Nicetas de Remesiana —Dacia, +414— canta en el *Te Deum*, el "te per
  orbem terrarrum confitetur Ecclesia"). Con la Paz de Constantino en
  313 la Iglesia pudo desarrollar su misión abiertamente. Creció el número de conversiones. El catecumenado se adaptó a las nuevas circunstancias. Había dos formas de seguir el proceso: el normal, en el
  que el catecúmeno recibía el bautismo inmediatamente de acabada

la formación (catequesis introductoria, rito de admisión, inscripción formal al inicio de la cuaresma, instrucción intensa durante la misma con la explicación de la Sagrada Escritura, el Símbolo y el padrenuestro, acompañada de oraciones especiales e imposición de manos), se recibía el bautismo en la vigilia pascual; y el diferido, en el que el candidato postponía la recepción del bautismo hasta que recaían en una grave enfermedad o se veían próximos a la muerte.

Por otro lado, como efecto del incremento de las familias cristianas, el bautismo de niños adquiere mayor importancia y difusión.

Pronto, en amplias zonas del Imperio la mayoría de sus habitantes eran cristianos, sobre todo en las ciudades. Más tarde, también comenzarían a convertirse las gentes de los "pagus", es decir, del ambiente rural. De ahí la denominación de "paganos".[2]

- La religiosidad popular está marcada por una espiritualidad que se desarrolla a partir de la catequesis bautismal, que enseña la doctrina y los principios de la vida cristiana. Muchas veces la predicación se centra en recordar estas realidades y en reforzar su práctica, intentando evitar la vida mundana y seguir el mal ejemplo de los cristianos pecadores o mediocres.

La devoción a la pasión de Cristo es muy fuerte, con el desarrollo de la práctica de la señal de la cruz, la generalización del uso de la cruz en las Iglesias, casas o celdas de los monjes, o las devociones en torno al Viernes Santo.

También se difunde la devoción a las reliquias de los mártires.

El ejemplo del monacato también influirá en la religiosidad popular, que ve en estos consagrados, la realización del ideal martirial de una nueva forma incruenta.

---

[2]Cfr. H. Drobner: *Manual...*, cit., págs. 211–214.

- Los emperadores se alían con la Iglesia, pero, a veces, tratan de dominarla (cesaropapismo).

- En Oriente se suscitan grandes controversias dogmáticas y surgen las herejías condenadas por los grandes concilios. Se multiplican los sínodos y concilios en todo el Imperio. Por otra parte, los concilios ecuménicos, a los que acudían Padres de todo el Imperio, fortalecen la unidad en la fe.

- Comienza el fenómeno del monaquismo, primero en Oriente y después en Occidente. Sus comienzos datan de fines del siglo III, con la figura de san Antonio, el primer ermitaño, pero florece a lo largo del s. IV sobre todo en el desierto del Bajo y Alto Egipcio. Había dos corrientes: la anacoreta, de vida solitaria, y la cenobítica, que seguían una vida en común de conformidad con alguna regla de vida. De este movimiento monástico surgirán importantes escritos que influirán grandemente en la historia de la Iglesia, y también grandes figuras que intervendrán en las controversias de la época.

- Los pueblos germánicos entran en la historia. Las invasiones bárbaras, a partir del siglo IV, dan ocasión para que los misioneros cristianos comenzaran a predicar la fe a otros pueblos. Ya se había desarrollado la fe en pueblos poco romanizados como Britania, pero pronto el Evangelio llegaría a Irlanda, y comenzaría a penetrar entre las tribus germánicas asentadas en los limes del Imperio (los godos, por ejemplo). Debido a la estructura muy solidaria de estos pueblos, se bautizaban tribus enteras, lo que exigió el desarrollo de una práxis y de una formación sacramental adecuada a los nuevos desafíos.

- La jerarquía eclesiástica se establece sólidamente, sobre todo en las ciudades, pero también pronto se crean parroquias en los pueblos. Constantino concedió una serie de favores a los miembros del clero;

de entre todos, destacó la *episcopalis audientia*, que permitía la intervención del obispo, como juez, en las causas civiles promovidas entre cristianos, aun cuando el proceso se estuviera sustanciando ante un magistrado civil, y donde el obispo no estaba obligado a aplicar las leyes romanas, sino que bastaba con las evangélicas.

Así, progresivamente, el ministerio episcopal adquiere una enorme consideración social, llegándose en ocasiones, a nombrar a algunos obispos como *defensor civitatis*, cuando se produzca un vacío de poder.

- La situación del clero se va regularizando con normativas "ad hoc", donde la legislación de los sínodos y concilios, así como la de papas y obispos tratan de garantizar las responsabilidades y exigencias del estado clerical.

Se establece la diferencia entre *clerici superioris* (obispos, presbíteros y diáconos) cuya ordenación está reservada al obispo, y el *inferioris ordinis* (con variaciones de una a otra Iglesia, pero en general, se consideran como tales el subdiácono, el acólito, el exorcista, el ostiario y el lector). Solo se admite a varones, a diferencia de algunas sectas (montanistas y priscilianistas) que admitieron a mujeres. Las diaconisas, donde existen, no tienen consideración clerical ni de recepción de ningún grado del orden sacerdotal, y sus funciones son de asistencia sobre todo a otras mujeres para su bautismo o en caso de enfermedad.

A veces hay controversias sobre la relación entre el obispo y el presbítero. Pero los papas aclaran la prevalencia y autoridad del obispo como posesor del pleno grado del orden sagrado.

Se exige la integridad corporal de los ordenandos así como cualidades morales adecuadas al cargo, por lo que en general se excluían a los cristianos que habían sido sometidos a penitencia pública por comisión de delitos graves o que habían ejercido profesiones inmorales.

- Hay grandes papas. A partir del siglo IV el primado romano tiene más efectividad.

- El ambiente filosófico del momento no experimenta grandes cambios sobre el de las etapas anteriores y siguen las corrientes de pensamiento más influyentes: la filosofía de los cínicos, con su desprecio de las riquezas y de los bienes materiales así como su descarnada crítica a muchas de las costumbres y creencias clásicas; el neoplatonismo, que es la fuerza intelectual más poderosa; el estoicismo; el maniqueísmo; etc.

En esta época aparecen los grandes Padres de la Iglesia, tanto de Oriente como de Occidente, quienes tienen por lo general, gran formación retórica y además muchos son obispos, por lo que sus escritos tienen una gran calidad literaria y teológica.

Esta época es conocida como "la edad de oro de la patrística" (s. IV y V). Son sus representantes más señeros:

1. En Oriente:

    (a) San Atanasio: *Tres Discursos contra los arrianos, Vida de san Antonio.*

    (b) Los grandes "Capadocios": san Basilio (legislador monástico, obispo de Cesarea, doctrina sobre la Trinidad), san Gregorio de Nisa (gran teólogo), san Gregorio de Nacianzo (obispo de Constantinopla).

    (c) San Juan Crisostomo: vida, escritos sobre el sacerdocio.

    (d) San Cirilo de Alejandría: (disputas cristológicas y mariológicas del siglo V).

LOS GRANDES PADRES DEL SIGLO DE ORO

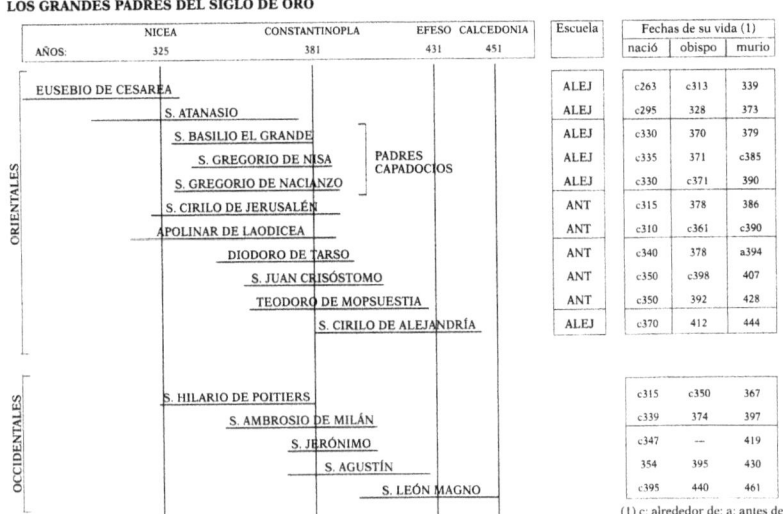

	NICEA	CONSTANTINOPLA	EFESO	CALCEDONIA	Escuela	Fechas de su vida (1)		
AÑOS:	325	381	431	451		nació	obispo	murió
EUSEBIO DE CESAREA					ALEJ	c263	c313	339
S. ATANASIO					ALEJ	c295	328	373
S. BASILIO EL GRANDE					ALEJ	c330	370	379
S. GREGORIO DE NISA (PADRES CAPADOCIOS)					ALEJ	c335	371	c385
S. GREGORIO DE NACIANZO					ALEJ	c330	c371	390
S. CIRILO DE JERUSALÉN					ANT	c315	378	386
APOLINAR DE LAODICEA					ANT	c310	c361	c390
DIODORO DE TARSO					ANT	c340	378	a394
S. JUAN CRISÓSTOMO					ANT	c350	c398	407
TEODORO DE MOPSUESTIA					ANT	c350	392	428
S. CIRILO DE ALEJANDRÍA					ALEJ	c370	412	444
S. HILARIO DE POITIERS						c315	c350	367
S. AMBROSIO DE MILÁN						c339	374	397
S. JERÓNIMO						c347	--	419
S. AGUSTÍN						354	395	430
S. LEÓN MAGNO						c395	440	461

(1) c: alrededor de; a: antes de

(ORIENTALES / OCCIDENTALES)

(Literatura cristiana de la edad de oro patrística
E. Moliné: *Los Padres...*, cit., pág. 593)

2. En Occidente:

   (a) San Ambrosio de Milán: relaciones con Graciano, Valentiniano II, Teodosio.

   (b) San Jerónimo: traductor de la Sagrada Escritura; Vulgata.

   (c) San Agustín: *las Confesiones, la Ciudad de Dios, De Trinitate*, etc.

   (d) San León Magno: primado romano, *Epístola a Flaviano*.

   (e) Gregorio Magno: *Moralia*, renovación litúrgica.

14.3   Los desafíos frente a la herejía

También en este período de la historia comienzan a crecer las grandes herejías trinitarias, cristológicas y antropológicas.

Las herejías en este periodo son más importantes y más amplias que antes. Afectan principalmente a la Iglesia oriental. Interviene el poder estatal, que convoca los concilios.

Las herejías principales son:

1. Herejías trinitarias (arrianismo y macedonianismo).

2. Herejías cristológicas (arrianismo y apolinarismo, nestorianismo, monofisismo, monotelismo).

3. Controversias antropológicas (pelagianismo en Occidente).

4. Disputas menores: donatistas y la cuestión de los Tres Capítulos.

Capítulo 15

La crisis arriana

Las herejías en los siglos IV y V son más importantes y más amplias que antes. Afectan principalmente a la Iglesia oriental. Interviene el poder estatal, que convoca los concilios. Es el periodo áureo de la patrística.

Como se recordaba al final del capítulo anterior, las herejías principales fueron:

1. Herejías trinitarias (arrianismo y macedonianismo).

2. Herejías cristológicas (arrianismo, apolinarismo, nestorianismo, monofisismo).

3. Controversias antropológicas (pelagianismo en Occidente)

4. Disputas menores: donatistas.

15.1 Arrianismo

15.1.1 Vida de Arrio

El sacerdote de la escuela de Alejandría Arrio (+ 336) enseñó que el "Logos" no existe desde toda la eternidad. No fue generado por el Padre, sino que es una creatura del Padre, producida por Él mismo de la nada antes de las demás creaturas. Según su esencia, el "Logos" no es como el Padre (ἀνομοίως), es mutable y capaz de desarrollarse. No es propiamente hablando Dios en el verdadero sentido, sino sólo en sentido impropio, en cuanto que El, en anticipación de sus méritos, fue adoptado por el Padre como un Hijo; no es Hijo de Dios por naturaleza sino por gracia.

(Arrio)

Arrio, oriundo de Libia, recibió su formación teológica en Antioquía, en la escuela de Luciano, a quien el obispo Alejandro de Alejandría calificó como uno de los padres del arrianismo. De Antioquía pasó a Alejandría, donde, ordenado diácono y más tarde sacerdote, fue destinado a la iglesia de san Baucalis. Hacia el año 318 empezó a provocar muchas discusiones a causa de una doctrina teológica propia, que él presentaba en sus sermones como creencia de la Iglesia. La situación se hizo grave cuando, al recibir primero una invitación y luego una orden formal de abandonar la innovación, Arrio y sus seguidores se negaron obstinadamente. Alejandro, el obispo de Alejandría, convocó a toda la jerarquía de Egipto. Se reunieron en sínodo casi un centenar el año 318; la reunión se celebró en Alejandría. Arrio fue condenado; él y sus adictos fueron depuestos.

Lejos de aceptar su excomunión, Arrio puso objeciones a la sentencia y trató de ganar adeptos entre sus antiguos compañeros de estudios de Antioquía. Algunos eran ya obispos; el más influyente de todos ellos, Eusebio de Nicomedia, recibió calurosamente al heresiarca y le prestó su más completo apoyo; siendo también él discípulo del maestro de Arrio, Luciano de Antioquía, comulgaba con sus mismas ideas. La disensión se extendió de esta manera a la Iglesia griega, y el peligro iba en aumento.

Para terminar con la división, Constantino convocó en Nicea el primer concilio ecuménico, en el que participaron más de trescientos obispos, donde se confirmó la sentencia de Alejandro contra Arrio, y, se redactó el célebre Símbolo Niceno.

Arrio fue desterrado a Iliria, pero el Emperador volvió a llamarlo el año 328. Los obispos reunidos en el sínodo de Tiro y Jerusalén, el año 335, decidieron admitirle de nuevo en la Iglesia y rehabilitarlo en su rango dentro del clero. Constantino ordenó que el obispo de Constantinopla lo reconciliara solemnemente. Pero Arrio murió repentinamente la víspera del día señalado (a. 336).[1]

15.1.2 Pensamiento

Aunque se conservan unos pocos fragmentos de su doctrina porque escribió muy poco, se puede reconstruir su pensamiento bastante bien debido a la gran controversia que suscitó.[2]

Se mencionan como fuentes de su pensamiento:

- Las expresiones deficientes de santos Padres anteriores. Es necesario distinguir claramente entre el subordinacionismo real u ontológico (el de Arrio) del subordinacionismo verbal (expresiones imperfectas del orden de las procesiones trinitarias, propias de algunos santos

---

[1] J. Quasten: *Patrología II. La edad de oro de la literatura patrística griega*, BAC, Madrid 1962, págs. 10–23; J. Ibáñez Ibáñez: *Arrio y Arrianismo*, GER, vol. III, págs. 71–75; Le Bachelet: *Arius, Arianisme*, en DTC, vol, I, cols. 1779–1863; D. Ramos–Lissón: *Patrología*, cit., págs. 229–234; J. A. Jorge: *Cristología*, cit., vol. I, págs. 168–185; V. Cano Sordo: *Patrología...*, cit., tema 16.

[2] Uno de los textos que se conservan es la Carta de Arrio a Eusebio de Nicomedia: "El Hijo no es engendrado ni es parte del ingénito, ni deriva de un sustrato; sino que, por voluntad y decisión del Padre ha venido a la existencia antes de los tiempos y de los siglos, plenamente Dios, unigénito, inalterable. Y antes de haber sido engendrado o creado o definido o fundado (Pr 8: 22–25), no existía. Porque no era ingénito. Nos persiguen porque decimos: 'El Hijo tiene principio, mientras que Dios es sin principio'. Por eso nos persiguen, y porque hemos dicho: 'Viene de la nada'. Lo hemos dicho porque no es ni parte de Dios ni proviene de un sustrato". (Cfr. M. Simonetti: *Il Cristo, II. Testi Teologici e Spirituali in Lingua Greca del IV al VII Secolo*, Mondadori, Milán, 1986, pág. 73).

Padres pre–nicenos que no disponían de un lenguaje ni de una teología depurados y usan expresiones incorrectas, que en ningún caso supone la aceptación del subordinacionismo real, pues esos mismos Padres proclamarán firmemente que el Hijo y el Espíritu Santo son verdaderamente Dios).[3]

- Filosofía de Platón y de Plotino y su teoría del demiurgo.

- Teología gnóstica: sus constructos sobre la teogonía y el dualismo que ya se examinaron.

Arrio no acepta la conciliación entre la unidad de naturaleza y la trinidad de Personas en Dios, ni entre lo finito y lo infinito. La Iglesia había condenado a Sabelio por no aceptar la distinción de personas. Arrio acepta la distinción, pero niega la unidad de naturaleza entre el Padre y el Hijo. El Hijo es una creatura finita para él.

El Padre concibió la creación, pero como lo infinito no puede ponerse en contacto con lo finito, se la encargó al Hijo como Arquitecto del mundo (ideas de Filón). El Hijo no es eterno, fue creado de la nada por el Padre, que no fue Padre siempre; el Hijo no es inmutable, no es infinito.

Las tesis principales de Arrio eran las siguientes:

1. El Verbo es ποίεμα, una cosa hecha, una creatura. Tal afirmación la sostenía sobre la base de algunos textos de la Sagrada Escritura mal entendidos: Jn 14:28, "El Padre es mayor que yo"; Eco 24:9, "antes de los siglos me creó" (le aplicaba al "Logos" los textos del Antiguo Testamento referidos a la Sabiduría).

2. El Verbo no es eterno: por lo tanto, la paternidad de la Primera Persona tampoco es eterna.

---

[3]Valga como ejemplo las expresiones de Orígenes sobre el Hijo como Δεύτερος Θεός.

3. El Verbo fue hecho por el Padre en vista de la creación del mundo, haciendo una interpretación extrema e indebida de la distinción patrística entre el Λόγος ἐνδιαθετός y el Λόγος προφορικός, con lo que el Padre y el Hijo sólo se relacionan en el plano "económico" pero no en el inmanente.

4. El Verbo se encarnó haciendo las veces del alma racional de la carne de Cristo, utilizando erróneamente el esquema Λόγος – Σάρξ propio de los alejandrinos. Por eso, el "Logos" sufrió en su misma naturaleza de Verbo... lo cual demuestra que su naturaleza divina no es como la del Padre, esto es, inmutable e impasible. El "Logos" pues, no es consubstancial con el Padre.

5. El Verbo fue generado, y como lo típico de la divinidad es la eternidad, el ser ἀγεννετός (ser "in–engendrado"), el Verbo no puede ser Dios en sentido fuerte, como el Padre. Además entendía la generación con características materiales, por lo que:

   - El Padre no puede propiamente engendrar, ya que supondría división en el seno de la Trinidad.

   - La generación de la Segunda Persona es una obra "ad extra" de Dios, es una creación, por lo que el Verbo es una creatura de Dios.

   - En conclusión, niega Arrio que en Dios pueda haber una procesión inmanente.

Para sostener sus ideas, Arrio acudía a textos sagrados de la Biblia que utilizaban verbos como "hacer", "crear" o "engendrar" (Pr 8:22; Col 1:15; Hech 2:36; Heb 1:4. 3:1), o que hablaban de los hombres como "hijos de Dios" (1 Cor 8:6; Jn 1:12; De 14:1; Is 1:2), o que consideran al Hijo inferior al

Padre (Jn 14:28; 17:3; Mc 10:18), o a que el Hijo estaba sujeto a la ignorancia o a las pasiones humanas (Mc 13:32; Jn 11: 33.39).[4]

La doctrina arriana, que se extendió muy rápidamente en toda la Iglesia,[5] dividió profundamente a la misma. Se decía que la Iglesia se acostó católica y se levantó arriana. La controversia fue muy dura, pero tras varios incidentes, la Iglesia condenará la doctrina arriana en el concilio de Nicea (a. 325), donde destacó la firmeza de san Atanasio. En este concilio se redactó el Credo que lleva su nombre, y que confesaba que Jesucristo es el Hijo de Dios, que fue generado de la sustancia del Padre, que era Dios verdaderamente y que era consubstancial (ὁμοούσιος) con el Padre.[6]

15.2   Reacción del Magisterio: Nicea (325)

El primer concilio de Nicea fue convocado por el Emperador Constantino por dos motivos: el de dirimir la disputa arriana que comprometía a todo el Imperio oriental y el de fijar para todos la misma fecha para la fiesta de la Pascua.[7]

Ante la crisis provocada por las afirmaciones y actitudes de Arrio, Constantino encargó a su consejero Osio, obispo de Córdoba, que llevara a Alejandro una carta suya en la que le aconsejaba pasar por encima de cuestiones tan sutiles como las planteadas. Otra parecida

---

[4]Cfr. A. Amato: *Jesús...*, cit., pág. 255.

[5]Se ha propuesto como explicación de tan grande éxito un triple hecho: aparentemente conseguía una simbiosis perfecta con el pensamiento griego; se presentaba como una fe *racionalizada* muy al gusto de la cultura ambiental del s. IV; y proporcionaba una aparente solución a las aporías de los textos bíblicos.

[6]"Creemos en un solo Dios, Padre omnipotente, creador de todo lo visible y lo invisible. Y en un solo Señor nuestro Jesucristo, Hijo de Dios, nacido unigénito del Padre, de la misma substancia del Padre, Dios de Dios, luz de luz, Dios verdadero de Dios verdadero, engendrado, no creado, una sustancia con el Padre (lo que los griegos llaman *homousion*), por el que fueron hechas todas las cosas del cielo y de la tierra" (D. S. 125).

[7]Cfr. I. Ortiz de Urbina: *Nicea y Constantinopla*, Eset, Vitoria, 1969.

(Concilio de Nicea.
Presidido por Emperador Constantino.
Arrio a los pies del Emperador)

escribió a Arrio. Naturalmente la solución diplomática de Constantino no surtió efecto, razón por la cual decidió convocar en su palacio de Nicea a los principales obispos orientales, a los que se unieron unos pocos del Occidente, entre éstos los delegados del Papa Silvestre, Vito y Vicente, sacerdotes. Osio era el que propiamente representaba la sede de Roma y el que llevó la dirección eclesiástica del concilio, aunque la presidencia oficial se la reservó para sí Constantino, quien influyó no poco en el proceso de las sesiones. En total eran unos 300 obispos. La tradición algo posterior los ha estereotipado aludiendo al concilio "de los 318 Padres".[8]

Tras la solemne inauguración el 20 mayo 325, se leyó un documento dogmático de Eusebio de Nicomedia que, por sus errores, fue rechazado. Entonces Eusebio de Cesarea propuso que se aceptara el Símbolo bautismal de su Iglesia. El documento fue aceptado; pero los Padres quisieron añadir algunos incisos que estuvieran abiertamente en contra de la doctrina arriana. Así nació el Símbolo Niceno, en cuya elaboración tomaron parte todos los Padres, aunque se pueda reconocer un mayor influjo de parte de Osio.[9]

---

[8]Cfr. I. Ortiz De Urbina: *Nicea, Concilios de*, en GER, cit., t. XVI, págs. 806–809.
[9]I. Ortiz De Urbina: *Nicea...*, cit., págs. 806–807.

El texto de este concilio es el siguiente:

> "...Credimus in unum Deum, Patrem omnipotentem, omnium visibilium et invisibilium factorem.
>
> Et in unum Dominum nostrum Iesum Christum Filium Dei, natum ex Patre unigenitum, hoc est de substantia Patris, Deum ex Deo, lumen ex lumine, Deo vero de Deo vero, natum, non factum, unius substantiæ cum Patre (quod græce dicunt homousion), per quem omnia facta sunt, quæ in cælo et in terra...
>
> Et in Spiritum Sanctum.
>
> Eos autem qui dicunt *Erat, quando non erat* et *Antequam nasceretur, non erat* et *Quod de non exstantibus factus est* vel es alia substantia aut essentia dicentes aut convertibilem aut demutabilem Deum, hos anathematizat catholica Ecclesia".

Consta de un Símbolo y de un Apéndice. El origen del contenido fue el mencionado Símbolo de la Iglesia de Cesarea, al que se añadieron algunas frases para enfrentar la controversia arriana y un apéndice dogmático rechazando las principales posiciones arrianas.

La estructura del Símbolo es trinitaria:

1. *El Padre.*

   - Se sigue la estructura genética de la divinidad: el Padre es fuente de la Trinidad.
   - "Un Dios": Al Padre se le atribuye tradicionalmente el título de "único Dios", como equivalente a Yahveh, según la revelación del Éxodo. Este título, pues, no se refiere a la naturaleza divina, sino a la Persona del Padre, que es la que se manifiesta en el Antiguo Testamento.

2. *El Hijo.*

- "De la sustancia del Padre" (ἐξ τῆς οὐσίας τοῦ Πατρός). Se introduce este inciso para afirmar la generación natural, no por gracia, del Hijo por parte del Padre. El Hijo no es algo "hecho" por el Padre, sino comunicación del propio ser del Padre por modo de generación.

- "Es decir" (τουτέστιν), que introduce el inciso mencionado, con lo cual se quiere resaltar que esos términos no son novedad, sino explicitación de la fe tradicional anterior.

- "Consubstancial" (ὁμοούσιον): es un término filosófico, no bíblico, que explica la revelación bíblica. Su uso en realidad se debe a la necesidad de luchar contra la helenización del cristianismo que intentaba Arrio.[10]

- "O dicen que Dios es de otra substancia o esencia" (ἤ ἐξ ἐτέρας ὑποστάσεως ἤ οὐσίας). Esta expresión, en la que se hacen equivalentes las palabras substancia (*hypóstasis*, en el texto citado ὑποστάσεως y esencia (*ousía*, en el texto citado οὐσίας), y que pertenece al apéndice, manifiestan que en este momento no había una clara distinción de ambos términos; posteriormente se diferenciarán claramente, sobre todo por obra de los Padres Capadocios, reservando ὑπόστασις para designar a la persona.

- La lógica de las ideas al utilizar la expresión "consubstancial al Padre" (ὁμοούσιον τῷ πατρί) es la siguiente:

  (a) Jesucristo es Hijo, *ergo*...

  (b) Jesucristo, el Hijo, es engendrado, *ergo*...

  (c) El Hijo proviene de la misma esencia que el Padre, *ergo*...

  (d) El Hijo tiene la misma esencia que el Padre pues todo hijo recibe la misma naturaleza del que lo engendra.

---

[10]Cfr. A. Orbe: *Hacia la Primera Teología de la Procesión del Verbo*, I/2, Roma 1958.

- "Dios de Dios, luz de luz" (Θεὸν ἐκ Θεοῦ, φῶς ἐκ φωτός). Son expresiones que están inspiradas en la revelación bíblica (Jn 1: 1–9; 8:12; 12:46; 1 Jn 1:5). La preposición εκ indica tanto procedencia, como materia de la que una cosa está hecha. Con estas imágenes se quiere dar a entender que la procedencia del Hijo se produce sin que el originante pierda nada de su sustancia.

- "Engendrado, no creado" (γεννηθέντα οὐ ποιηθέντα). Se rechaza expresamente la palabra ποίημα que usaba Arrio.

3. *El Espíritu Santo.* Solo se afirma su realidad, sin más detalles, porque en este momento no se estaba cuestionando su teología.

Es importante señalar la singularidad e importancia del término ὁμοούσιον. En efecto:

- Es realmente el punto central del concilio.

- Su significado, en principio, era señalar la unidad genérica de la esencia divina (la misma clase de naturaleza, el Hijo no era creatura del Padre), sin precisar si se trataba también de unidad numérica (una única y sola sustancia divina).

  Sin embargo hay que subrayar que la unidad numérica se encuentra también en Nicea, ya que se dice que Dios es uno solo, y se habla de la perfecta identidad de la sustancia del Hijo con la del Padre.

El término, no siendo bíblico, sin embargo se utilizaba precisamente para evitar que el modo de pensar helénico acabara destruyendo la verdad revelada:

"...la herejía arriana muestra bien cómo se presentaría el dogma de la divinidad de Cristo si él tuviera su origen en el helenismo filosófico y no en la Revelación divina. En el concilio de Nicea, el año 325, la Iglesia definió que el Hijo es consubstancial (ὁμοούσιον) con el Padre, rechazando así el compromiso arriano con el helenismo, y modificando profundamente, al mismo tiempo, el esquema metafísico griego, sobre todo el de los platónicos y neoplatónicos. En efecto, la Iglesia desmitificó en cierto modo al helenismo, y realizó una καθαρσις (purificación) de él, reconociendo solamente dos modos de ser: el del ser increado (no-hecho) y el del ser creado, puesto que rechazó la idea de un ser intermedio".[11]

Por otro lado, Nicea también salvaguardaba la doctrina auténtica de la Redención. No se podía sostener la doctrina arriana de la salvación como un ejemplo de vida que sería ofrecida por Jesucristo, sino que Cristo es el Salvador absoluto y universal que opera realmente nuestra salvación. Solo si Cristo es Hijo de Dios por naturaleza, puede hacer a los hombres hijos de Dios por adopción. Como decía san Atanasio:

"Si el Hijo de Dios fuera creatura, el hombre sería solamente mortal, por no estar unido a Dios... Si el Hijo no fuera verdadero Dios, el hombre no podía ser divinizado porque estaría unido a una criatura".[12]

Se debe señalar que quedaron puntos doctrinales sin resolver en Nicea, concilio que si bien protegerá contra el subordinacionismo y el modalismo, sin embargo no aclararía los siguientes datos:

- No se precisó si el ὁμοούσιον indicaba sólo igualdad de esencia o también identidad numérica, como ya se ha indicado.

---

[11]Comisión teológica Internacional: *Cuestiones Selectas de Cristología*, II, A, 2; Texto oficial latino en Commissio Theologica Internationalis, *Documenta* (1969–1985), Libreria Editrice Vaticana, Città del Vaticano, 1988, págs. 254–306.

[12]San Atanasio: *Oratio II contra Arianos*, 69 y 70.

- No se determinó si la generación del Verbo era eterna.

- No se aclaró que Pablo de Samosata había utilizado ὁμοούσιον en sentido modalista y heterodoxo.

Estos puntos provocarían la controversia semiarriana, ya mencionada. En Oriente, san Atanasio, y en Occidente, san Hilario de Poitiers serán los principales defensores del entendimiento ortodoxo del ὁμοούσιον, en el sentido de indicar la unidad de esencia, la identidad numérica y la eternidad del Verbo.

15.3   El semiarrianismo

No acaba la controversia con Nicea. En efecto, pronto surge la posición semiarriana, que adoptó una postura intermedia entre los arrianos (ἀνομοίως) y los defensores del Credo niceno (ὁμοούσιος). Rechazaban la expresión nicena porque creían que favorecía el sabelianismo, pero admitían que el "Logos" era similar (ὁμοίως) al Padre, o similar en todo al Padre (ὁμοίως κατὰ πάντα), o similar en naturaleza (ὁμοιούσιος) al Padre. Poco a poco, finalmente, se extendió la doctrina nicena.

El semiarrianismo, como dice F. Martín Hernández, es más bien una actitud que una doctrina concreta:

> "Bajo este vocablo se hace referencia no a una nueva doctrina o herejía concreta, sino más bien a una actitud difusa mantenida por personas o grupos disidentes en el conjunto de las discusiones trinitarias del s. IV, es decir, a quienes, sin ser propiamente arrianos, no se manifestaron, sin embargo, abierta y plenamente católicos. Si el arrianismo consiste en la negación de la consustancialidad de las Tres Personas divinas, se puede designar a los semiarrianos como a aquéllos que ofrecen algunas dudas acerca de esta verdad del dogma católico, diciendo

que el Hijo no es consustancial sino solamente semejante al Padre o expresiones parecidas".[13]

Para entender la controversia después de Nicea es necesario, pues, distinguir básicamente cuatro corrientes doctrinales: los *anomeos*, los *homousianos*, los *homoiusianos* y los *homoianos*, nombrados siguiendo la secuencia cronológica de su entrada en escena. Después del año 360 se suman los apolinaristas y los pneumatómacos.

15.3.1 Los anomeos (arrianos, neoarrianos, eunomianos)

Los anomeos afirmaban que el Hijo de Dios difiere por completo del Padre (ανομοιος). Según san Atanasio, Arrio afirmaba que el Hijo es "ajeno y distinto en todo a la esencia, a la peculiaridad del Padre". Los defensores de esta doctrina son los arrianos en sentido original.

Después de Nicea, hacia 355, Aecio (diácono antioquieno) y Eunomio (su secretario) volvieron al arrianismo original, anomeo. Un sínodo de Constantinopla del año 360 condenó a Aecio al mismo tiempo que consagró obispo a Eunomio. A esta doctrina se la denominó neoarrianismo. Añadía al arrianismo original dos puntos: sostenía que la esencia divina se puede alcanzar por el conocimiento humano y afirmaba el solapamiento entre el concepto y la realidad, de modo que cosas designadas con términos diferentes (Padre, Hijo) son también diversas en cuanto a su naturaleza.

La política de Teodosio acabó con esta herejía.

15.3.2 Los homoousianos (nicenos)

Son los que se atenían, sin fisuras, al Símbolo niceno. Entre ellos destacaron Atanasio, Osio de Córdoba, Marcelo de Ancira, Lucífero de Cágliari, Eusebio de Vercelli, los tres grandes capadocios, Fotino de Sirmio y Apolinar de Laodicea.

---

[13]F. Martín Hernández: *Semiarrianismo*, GER, cit., t. XXI, pág. 148.

El término ὁμοούσιος había sido condenado en el Sínodo de Antioquía
(268), que fue usado por Pablo de Samosata para sostener sus ideas monarquianistas de tipo dinámico (que en la época se entendían como ideas
sabelianistas). Esto no lo conocían los Padres del concilio de Nicea. En 358
Basilio de Ancira hizo público este hecho y puso en aprieto a los nicenos.

Hasta el sínodo de Alejandría (362) y luego con los Padres capadocios,
no se habían delimitado bien los conceptos de ουσια como "esencia", y
ὑπoστασις como "substancia". Antes, estos dos términos se usaban indistintamente para señalar la misma realidad, con demasiada frecuencia. Por
eso fueron condenados Marcelo de Ancira y Fotino de Sirmio por "sabelianos".

15.3.3 Los homoiusianos (eusebianos, semiarrianos)

Se agrupa bajo este epígrafe a todos aquellos que desde los tres Eusebios
(de Cesarea, de Emesa y de Nicomedia, de ahí que se les llamara también
"eusebianos") buscaban una vía media entre el arrianismo y el nicenismo,
también sin conocer o utilizar ya el término ὁμοούσιος. Eligieron el término
"semejante" (ὁμοιούσιος). La ουσια del Hijo es semejante a la del Padre, en
cuanto que también ella es divina.

Este término aparece por primera vez en la segunda fórmula de Sirmio
(357) donde se prohíbe su uso y el de ὁμοούσιος. Fue Basilio de Ancira el
que impuso, en el sínodo de Ancira (258), la fórmula ὁμοιος κατ' ουσιαν.
Él entendía por ουσια una sustancia individual, de modo que él afirmaba
en la divinidad tres υποστασεις y tres ουσιαι.

Esta fórmula tuvo días de esplendor en Oriente, pero escasos porque el
emperador se decantó por los homoianos a partir del año 359. La doctrina homoiousiana adquirió más importancia al unirse con la homoousiana.
Hilario de Poitiers la llevó consigo a Occidente al volver del destierro e
interpretó el ὁμοούσιος en este sentido. En Oriente, por mediación de Ba-

silio el Grande y Melecio de Antioquía, una parte del partido semiarriano se pasó a la ortodoxia.

15.3.4 Los partidarios del ὅμοιος κατα παντα

El término "homoiano" es de origen moderno y se ha formado teniendo en cuenta la fórmula dogmática sostenida por ellos y según la cual el Hijo es ὅμοιος κατα τας γραφας al Padre. El autor de la fórmula fue Acacio de Cesarea, sucesor de Eusebio y promotor de Melecio de Antioquía. Propuso esta fórmula como la fórmula de unidad más amplia y menos vinculante. Constancio la aceptó e hizo que se decretara en Nike presionando sobre el doble sínodo de Rímini y Seleucia, y se las arregló para que la confirmara un sínodo de Constantinopla (360).

Se abandonó pocos años después, pues se trataba de una fórmula impuesta por la fuerza con medios puramente políticos y no ofrecía una solución teológica satisfactoria.

A partir de los años 360–362 comenzó una nueva fase de las controversias y de evoluciones teológicas que se dirimieron también en la literatura cristiana: el neoarrianismo en torno a Eunomio, el apolinarismo y la lucha contra ellos encabezada sobre todo por Basilio el Grande de Cesarea, Gregorio de Nacianzo y Gregorio de Nisa.[14]

15.4 Las diferentes fases de la lucha contra el arrianismo

Desde el concilio de Nicea (325) hasta el concilio de Constantinopla I (381) la Iglesia se vio dividida en dos bandos principales: los obispos nicenos y los arrianos. El primer concilio contrapuso a Arrio el "homoousios" y solventó así la lucha de más de medio siglo sobre la recepción de ese tér-

---

[14]Cfr. H. Drobner: *Manual...*, cit., págs. 242–248.

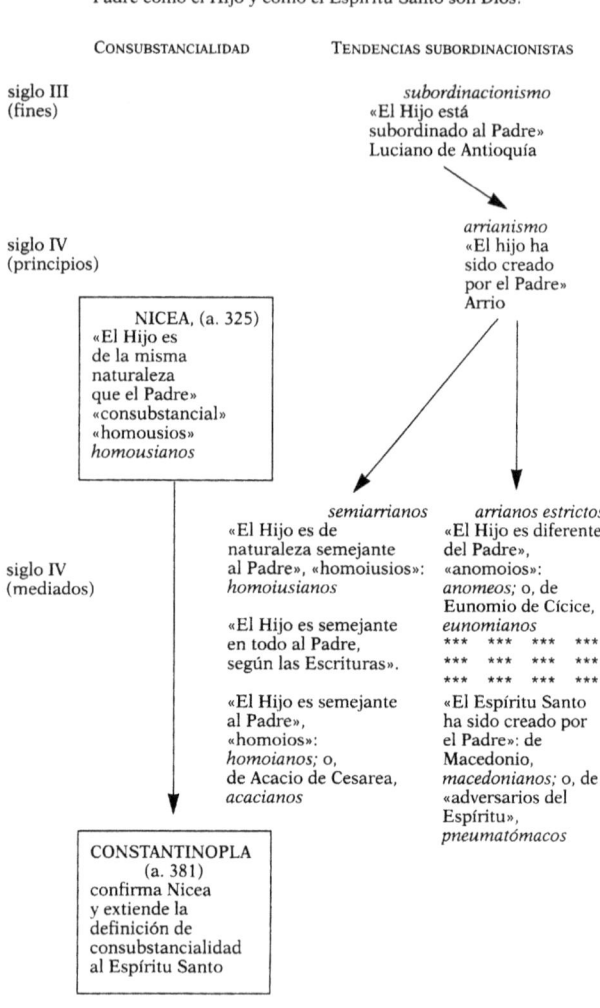

LAS CONTROVERSIAS TRINITARIAS

¿Cómo es que hay un solo Dios, y sin embargo tanto el
Padre como el Hijo y como el Espíritu Santo son Dios?

CONSUBSTANCIALIDAD   TENDENCIAS SUBORDINACIONISTAS

siglo III   *subordinacionismo*
(fines)   «El Hijo está
                            subordinado al Padre»
                            Luciano de Antioquía

siglo IV   *arrianismo*
(principios)   «El hijo ha
                            sido creado
                            por el Padre»
                            Arrio

NICEA, (a. 325)
«El Hijo es
de la misma
naturaleza
que el Padre»
«consubstancial»
«homousios»
homousianos

siglo IV   *semiarrianos*   *arrianos estrictos*
(mediados)   «El Hijo es de   «El Hijo es diferente
                  naturaleza semejante   del Padre»,
                  al Padre», «homoiusios»:   «anomoios»:
                  homoiusianos   *anomeos;* o, de
                                         Eunomio de Cícice,
                  «El Hijo es semejante *eunomianos*
                  en todo al Padre,
                  según las Escrituras».

                  «El Hijo es semejante «El Espíritu Santo
                  al Padre»,   ha sido creado por
                  «homoios»:   el Padre»: de
                  homoianos; o,   Macedonio,
                  de Acacio de Cesarea, *macedonianos;* o, de
                  acacianos   «adversarios del
                                         Espíritu»,
                                         pneumatómacos

CONSTANTINOPLA
(a. 381)
confirma Nicea
y extiende la
definición de
consubstancialidad
al Espíritu Santo

(Cfr. E. Moliné: *Los Padres...*, cit., pág. 589)

mino. El segundo fijó de modo definitivo, bajo la dirección del emperador
Teodosio, la obligatoriedad universal del Símbolo Niceno.

Este período se suele dividir en dos fases:

1. La primera fase abarca desde el concilio de Nicea (a. 325) hasta el Sínodo de Alejandría (a. 362). Entre los años 325 y 362 hubo algunos sínodos que tomaron decisiones importantes: Antioquía (341), Sárdica (343), Sirmio (351 y 357), Ancira (358), Rímini/Seleucia (359) y Alejandría (362).

2. La segunda fase abarca desde el Sínodo de Alejandría (a. 362) hasta el concilio de Constantinopla I (a. 381). La muerte del emperador Constancio (361) y la indiferencia radical del nuevo emperador, Juliano el "Apóstata", respecto de los asuntos intereclesiales, hicieron posible el concilio de Alejandría (362), el último en la disputa arriana antes del concilio de Constantinopla (381) y pionero para el futuro. Con su *Tomus ad Antiochenos* este sínodo abrió por primera vez la vía de mediación teológica que san Basilio y sus partidarios siguieron desarrollando hasta el concilio de Constantinopla para la solución ortodoxa.

15.5 Pervivencia del arrianismo

Esta herejía ha perdurado hasta el presente, por intentar explicar de una manera fácil el misterio de la Santísima Trinidad.

Como no atacó las instituciones (sacramentos, jerarquía), sus discípulos se mezclaban con los fieles ortodoxos. Gozaba de una gran popularidad.

Los emperadores Constantino y Valente defendieron a los arrianos. Los grandes santos (san Atanasio, san Antonio, los Capadocios) combatieron a los arrianos. Los nuevos emperadores Valentiniano, Graciano y Teodosio lograron extirpar el arrianismo del Imperio. Los arrianos se refugiaron entre los bárbaros que abrazaron la fe cristiana según esta herejía (borgoñones, visigodos, ostrogodos, vándalos). El concilio I de Constantinopla (381) se pronuncia definitivamente por la exclusión de los arrianos de la Iglesia.

El arrianismo se extingue como secta el siglo VII. Resurge en el siglo XVI, en las ideas de Miguel Servet (+1553) en Ginebra, Okin y Bucero (+1551) en Inglaterra. El socinismo (Fausto y Bartolomé Socino) es la versión moderna del arrianismo.[15]

---

[15]Cfr. H. Masson: *Manual...*, cit., págs. 50–55.

Capítulo 16

La respuesta patrística en la primera fase de la crisis arriana (años 325 a 362).

16.1 Entre el concilio de Nicea (a. 325) y el sínodo de Alejandría (a. 362)

Conviene recordar los principales acontecimientos eclesiásticos y civiles que ocurren entre estos dos grandes concilios, y que provocarán, finalmente, la necesidad del concilio de Constantinopla I en el año 381.

A pesar de Nicea, el arrianismo se extendió con un auge inusitado. Se decía que el ὁμοούσιος era una concesión al sabelianismo (resaltar demasiado la unidad de Dios, confundiendo las Personas). Los arrianos deponen a Eustasio de Antioquía, Marcelo de Ancira y Atanasio de Alejandría (obispo desde 328). Constancio apoya la herejía. Se introducen formulas nuevas rechazando la nicena: cuatro antioquenas, cuatro en el Sínodo de Sirmio (351–359).

Se intenta restablecer la unidad en los Sínodos de Sárdica (343) y Rimini-Seleucia (359–360), sin lograrlo. En 361 Valente se convierte en un emperador arriano fanático.

El arrianismo sucumbe en la Iglesia oriental, en la segunda mitad del s. IV por las divisiones internas entre los arrianos, por la teología altísima de los capadocios y por la intervención de Teodosio el Grande (379–395). El concilio I de Constantinopla (381) confirma la victoria de la ortodoxia.

Después de Nicea, Constantino defendió el ὁμοούσιος, hasta que, al final de su vida, Eusebio de Nicomedia es nombrado patriarca de Constantinopla y lo convence, bautizándolo antes de morir, en el arrianismo (337). Un poco antes habían sido depuestos Eustasio de Antioquía y Atanasio de Alejandría (y exilado a Tréveris), por defender la fe nicena. Constancio, hijo de Constantino (337–361) tenía convicciones arrianas y trata de imponerlas a la Iglesia. Muchos obispos y sacerdotes se pliegan a su voluntad, aunque en el fondo no estaban del todo convencidos. El pueblo sigue creyendo en la divinidad de Jesús, a pesar de todo ("los oídos de los fieles son más santos que los corazones de los sacerdotes").

Sin embargo, unos pocos obispos católicos, a pesar de la persecución, defienden la fe Nicena (S. Hilario de Poitiers, S. Eusebio de Vercelli, S. Atanasio). Constante gobernaba el Occidente. En 350 muere y Constancio persigue a los cristianos nicenos también en Occidente. Los que todavía permanecen en la Iglesia (llamados semiarrianos) decían que el ὁμοούσιος tenía sabor sabeliano, y proponían diversas fórmulas (homoiois = semejante al Padre), sin acabar de reconocer la plena igualdad de naturaleza del Hijo con el Padre. Los obispos nicenos (que vuelven a sus sedes en 361, con Juliano; a partir de entonces en Occidente hay paz) consiguen cuidar que no se introduzcan fórmulas ambiguas en la liturgia (p. ej., la antigua doxología *Gloria Patri, per Filium in Spiritu Sancto* es cambiada por la actual, con el *et*). A Juliano le sucede Valente, arriano fanático (+375). Graciano (375–

383) nombra corregente a Teodosio (379–395), que estaba completamente a favor de la fe nicena.

16.2   La respuesta de los Padres: san Atanasio de Alejandría, en Oriente; san Hilario de Poitiers, en Occidente

16.3   San Atanasio de Alejandría

16.3.1   Vida

Es el obispo más importante de Alejandría, gran defensor de la fe de Nicea, "columna de la Iglesia" (S. Gregorio Nacianceno), "Padre de la Ortodoxia". Es el gran enemigo del arrianismo.[1]

De carácter firme para defender la verdad, pero tolerante y dulce, sufrió cinco veces la deposición de su sede episcopal y diecisiete años de destierro.[2]

Estos son sus principales acontecimientos:

1. 295: Nace en Alejandría, de padres cristianos; contacto con san Antonio y los monjes de la Tebaida. Formación clásica y cristiana.

---

[1]Cfr. Quasten: *Patrología*, cit., vol. II, 22–83; Fliché: *Historia...*, cit., III-5; GER III, 286–289; Apuntes; Silvano Cola: *Perfiles de los Padres*, cit., págs. 47–52; D. Ramos–Lissón: *Patrología*, cit., págs. 234–240; J. Ibáñez: *Atanasio, San*, en GER, ; Id.: *Naturaleza de la "eusébeia" en S. Atanasio*, Pamplona, 1969; Le Bachelet: *Athanase, Saint*, en DTC, vol. I, cols., 2143–2178; V. Cano Sordo: *Patrología...*, cit., tema 17.

[2]Fuentes de su vida: sus mismas obras, la "Historia acephala" (*Historia Athanasii*, en latín, está mutilada), la introducción siriaca a las *Cartas festales*, el *Discurso 21* de san Gregorio Nacianceno, etc.

(San Atanasio de Alejandría)

2. 306: En un Sínodo de Alejandría, Melecio de Licópolis (Egipto) es depuesto por haber sacrificado a los ídolos en la persecución de Diocleciano.

3. 319: Atanasio es ordenado diácono y nombrado secretario del obispo Alejandro.

4. 325: Acompaña a Alejandro (sucesor de Pedro el Mártir), su obispo, al concilio de Nicea; en un Sínodo de Alejandría Melecio vuelve a la comunión eclesiástica.

5. 328: Obispo de Alejandría (lo será por 45 años), al morir Alejandro; vuelven a sus sedes, llamados por Constantino para favorecer la paz en el Imperio, los jefes del arrianismo: Eusebio de Nicomedia y Teognide de Nicea, quienes tachan de sabelianismo (que resalta demasiado la unidad de Dios) a los autores de Nicea; san Eustacio de Antioquía se queja de las maniobras de los semiarrianos.

6. 330: Un Sínodo de Antioquía depone a Eustacio y Constantino lo destierra a la Tracia, donde murió poco después; en esa época son depuestos varios obispos más, como Marcelo de Ancira.

7. 332: Los melecianos (que se habían pasado al bando arriano) originan disturbios en Alejandría; Atanasio tiene que justificarse ante Constantino.

8. 333: Instrucciones muy severas de Constantino contra los arrianos.

9. 334: Los melecianos vuelven a calumniar, pero son descubiertos y humillados.

10. 335: El Sínodo de Tiro es convocado por Constantino a petición de Arrio, que le había visitado en Nicomedia; los obispos participantes eran partidarios de Eusebio de Nicomedia: a Atanasio se le acusó de destrozar el cáliz de Isquira y por interferir en el transporte de trigo de Alejandría a Constantinopla; fue depuesto por Constantino y desterrado a Tréveris (1ª deposición), a pesar de los ruegos de san Antonio, pueblo, clero y vírgenes de Alejandría; Arrio fue absuelto, durante el concilio de Jerusalén (335) pero murió en Constantinopla al poco tiempo, la víspera del día que estaba previsto ser admitido a la comunión (336).

11. 337: Muerte de Constantino, el 22 de mayo pocos días después de haber recibido el bautismo de Eusebio de Nicomedia; Atanasio vuelve a Alejandría el 23 de noviembre por orden de Constantino II. Éste retendrá la autoridad imperial sobre Bretaña, Galia e Hispania; Constancio se quedó con Asia Menor, Egipto y Siria, y Constante con Italia, Africa y el Iliricum.

12. 338: Los eusebianos apelaron al papa Julio (primer reconocimiento suyo al primado romano) contra Atanasio, pero los católicos se reunieron en un concilio de Egipto apoyando a Atanasio, e informaron al papa y a los tres emperadores.

13. 339: Los eusebianos consagran ilegítimamente a Gregorio de Capadocia, en el Sínodo de Antioquía, para sustituir a Atanasio que, des-

pués de protestar contra la injusticia y exhortar a los fieles, se aleja de Alejandría "pro bono pacis" (2ª deposición); Atanasio se refugia en Roma invitado por el papa que intenta conciliar; los orientales amenazan romper la unión con el papa si este se declara a favor de Atanasio.

14. 340: Se reúnen 50 obispos en el Sínodo romano; los Padres, entre los cuales estaban Vicente y Vito, delegados del papa en Nicea, exoneran a Marcelo de Ancira acusado de sabelianismo y le piden que suscriba una profesión de fe; los orientales se niegan a reintegrarlo en su diócesis; también el papa Julio exonera a Atanasio después de un estudio cuidadoso de todo su caso; el papa escribe una maravillosa carta a los orientales para comunicar la decisión romana, haciendo valer la autoridad del primado: "¿ignoráis que es costumbre escribirnos primero a nos y así se hace justicia desde aquí?"; en ese año disputan Constantino II y Constante; muere el primero y queda como dueño de todo Occidente el segundo.

15. 341: Un centenar de obispos asisten, con motivo de la dedicación de la "iglesia aurea" a un Sínodo en Antioquía (Sínodo de la "Dedicación"); se redactan dos Símbolos; el segundo afirma claramente la divinidad del Hijo, pero no menciona claramente su "consubstancialidad" con el Padre; se condena a Marcelo de Ancira (parecía negar la preexistencia eterna de Cristo), Sabelio y Pablo de Samosata (que negaba la eterna divinidad de Cristo).

16. Varios obispos orientales (Mari de Calcedonia, Narciso de Neroniade, Teodoro de Heraclea...) visitan en Tréveris a Constante, llevando un Símbolo llamado la cuarta fórmula de Antioquía, pues el emperador quería conocer el estado de la iglesia oriental; el papa Julio pide a Constante que aproveche este acercamiento para convocar un concilio en el 342: que se llegue a la paz religiosa; se decide tener

el concilio en Sárdica, última ciudad tracia del Imperio occidental, presididos por el viejo obispo español, Osio.

17. 343: Sínodo de Sárdica: en resumen, se puede decir que fue un fracaso; los orientales (unos 80) rehusaron participar y lo abandonaron antes incluso de encontrarse con los occidentales (unos 90); hubo excomuniones lanzadas por una y otra parte; el proyecto de Símbolo fue rechazado; los cánones se revelaron inaplicables; se provocó el cisma que desde hacía algunos años latía entre las dos mitades del mundo cristiano.

18. 344: Constancio desata una persecución contra los obispos clérigos partidarios de los occidentales; dos obispos occidentales (de Capua y Colonia) lo visitan en Antioquía para pedir paz y que Atanasio pueda regresar a Alejandría; consiguen sólo lo primero; al llegar fueron maltratados por Esteban de Antioquía, pero este obispo es destituido y reemplazado por Leoncio que era más conciliador. A su vez, cuatro obispos orientales van a ver a Constante en Milán; ahí, en un primer concilio, se condena a Fotino de Sirmio, discípulo de Marcelo de Ancira; a cambio se pidió a los cuatro obispos que firmaran una condena a Arrio; ellos se negaron y se fueron.

19. 345: Muere Gregorio de Capadocia en Alejandría.

20. 346: Atanasio vuelve a Alejandría a petición de Constancio, Constante y el papa Julio; la mayoría de los obispos orientales no lo reconocen.

21. 347: Se reúne un segundo concilio en Milán para condenar a Fotino de Sirmio; los obispos Valente y Ursacio (antes arrianos) se retractan de sus errores y el papa los restituye en sus obispados; se reúnen los orientales en un concilio en Sirmio para condenar a Fotino y advertir que sus doctrinas proceden de Marcelo de Ancira.

22. 350: Muere Constante a causa de una rebelión y queda el conde Magnencio como jefe de Occidente durante tres años hasta que Constancio lo derrote en 353 y se restablezca la unidad del Imperio.

23. 353: Se calumnia a Atanasio de haber excomulgado al emperador y Constancio, de acuerdo con el papa Liberio (352–60), convoca un concilio en Arlés. Se corre la voz de que el papa Liberio se ha vuelto arriano bajo la presión de los agentes imperiales.

24. 355: Más tarde convoca otro concilio en Milán; en ambos concilios se obliga a los obispos a condenar a Atanasio o ir al destierro; sólo unos pocos se resisten.

25. 356: Mediante actos violentos el arriano Jorge usurpa la sede alejandrina; Atanasio se ve obligado a huir al desierto egipcio durante seis años (3ª deposición); ahí escribe: *Apología a Constancio, Apología por su fuga, Carta a los monjes, Historia de los arrianos.*

26. 361: Muerte de Constancio; es asesinado Jorge, el usurpador.

27. 362: Juliano el Apóstata (361–63) llama a los obispos exiliados y hace volver a Atanasio a Alejandría; Sínodo en Alejandría convocado por Atanasio: como consecuencia es desterrado (4ª deposición) por Juliano.

28. 363: Muerte de Juliano; vuelve Atanasio a su sede episcopal.

29. 364: Valente (364–78) comienza a reinar en la parte oriental del Imperio. En la parte occidental se suceden Valentiniano I (364–75), Graciano (375–383) y Valentiniano II (383-392).

30. 365: Valente, furibundo perseguidor de católicos y semiarrianos, destierra a Atanasio (5ª deposición): vive durante cuatro meses en una casa de campo fuera de la ciudad. Algunos afirman que vive escondido en la tumba de su padre.

31. 366: Rehabilitado en su oficio por Valente. En Roma el papa es Dámaso (366–84).

32. 373: Muere el 2 de mayo en Alejandría.

16.3.2 Escritos

Escribe motivado por las circunstancias de su lucha contra los arrianos. Estilo libre, sencillo, un tanto prolijo y con repeticiones, pero serio y profundo, con argumentos eficaces.

1. Escritos apologéticos y dogmáticos:

   (a) *Adversum gentes duo libri* (probablemente escritos hacia 318).

   (b) *Oratio contra gentes*: contra las mitologías, la idolatría, el paganismo, el panteísmo filosófico (el culto a la naturaleza).

   (c) *Oratio de incarnatione Verbi* (318): expone la doctrina clásica de la Redención (réplica patrística del "Cur Deus homo?" de S. Anselmo). Manifiesta su profundo amor a Jesucristo: "¿Quieres comprender a Cristo? Haz pura tu alma e imita las virtudes de Cristo, porque sólo así puedes comprender algo del Verbo de Dios".[3]

   (d) *Orationes contra arrianos* (compuestos hacia el 358). Es la obra dogmática más importante. En la primera *oratio*: expone la doctrina de Arrio y de Nicea; en las otras dos expone los textos de la Sagrada Escritura que tratan de la generación del Hijo, relaciones del Hijo con el Padre y de la encarnación.

   (e) *De incarnatione et contra arrianos*. Prueba la divinidad de Cristo y del Espíritu Santo con argumentos de la Sagrada Escritura. Habla de tres "hypostasis" con el sentido de "personas" (ya lo

---

[3]San Atanasio: *De incarnatione Verbi*, 57.

había hecho en el Sínodo de Alejandría del 362), aunque habitualmente dé a este término el sentido de "esencia".

2. Escritos dogmáticos espurios:

   (a) *De incarnatione contra Apolinarem.*

   (b) *Sermo maior de fide.*

   (c) *Expositio fidei.*

   (d) *Interpretatio in symbolum.*

   (e) *Dialogi de sancta Trinitate quinque; Dialogi contra Macedonianos duo.*

   (f) *Symbolum Athanasianum.*

   (g) *Pseudo-Athanasii De Trinitate libri XII.*

3. Escritos histórico–polémicos:

   (a) *Apologia contra arrianos* (357).

   (b) *Apologia ad Constantium imperatorem* (357).

   (c) *Apologia pro fuga sua* (357).

   (d) *Historia arrianorum* (358).

4. Escritos exegéticos:

   (a) *Epistula ad Marcellinum de interpretatione Psalmorum.*

   (b) *Expositiones Psalmorum.*

5. Escritos ascéticos:

   (a) *Vita S. Antonii* (escrita en 357, poco después de la muerte del santo, en 356). Tuvo gran influencia.

   (b) *De virginitate.*

   (c) *Sermones.*

6. Cartas:

   (a) Cartas festales o pascuales (hay una con el elenco de libros canónicos).

   (b) Cartas sinodales.

   (c) Cartas encíclicas.

   (d) Cartas dogmático-polémicas (la cuarta a Serapión la escribió en 359–360 y trata sobre la divinidad del Espíritu Santo).

   (e) Cartas ascéticas.

   (f) La Carta a Adelfio (370–71).

16.3.3 La teología de san Atanasio

San Atanasio, discípulo de Orígenes, no es propiamente un teólogo especulativo o teorizante. Hombre de Tradición, busca sus argumentos en las Sagradas Escrituras y en los Padres y, menos, en la filosofía. Sin embargo, su pensamiento influye decisivamente en la historia del dogma del siglo IV. Sólo pretende enseñar la doctrina ortodoxa que predicaron los Apóstoles y conservaron los Padres. Defiende la Tradición y previene contra el peligro del racionalismo helenizante. La defensa de la fe será su único objetivo.

Su pensamiento es más preciso que extenso. Sabe separar la doctrina de la fe de las explicaciones de la filosofía. Pone las bases para la doctrina sobre la Trinidad y la cristología posteriores. Explica mejor que ninguno de sus predecesores la naturaleza y origen del "Logos".

Trinidad

Defiende la unidad y la distinción de Personas en la Trinidad. Dios creó todo: El Padre crea por el Hijo en el Espíritu Santo.

Contra los arrianos y Orígenes, dice que el Padre engendra al Hijo en una misma naturaleza o esencia; no lo crea. No es indigno del Padre crear todas las cosas. No necesita de un intermediario. El Padre, que es Dios se ocupa hasta de los cabellos de nuestras cabezas, de los pajarillos y de las hierbas del campo.

El "Logos" es Dios, no es creatura. El "Logos" es de la misma esencia que el Padre, consustancial (*homoousios*) al Padre, no sólo semejante (*homoiousios*) al Padre. No cabe el subordinacionismo del "Logos".

Redención y "Logos"

San Atanasio repite con frecuencia que Dios se hizo hombre para que el hombre se hiciese Dios. El Verbo se revistió de una naturaleza mortal para ofrecer una víctima por el pecado y salvarnos de la muerte. Además, se reviste de la incorrupción por la resurrección, y nos comunica la incorrupción a todos. El Hijo de Dios se encarna porque, al ser imagen del Padre, puede restaurar la imagen de Dios en el hombre y, muriendo, comunicarles su inmortalidad e incorrupción.

Para demostrar la divinidad del Hijo usa un triple principio:

- La Sagrada Escritura y la Tradición afirman que el Hijo procede del Padre por generación (no por voluntad sino por naturaleza).

- El Verbo no puede ser creado porque por Él han sido hechas todas las cosas.

- El Verbo es Dios pues, sólo así, puede hacernos partícipes de la naturaleza divina al redimirnos.

Cristología

Siempre afirma claramente la separación de las dos naturalezas en Cristo: Cristo es perfecto Dios y perfecto hombre. Y también sostiene su unidad personal.

Sin embargo, tiene de común con Arrio y Apolinar la adopción de la cristología del "Logos–Sarx" de los primitivos escritores cristianos. Esta expresión fue entendida por los heresiarcas como que el Verbo está unido a la Carne sin alma humana. Hay que señalar que san Atanasio no menciona expresamente que Cristo no tenga alma. Simplemente se limita a admitir implícitamente esa teoría que los teólogos seguían en esa época (Orígenes, sin embargo, ya había admitido un alma humana en Cristo).

Espíritu Santo

"Si Él diviniza, no cabe duda de que su naturaleza es divina", dice en sus cartas a Serapión. Por lo tanto no es criatura, sino Dios.

Como es uno, es consustancial al Hijo igual que el Hijo lo es al Padre.

El Espíritu Santo "procede del Padre porque brilla y es enviado y es dado por el Verbo, quien a su vez es del Padre".

Bautismo

Considera inválido el bautismo conferido por los arrianos. La razón es por la fe defectuosa con que se confiere. Así también lo declaró el concilio de Nicea.

Eucaristía

Afirma expresamente la conversión del pan y del vino en el cuerpo y la sangre de Cristo por las invocaciones y oraciones sobre ellos. Refuta la falsa interpretación de los habitantes de Cafarnaúm que entendieron que recibirían el Cuerpo de Cristo en forma material. San Atanasio dice que se recibe en forma espiritual. Algunos, erróneamente, han querido utilizar esto para avalar la interpretación simbólica que hace Zwinglio.

16.4   San Hilario de Poitiers

16.4.1   Vida

"El Atanasio de Occidente" nace el año 315 en Poitiers, de familia pagana. Por el estudio de la filosofía y de la Sagrada Escritura se convierte. En 350 es designado obispo de Poitiers.[4]

Constancio convoca dos sínodos *pro arrianos*: Sínodo de Arles (353) y Sínodo de Milán (356) que determinan la deposición de Atanasio.

(San Hilario de Poitiers)

Participó en el Sínodo de Beziers (356) defendiendo la fe nicena y fue desterrado a Frigia. Durante su exilio (356–359) estudia teología griega. En 360 vuelve a las Galias. No se sabe si fue reintegrado en su sede. Fue el alma del concilio de París (361), haciendo que se sostuviera un modo de pensamiento en la línea del concilio de Nicea y con el "homoousios". Muere en 367.

---

[4]Cfr. D. Ramos–Lissón: *Patrología*, cit., págs. 245–250; Le Bachelet: *Hilaire, évêque de Poitiers*, en DTC, X, 2388–2462; A. Fierro Bardají: *Hilario de Poitiers, San*, GER, vol. XI, págs. 796–798; Id: *Sobre la Gloria en S. Hilario. Una Síntesis sobre la Noción Bíblica de "doxa"*, Roma, 1964.

16.4.2 Obras

1. Obras exegéticas: sigue a Orígenes, aunque supo refrenar los excesos de alegorismo:

   - *Comentarios a san Mateo* (355), una de sus primeras obras, con insuficiencias en las explicaciones antropológicas y, tal vez, trinitarias.

   - *Tratado sobre los misterios*, con una exégesis tipológica que considera personajes del Antiguo Testamento como figuras de Jesucristo.

   - *Tractatus super Psalmos* (365), que es su obra más extensa, y comenta cincuenta y ocho salmos, muy inspirado en Orígenes.

2. Obras dogmáticas, entre las que destacan, sus tratados:

   - *Sobre los sínodos* (que es respuesta a un requerimiento de algunos obispos galos sobre las fórmulas de fe aprobadas en los sínodos orientales).

   - *De Trinitate* (en el exilio) en contra de los arrianos (exégesis y especulación). Ésta es su obra más importante, contiene doce libros; defiende la posición ortodoxa evitando todo sabelianismo. Tiene las siguientes partes:

     - Cap. 1, de carácter introductorio.
     - Caps. 2–3, dedicado a las relaciones entre el Padre y el Hijo, y sosteniendo la divinidad de Éste.
     - Caps. 4–7, donde rebate la profesión de fe redactada por Arrio, en base a los textos de la Sagrada Escritura.
     - Caps. 8–12, argumentación contra las tesis arrianas de la unión moral entre el Padre y el Hijo, y sosteniendo la unión de naturaleza.

3. Obras histórico–polémicas: *A Constancio Augusto* (359); *Contra Constancio Emperador*; *Contra los arrianos*.

4. Himnos litúrgicos: *Liber hymnorum*. Es el primer autor cristiano que compuso himnos litúrgicos en Occidente.

16.4.3   Pensamiento

Es el pensador más profundo y de mayor capacidad de Occidente en su tiempo.

Lo más importante es su doctrina trinitaria, que sostiene el pensamiento ortodoxo contra sabelianos y arrianos. Se fundamenta sobre la Sagrada Escritura. Se centra sobre todo en la relación entre la Primera y la Segunda Persona trinitarias. Habla del Espíritu Santo, pero no profundiza en su aspecto personal, aunque sí de sus actuaciones que presentan rasgos propiamente personales. Crea la fórmula: "Unum sunt, non in unione personae, sed substantiae unitatis",[5] refiriendo "unitas" a la naturaleza divina y "unio" para tratar de las Personas; fórmula que tendrá éxito a la hora de enfrentar las tesis nestorianas.

Su estatura intelectual y su importancia en la patrología podría ser condensada con la opinión de A. Fierro:

> "Se halla, en el curso de la historia de la teología occidental, a mitad de camino entre Tertuliano y S. Agustín. Tertuliano es el primer teólogo en latín, el forjador del lenguaje teológico de Occidente. S. Agustín es la síntesis del genio patrístico occidental, a la vez que su más alto representante creador. Entre uno y otro Hilario es, sin duda, la figura más notable. A él se debe la primera construcción teológica del dogma niceno en Occidente..."[6]

---

[5]San Hilario de Poitiers: *De Trinit.*, IV, 42.
[6]A. Fierro Bardají: *Hilario...*, cit., pág. 798.

El aspecto más destacado de su cristología, es el soteriológico. Cristo manifiesta su divinidad sobre todo en la resurrección. Establece un triple momento del Verbo: antes de la encarnación (*Deus tantum*), en virtud de la encarnación (*Deus et homo*), y en virtud de la resurrección queda exaltado a *Deus totus*, divinizado todo Él, también en su naturaleza humana.[7]

Su concepto de la naturaleza humana es de tipo platónico, parecido al de Filón y el de Orígenes, donde el hombre está constituido por dos naturalezas, una celeste, el alma, hecha a imagen de Dios, y otra terrena, el cuerpo, formada de barro. Tiene una reflexión más bien negativa y pesimista de la vida en la tierra.

---

[7]San Hilario de Poitiers: *De Trinitate*, IX, 6, 38 y 40–41; XI, 40–41 y 49.

Capítulo 17

La respuesta patrística en la segunda fase de la crisis arriana (años 362 a 381)

17.1 Entre el Sínodo de Alejandría (a. 362) y el concilio de Constantinopla (a. 381)

Después del Sínodo de Alejandría del año 362, no se celebraron más sínodos importantes en la evolución de la controversia arriana, porque el emperador Valente (364–368) siguió por completo la línea de la *homoiana* fórmula de unidad de Rímini y Seleucia, y trató de imponerla con medidas puramente políticas tanto contra los nicenos como contra los homoiusianos.

El emperador Teodosio puso fin, a partir de 379, a la dimensión política de la controversia. Los anomeos o "neoarrianos", dirigidos por Eunomio de Cícico, jugaron un gran papel en la confrontación teológica con los nicenos, principalmente con Basilio el Grande y con Gregorio de Nisa, pero en el plano de la política eclesial no pasaron de ser una secta.[1]

17.2   La última fase del arrianismo, el problema pneumatológico y Apolinar de Laodicea

La controversia sobre el Verbo absorbió de tal manera las discusiones del concilio de Nicea, que no se trató del tema del Espíritu Santo. Tan sólo se le cita brevemente en el Credo: "Y en el Espíritu Santo."[2] Sin embargo, su divinidad sería pronto negada en los años de la controversia semiarriana. A los seguidores de la nueva herejía se les llamó "macedonianos" (por el nombre del obispo al que se atribuyó principalmente este pensamiento) o "pneumatómacos" (luchadores contra el Espíritu).

Al mismo tiempo empezaba a surgir propiamente el problema cristológico, que consistía en esencia, en encontrar el modo de describir con exactitud la unión inefable de las dos naturalezas completas de Cristo. Las primeras respuestas serán condenadas. El personaje que más polémica suscitó fue Apolinar de Laodicea y su doctrina, el "apolinarismo".

17.2.1   El macedonianismo

El obispo semi–arriano Macedonio de Constantinopla, extendió el subordinacionismo al Espíritu Santo, diciendo que el Espíritu Santo es una creatura del Hijo y un Espíritu servidor como los ángeles. Es cierto que no se conocen detalles de su doctrina directamente; se le atribuyó el llamado "macedonianismo" después de su muerte. Precisamente una de las dificul-

---

[1]Cfr. H. Drobner: *Manual...*, cit., págs. 240–241.
[2]D. S. 125.

tades principales para interpretar a Macedonio y a su secta es la carencia de escritos originales.[3]

Su principal discípulo es Maratonio (maratonianos). Se extendieron por Tracia, Bitinia y el Helesponto. Vivían austeramente. Tuvieron influjo en los monasterios. Fueron perseguidos por Constancio, recuperaron la libertad bajo Juliano (361–63), perseguidos nuevamente por Joviano, Valente y Teodosio.[4]

Los diversos concilios y sínodos en que fue condenada esta secta y, sobre todo, los escritos e impugnaciones de Dídimo, san Atanasio, san Basilio, san Gregorio Nacianceno, el papa san Dámaso I, san Ambrosio, etc., nos permiten penetrar un poco en su ideología.[5]

Las tesis fundamentales del macedonianismo pueden ser sintetizadas del siguiente modo:

1. Extienden el subordinacionismo arriano al Espíritu Santo: Si el Hijo no es Dios, menos lo es el Espíritu Santo, citado en tercer lugar.

2. Curiosamente esta herejía surge de alguno de los defensores del *homooúsios* de Nicea: si el Hijo es consubstancial al Padre por haber sido engendrado por el Padre, como el Espíritu Santo no es engendrado, entonces no es *homooúsios* con el Padre y el Hijo.

---

[3]Parece que Macedonio y, con más seguridad, Maratonio o alguno de sus discípulos escribieron en forma de diálogo algún corto tratado sobre la Trinidad. Dídimo el Ciego en sus tratados *De Trinitate* (PG 39, 604D, 633A) y *De Spiritu Sancto* (PG 39, 1046), hace frecuentes referencias a una obra macedoniana. Lo mismo ocurre en el *Adversus Macedonianos* (PG 28, 1285, 1291–1337), dos diálogos de origen desconocido y atribuidos especialmente a S. Atanasio, en los cuales se transcriben e insertan textos incompletos de distintos diálogos macedonianos.

[4]Cfr. H. Masson: *Manual...*, cit., págs., 212–213.

[5]Cfr. Juan A. Jorge: *Dios Uno...*, cit., págs. 206–208; A. Riesgo Terrero: *Macedonio y Macedonianos*, en GER, cit., t. XIV, pág. 673; J. Quasten: *Patrología*, II, Madrid 1962, págs. 22ss.

3. Además no se le otorga al Espíritu Santo la obra de la creación, sino la de la santificación, por lo que no es igual al Padre y al Hijo. Apegados excesivamente al literalismo exegético en todo lo referente a la Trinidad, creen que el Espíritu Santo no aparece en el Nuevo Testamento como creador o causa primera, sino más bien como criatura primerísima, como espíritu servidor, en el cual se halla la vida en primer término.

4. Rechazan la doxología en forma yuxtapuesta del tipo "gloria al Padre y al Hijo junto al Espíritu Santo," y propugnan la de estilo subordinacionista: "Gloria al Padre, por el Hijo en el Espíritu Santo."

Contra esta doctrina se alzó también san Atanasio y los Padres Capadocios, defendiendo la divinidad del Espíritu Santo y su consustancialidad con el Padre y el Hijo. En el concilio de Alejandría del año 362 bajo la presidencia de san Atanasio se condena la doctrina de Macedonio, y lo mismo ocurre en Roma en el Sínodo del año 382 bajo la presidencia del Papa Dámaso. La declaración más solemne contra esta herejía será la del Segundo concilio ecuménico, el de Constantinopla I, del año 381.[6]

17.2.2   Apolinar, el apolinarismo y el comienzo de las cuestiones cristológicas

Apolinar fue obispo de Laodicea y muy respetado por todos.[7]

---

[6]D. S. 150. Este concilio añadió un párrafo muy extenso sobre el Espíritu Santo que desarrollaba la fórmula escueta de Nicea en torno a la Tercera Persona de la Trinidad: "Creo... y en el Espíritu Santo, Señor y Dominador, que procede del Padre y del Hijo, que con el Padre y el Hijo es co–adorado y conglorificado, que habló por los profetas." Cfr. infra un estudio más detallado sobre este concilio.

[7]Cfr. Juan A. Jorge: *Cristología*, cit., vol. I, págs. 188–191; H. Masson: *Manual...*, cit., 41–42; P. Godet: *Apollinaire de Laodicée Le Jeune*, en DTC, vol. I, cols. 1505–1507; F. Martin Hernández: *Apolinarismo*, en GER, vol. II, págs. 482 ss.

En su deseo de defender la necesidad de que Cristo fuera al mismo tiempo Dios, para que nos pudiera realmente salvar, y hombre para asumir lo
que había de salvar ("lo que no es asumido no es redimido"), Apolinar buscó
una manera de explicar la unión de ambas realidades, para lo cual parte del
hecho de que dos naturalezas completas (divina y humana) no pueden unirse verdaderamente permaneciendo íntegras: alguna tiene que ceder. Pero
no puede hacerlo la divinidad de Jesús, ya que es Dios verdadero, consubstancial al Padre (como expresó el concilio de Nicea); tampoco puede ceder
el cuerpo humano de Cristo, ya que es verdaderamente real y no apariencia (como habían insistido los santos Padres más antiguos y los sínodos
anteriores en sus condenas al docetismo). Por lo tanto el elemento que ha
de ceder es el alma espiritual de la naturaleza humana de Cristo. El Verbo
haría las veces de esta alma desde la encarnación:

> "Pablo proclama muy acertadamente que 'en el único y om-
> nipotente Dios, vivimos, nos movemos y existimos,' y que el
> Verbo para vivificarla (la carne) y moverla podía hacerlo por
> su voluntad, ya que ha acampado en la carne; la divina ener-
> gía ocupaba el puesto del alma y del intelecto humano. Por eso
> Juan denomina *acampada* su venida del Cielo. Así, después de
> haber dicho: 'El Verbo se hizo carne' no añade 'y alma'. Es im-
> posible que dos principios intelectivos y volitivos habiten en el
> mismo lugar: si eso fuera así, cada uno combatiría con el otro
> con su voluntad y energía. Por tanto, el Verbo no tomó un al-
> ma humana, sino solamente la semilla de Abrahán. Por eso, la
> prefiguración del templo del cuerpo de Cristo fue el templo de
> Salomón, que era sin alma, sin inteligencia, sin voluntad".[8]

---

[8]Apolinar: fragmento sobre la Unión, de la recopilación de H. Lietzmann: *Apollinaris
von Laodicea und seine Schule (texte und Untersuchungen)*, Tubinga, 1904, cit. por A. Amato:
Jesús..., cit., pág. 275.

Para entender esta posición tenemos que tener en cuenta que en algunos pensadores de la época de Apolinar, siguiendo el esquema platónico, dividían el alma humana en tres partes: dos inferiores, la vegetativa y la sensitiva, común a vegetales y animales; y la superior, espiritual, propia del hombre. También se conocía la división de Aristóteles entre alma humana racional (*noûs*) y alma humana irracional (*psyché*). Jesús tendría solo alma irracional, realizando el Verbo las funciones del alma racional.[9]

Por otro lado, Apolinar quería asegurar la absoluta santidad ontológica y moral de Jesucristo, por lo que reafirmaba su concepción de un Cristo sin alma racional, principio de libertad para pecar en el ser humano.

De ahí se deducía:

- Cristo no tenía alma espiritual superior.

- Cristo solo tiene una conciencia: la divina.

- La Virgen dio a luz solo al cuerpo de Cristo... pero no con alma racional.

- Cristo es "una sola naturaleza" (μία φύσις), "una sola esencia" ((μία οὐσία) y "una sola persona" (ἐν πρόσωπον), puesto que para él, naturaleza significa ser dotado de movimiento propio, potencia que se autovivifica.

- Crea la fórmula "una naturaleza del Verbo de Dios hecho carne" (μία φύσις τοῦ Θεοῦ λόγου σεσαρκωμένη) que, al atribuirse falsamente a san Atanasio, induciría a graves errores en las controversias cristológicas posteriores.[10]

---

[9]Se discute si Apolinar siguió el esquema de la antropología bíblica (*pneuma–sárx*), es decir, formulación dicotómica (Cristo sería un compuesto del "Logos" divino y un cuerpo humano); o más bien la tricotómica de la filosofía del momento (Cristo sería un compuesto del Verbo, alma irracional y cuerpo). Parece que Apolinar usó ambas fórmulas, siendo la última también la que aparece en su pensamiento más maduro.

[10]Sería defendida, por ejemplo, por san Cirilo de Alejandría en plena crisis nestoriana.

La posición de Apolinar significaba incurrir en las siguientes herejías:

- que Cristo no era verdaderamente un hombre completo, pues le faltaba lo más específico, su alma racional;

- por lo mismo Cristo no podría ser ejemplo de humanidad ni Mediador perfecto;

- la Redención quedaba en entredicho: "lo que no se asume, no es sanado".

Su posición fue contestada por la Escuela de Antioquía (Eustacio de Antioquia y Teodoro de Mopsuestia), así como por san Epifanio, Diodoro de Tarso, san Gregorio Nacianceno y san Gregorio Niseno. El apolinarismo fue condenado por los sínodos de Alejandría (362 y 378), por los de Roma bajo la autoridad del papa san Dámaso (374, 376 y 379), y por el concilio ecuménico de Constantinopla I (381).

Los apolinaristas también fueron llamados "diméritos" o "separadores". Apolinar muere en 382 y la secta desaparece en 430.

17.3 La respuesta de los Padres

En el Sínodo de Alejandría (362) Basilio el Grande y sus partidarios nicenos acentuaban la divinidad del Espíritu Santo y así se permitía por primera vez —junto con la aseveración de una hipóstasis en Dios— la formulación de tres hipóstasis. Con ello, se fundamentaba por primera vez una concepción diferenciada de ὑπόστασις como persona, no exclusivamente como sustancia.[11]

---

[11]Cfr. Cfr. H. Drobner: *Manual...*, cit., pág. 241.

17.4   San Basilio de Cesarea

17.4.1   Vida

(San Basilio)

Es el primero de los tres grandes santos Padres llamados capadocios.[12] El único que mereció el sobrenombre de "el Grande", porque:

> "Justifican la concesión de este título sus extraordinarias cualidades como estadista y organizador eclesiástico, como exponente egregio de la doctrina cristiana y como un segundo Atanasio en la defensa de la ortodoxia, como Padre del monaquismo oriental y reformador de la liturgia".[13]

---

[12]Cfr. E. Moliné: *Los Padres...*, cit., págs. 329–337; S. Cola: *Perfiles de los Padres*, ed. Ciudad Nueva, Madrid 1991, p. 55–60; V. Cano Sordo: *Patrología...*, cit., tema 18; D. Ramos–Lissón: *Patrología*, cit., págs. 253–258; J. Quasten: *Patrología*, cit., vol. II, págs. 224–261; J. Ibáñez Ibáñez: *Basilio, San*, en GER, vol. III, págs. 778 ss.; P. Allard: *Basile de Césarée ou Le Grand*, en DTC, vol. II, cols. 441–455; É. Gilson: *History of Christian Philosophy...*, cit., págs. 53–55.

[13]J. Quasten: *Patrología*, cit., vol. II, pág. 224

- 330: Nace en Cesarea de Capadocia de una familia rica y ya cristiana. Su padre, célebre retórico en Neocesarea, era hijo de santa Macrina la Mayor. Su madre, Emelia, hija de mártir, tiene diez hijos, de los cuales cuatro se veneran como santos: tres obispos (Basilio, Pedro de Sebaste y Gregorio de Nisa) y santa Macrina la Menor. Era delgado, tímido y de salud precaria, pero con una autoridad extraordinaria que se desprendía de toda su persona desde su juventud. Estudia en Constantinopla y Atenas (compañero de Gregorio Nacianceno), y ejerce la carrera retórica.

- 355: Una crisis moral le decide a renunciar a la carrera de retórico (era profesor) y se resuelve a hacerse monje, siguiendo el ejemplo de su hermana.

- 356: Después de realizar un viaje largo por Egipto, Palestina, Siria y Mesopotamia, para visitar a los ascetas de aquellos lugares, se bautiza, se retira al Ponto (propiedad familiar), junto al río Iris. Como el mismo san Basilio cuenta:

> "Admiré su moderación en la comida y su resistencia en el trabajo. Estaba admirado de su constancia en la oración y de cómo dominaban el sueño. Sin dejarse doblegar por ninguna necesidad natural y conservando siempre alto y libre el propósito de su alma, en medio del hambre y de la sed, con frío y desnudez, no prestaban atención al cuerpo ni estaban dispuestos a malgastar sus cuidados con él. Como si vivieran en una carne que no era suya, mostraban con hechos lo que es peregrinar en esta vida y tener la ciudadanía en el cielo. Todo esto provocó mi admiración. Consideré dichosas las vidas de estos hombres, por cuanto que probaban con obras que 'llevan en su cuer-

po la muerte de Jesús'. Y deseé también yo ser imitador de ellos en la medida de mis fuerzas".[14]

Más adelante fundará una ciudad monástica (Basiliade), junto a Cesarea, con orfanatos, leprosarios, escuelas de artes y oficios, etc.: toda una gran obra social.

- 358: Con Gregorio Nacianceno compone la *Philocalia*, antología de las obras de Orígenes, y dos *Reglas monásticas*, que tuvieron mucha influencia en la extensión de la vida monástica en común. San Basilio, con justicia, ha sido considerado como el legislador del monaquismo griego.

- 360: Funda un monasterio en Neocesarea del Ponto.

- 364: Es ordenado presbítero, por Eusebio, en Cesarea. Trabaja junto a Eusebio, obispo de Cesarea, al que sucede en el año 370. Es además exarca de la diócesis civil del Ponto. Es sobre todo hombre de acción.

- 367: Durante la carestía que devastó Capadocia, Basilio se encargó del abastecimiento, organizó la ayuda a los necesitados. Tenía una gran sensibilidad para solucionar las penas de los más pobres: fundó hospicios y leprosarios.

- 370: Publica sus dos *Reglas monásticas*. La obediencia se convierte para los monjes en la virtud primordial, que aseguraba las otras. Junto con la pobreza y la castidad constituía las bases de la vida monástica. Junto con la plegaria, se prescribía también el trabajo como indispensable para el equilibrio moral.

- 371: Al dividir Valente, en 371, la diócesis del Ponto, Basilio nombra varios obispos en la parte que le había quedado, entre ellos a los dos Gregorios.

---

[14]San Basilio: *Ep.* 223, 2.

- 378: Muere Valente y le sucede Teodosio el Grande.

- 379: Muere en 379 después de haber deseado ardientemente la unión de los arrianos, y dos años antes del concilio de Constantinopla I, y del que puso las bases teológicas para solucionar los problemas de su tiempo. Es un hombre universal. Busca la unión de Oriente y Occidente. Escribe a san Dámaso, obispo de Roma, para pedirle que visite su diócesis.

Su carácter queda muy bien reflejado por una descripción que hizo san Gregorio Nacianceno de él, en una conversación con el prefecto Modesto, quien quería presionarle de parte del Emperador Valente para que firmara una declaración de apoyo al arrianismo:

"La confiscación de bienes no alcanza a quien nada tiene, a no ser que necesites acaso mis trapos y andrajos y los pocos libros que son toda mi vida. En cuanto al destierro, yo no lo conozco, porque no estoy ligado a ningún lugar: esta tierra donde vivo ahora no la considero mía, y el mundo entero, adonde puedo ser desterrado, lo considero mío, mejor dicho, todo él de Dios, cuyo habitante y peregrino soy. ¿Qué daño pueden hacerme las torturas, si no tengo cuerpo, a no ser que te refieras al primer golpe? Sólo de estas cosas eres tú dueño. Pero la muerte sería un beneficio para mí, porque me llevaría más pronto a Dios, para quien vivo y a quien sirvo y para quien he muerto ya en gran parte y hacia quien me apresuro desde hace tiempo".

Estupefacto ante estas palabras, Modesto replicó:

"Hasta ahora nadie me ha hablado a mí de esta manera y con tanta libertad de palabra".

A lo que respondió Basilio: "Quizás tampoco has tropezado nunca con un obispo hasta ahora...Cuando lo que está en juego y en peligro es Dios, todas las demás cosas se tienen por nada y a Él sólo atendemos. Fuego, espadas, bestias e instrumentos que desgarran la carne son para nosotros más bien causa de deleite que de consternación. Aflígenos con esas torturas, amenaza, pon por obra todo cuanto se te ocurra, disfruta con tu poder. Que el emperador oiga también esto: de todas formas no nos convencerás ni nos ganarás para la impía doctrina [arrianismo], aunque nos amenaces con los más crueles tormentos".[15]

17.4.2   Obras

Es claro y ordenado al escribir.

1. Tratados:

   - *Contra Eunomio* (ca. 361): rebate su Apología (363–364) arriana, donde defendía la posición "anomea". Tiene tres libros:
       - El libro primero refuta el argumento de que la esencia de Dios consiste en su inascibilidad (ἀγεννησία) y que, por consiguiente, el Verbo no puede ser verdadero Hijo de Dios, porque es engendrado y simple criatura.
       - El libro segundo defiende la doctrina de Nicea de que el Verbo es consubstancial (ομοούσιος) con el Padre.
       - El libro tercero afirma con idéntico énfasis la consubstancialidad del Espíritu Santo.
   - *Sobre el Espíritu Santo* (ca 375), donde defiende su doxología, "Gloria al Padre, *con el Hijo, con el Espíritu Santo*" (...μετά του Υιού συν τω Πνευματι τω Αγίω), frente al tradicional "...por el Hijo en el Espíritu Santo" (δια του Υιού εν τω Αγίω Πνευματι).

---

[15]San Gregorio Nacianceno: *Orat.*, 43,50.

Sostiene que ambas fórmulas son ortodoxas, pero la suya lo es más porque establece la distinción de las divinas personas, y al mismo tiempo sostiene la eterna comunión y la perpetua conjunción que hay entre ellas, con lo que se puede refutar tanto el sabelianismo como el arrianismo.

2. Escritos ascéticos (13):

- *Moralia* (escritos en el Ponto). Ocho reglas morales basadas en el Nuevo Testamento dirigida a los cristianos en general.

- *Las dos Reglas monásticas, las Reglas detalladas (Regulae fusius tractatae) y Reglas breves (Regulae brevius tractatae)*. La primera trata de los principios de la vida monástica, y la segunda de la aplicación de esos principios a la vida cotidiana de la comunidad monástica. Están escritas en forma de preguntas y respuestas.

  Su influencia fue enorme, pues esta legislación ha sobrevivido en Oriente hasta nuestros días, y es la regla monástica más importante de la Iglesia griega, siendo los basilianos la orden más señera de Oriente. E influyó también en el movimiento monacal de Occidente.

3. Escritos sobre educación:

- *Exhortación a los jóvenes*: consejos prácticos a sus sobrinos sobre los clásicos paganos. Los considera de un valor inferior a la Sagrada Escritura, pero son útiles en la educación de los jóvenes si se realiza una buena selección excluyendo lo que pudiera ser un peligro para el alma de los mismos. Así, se podrían encontrar muchos ejemplos de virtud en Homero, Hesíodo, Teognites, Solón y Eurípides, o en los filósofos, sobre todo en Platón.

- *Admonitio S. Basilii ad filium spiritualem*: es un escrito cuya autoría por san Basilio es discutida.

4. Homilías y sermones. San Basilio, a diferencia de sus contemporáneos de renombre, no escribió ningún tratado sobre algún libro de la Sagrada Escritura, pero podemos llegar a conocer su profundo conocimiento de la misma a través de estos sermones. Se manifiesta como uno de los más grandes oradores eclesiásticos de la antigüedad, elegante y sencillo a la vez, y, sobre todo, pastor de las almas. Podemos destacar los siguientes:

  - *In Hexaemeron*: son nueve homilías sobre los seis días de la creación de Ge 1: 1–26. No sigue la interpretación alegórica, sino la literal. Propone una visión cristiana del mundo, opuesta a la pagana y a la maniquea. Utiliza ideas de Aristóteles, Platón y Poseidonio.

  - *Homilías sobre los Salmos*, de carácter moral más que exegético.

  - Hay un *Comentario a Isaías 1–16*, que se atribuye a san Basilio.

  - Otros 23 sermones, algunos de ellos tal vez de otro autor. Pero manifiestan el aspecto más pastoral de san Basilio.

5. Cartas (más de 300): reflejan su carácter sensible y generoso, así como su esmerada y selecta educación y gusto literario. Son fuente importante de conocimiento de la historia de la Iglesia de la región de Capadocia de esos años. Las hay de muy diferente índole: de amistad, de recomendación, de consuelo, canónicas, ascético–morales, dogmáticas, litúrgicas e históricas.

17.4.3   Doctrina pneumatológica en el "De Spiritu Sancto"

En su "De Spiritu Sancto", a propósito del modo de dirigirse en la oración a la Santísima Trinidad, comienza a usar una manera nueva de expresar la doxología menor: "Gloria al Padre, con el Hijo, con el Espíritu Santo" (en lugar de la que se utilizaba más: "Gloria al Padre, por el Hijo, en el Espíritu Santo").

En esta obra resalta la divinidad del Espíritu Santo, sin afirmar expresamente su consustancialidad con el Padre. Su hermano Gregorio explica que, aunque creyera en ella, no escribió sobre ella porque antes había que insistir sobre la consustancialidad del Hijo con el Padre.[16]

Además, se expresa con prudencia (va paulatinamente afirmando la plena igualdad en dignidad del Espíritu Santo al Padre y al Hijo, como lo hará claramente Constantinopla en el 381) para ir convenciendo a los macedonianos por pasos.

En su doctrina sobre el Espíritu Santo sigue a san Atanasio y a Dídimo. Es especialmente influido por el contenido de una carta de san Atanasio a Serapión. A su vez él influye en la obra del mismo nombre de san Ambrosio.

17.4.4 Doctrina trinitaria

Fija la terminología y los conceptos de *naturaleza* y *persona*, poniendo fin prácticamente al problema semi–arriano.

Mientras que Atanasio sigue utilizando en el sínodo de Alejandría del a. 362 indistintamente los términos "ousia" e "hypostasis" (reconociendo oficialmente las dos expresiones *una hypostasis* o *tres hypostases* en Dios, como correctas), Basilio utiliza "hypostasis" como existencia de una forma particular o manera de ser de cada una de las Personas divinas (que correspondería al término *persona* de los latinos), distinta de "ousia" con su acepción de existencia, esencia o entidad substancial en Dios (que correspondería al término *substantia* en latín). Y así sostuvo que la única fór-

---

[16]Cfr. Gregorio de Nacianzo, *Ep.*, 58. Pero san Basilio habla de la divinidad del Espíritu Santo (θεοτης αύτου) sin lugar a equívocos en *Adv. Eunomium* 3,4 y 3,5 y lo prueba a lo largo de todo el tratado *De Spiritu Sancto* (41-47.58-64. 71-75).

mula aceptable es la de tres "hypostasis" y una "ousia" (μία ουσία, τρεις υποστάσεις):

> "*Ousia* dice a *hypostasis* la misma relación que lo común a lo particular. Cada uno de nosotros tiene parte en la existencia por el término común de *ousia* y es tal o cual por sus propiedades particulares. De la misma manera, en la cuestión que tratamos, el término común es *ousia*, como bondad o divinidad o cualquier atributo parecido, mientras que *hypostasis* la contemplamos en la propiedad especial de Paternidad, Filiación o el poder de santificar".[17]

Explica las "características personales": la paternidad del Padre, la filiación del Hijo y la santificación del Espíritu Santo. Enseña, como Dídimo, que el Espíritu Santo procede del Padre por el Hijo.

En teología, logra una síntesis entre la doctrina de Nicea (que era más pro egipcia y pro occidental porque subrayaba la unidad y por eso decían los orientales que tenía sabor sabeliano), y la doctrina de los orientales (Antioquía) que insistía en las tres hipóstasis. Los capadocios, exteriormente, insisten más en la distinción de personas que en la unidad de sustancia (por eso Harnack les llama, erróneamente, "neonicenos", por expresar la doctrina semiarriana en términos nicenos, y sosteniendo erróneamente[18] que afirmaban en Dios una comunidad de substancia pero en el sentido solo de "semejanza" de substancia y no de "unidad" de sustancia), pero, en el fondo, establecen la doctrina ortodoxa dando a cada término el sentido definitivo en teología.

---

[17]San Basilio: *Ep.*, 214. Cfr. *Ep.* 210, 5

[18]San Basilio defenderá fuertemente la unidad numérica de la substancia divina, evitando el triteismo y el sabelianismo. Cfr. *Ep.*, 210, 5 y *Hom.*, 24, 3.

17.4.5 Eucaristía

Uno de los testimonios más claros sobre la antigua costumbre de reservar el sacramento eucarístico en las casas de personas particulares para uso privado, la de comulgar diariamente y la fe en la presencia real del cuerpo y la sangre del Señor, es su carta 93, del año 372.

17.5 San Gregorio Nacianceno

17.5.1 Vida

(San Gregorio Nacianceno)

San Gregorio de Nacianzo ha sido calificado como el humanista cristiano del s. IV, o el "Demóstenes cristiano". J. Quasten hace una descripción certera de este santo Padre, contrastando su carácter con el de san Basilio:

"Al igual que su amigo Basilio, Gregorio de Nacianzo era también hijo de una familia aristocrática y pudiente de Capadocia. Era casi de la misma edad que Basilio y siguió el mismo curso de estudios. Pero es de un carácter totalmente distinto. No tiene el vigor del gran príncipe obispo de Cesarea ni su habilidad de jefe. Entre los teólogos del siglo IV se le podría llamar el humanista, en cuanto que prefería la contemplación tranquila y combinar la piedad ascética con la cultura literaria al esplendor de una vida activa y de una buena posición eclesiástica. Mas su naturaleza débil y supersensible no le permitió seguir el anhelo de su alma, y no fue capaz, en consecuencia, de oponerse a todas las influencias que le venían de fuera. De ahí nació, a lo largo de toda su vida, cierta falta de resolución. Añora la soledad, y, sin embargo, las plegarias de sus amigos, su temperamento acomodaticio y su sentido del deber le hacen volver al turbulento mundo y a los conflictos de la época. De esta manera toda su carrera es un continuo huir del mundo para volver nuevamente a él".[19]

Nació en Arianzo, junto a Nacianzo, en el año 330, de madre cristiana fervorosa (Norma), que convirtió a su marido, que llegó a ser obispo de Nacianzo.[20]

Estudió en Cesarea de Capadocia. Viaja a Cesarea de Palestina, Alejandría y Atenas.

En el año 357 se bautiza y decide llevar vida solitaria. Va al Ponto con san Basilio, junto al Iris.

A instancias de su padre, que pide su colaboración, se ordena presbítero en Nacianzo el año de 362. Disgustado por la presión de su padre, regresa al Ponto pero, arrepentido, vuelve y escribe el "Apologeticus de fuga". Es buen colaborador en la diócesis.

En 371 Basilio lo consagra obispo de una sede conflictiva: Sásima. No toma posesión. Va a Nacianzo y en 374, al morir su padre, es elegido obispo

---

[19]J. Quasten: *Patrología*, cit., vol. II, pág. 261.

[20]Cfr. Silvano Cola: *Perfiles...*, cit., págs. 71–76; J. Quasten: *Patrología*, cit., vol. II, págs. 261–282; D. Ramos–Lissón: *Patrología*, cit., págs. 259–264; E. Moliné: *Los Padres...*, cit., págs. 329–338; J. Ibáñez Ibáñez: *Gregorio Nacianceno (San)*, en GER, vol. XI, págs. 332 ss.; P. Godet: *Grégoire de Nazianze (Saint)*, en DTC, vol. VI, cols. 1839–1844; É. Gilson: *History of Christian Philosophy...*, cit., págs. 52–53.

de esa diócesis. En 375 se retira, buscando nuevamente la soledad que tanto deseaba, en el monasterio de santa Tecla, en Seleucia.

Por su elocuencia, al morir Valente, en 378, es elegido obispo de Constantinopla, por la minoría nicena de la ciudad imperial; se refugia en casa de un amigo, porque todas las iglesias y edificios importantes están en manos de los arrianos. Es entonces, cuando pronuncia cinco famosos sermones sobre la divinidad del "Logos", en una iglesia improvisada que tituló la *Anástasis* (resurrección). Con la muerte del emperador arriano Valente y el ascenso de Teodosio, se devuelven a los católicos todas las iglesias y edificios eclesiásticos. Y a san Gregorio se le hace solemne entrega de la Iglesia de los Apóstoles. Ya en el año 380 preside el concilio I de Constantinopla, pero, en pleno concilio, se dirige a Nacianzo para ejercer ahí el episcopado durante unos años, hasta que en 384 se retira a Arianzo para dedicarse a la literatura y a la ascesis hasta que muere en 390.

17.5.2 Obras

No escribió mucho, ni tampoco comentarios bíblicos o tratados dogmáticos. Sus obras fueron discursos, poemas y cartas. Su estilo es de gran perfección y superó a todos sus contemporáneos.

Los temas son los asuntos cristianos tratados en forma clásica; insiste especialmente en la divinidad del Espíritu Santo, y en la excelencia de la virginidad.

1. *Discursos*: nos han llegado 45. Los más importantes pertenecen a su periodo de Constantinopla, y domina el arte retórica, que emplea con profusión y a plenitud. Son de tal calidad, que pasaron a ser estudiados en las escuelas de retórica. Se pueden clasificar en:

   (a) *Los cinco discursos teológicos* de Constantinopla de la segunda mitad del a. 380 (núms. 27–31). *El primero* es como una introducción a la serie, concentrándose en la explicación de los re-

quisitos necesarios para una discusión sobre las verdades divinas. *El segundo* trata de la *theologia* en sentido estricto, es decir,
de la existencia, naturaleza y atributos de Dios en cuanto la inteligencia humana puede comprenderlos y definirlos. *El tercero*
demuestra la unidad de naturaleza en las tres Personas divinas,
en especial la divinidad del "Logos" y su igualdad con el Padre.
El cuarto es una refutación de las objeciones arrianas contra la
divinidad del Hijo y de los pasajes bíblicos de que abusaban. *El
quinto* discurso defiende la divinidad del Espíritu Santo contra
los macedonianos. El propio Gregorio llama a los cuatro últimos
discursos της θεολογίας λόγοι.[21]

(b) *Discurso sobre el orden e institución de los obispos* (núm. 20) y
   el de la *moderación y propósito en las controversias*, denosta la
   afición por las falsas controversias.

(c) *Discursos contra Juliano el Apóstata* (núms. 4 y 5), de escaso valor histórico.

(d) *Discursos panegíricos y hagiográficos*, sobre fiestas litúrgicas y
   sobre varios santos.

(e) Discursos referentes a varios acontecimientos de su vida. El más
   importante es del *Apologeticus de Fuga*, que describe su actuación mencionada, pero que contiene un rico tratado sobre el
   sacerdocio.

2. *Poemas*: se conservan 400 de tipo teológico (Trinidad, obra creadora
   de Dios, Providencia, la encarnación, etc.) e histórico (muchos sobre
   su propia vida). Los compuso al final de su vida. No es un gran poeta.
   Pero cultiva el género literario poético con el fin de probar que la
   poesía cristiana no era inferior a la pagana, y como medio de refutar
   algunas herejías (cfr. la de Apolinar) que se expandían por propagar

---

[21]San Gregorio Nacianceno: *Orat.*, 28, 1. Cfr. J. Quasten: *Patrología*, cit., vol. II, pág. 268.

sus ideas en forma versificada, lo que ayudaba a que penetraran en las gentes.

3. *Cartas*: se conservan 250; la Epístola 101 es contra el apolinarismo. Es el primer autor griego que publicó una colección de sus propias cartas. Da normas sobre las características de una buena epístola: brevedad, claridad, gracia y simplicidad.

17.5.3   Doctrina teológica

Depende, por propia confesión, de la teología de san Basilio. Pero lo supera tanto en sus fórmulas dogmáticas y terminología, que son mejores, como en la profundidad del conocimiento de los problemas teológicos. De hecho, la posteridad le ha llamado "el Teólogo". En varias ocasiones trata de la naturaleza del saber teológico: fuentes, características del teólogo verdadero, el objeto, relación con la Iglesia y el Magisterio, fe y razón, etc.[22]

1. Doctrina trinitaria: en comparación con la teología de san Basilio hay un énfasis más pronunciado en la unidad y en la monarquía (la soberanía absoluta de Dios); y, al mismo tiempo, hay una doctrina muy desarrollada sobre las relaciones intradivinas, clave para la explicación de la Trinidad en la escolástica y en el concilio de Florencia. Del Nacianceno es la frase: "Hay completa identidad entre las tres Personas divinas fuera de las relaciones de origen",[23] que luego daría lugar al *in Deo omnia sunt unum, ubi non obviat relationis oppositio*. Las propiedades de cada Persona, son sus relaciones de origen.

   Por otro lado, lo que san Basilio aplica al Hijo, el Nacianceno lo aplica al Espíritu Santo.

---

[22]San Gregorio Nacianceno: *Orat.*, 27–31 y 20 y 32.
[23]San Gregorio Nacianceno: *Orat.*, 34; *Orat.*, 20; *Orat.*, 31; *Orat.*, 41.

También es de san Gregorio la determinación de las "nociones" o "propiedades" (ἰδιότητες), esto es los caracteres distintivos de las distintas Personas divinas. Mientras que san Basilio afirma conocer bien las propiedades de las dos primeras Personas, se siente incapaz de decir lo mismo sobre la tercera Persona,[24] en cambio el Nacianceno afirma que sí se puede determinar las propiedades de las tres Personas, a saber: ἀγεννησία y ἐκπόρευσις o ἐκπεμψις.[25], por lo que encuentra el carácter distintivo del Espíritu Santo en "la procesión": "El nombre propio del Ingénito es el del Engendrado sin principio es Hijo, y el nombre que procede sin generación es Espíritu Santo".[26] En efecto:

> "El Padre es Padre sin principio, porque no procede de nadie. El Hijo es Hijo y no es sin principio, porque procede del Padre. Pero si hablas de principio en el tiempo, también Él es sin principio, porque es el Hacedor del tiempo y no está sometido al tiempo. El Espíritu Santo es Espíritu de verdad, que procede del Padre, pero no a manera de filiación, porque no procede por generación, sino por procesión (me veo precisado a acuñar palabras por amor a la claridad). Porque ni el Padre dejó de ser ingénito por haber engendrado, ni el Hijo dejó de ser engendrado por proceder del ingénito. ¿Cómo podrían hacerlo? Tampoco el Espíritu se ha convertido en Padre o Hijo porque procede o porque es Dios, aunque no lo crean así los impíos".[27]

2. Pneumatología. Expresa clara y explícitamente la divinidad del Espíritu Santo (το πνεύμα αγιον και Θεός):

---

[24]San Basilio: *Adv. Eunom.*, 2, 28; 3, 6–7.

[25]San Gregorio Nacianceno: *Orat.*, 25, 16; 26, 19.

[26]San Gregorio Nacianceno: *Orat.*, 30, 19.

[27]San Gregorio Nacianceno: *Orat.*, 39, 12.

"¿El Espíritu es Dios? Evidentemente. Pues bien, ¿es consubstancial? Lo es, si es Dios".[28]

3. Cristología: Su cristología es tan depurada que fue aprobada por los
concilios de Éfeso y Calcedonia. Afirma la humanidad completa del
Salvador frente a las tesis de Apolinar de Laodicea. Rechaza como
insuficiente el esquema de "Logos–Sarx", prefiriendo la de "Logos–
hombre".[29] Cristo tuvo un alma humana completa, tiene su inteligencia humana propia.[30] También afirma la unidad de persona en Cristo:

"Se avino a ser Uno compuesto de dos; dos naturalezas
que se encuentran en Uno, no dos Hijos".[31]

Esta unión no fue por gracia; Gregorio acuña la expresión "unidas en
esencia": κατ' ουσίαν συνηφθαί τε και συνάπτεσθαι.[32]

4. Mariología: Con Gregorio Nacianceno, el término "theotokos" fue
criterio para descubrir el pensamiento ortodoxo. Incluso antes del
concilio de Éfeso. Por otro lado, sostiene la importancia de la virginidad de María:

"Gran cosa es la virginidad y el celibato; los veo colocados
al mismo nivel de los ángeles y de la naturaleza simple, y
me atrevo a decir que también de Cristo; pues, aunque
quiso nacer por nosotros que hemos nacido, al nacer de
una Virgen decretó la ley de la virginidad, para sacarnos

---

[28]San Gregorio Nacianceno: *Orat.*, 31, 10.

[29]San Gregorio Nacianceno: *Ep.*, 102.

[30]San Gregorio Nacianceno: *Ep.*, 101.10.

[31]San Gregorio Nacianceno: *Or*, 37, 2.

[32]San Gregorio Nacianceno: *Ep.*, 101, 5.

de aquí y suprimir el poder de este mundo, o, mejor aún, para traspasar un mundo al otro, el presente al futuro".[33]

5. Eucaristía: Defiende el carácter sacrificial de la eucaristía. En su *Apologeticus de fuga* llama a la eucaristía "el sacrificio externo, antitipo de los grandes misterios".[34]

17.6   San Gregorio de Nisa

17.6.1   Vida

(San Gregorio Niseno)

---

[33]San Gregorio Nacianceno: *Or.* 43, 62.

[34]San Gregorio Nacianceno: *Apol.* (*Or.*) 2, 95.

Es el mejor teólogo del siglo IV. Se le considera fundador de la teología mística. Hermano menor de san Basilio.[35] J. Quasten lo describe como el mejor dotado de los tres Capadocios:

> "Gregorio de Nisa no fue un extraordinario administrador y un legislador monástico como Basilio, ni un predicador y poeta atrayente como Gregorio de Nacianzo. Pero como teólogo especulativo y místico fue, sin duda, el mejor dotado de los tres grandes Capadocios".[36]

- 335: Nace en Cesarea de Capadocia. Es lector desde muy joven. Estudia retórica. Se casó, de lo cual se arrepintió toda su vida. Habla como ningún otro de las excelencias de la virginidad.

- 360: Se retira al monasterio fundado por Basilio en el Ponto.

- 371: Basilio lo hace consagrar obispo de Nisa, un poco a la fuerza. No tenía cualidades para gobernar una diócesis

- 376: Es depuesto por los arrianos en el Sínodo de Nisa.

- 378: Al morir Valente, Teodosio lo hace restablecer en su sede de Nisa.

- 379: Participa en el Sínodo de Antioquía con una brillante intervención.

- 380: Es enviado a visitar la diócesis del Ponto y es elegido arzobispo de Sebaste, muy a su pesar, pues tenía vocación de contemplativo.

---

[35]Silvano Cola: *Perfiles...*, cit., págs. 63–68; J. Quasten: *Patrología*, cit., vol. II, págs. 282–331; D. Ramos–Lissón: *Patrología*, cit., págs. 264–270; E. Moliné: *Los Padres...*, cit., págs. 329–338; L. F. Mateo Seco: *Gregorio Niseno (San)*, en GER, vol. XI, págs. 335 ss.; P. Godet: *Grégoire de Nysse (Saint)*, en DTC, vol. VI, cols. 1847–1852; B. Altaner: *Patrología*, 5 ed. Madrid 1962, págs. 283 ss.; É. Gilson: *History of Christian Philosophy...*, cit., págs. 55–60.

[36]J. Quasten: *Patrología*, cit., vol. II, pág. 282

- 381: Asiste al concilio I de Constantinopla, junto con san Gregorio Nacianceno. Ahí fue llamado "columna de la ortodoxia". Luego recibe encargos oficiales de responsabilidad (por ejemplo, hacer cumplir los decretos del emperador en el Ponto, pronunciar los discursos fúnebres a la muerte de la esposa y la hija de Teodosio, etc.).

- 385: fecha probable de su muerte.

17.6.2 Obras

Es un escritor especulativo, con gran rigor, maneja la retórica y trata temas clásicos. Tuvo mayor éxito que los otros Capadocios. Muestra una gran comprensión de las corrientes de pensamiento de su época. Su estilo suele ser ampuloso, lo que puede dificultar la comprensión de su pensamiento, pero suele escribir con pasión.

1. Tratados dogmáticos: la mayoría contra las herejías de su tiempo.

    - *Contra Eunomio*, en donde rebate su segunda Apología. El Niseno escribió contra Eunomio cuatro tratados. Esta obra es una de las refutaciones más importantes del arrianismo.

    - *Contra los apolinaristas.* Replica a un libro de Apolinar en el que acusaba a los católicos de creer en dos Hijos de Dios.

    - *Contra Apolinar.* Es el más importante de todos los escritos antiapolinaristas, sosteniendo la unión de las dos naturalezas completas de Cristo, y refutando las tesis de Apolinar.

    - *Discurso sobre el Espíritu Santo.* Contra la herejía macedoniana. Sigue las ideas de Gregorio Nacianceno.

    - *Que no hay Tres dioses.* Indica que la expresión divinidad del Padre, divinidad del Hijo y divinidad del Espíritu Santo no implica la creencia en tres dioses, sino que el término "Dios" indica la esencia de la divinidad y no las Personas, y por tanto, hay que usarlo en singular: "Dios Padre, Dios Hijo, Dios Espíritu Santo".

- *Diálogo sobre el alma y la resurrección.*
- *Gran discurso catequético* (385): Es su obra dogmática más importante. Es una obra sistemática (es la segunda escrita, pues la primera es el "De Principiis" de Orígenes) según el Credo; utiliza la filosofía neoplatónica. Expone muy bien los dogmas cristianos y los defiende de los herejes. Utiliza argumentos de la Sagrada Escritura, pero también provee de un fundamento metafísico. Tiene tres partes:

   - En la primera parte (caps. 1–4) se estudia la doctrina sobre Dios uno en tres personas, la consubstancialidad del Hijo con el Padre y la divinidad del Espíritu santo.
   - En la segunda parte (caps. 5–32) se discuten Cristo y su misión. Partiendo de la creación del hombre y del pecado original, Gregorio muestra la restauración del orden primitivo por la encarnación y la redención.
   - En la tercera parte (caps. 33–40) se estudian la aplicación de la gracia de redención por los dos sacramentos, bautismo y eucaristía, y la condición esencial para la regeneración, que es la fe en la Trinidad.[37]

2. Tratados exegéticos (Utiliza el sentido alegórico espiritual y también el literal, como San Basilio):

- *Sobre la formación del hombre (De opificio hominis).* Trata de la creación del hombre. Intenta completar el *Hexaemeron* de san Basilio.

---

[37]J. Quasten: *Patrología*, cit. vol. II, págs. 291–292.

- *Apología para Hexamerón*, con el fin de corregir algunas interpolaciones falsas del texto bíblico. Pretende seguir una exégesis literal al igual que hizo su hermano, lo que es sorprendente en san Gregorio, porque suele deleitarse en las alegorías.

- *Vida de Moisés*. Es un tratado místico, una guía para la vida virtuosa, siguiendo la vida de Moisés según el Éxodo y los Números.

- *15 homilías sobre el Cantar de los Cantares*. Es una interpretación del Cantar en sentido espiritual, alegórico o tropológico. Se inspira en el Comentario de Orígenes, pero es original, pues lo considera como la relación entre Dios y el alma humana bajo la figura de unas nupcias, mientras que Orígenes lo contempla como la relación entre Dios y la Iglesia.

- *De Psalmorum Inscriptiones*. Son dos ensayos sobre los títulos de los Salmos, como una vía de formación del camino ascético y místico.

- *Ocho homilías sobre el Eclesiastés*. También con intencionalidad mística.

- *De Oratione Dominica*. Son cinco homilías, dedicada la primera a la necesidad de la oración, y las cuatro restantes a comentar las diferentes peticiones del Padrenuestro, en general desde el punto de vista moral.

- *De Beatitudines*. Es el segundo conjunto de homilías sobre el Nuevo Testamento. Son ocho, y las compara a una escala por la que Dios nos lleva a la altura de la perfección.

- Etc.

3. Obras ascéticas: son profundas y tuvieron gran influencia en la historia de la espiritualidad. Por eso fue llamado "Padre del Misticismo".

J. Quasten relata la influencia de él y de sus hermanos en la espiritualidad:

> "Mientras su hermano Basilio fue el legislador del ascetismo oriental y su hermana Macrina jugó un papel importante en el desarrollo de las comunidades de mujeres. Gregorio completa los esfuerzos de sus hermanos con una doctrina de la espiritualidad. Basilio dio al oriental su organización. Gregorio le inspiró su orientación religiosa característica".[38]

- *Sobre la virginidad.* Se inspira en las reglas monásticas de su hermano san Basilio. Es la puerta de acceso a una vida más santa. A Cristo le llama el "archivirgen" (ἀρχιπάρθενος). El ejemplo más impresionante es la Virgen María, y se podría decir que hay una encarnación espiritual de Dios en toda alma virginal. La virginidad es la base de todas las virtudes. No es algo que se pueda alcanzar con el puro esfuerzo humano y es necesaria la gracia. No pueden coexistir en la misma alma el matrimonio terreno y el matrimonio espiritual:

> "Nuestras potencias apetitivas tampoco poseen una naturaleza tal que puedan, a la vez, dedicarse a los placeres corporales y buscar el matrimonio espiritual. No se puedan alcanzar estas dos metas con el mismo género de vida. Los agentes de una unión son la continencia, la mortificación de las pasiones, el desprecio de todo lo carnal; en cambio, los agentes de la cohabitación corporal son todo lo contrario... Presentándose a elección los dos matrimonios, no pudiendo contraer los dos, pienso que es de hombres sensatos no errar

---

[38]J. Quasten: *Patrología*, cit., vol. II, pág. 299.

en la elección de lo que más les conviene... El alma que se adhiere al Esposo inmortal posee el amor de la verdadera Sabiduría, que es Dios".[39]

- *Institución cristiana.*

- *Vida de Macrina.* Es la presentación de la vida de su hermana, ya fallecida, como ejemplo a imitar de vida de perfección.

- *Sobre la perfección.*

- *Sobre la profesión del cristiano.*

4. Discursos y cartas. Se pueden dividir en:

   - Sermones litúrgicos: sobre todo dedicados a festividades del año litúrgico. El pronunciado sobre el nacimiento de Cristo, es importante para la historia de la Navidad.

   - Sermones fúnebres: con ocasión del aniversario de los funerales de importantes personajes. Hay tres.

   - Panegíricos sobre santos y mártires. Por ejemplo, sobre san Esteban, o sobre Gregorio Taumaturgo, o sobre los cuarenta mártires de Sebaste.

   - Sermones morales: sobre variados temas como la usura, el amor a la pobreza o contra los que difieren el bautismo.

   - Sermones dogmáticos: El más importante sobre la divinidad del Hijo y del Espíritu Santo.

5. Treinta cartas que manifiestan la variedad de intereses y de relaciones del santo.

---

[39]San Gregorio de Nisa: *De Virg.*, 20.

17.6.3 Doctrina teológica

De los tres Capadocios, es el más importante a nivel teológico, y suponen un avance en la teología.

1. Filosofía y teología. Es el Padre del s. IV que más uso hizo de la filosofía para acercarse a los misterios de la fe. La filosofía pagana es "estéril" (nunca acaba de dar a luz a un ser vivo); pero, hay que saber hacer un uso discreto y prudente de la misma. Siempre subordinada a la Sagrada Escritura, que será guía para la razón:[40]

   > "No nos está permitido afirmar lo que nos plazca. La Sagrada Escritura es, para nosotros, la norma y la medida de todos los dogmas. Aprobamos solamente aquello que podemos armonizar con la intención de estos escritos".[41]

   Otro de los parámetros a tener en cuenta como guía de la razón será contrastar sus resultados con la Tradición de los Padres.[42]

2. Doctrina trinitaria:

   - La distinción entre las Personas consiste en sus relaciones mutuas inmanentes. Su actividad *ad extra* es común.[43]
   - El Espíritu Santo procede del Padre a través del Hijo, es decir inmediatamente del Hijo, y mediatamente del Padre.[44]

3. Cristología. Propugna una neta diferencia entre las dos naturalezas de Cristo:

---

[40]San Gregorio de Nisa: *Contra Eunom.* 1,114. 126.

[41]San Gregorio de Nisa: *De anima el resurr.*: PG 46,49B.

[42]San Gregorio de Nisa: *Quod non sint tres dii*: PG 45.117.

[43]San Gregorio de Nisa: *Quod non sint tres dii*: PG 45.125–8.

[44]San Gregorio de Nisa: *Quod non sint tres dii*: PG 45.133; *De Spiritu Sancto*, 3, donde compara al Padre, al Hijo y al Espíritu Santo con tres antorchas: la primera comunica su luz a la segunda, y por medio de la segunda le comunica a la tercera.

"Nuestra consideración de las propiedades respectivas de la carne y de la divinidad no engendra confusión mientras consideremos cada una de ellas en sí misma; por ejemplo: 'el Verbo fue hecho antes de los tiempos, mas la carne empezó a existir en los últimos tiempos'; pero no se podrían invertir las frases y decir que la carne es pretemporal y que la divinidad empezó a existir en los últimos tiempos. El Verbo era con Dios en el principio y el hombre está sometido a la prueba de la muerte, y ni la naturaleza humana era desde toda la eternidad, ni la naturaleza divina era mortal. El resto de los atributos se considera de la misma manera. No es la naturaleza humana la que resucita a Lázaro, ni es tampoco la potencia que no puede sufrir la que llora cuando aquél está en el sepulcro: las lágrimas proceden del Hombre; la vida, de la Vida verdadera".[45]

Pero, al mismo tiempo, admite la comunicación de idiomas, porque en Cristo no hay dos personas, sino una sola (εν πρόσωπον).[46]

Contra Apolinar defendió la naturaleza humana completa de Cristo, con un alma humana real, un νους humano y una voluntad libre. Sin ello, ni podría haber redimido a la raza humana, ni podría haber sido ejemplo para nosotros.[47]

4. Mariología. La naturaleza humana del Verbo se formó en el seno virginal de María, por lo que es la Madre de Dios. Utiliza cinco veces el término *theotokos* y rechaza la expresión *anthropotokos* que empleaban algunos antioquenos.[48] Defiende la virginidad en el parto:

---

[45]San Gregorio de Nisa: *Contra Eunom.*, 5, 5.

[46]San Gregorio de Nisa: *Contra Eunom.*, 5, 5.

[47]San Gregorio de Nisa: *Antirrheticus*, 45.

[48]San Gregorio de Nisa: *Ep.*, 17.

"En el mismo versículo se proclama, en el Evangelio, bienaventurado el seno de la Santa Virgen, que estuvo al servicio de un nacimiento inmaculado (Lc 11:27). Pues aquel nacimiento no destruyó la virginidad, ni tampoco la virginidad impidió tan gran nacimiento".[49]

También sostuvo la idea que avanzó san Ireneo de la nueva Eva, la *advocata Evae*.[50]

5. Escatología. Aquí su pensamiento es más débil, pues sigue muchas ideas origenistas, aunque no todas. No acepta del alejandrino sus ideas sobre la preexistencia y migración de las almas, y rechaza que el cuerpo sea castigo por algún pecado de las almas pre–existentes. Pero sí acepta la idea de que el infierno no es eterno, pues solo tiene penas medicinales, interpretando las expresiones de eternidad de los Evangelios como "largos periodos de tiempo".[51] Cree en la ἀποκατάστασις final, aunque rechaza el que sea solo una fase transitoria de una sucesión ilimitada de mundos, afirmando que sería el final grandioso de toda la historia de la salvación.[52]

17.6.4 Misticismo del Niseno

Se ha calificado su teología mística como el punto álgido de su obra intelectual.[53] Sigue la tradición de Orígenes:

- El hombre es imagen de la divinidad. Sobre este fundamento va a construir toda su espiritualidad. El ser humano es, ciertamente, la coronación de la obra creadora, es un microcosmos que tiene el orden

---

[49]San Gregorio de Nisa: *De Virg.*, 19.

[50]San Gregorio de Nisa: *In Cant. Cantic.* Hom. 13.

[51]San Gregorio de Nisa: *Orat. cat.* 40.

[52]San Gregorio de Nisa: *Orat. cat.* 26.

[53]J. Quasten: *Patrología*, cit., vol. II, pág. 325.

y la armonía que se admira en el macrocosmos.[54] Pero su grandeza es mayor, porque fue creado a imagen de la naturaleza del Creador.[55] Para el niseno no hay diferencia entre los términos "imagen y semejanza" (εἰκων y ὁμοίωσις) tan querida para los alejandrinos: significan ambos el hecho de los dones divinos con que se dotó al hombre y su condición de perfección original.[56]

- Intuición de Dios. El ser imagen de Dios, le permite al hombre ser familiar de Dios y conocerle. El hombre puede ver a Dios, porque hay en él un elemento divino:

  " El ojo goza de los rayos de la luz en virtud de la luz que él mismo tiene por naturaleza, con la cual puede aprehender a sus semejantes... Esta misma necesidad exige, en lo que respecta a la participación en Dios, que en la naturaleza que ha de gozar de Dios haya algo semejante a Aquel de quien se va a participar".[57]

- Es la práctica de la virtud lo que diviniza al hombre, en un proceso de divinización hasta la muerte. La gracia de la visión mística de Dios solo se concede al ser humano mediante una *katharsis*, una purificación y una guerra total contra el pecado. Hay que también luchar contra las pasiones y los deseos mundanos hasta llegar a la *apatheia*.[58]

- La ascensión mística se comienza cuando se ha alcanzado esa *apatheia*.[59]

---

[54] San Gregorio de Nisa: *In Psalm.* I, c. 3.

[55] San Gregorio de Nisa: *De Hom. Opif.* 16.

[56] San Gregorio de Nisa: *De Hom. Opif.* 5, 1.

[57] San Gregorio de Nisa: *De infant.* P. G. 46,113D.176A.

[58] San Gregorio de Nisa: *In Cant. Cant. hom.* 10.

[59] San Gregorio de Nisa: *De Orat. Dom.* 2.

17.7 Doctrina teológica de los Padres capadocios

Son continuadores de la obra de Atanasio en la controversia arriana; llevan a la cumbre la doctrina trinitaria; consiguen el triunfo de la ortodoxia (381); fomentan las relaciones entre el helenismo y el cristianismo; con su labor pastoral consiguen la paz entre los cristianos; difunden el monaquismo.

- Basilio es hombre de acción y Pastor.

- Gregorio Nacianceno, maestro de oratoria y poeta.

- Gregorio de Nisa, pensador y místico.

17.7.1 Teología trinitaria

Pertenecen a la Escuela de Alejandría en lo especulativo.

La fórmula teológica fijada por Basilio es que en la Trinidad hay una *ousia* (esencia) y tres *hipóstasis* (Personas). Las tres hipóstasis son "homoousioi" (consustanciales).

Determinaron las propiedades personales:

- Del Padre: la paternidad, el ser ingénito.

- Del Hijo: la filiación.

- Del Espíritu Santo: el proceder sin generación (S. Gregorio Nacianceno).

Nacianceno y Niseno formularon la doctrina sobre las relaciones de origen.

El Niseno propuso la existencia de acciones ad extra y procesiones ad intra. También formuló la doctrina que afirma que las relaciones opuestas constituyen las Personas. El Niseno propuso la procesión "per Filium": el

Espíritu Santo es Espíritu del Padre y Espíritu del Hijo. También afirmó que Dios es uno y singular.

El Nacianceno defendió la divinidad del Espíritu Santo.

17.7.2   Cristología

El Nacianceno afirmó que la humanidad de Cristo es completa, y estudió la unión entre las dos Naturalezas sin encontrar la fórmula para expresarla.

El Niseno afirmó que la unión se hace en la única Persona y formuló la doctrina de la "communicatio idiomatum". Además habló de María Madre de Dios, de su virginidad en el parto y de los privilegios marianos.

17.8   El concilio I de Constantinopla a. 381

17.8.1   Importancia

Es el segundo concilio más importante en materia trinitaria. Este Símbolo destaca en la historia de la Iglesia en relación a la doctrina de Dios Uno y Trino, porque:

- Completa el Símbolo niceno.

- Condena la herejía macedoniana.

- Será aceptado solemnemente en el concilio de Calcedonia del año 451.

- Su Credo es probablemente el más conocido y el tradicionalmente profesado en la santa Misa. Se conoce como "Credo niceno–constantinopolitano".

Pero también tiene incidencia en la cristología, pues desarrolló la doctrina sobre la verdadera humanidad de Jesucristo.

(Concilio I de Constantinopla)

17.8.2   Historia

Al concilio general Primero de Constantinopla (a. 381), los macedonianos envían treinta y seis obispos, en su mayoría del Helesponto. Fue presidido por Melecio de Antioquía, y a su muerte, por los sucesivos patriarcas
de Constantinopla, san Gregorio Nazianzeno y Nestorio. La asamblea de
obispos católicos, en número de 150, confirma solemnemente la doctrina
de Nicea y ante la reserva y oposición de cuantos negaban la consustancialidad del Hijo o del Espíritu Santo, considera herejes no sólo a los arrianos,
sabelianos y apolinaristas, sino también a los macedonianos, eumonianos,
eudoxianos, etc. El 25 julio del año 383, el emperador Teodosio I hace suyas
las decisiones del concilio de Constantinopla condenando públicamente las
reuniones y proselitismo de macedonianos, apolinaristas, pneumatómacos,
etc., por considerarlos heréticos y perniciosos para la Iglesia católica.[60] Finalmente, Nestorio[61] da a los macedonianos el último golpe de gracia. El

---

[60]Cfr. *Cod. Theod.* XVI, 5, 11.

[61]Cfr. *P. G.*, 67, 807.

celo apostólico del nuevo patriarca de Constantinopla (ca. 428) degeneró en abierta persecución contra las diversas sectas pneumatómicas. Cerradas definitivamente sus iglesias, los macedonianos dejan prácticamente de existir como secta religiosa.[62] Las Actas de este concilio han desaparecido casi totalmente; su desarrollo se conoce principalmente por las narraciones de los historiadores eclesiásticos Sócrates, Sozomen y Teodoreto. Hay buenas razones para creer que es un tratado formal ("tomos") sobre la doctrina Católica de la Trinidad, también en contra del apolinarianismo; este documento importante se ha perdido, con la excepción del primer canon del concilio y su famoso Credo (Niceno–Constantinopolitano).[63]

17.8.3   Texto conciliar

Su texto dice así:

> ..."Symbolum Nicænum Costantinopolitanum:
>
> Credo in unum Deum, Patrem omnipotentem, Factorem cæli et terræ, visibilium omnium et invisibílium.
>
> Et in unum Dominum Iesum Christum, Filium Dei unigenitum et ex Patre natum ante omnia secula: Deum de Deo, Lumen de Lumine, Deum verum de Deo vero, genitum, non factum, consubstantialem Patri: per quem omnia facta sunt; qui propter nos homines et propter nostram salutem, descendit de cælis, et incarnatus est de Spiritu Sancto ex Maria Virgine et homo factus est, crucifixus etiam pro nobis sub Pontio Pilato, passus et sepultus est, et resurrexit tertia die secundum Scripturas, et ascendit in cælum, sedet ad dexteram Patris, et iterum

---

[62]Cfr. A. Riesgo Terrero: *Macedonio y macedonianos*, en GER, cit., t. XIV, págs. 672–674.

[63]Cfr. Thomas J. Shahan: *First Council of Constantinople*, The Catholic Encyclopedia, Volume I, 1907 by Robert Appleton Company; Juan A. Jorge: *Dios Uno...*, cit., págs. 252–255; Id.: *Cristología*, cit., vol. I, págs. 181–185.

venturus est cum gloria, iudicare vivos et mortuos, cuius regni non erit finis.

Credo in Spiritum Sanctum, Dominum et vivificantem, qui ex Patre Filioque procedit, qui cum Patre et Filio simul adoratur et conglorificatur, qui locutus est per prophetas.

Et unam sanctam catholicam et apostolicam Ecclesiam. Confiteor unum Baptisma in remissionem peccatorum. Et exspecto resurrectionem mortuorum, et vitam venturi seculi. Amen".[64]

17.8.4   Doctrina pneumatológica

Con respecto al Espíritu Santo, amplía enormemente el escueto dictado del Credo niceno. Cabe señalar los siguientes extremos:

- "Procede del Padre" (τὸ ἐκ τοῦ πατρὸς ἐκπορευόμενον), con lo que se quiere indicar que:

  1. Se distingue su procesión de la del Hijo, porque el Espíritu Santo no es "generado."

  2. Es Dios como el Padre y el Hijo, porque "procede del (ἐκ)" Padre.

  3. No se utiliza el término "filioque" que se introducirá más tarde en tiempos de Carlomagno, como se verá en su momento.

  4. Se están asumiendo las clarificaciones teológicas posteriores a Nicea, sobre todo las elucubradas por los Padres Capadocios.

- La divinidad del Espíritu Santo está claramente definida por los siguientes incisos:

  1. "Santo" (τὸ πνεῦμα τὸ ἅγιον). Solo Dios es santo, por antonomasia (cfr. Lc 1:35; Jn 14:26).

---

[64]D. S. 150.

2. "Señor" (τὸ κύριον). Es el mismo título que el Credo otorga a Cristo. Era la traducción del tetragrama sagrado para los LXX.

3. "Dador de vida" o "Vivificador" (ζωοποιόν). La resurrección se realiza por obra del Espíritu (cfr. Ro 8:11).

4. "Misma adoración y gloria que el Padre y el Hijo" (τὸ σύν πατρὶ καὶ υἱῷ συμπροσκνούμενον καὶ συνδοξαζόμενον). Era uno de los argumentos más antiguos entre los santos Padres para afirmar la divinidad del Espíritu Santo.

5. "Habló por los profetas" (τὸ λαλῆσαν διὰ τνῶ προφητῶν). De nuevo, este era otro de los argumentos más queridos por los santos Padres para probar la divinidad de la Tercera Persona.

- Sin embargo no se usan las siguientes dos expresiones:

  1. "Dios", porque la Biblia no la usa aplicada al Espíritu Santo.

  2. "Consubstancial." Sin embargo esta realidad queda clara por el uso de los incisos señalados.

- Los cánones de este concilio condenan a sabelianos, arrianos y macedonianos, lo que claramente indica que se está definiendo la divinidad del Espíritu Santo.

17.8.5   Doctrina cristológica

Tiene como avances más importantes, en comparación con el Credo niceno y en particular con respecto al Hijo, los siguientes:[65]

1. *Omisiones cristológicas.* En Constantinopla I se suprimen algunas expresiones, a saber:

---

[65]Cfr. A. Amato: *Jesús...*, cit., págs. 283–284; I. Ortiz de Urbina: *La Struttura del Simbolo Constantinopolitano*, en "Orientalia Christiana Periodica", 12 (1946) 275–285; J. N. D. Kelly: *Primitivos Credos Cristianos*, Salamanca, Secretariado Trinitario, 1980.

(a) "Es decir, de la misma substancia del Padre".

(b) "Dios de Dios".

(c) "...en el cielo y en la tierra".

(d) Los anatematismos antiarrianos.

2. *Añadidos cristológicos.* En cambio se desarrollan otras, en concreto:

(a) "(Engendrado) antes de los siglos".

(b) "(Bajó) del cielo".

(c) "(Se encarnó) del Espíritu Santo y de María Virgen".

(d) "Fue crucificado por nosotros bajo Poncio Pilato".

(e) "Fue sepultado".

(f) "(Resucitó al tercer día) según las Escrituras".

(g) "Está sentado a la derecha del Padre".

(h) "(De nuevo vendrá) con gloria".

(i) "Y su reino no tendrá fin".

Se introduce la expresión "antes de todos los siglos" (πρὸ πάντων τῶν αἰώνων), con el fin de aclarar bien el concepto de generación y cerrar la polémica que todavía se había suscitado tras Nicea.

Originariamente, en este Símbolo no aparece el "filioque" para expresar la procesión del Espíritu Santo. Este extremo es objeto de polémica entre los Ortodoxos orientales y la Iglesia católica, y aunque hace relación al Hijo, por su complejidad, nos remitimos al tratado de Trinidad, donde se explica con detalle.[66]

En este concilio, además de la divinidad de la Tercera Persona trinitaria, se quiere subrayar la realidad de la verdadera naturaleza humana de Cristo. En el fondo, estaban las herejías que negaban que Dios se hubiera hecho

---

[66]Cfr. Juan A. Jorge: *Dios Uno...*, cit., págs. 501–527.

verdaderamente hombre, tanto las antiguas que ya conocemos, como sobre todo las nuevas formulaciones: por un lado de Apolinar de Laodicea (al que examinaremos más adelante, quien negaba, la verdadera naturaleza humana de Cristo, en una interpretación bien peculiar de Símbolo de Nicea, que él, sin embargo, aceptaba), como de Marcelo de Ancira y Fotino (quienes, para afirmar la unidad de la divinidad, negaban la eternidad de la encarnación, que desaparecería tras la Parusía). Así se explicita la encarnación, como obra "del Espíritu Santo y de María Virgen" con una intención anti-apolinarista y antimacedoniana (al poner al mismo nivel al Espíritu Santo que el Padre y el Hijo); se introduce la cláusula "y su reino no tendrá fin"; y se establece con toda fuerza en el canon primero la condena expresa de eunomianos o amoneos, arrianos, eudosianos, semiarrianos, pneumatómacos, sabelianos, marcelianos, fotinianos y apolinaristas.

En conclusión, así como el concilio de Nicea establece definitivamente la divinidad de Cristo, el de Constantinopla I, acogiendo lo definido en Nicea, insistirá en la verdadera humanidad de Cristo, frente a las herejías que la negaban.

El problema cristológico propiamente dicho surge cuando se quiere encontrar el modo de unión de ambas naturalezas. La solución al mismo ocupará el llamado "periodo de las grandes controversias y concilios cristológicos".

Capítulo 18

Primera literatura monástica

18.1   Introducción

El monaquismo es una creación del Egipto cristiano. Sus fundadores fueron cristianos sencillos de ese país, que no habían sido influenciados por las ideas griegas. Sus orígenes están relacionados con la historia del ascetismo, que era algo inherente a la doctrina cristiana.

En los primeros tiempos se practicaba el ascetismo individual, que no suponía el alejamiento del hogar, la familia, la comunidad eclesiástica o la sociedad civil. Pero cuando aparece el movimiento monacal, se busca la soledad, el retiro del mundo para buscar el silencio y la soledad lejos de los peligros y tentaciones de la vida corriente.

La espiritualidad del monaquismo está basada en el *contemptus saeculi*. Las primeras noticias que tenemos de esta forma de vida nos las proporcionan san Atanasio y san Jerónimo en sus escritos sobre los monjes de los desiertos de Egipto. El monacato cristiano nació en la segunda mitad del siglo III en Egipto como anacoretismo (αναχωρειν = subir: del poblado valle del Nilo al desierto). Llevadas por el deseo de observar de modo radical el evangelio, algunas personas se desprendían de todos sus bienes e incluso abandonaban la comunidad social a fin de vivir en adelante sólo para Cristo (μοναχος = el que vive solo [para Cristo]).[1]

Se han buscado explicaciones para el gran desarrollo que tuvo esta forma de vida cristiana en el s. IV, como una reacción contra el peligro de la secularización que se dio entre los cristianos después de que la Iglesia obtuviera la paz y luego fuera reconocida como religión del Imperio. Se buscó combatir la mundanidad, huyendo del mundo. Como consecuencia lógica, en un principio se rechaza la sabiduría griega y el saber clásico, por lo que se opusieron a Orígenes, por ejemplo. Pero poco a poco, los monasterios se convirtieron en centros de estudio y van apareciendo escritos monásticos.[2]

El estudio de la etimología nos ayuda a comprender el espíritu que animaba al movimiento.

- El sustantivo griego "monajos" (= el que vive solo), se tradujo al latín como *monachus*, monje. El sustantivo griego viene del perfecto del verbo griego "monazo" que es "memonaja". Indica el género de vida del que está solo.

- Pero los vocablos griegos tienen otras acepciones. Y así desde el punto de vista espiritual, se consideró que el monje está "solo" porque vive separadamente, más o menos solitariamente, con un contacto mínimo con los otro seres humanos.

- Pero el verbo "monajo" puede significar también "reducir a la unidad" es decir los monjes serían aquellos que renuncian a la multiplicidad de las cosas del mundo, para dedicarse a la obra única de la fe.

---

[1] Á. Santos Hernández: *Monaquismo*, en GER, vol. XVI, págs. 189 ss.; Á Santos Hernández: *Iglesias de Oriente*, II, Santander 1963; Id.: *Espiritualidad ortodoxa*, en B. Jiménez Duque, L. Sala Balust: "Historia de la espiritualidad", III, Barcelona, 1969, 5–228; H. Drobner: *Manual...*, cit., págs. 383–416; D. Ramos–Lissón: *Patrología*, cit., págs. 271–281; J. Quasten: *Patrología*, cit., vol. II, págs. 158–208; V. Cano Sordo: *Patrología...*, cit., tema 19.

[2] J. Quasten: *Patrología*, cit., vol. II, pág. 158.

- Finalmente, si se acude a la forma ática de "monos", viene de la palabra "manos", lo que está aislado y es raro, es débil; sería el camino sencillo, de infancia al que aspiraban a vivir los monjes.[3]

18.2 El comienzo del monaquismo en Oriente

El nacimiento y la evolución del monacato oriental tuvo las siguientes tendencias:

1. De vida eremítica a cenobítica, pasando por formas mixtas.

2. Del Sur (Egipto) al Norte (el Ponto).

3. Del desierto a la ciudad.

4. De varones a también grupos de mujeres.

Los monjes solían ser laicos (legos). Vestían hábito (túnica negra, cinturón de cuero, piel de cordero o cabra, capuchón), ejercían un trabajo manual y hacían oración. Había algunos pocos sacerdotes entre ellos.

Entre los monjes orientales no parece haber habido dependencias con esenios, neoplatónicos, pitagóricos, budistas, etc.

18.2.1 San Antonio Abad

Se conoce su vida por la biografía que escribió san Atanasio.

En la primera mitad del siglo IV aparece san Antonio Abad (251–356), en los desiertos de Nitria y Scete (Bajo Egipto). Lleva una vida anacorética de soledad y silencio. San Atanasio lo describe como hombre lleno de sabiduría divina, gracia y cortesía, aunque nunca aprendiera bien a leer ni a escribir.[4] En el Alto Egipto vivía san Pablo de Tebas por aquella misma época.

---

[3]Á. Santos Hernández: *Monaquismo*, cit., págs. 180–181.

[4]San Atanasio: *Vita...*, 72 ss.

(San Antonio Abad)

Después de veinte años de soledad, san Antonio reúne a sus discípulos y se forma la primera comunidad de anacoretas sin regla. Así aparece la primera forma de vida común.

Escribió cartas con exhortaciones a la perseverancia en la vida de soledad y previniendo contra la posible vuelta a la vida del mundo. No se conservan estas cartas, pero sí traducciones. Se dirigieron a los monjes, emperadores y altos dignatarios.

La doctrina de san Antonio puede resumirse así:

- Se centra en un ascetismo sólido. El monje debe ser un luchador, armado a través de mortificaciones interiores y exteriores. No tanto en el misticismo.

- Es necesario partir del conocimiento de uno mismo, porque solo así se puede llegar a conocer a Dios. Este conocimiento propio lleva a descubrir la creciente gracia divina que se le comunica.

- Son tres los caminos que llevan a la profesión monástica: los que la encuentran viviendo una vida virtuosa y santa; los que la descubren por la lectura de la Sagrada Escritura; los que la siguen por el camino del arrepentimiento de una vida pasada de pecado.

- La meta final es la santificación del cuerpo y del alma, para lo cual hay que extirpar las pasiones, las "emociones".

- La lucha contra el demonio es fundamental pues ataca al monje, directamente al alma o a través del cuerpo.

No es auténtica la llamada *Regla de san Antonio.*

18.2.2 San Pacomio

En el Alto Egipto (Tebaida), san Pacomio (286–346) inaugura la vida cenobítica (κοινός βίος) que es también una forma de vida común, pero con obediencia a un superior religioso mediante una "Regla". Su familia era campesina y pagana. Estuvo en el ejército del Emperador Maximiano, y en un periodo en que fue encarcelado, conoció a los cristianos, quienes le impresionaron por su excelsa caridad. Después de ser liberado, buscó bautizarse en el 313. Poco después se da a la búsqueda de la santidad a través de una vida eremítica. Pero en el año 320, san Pacomio funda su primer monasterio en Tabenna, en el Nilo.

(San Pacomio)

Los monjes viven en un claustro (casa con celdas para muchos monjes rodeada de un muro). Al frente del monasterio o cenobio está un abad. Su contribución más importante no fue el reunir simplemente a monjes en habitaciones comunes (algo que ya existía antes), sino en organizarlos como auténticas fraternidades. Redactó la primera regla que daba normas para gobernar con espíritu de comunidad, uniformidad, pobreza, obediencia y discreción.

La *Regla* de san Pacomio, según el texto que nos llega a través de san Jerónimo, tenía cuatro partes: preceptos, preceptos e instituciones, preceptos y estatutos penales, preceptos y leyes de Pacomio. A la muerte de san Pacomio había ya nueve cenobios en la Tebaida con millares de monjes. Había también dos cenobios de mujeres. La abadesa era María, una hermana de san Pacomio.

Además de este ejemplo de monacato femenino, tenemos en el siglo IV el de las damas romanas que, dirigidas por san Jerónimo, se trasladaron a Belén y fundaron un cenobio para mujeres.

Pronto aparecen otras formas primitivas de monacato.

18.2.3   San Sabas

San Sabas, funda una vida anacorética y eremítica en los desiertos de Judea y Siria; aparecen las "lauras" (habitación privada para retirarse después de las obligaciones en común) en Jerusalén, que son una fusión de la vida eremítica y cenobítica.

18.2.4   San Efrén

San Efrén en la segunda mitad del siglo IV, funda una vida anacorética y eremítica en Edesa (Siria nororiental); ahí estuvieron san Juan Crisóstomo y san Jerónimo.

18.2.5   Eustacio y san Basilio

En Asia Menor Eustacio, obispo de Sebaste (380) promueve la vida cenobítica. San Basilio fue discípulo suyo y propiamente se le considera el
fundador del monaquismo en Oriente. En los monasterios fundados por
él se vivía en común, se practicaba el amor al prójimo y se cultivaba una
forma de cultura elevada. san Basilio escribió reglas monásticas.

18.2.6   Otros nuevos tipos de vida monacal

Más tarde aparecen otros tipos de vida monacal:

1. los *sarabaitas*: vivían dos o tres en la misma celda.

2. los *giróvagos*: iban vagando de una comunidad a otra.

3. los *reclusos*: se hacían emparedar vivos en celdas muy estrechas, de
   por vida.

4. los *estilitas*: como san Simón, que vivió treinta años, cerca de Antioquía, en una columna.

18.2.7   El monacato urbano

Entre los siglo IV y VIII se desarrolla el monaquismo urbano. Por ejemplo, en Constantinopla había ochenta monasterios en tiempo de Justiniano
(siglo VI) que escribió sobre los monjes y a quienes dedicó las "novelas" 5
y 139.

Son dignos de mención, dentro del monacato urbano, los *acemetas* ("akoi-
metoi"): los insomnes. Su fundador fue san Alejandro. Se dedicaban a la
"oración perpetua". El monasterio de Studion fue un monasterio de acemetas muy famoso en la antigüedad, fundado por el cónsul Studios. Los

monjes "estuditas" fueron firmes defensores del primado romano contra los monofisitas, en el siglo VI.[5]

18.3   El monaquismo en Occidente

La tendencia expansionista en el Occidente, sigue las siguientes tendencias:

1. De Oriente a Occidente

2. Del sur (Norte de África) al Norte (Europa)

3. Sobre todo fue vida cenobítica.

18.3.1   Primeros monjes occidentales

San Atanasio de Alejandría dio a conocer estas formas de vida en Tréveris (Alemania), durante uno de sus exilios. Escribió una biografía sobre san Antonio.

Los primeros monjes de Occidente aparecen bajo la forma de vida cenobítica en las islas del Mediterráneo (la isla de Lerins, frente a Marsella). Practican el monaquismo san Ambrosio, san Agustín y san Paulino de Nola.

18.3.2   San Agustín

El monacato se extendió por el África latina. san Agustín fundó un monasterio en su casa de Hipona. Se vivía "vida apostólica" que consistía en que el clero vivía en la casa del obispo. Es el antecedente de los "Canónigos regulares" de la Edad Media. Escribió una regla para varones y mujeres. Durante la reconquista bizantina del África del Norte (siglo VI) seguían muchos monasterios organizados según esta regla de san Agustín.

---

[5]L. A. García Moreno: *historia Universal. La Antigüedad Clásica*, Eunsa, Pamplona, 1989, vol. II, 327 y ss.

18.3.3 San Martín de Tours

En el centro de las Galias también se extiende el monaquismo a través de san Martin de Tours que funda el monasterio de Ligugé (Poitiers) y el de Marmoutier (Tours, año 370).

18.3.4 Juan Casiano y otros

En el sureste de las Galias (Provenza) aparecen formas de vida monacal en Marsella y Lerins. Juan Casiano funda en Marsella la Abadía de San Víctor. Honorato funda en Lerins "lauras" como las de Palestina (vida cenobítica y eremítica combinadas). Otros promotores insignes del monaquismo occidental fueron Salviano de Marsella y San Vicente de Lerins. De esos monasterios salieron obispos famosos como Hilario y Cesareo de Arles, Máximo y Fausto de Riez, y Euquerio de Lyon.

San Juan Casiano, nació probablemente en Rumanía. Se hizo monje en Belén, en torno al año 380. Visitó a los monjes de Egipto, y llevó vida eremítica primero, y luego cenobítica. Casiano emigró más tarde a Constantinopla y fue discípulo de san Juan Crisóstomo. Cuando éste es depuesto, marchó Roma a defender su causa. Luego se le encuentra en Marsella, donde fundó dos monasterios, uno de varones y otro para monjas.

Casiano compuso sus *Colaciones* o *Conferencias* y la *Regla de la vida monástica*, que influyeron en san Benito, quien las recomendaba como lectura; ciertamente influyó en la Regla de san Benito. La Regla de Casiano dedica los cuatro primeros libros a describir la forma de vida que deben llevar los monjes inspirada en la experiencia que el santo vivió en Egipto y Palestina, y el resto de los otros ocho capítulos de la obra a las virtudes que han de procurar adquirir y los pecados que deben de evitar (gula, impureza, avaricia, ira, desaliento, acedia —tedio—, vanagloria y orgullo).

(San Juan Casiano)

18.3.5   San Benito

Un siglo más tarde san Benito (480–547), patriarca del cenobismo occidental, propaga la vida monacal. San Benito nació en Nursia (Sabina del
norte) y muere en Montecasino en plena guerra gótica. Estudia en Roma,
va a Subiaco (Sublacum, en los montes sabinos: lago artificial construido
por el emperador Claudio junto a las ruinas de un palacio campestre de
Nerón). Ahí funda una comunidad según el modelo de los monasterios de
san Pacomio.

La segunda fundación es Montecasino (529), en Campania, entre Roma
y Nápoles. Ahí se instaura la vida cenobítica completa con el "ora et labora"
(oración litúrgica, lectio divina y trabajo).

Inspirado por Dios, san Benito escribió un Reglamento para sus monjes
que llamó "La Santa Regla" y que ha sido inspiración para los reglamentos
de muchas comunidades religiosas monásticas. La síntesis de la Regla es la
frase "Ora et labora" (reza y trabaja), es decir, la vida del monje ha de ser
de contemplación y de acción, como nos enseña el evangelio. San Benito
escribe su "Regla" el año 540. San Gregorio Magno, que fue monje benedic-

(San Benito de Nursia)

tino, dice que se trata de un "código notable por su discreción y claro en su lenguaje". Está inspirada en la "Regula Magistri" del siglo VI también.

Algunas recomendaciones de san Benito: La primera virtud que necesita un religioso (después de la caridad) es la humildad. La casa de Dios es para rezar y no para charlar. Todo superior debe esforzarse por ser amable como un padre bondadoso. El ecónomo o el que administra el dinero no debe humillar a nadie. Cada uno debe esforzarse por ser exquisito y agradable en su trato. Cada comunidad debe ser como una buena familia donde todos se aman. Evite cada individuo todo lo que sea vulgar. Recuerde lo que decía san Ambrosio: "Portarse con nobleza es una gran virtud". El verdadero monje debía ser "no soberbio, no violento, no comilón, no dormilón, no perezoso, no murmurador, no denigrador...sino casto, manso, celoso, humilde, obediente".[6]

La Orden benedictina fue la única que, hasta el siglo XII, rigió el monaquismo occidental. Uno de los benedictinos ilustres fue Casiodoro, hombre público que bajo el dominio de los ostrogodos (540) funda "Vivarium" un monasterio en Calabria, donde se copiaban manuscritos antiguos. Este sa-

---

[6]Cfr. http://www.corazones.org/santos/benito.htm.

ber pasaría a los anglosajones y luego los monjes ingleses lo llevarían a toda Europa.

La hermana de san Benito, santa Escolástica (+547) funda un monasterio para mujeres.[7]

18.4   Breves noticias sobre los primeros representantes de la literatura monástica

La literatura hagiográfica, que nace en el siglo IV, está estrechamente relacionada con el monaquismo. Hasta entonces en la Iglesia se había venerado sólo como santos a los mártires, y se habían transmitido sus testimonios en panegíricos, vidas y actas de mártires.

Con los monjes apareció en escena un segundo grupo de cristianos ejemplares a los que se peregrinaba como a "santos vivientes", al tiempo que se acudía también a los santos lugares de la vida de Cristo en Palestina y a las tumbas de los santos (principalmente de los Apóstoles y mártires en Roma). Y se escribían y divulgaban sus vidas.

Entre la literatura monástica están las siguientes obras:

1. *La Regla de san Pacomio*, fue escrita ya en vida de él (9 de mayo de 347). Se ha conservado íntegra sólo en la traducción latina de san Jerónimo. Se divide en cuatro partes con un total de 193 instrucciones breves. El original fue escrito en copto. La base espiritual de la regla de san Pacomio y la medida para todo es la Sagrada Escritura. Sus dos características supremas son la funcionalidad de todas sus instrucciones para promover la vida cenobítica y la moderación que ella mantiene en todo. La virtud fundamental es la obediencia como función creadora y conservadora de la comunidad.

---

[7]J. Orlandis: *Historia Universal. Del Mundo Antiguo al Mundo Medieval*, Pamplona, Eunsa, 1989, III, págs. 222 y ss.

Así se describe la vida del monje cenobita:

> "...tratan con todo detalle de las condiciones de la vida mo-
> nástica. Muchas se refieren al trabajo manual. Los monjes,
> en su mayoría, se dedicaban a tareas agrícolas; otros ejer-
> cían un oficio, pero todo trabajo manual era considerado
> como servicio divino. En el grupo de los artesanos había
> sastres, herreros, carpinteros, tintoreros, curtidores, zapa-
> teros, jardineros, copistas, camelleros y, sobre todo, teje-
> dores, que preparaban esteras y cestos de juncos del Nilo
> y de hojas de palmera. Una de las reglas disponía que a
> todos los monjes se les asignara un trabajo en proporción
> con sus fuerzas. Nada se dice acerca del culto litúrgico. Se
> mencionan únicamente dos oraciones que han de decirse
> en común: la oración de la mañana y la de la noche. Antes
> de ser admitido, el novicio había de aprender a leer y a
> escribir. Es de notar que no debía admitirse a ninguno en
> absoluto que no supiera leer".[8]

La vida monástica se fundamentaba en las virtudes de la obediencia,
castidad y pobreza que se practicaban sin necesidad de emitir votos.

2. *Las Reglas de san Basilio el Grande.* san Basilio conoció los centros
   monásticos de Siria, Mesopotamia, Palestina y Egipto. Para sus reglas también se inspira en la Regla de san Pacomio, pero sus reglas
   son totalmente nuevas, de acuerdo con el tiempo que se vivía. san
   Basilio moderó el afán de ascetismo que había en su época en su *Corpus asceticum*. Las Reglas de san Basilio representan una colección de
   normas concretas nacidas de la experiencia y que obedecen a unos
   principios básicos comunes. El primer principios es el de san Paco-

---

[8]J. Quasten: *Patrología*, cit., vol. II, pág. 170

mio: la Sagrada Escritura. El segundo es el integrar el monacato en la Iglesia total. Basilio fundamenta sus Reglas en el mandamiento del amor recíproco.

3. Los escritos monásticos de san Agustín: tiene reglas masculinas y femeninas, y su *De opere monachorum*.

4. *El opus de Evagrio Póntico* (nacido en 345 en Ibora, en el Ponto) consta fundamentalmente de dos géneros: comentarios bíblicos (según el método exegético alegórico origenista) y escritos ascéticos y monásticos (que se cimientan en la mística origenista pero sin limitarse a repetirla).[9] Es el primer monje que escribió muchas y largas obras,[10] que influyeron grandemente en la historia de la espiritualidad. Se le considera el fundador del misticismo monástico.

5. Los escritos de Simeón de Mesopotamia (Macario), de la misma época de Evagrio. Se atribuyeron a san Macario, uno de los Padres del monacato egipcio. Fue un griego culto que vivió con su comunidad monástica en la parte superior del Éufrates. Escribió *cartas, homilías y logia* (dichos).

6. Los escritos de Juan Casiano, que es el tercer gran escritor del siglo IV. Nació hacia el año 360 y murió después del 432. Entre otros escritos suyos están las *Institutiones* y las *Collationes*.

7. Las vidas e historias de santos: *Vita Antonii* de Atanasio, *Vita Macrinae* y la *Vita Gregorii Thaumaturgi* de Gregorio de Nisa, la *Vita Ambrosii* de Paulino de Nola y la *Vita Augustinii* de Posidio.

8. Los itinerarios, como el *Itinerarium Egeriae*.

---

[9]Dos concilios ecuménicos le condenaron como origenista, el V y el VI. Esto hizo que muchas de sus obras se perdieran.

[10]Cfr. *Antirrhetikos, Monachikos, sobre la oración, Espejo de monjes y monjas*, etc.

Capítulo 19

Escritores del s. IV e inicios del V

19.1 Los escritores de procedencia palestina: Eusebio de Cesarea y el comienzo de la historiografía cristiana; San Cirilo de Jerusalén; San Epifanio de Salamina

19.1.1 Eusebio De Cesarea

Ha sido llamado "el padre de la Historia Eclesiástica". J. Quasten lo describe diciendo que:

> "Combina el máximo interés por el pasado con una participación muy activa en la tarea de dar forma al presente. Es, a la vez, historiador y controversista, una figura sobresaliente en las luchas religiosas de su tiempo, uno de los últimos apologistas y primer cronista y archivero de la Iglesia. Refleja con más fidelidad que ningún otro autor los cambios radicales que se estaban realizando en la historia del mundo en esta época.

Es un representante típico de la era que vio aparecer al primer emperador cristiano".[1]

(Eusebio de Cesarea)

Por lo que hace a su obra es, después de Orígenes, el que mejor manifiesta el trabajo de investigación y de erudición. Trabajaba incansablemente y escribió hasta muy avanzado en edad. Sus obras contienen muchas citas de obras que se han perdido, y son, por tanto, fuentes insustituibles de información. Tal vez por ello, se conservaron, a pesar de sus tendencias semiarrianas. Con todo, no es un teólogo de primer nivel, y su valor es sobre todo en el campo histórico.

Los principales hitos de su vida y obra son:

- 265: Nace en Cesarea de Palestina. Es discípulo de Pánfilo (origenista).

- 303: Escribe la "Crónica" que tiene dos grandes partes: la primera, consiste en una historia de algunos pueblos (caldeos, asirios...); y la segunda, unas tablas cronológicas, en columnas paralelas y con notas, que señalan los principales acontecimientos de la historia uni-

---

[1]J. Quasten: *Patrología*, cit., vol. II, págs. 344–345 (344–385). Cfr. D. Ramos–Lissón: *Patrología*, cit., págs. 281–287; E. Moliné: *Los Padres...*, cit., págs. 309–313; F. Mendoza Ruiz: *Eusebio de Cesarea*, en GER, vol. IX, págs. 574 ss.; C. Verschaffel: *Eusèbe de Césarée*, en DTC, vol. V, cols. 1527–1531; V. Cano Sordo: *Patrología...*, cit., tema 20.

versal y especialmente de la sagrada. Comienza con el nacimiento de Abrahán y divide la historia en cinco grandes periodos.

- 310: Durante la persecución de Diocleciano huye; sin embargo, es encarcelado y confiesa la fe. Es elegido obispo de Cesarea. En las cuestiones arrianas tiene una postura intermedia: afirma la divinidad del Hijo pero rechaza la fórmula "homoousios" diciendo que era sabeliana.

- Influye en Constantino, por ejemplo aconsejándole el destierro de san Atanasio.

- 324: Termina de escribir la "Historia eclesiástica", Ἐκκλησιαστικὴ ἱστορία, (que va desde el año cero al 324) en diez libros. Parte con la fundación de la Iglesia y llega hasta la derrota de Licinio y la soberanía única de Constantino. Es una colección muy rica de hechos. La intención de la obra era aportar:

  1. Lista de los obispos de las Iglesias más importantes.
  2. Presentar la obra de los maestros y escritores cristianos.
  3. Denunciar y estudiar la doctrina de los herejes.
  4. Recordar el castigo del Pueblo judío por parte de Dios.
  5. Describir las persecuciones de los cristianos.
  6. Proclamar los martirios y la victoria final de la religión cristiana.[2]

- Otras de sus obras son:

  - *Los mártires de Palestina.*
  - *La vida de Constantino.*

---

[2]J. Quasten: *Patrología,* cit., vol. II, pág. 351.

– *Alabanza de Constantino.*

- 325: Intenta conciliar a las dos partes, arriana y católica, propugnando reconocer la divinidad verdadera de Cristo, pero en términos simplemente bíblicos, sin aceptar al fórmula *homoousioana* de san Atanasio, que le parecía sabeliana, como ya se ha dicho.

- 337: Pronuncia la oración fúnebre y los discursos en el 2º y 3º aniversarios de la muerte de Constantino.

- Muere pocos años después de Constantino, 339 o 340.

19.1.2   San Cirilo de Jerusalén

Es el escritor eclesiástico más importante de entre los obispos de Jerusalén del S. IV. Famoso por sus instrucciones catequéticas.

(San Cirilo de Jerusalén)

Estuvo envuelto en toda la polémica semiarriana, que desembocaría en el concilio de Constantinopla I. Tras unos inicios en el pensamiento semiarriano, defendió la fe nicena por lo que sufrió numerosos destierros de su diócesis.[3]

---

[3]J. Quasten: *Patrología*, cit., vol. II, págs. 403–420; D. Ramos–Lissón: *Patrología*, cit., págs. 287–289; E. Moliné: *Los Padres...*, cit., págs. 338; J. Ibáñez Ibáñez: *Cirilo de Jerusalén (San)*,

Vida

- 315: Nace en Jerusalén o en Cesarea entre el 313 y el 315. Durante su juventud es atraído por la vida eremítica que practica como monje y asceta.

- 335: Es ordenado diácono por Macario de Jerusalén.

- 343: Es ordenado presbítero entre el 343 y el 345 por Máximo de Jerusalén (+349)

- 348: Es elegido obispo de Jerusalén. Acacio de Cesarea, que será su gran enemigo, era el metropolitano, y era arriano.

- 357: San Basilio Magno visita una próspera Iglesia de Jerusalén.

- 358: Es depuesto por Acacio. Huye a Antioquía y a Tarso.

- 359: Participa en el Sínodo de Seleucia y se integra en el partido homeusiano, semiarriano (afirmaban la "semejanza de naturaleza" entre el Padre y el Hijo: "homoiousios") y representado por Basilio de Ancira, Jorge de Laodicea y Eustacio de Sebaste.

- 360: Aunque había sido rehabilitado, no pudo regresar a Jerusalén porque Acacio lo depone de nuevo en el Sínodo de Constantinopla.

- 362: A la muerte de Constancio (337–361), siendo emperador Juliano (361–363), vuelve a Jerusalén.

- 367: Es expulsado por tercera vez de Jerusalén, bajo el emperador Valente.

- 379: Vuelve a Jerusalén.

---

en GER, vol. V, págs. 669 ss.; X. Le Bachelet: *Cyrille de Jérusalem (Saint)*, en DTC, vol. III, cols. 2527–2577; V. Cano Sordo: *Patrología...*, cit., tema 20.

- 381: Participa en el concilio de Constantinopla.

- 387: Muere. Le sucede como obispo de Jerusalén Juan II (387-417) a quien algunos atribuyen las Cinco Catequesis mistagógicas.

Obras

1. Las instrucciones catequéticas son 24 conferencias (todas predicadas al principio de su ministerio pastoral, hacia el año 348) divididas en dos grupos:

   - La *Procatequesis* o discurso introductorio y 18 Catequesis *ad illuminandos*: predicadas en el "Martyrium" (Gólgota) para los catecúmenos, a los φωτιζόμενοι, que iban a recibir el bautismo en la Pascua próxima.

     Las cinco primeras catequesis son especialmente significativas, pues tratan de: las disposiciones adecuadas para recibir el bautismo (primera), el pecado y el demonio (segunda), el bautismo y la salvación, rito bautismal y sus efectos (tercera); resumen de la doctrina cristiana (cuarta); naturaleza y origen de la fe (quinta). Los otras trece catequesis son una exposición del Credo jerosolimitano, que será una de las fuentes del Credo del concilio Constantinopolitano I.

   - Cinco *catequesis mistagógicas* fueron pronunciadas en la *Anastasis* (Santo Sepulcro) para los neófitos, (νεοφώτιστοι) en la semana de Pascua.

     Tratan de las ceremonias litúrgicas de los sacramentos que habrían de recibir en la noche de Pascua: bautismo, confirmación, eucaristía y liturgia de la misa.

2. *Carta al Emperador Constancio* (hacia el 351) en la que se menciona el hallazgo de la cruz de Cristo.

3. Homilías, de las que solo se conserva una: *Homilía sobre la curación del paralítico* (hacia el 345)

Doctrina

1. Cristología: En su Homilía 11, enseña la divinidad de Cristo y rechaza el argumento arriano de que hubo un tiempo en el que el Hijo no existía o que es Hijo de Dios por adopción:

> "Son uno a causa de la dignidad que pertenece a la divinidad; uno respecto de su reino; uno, porque no hay discordia ni división entre Ellos; uno, porque las obras creadoras del Hijo no son distintas de las del Padre".[4]
>
> "Aquel que descendió al infierno por causa del hombre es el mismo que al principio creó del barro al hombre".[5]

No emplea, sin embargo, el *homoousios* niceno. La razón se ha buscado en que no quería usar un término no bíblico (para seguir la costumbre de construir los credos en base a términos de la Sagrada Escritura), y porque lo creía de un sabor sabeliano,[6] como muchos otros autores de la época. Pero san Cirilo se oponía tanto a Arrio como a Sabelio:

> "No separes al Hijo del Padre [como hiciera Arrio], ni, confundiendo los dos conceptos, creas en la Filio-paternidad (υιοπατορίαν) [como hizo Sabelio]; sino que cree que el Hijo es el Unigénito del único Dios, que es el Verbo, Dios antes de todos los siglos".[7]

---

[4]San Cirilo de Jerusalén: *Catech.*, 11, 16.

[5]San Cirilo de Jerusalén: *Catech.*, 11, 24.

[6]Herejía rechazada muchas veces por san Cirilo: *Catech.* 4, 8; 11, 13.16.17; 15, 9; 16, 4.

[7]San Cirilo de Jerusalén: *Catech.*, 4, 7–8.

Profesa así su fe trinitaria: "Nuestra fe es indivisa, nuestra reverencia es inseparable. Ni separamos la Trinidad santa ni la confundimos, como hace Sabelio".[8]

2. Pneumatología: Trata con frecuencia de la Tercera Persona trinitaria, porque vivió en plena polémica macedoniana:

   - Espíritu práctico, prescinde tecnicismos filosóficos y teológicos.
   - Insiste sobre la divinidad del Espíritu Santo.
   - Es Persona divina distinta: "El que habla y envía es viviente, subsistente [personal] y operante".[9]

3. Sacramentos. Sus escritos son fuente de conocimiento importantísimo para la historia de la liturgia y de los sacramentos:

   - Bautismo: hace una descripción detallada del mismo. Explica su naturaleza sobre la base de Ro 6, sobre la comparación entre la sepultura y la resurrección de Cristo. Sobre la base de san Juan, lo explica como madre que nos da nueva vida (Jn 1: 12–13; 3: 3–5). El bautismo es participación en la muerte y resurrección de Cristo por vía de imitación e imagen, más que una simple remisión de los pecados.[10]. El bautismo es "sello santo indeleble".[11] Sin el bautismo o sin el martirio no hay salvación para el ser humano:

     > "Quien no recibe el bautismo no puede salvarse, excepto los mártires, que aun sin el agua alcanzan el cielo. Pues el Salvador, que redimió al mundo por la cruz, emitió de su costado abierto sangre y agua, para

---

[8]San Cirilo de Jerusalén: *Catech.*, 16, 4.

[9]San Cirilo de Jerusalén: *Catech.*, 17, 9. 28. 33. 34.

[10]San Cirilo de Jerusalén: *Catech. Myst.*, 2, 5–7.

[11]San Cirilo de Jerusalén: *Procatech.*, 16.

que unos, en el tiempo de paz, fuesen bautizados con
el agua, y otros, en tiempo de persecuciones, con su
propia sangre. Porque también acostumbró el Salvador a señalarnos el martirio con el nombre de bautismo, como cuando decía: '¿Podéis beber el cáliz que yo
bebo y ser bautizados con el bautismo con que yo soy
bautizado?' (Mc 10:38)".[12]

- Eucaristía. Es aquí donde se encuentran los más claros aportes
  de su teología:

  - La presencia real es expresada más claramente que cual-
    quier escritor anterior: "Habiendo, pues, pronunciado Él y
    dicho del pan: 'Este es mi cuerpo', ¿quién se atreverá a du-
    dar en adelante? Y habiendo Él aseverado y dicho: 'Esta
    es mi sangre', ¿quién podrá dudar jamás y decir que no es
    la sangre de Él?".[13] "Lo que parece pan no es pan, aunque
    así sea sentido por el gusto, sino el cuerpo de Cristo, y lo
    que parece vino no es vino, aunque el gusto así lo quiera,
    sino le sangre de Cristo".[14] "No lo tengas, pues, por mero
    pan y mero vino, porque son cuerpo y sangre de Cristo,
    según la aseveración del Señor. Pues aunque los sentidos
    te sugieran aquello, pero la fe debe convencerte".[15]

  - La presencia se explica por el cambio de las substancias
    (μεταβάλλεσθαι) de los elementos, entendiéndola por vez
    primera, como transubstanciación, lo que ejemplifica con
    el cambio del agua en vino.[16]

---

[12]San Cirilo de Jerusalén: *Catech.*, 3, 10.

[13]San Cirilo de Jerusalén: *Catech. Myst.*, 4, 1.

[14]San Cirilo de Jerusalén: *Catech. Myst.*, 4, 9.

[15]San Cirilo de Jerusalén: *Catech. Myst.*, 4, 6.

[16]San Cirilo de Jerusalén: *Catech. Myst.*, 4, 2.

– El cambio de substancias se produce por la epíclesis del Espíritu Santo.[17]

– La eucaristía es verdadero sacrificio, espiritual, de culto incruento, propiciatorio, ofrecido a modo de intercesión por todos lo que lo necesitan, aún por los difuntos.[18]

19.1.3   San Epifanio de Salamina

Vida

Es uno de los heresiólogos más importantes de la antigüedad y notable teólogo mariano del s. IV. El único gran teólogo de Chipre. Llegó a ser obispo de Salamis. Nació en Palestina, ca. 315. Vivió la vida monástica en su propio pueblo natal, durante 30 años. Su fama de saber y santidad llevaron a que los obispos de Chipre lo eligieran como metropolitano. Conoció muchas lenguas (griego, hebreo, copto, latín). Murió en el a. 403.[19]

(San Epifanio de Salamina)

---

[17]San Cirilo de Jerusalén: *Catech. Myst.*, 1, 7; 5, 7.

[18]San Cirilo de Jerusalén: *Catech. Myst.*, 5, 8–10.

[19]J. Quasten: *Patrología*, cit., vol. II, págs. 427–441; D. Ramos–Lissón: *Patrología*, cit., págs. 289–291; L. F. Mateo Seco: *Epifanio de Salamina (San)*, en GER, vol. VIII, págs. 691 ss.; C. Verschaffel: *Épiphane, évêque de Salamine (Saint)*, en DTC, vol. V, cols. 363–365; V. Cano Sordo: *Patrología...*, cit., tema 20..

J. Quasten lo califica como un escritor celoso por la pureza de la doctrina eclesiástica, pero con falta de discernimiento, moderación y tacto: defendiendo la fe los Padres se opuso a toda especulación metafísica. Odió a Orígenes al que consideró el gran responsable del arrianismo, y cuya interpretación alegórica era el origen de todas las herejías. Por eso fue un perseguidor implacable del origenismo y sus seguidores. Se alió con el patriarca de Alejandría Teófilo en contra del Obispo de Jerusalén, Juan. Rompió la comunión con este último, y logró reunir en Alejandría un sínodo donde se condena a Orígenes (a. 400); logró la expulsión de los monjes origenistas del desierto de Nitria, que fueron acogidos por san Juan Crisóstomo, patriarca de Constantinopla a la sazón, y contra el que también luchó.

Escritos

Siendo enemigo de la filosofía pagana y de la cultura helénica, no sorprende que sus escritos sean más bien descuidados y difusos. Les falta profundidad, agudeza crítica e imparcialidad. Muchas de sus obras son compilaciones de datos precipitadas, sin orden y superficiales.[20]

Sus obras principales son dos que se ocupan de la refutación de las herejías:

- *Ancoratus* (Ἀγκυρωτός), esto es, el "hombre firmemente anclado", dedicado directamente a la Trinidad y al Espíritu Santo, pero resultó ser un compendio del dogma de la Iglesia.

- *Panarion* (Πανάριον) o "Botiquín" citado comúnmente *Haereses*. Es el mayor compendio de herejías que conservamos de la antigüedad. Trata de ochenta herejías, aunque las veinte primeras son previas al cristianismo. La obra se cierra con un resumen de la fe de la Iglesia católica y apostólica. El autor se sirvió de las obras de san Justino, san

---

[20] J. Quasten: Patrología, cit., vol. II, pág. 429.

Ireneo y san Hipólito. Para la actualidad son de enorme importancia las extensas citas que hace de obras que se perdieron.

San Epifanio era opuesto al culto a las imágenes, al que consideraba idolatría que no se puede justificar con las razones que dan a favor de tal culto.

19.2   Escritores antioquenos: san Juan Crisóstomo

Es uno de los santos Padres más grandes de la Iglesia. El único, entre los grandes griegos, que perteneció a la escuela de Antioquía.[21]

J. Quasten lo describe así:

" Entre los Padres griegos no hay nadie que haya dejado una herencia literaria tan copiosa como Crisóstomo. Además, él es el único, entre los antiguos antioquenos, cuyos escritos se han conservado casi íntegramente. Este trato de favor se lo deben a la personalidad de su autor y a su valor intrínseco. Ningún escritor oriental ha conseguido la admiración y el amor de la posteridad en el campo que lo consiguió él. La misma tragedia de su vida, ocasionada por la extraordinaria sinceridad e integridad de su carácter, sirvió para realzar su gloria y su fama. Sigue siendo el más encantador de los Padres griegos y una de las personalidades más simpáticas de la antigüedad cristiana. Su don extraordinario de elocuencia le valió el glorioso título de *Crisóstomo, Boca de Oro,* que casi ha suplantado a su verdadero nombre desde que le fue otorgado por primera vez en el

---

[21]J. Quasten: *Patrología,* cit., vol. II, págs. 471–537; D. Ramos–Lissón: *Patrología,* cit., págs. 291–298; E. Moliné: *Los Padres...,* cit., págs. 359–364; J. Ibáñez Ibáñez: *Juan Crisóstomo (San),* en GER, vol. XIII, págs. 560 ss.; G. Bardy: *Jean Chrysostome (Saint),* en DTC, vol. VIII, cols. 660–690; V. Cano Sordo: *Patrología...,* cit., tema 20..

siglo VI. Su notable pureza de lenguaje refleja un pensamiento noble y natural y le recuerda a uno los tiempos clásicos".[22]

(San Juan Crisóstomo)

19.2.1   Vida

- 348: Nace en Antioquía. Su padre, oficial estatal, muere en la juventud de Juan. Aprende filosofía y retórica con el pagano Libanio (o Liborio).

- 365: Se rebela contra los profesores paganos y se enamora de la doctrina sagrada que estudia con el obispo Melecio, Obispo de Antioquía, y Diodoro de Tarso.

- 368: Fue bautizado y admitido en el ministerio de "lector".

- 375: Se retira al desierto: cuatro años haciendo vida en común con los monjes y dos años como solitario en una cueva.

- 381: Vuelve a Antioquía, a causa de una parálisis en las piernas, que le lleva a convencerse que es mejor ser menos virtuoso pero convertir a los demás. Melecio le ordena de diácono.

---

[22]J. Quasten: *Patrología*, cit., vol. II, pág. 477.

- 386: Flaviano lo ordena sacerdote. Comienza a predicar en la principal iglesia de Antioquía. Es la época más feliz de su vida.

- 397: Al morir Nectario es elegido como obispo de Constantinopla, por sugerencia de Eutropio (consejero y secretario favorito del Emperador Arcadio), y llevado a la fuerza por orden de Arcadio.

- 398: Teófilo de Alejandría lo consagra obispo. De grandes cualidades oratorias (boca de oro), enérgico, de gustos sencillos y austeros; su afán era el de conseguir la santidad del pueblo; con gran celo pastoral es una gran director de almas; carácter sincero y lineal, opuesto a las intrigas cortesanas.

- 401: En un sínodo en Éfeso manda deponer a seis obispos simoniacos. Eliminó el lujo en el clero y algunos privilegios abusivos; introduce rigor en los monasterios y se preocupa de la cristianización del campo; funda hospitales. Todo esto le va creando enemistades.

- 402: Suceso de los cuatro hermanos origenistas y los monjes del desierto de Nitria. Intervenciones de Eudoxia. Al caer Eutropio (favorito imperial que lo había apoyado) san Juan Crisóstomo queda sólo. Teófilo de Alejandría llega a Constantinopla para responder a unos cargos hechos por los monjes de Nitria. Aprovecha la confusión e intriga contra Juan.

- 403: En agosto es depuesto por el sínodo "de la Encina" (suburbio de Calcedonia), convocado por Teófilo de Alejandría. Arcadio le destierra a Bitinia. Vuelve al día siguiente a causa de la rebelión popular a su favor y de la actitud supersticiosa de Eudoxia, quien sufrió un trágico accidente.

- 404: En la Pascua, a petición de Eudoxia —resentida porque el Crisóstomo había hablado en contra de la vanidad que suponía hacerse estatuas tan ricas—, Arcadio vuelve a desterrarlo, el 9 de junio, esta vez a Cúcuso, en Armenia, en la extremidad del Mar Negro. Crisóstomo había apelado al papa Inocencio I que rompe relaciones con Constantinopla mientras no se volviera a poner el nombre de san Juan en los dípticos, lo que sucedió varios años más tarde, bajo el obispo Atico.

- 407: Muere el 14 de septiembre cuando sus guardianes pretendían llevarlo a un lugar más apartado, cerca de Comana. Viajando a pie, cayó muerto a los cinco kilómetros, sin llegar a su destino, a causa de su salud quebrantada.

- 438: El 27 de enero Teodosio II (hijo de Eudoxia) lleva solemnemente sus restos a Constantinopla que son enterrados en la Iglesia de los Apóstoles.

- 451: Es proclamado Doctor de la Iglesia en el concilio de Calcedonia.

19.2.2   Obras y doctrina

Su obra se ha conservado íntegramente por el valor de su contenido. Ha dejado la herencia más copiosa de los santos Padres griegos. El ejemplo de vida trágica por ser fiel a sus ideales inspiró a muchos. Su oratoria solo puede comparase a la de san Agustín. Sus homilías ofrecen una visión de la situación de la Iglesia de su época que es valiosísima para los historiadores.

Su obra literaria puede ser clasificada en tratados, homilías y cartas.

Tratados

Son anteriores a su ordenación sacerdotal:

1. *Sobre el sacerdocio* (373): es su obra más leída y traducida (es una obra práctica). siempre se ha considerado como un clásico del sacerdocio y uno de los mejores tesoros de la literatura patrística.

Parece ser que lo compuso cuando era aún diácono, entre el 381 y el 386, desde luego antes del 392 en que lo lee san Jerónimo.

La gran obra puede dividirse en dos partes: la primera se ocupa de la dignidad sacerdotal y la segunda del ministerio sacerdotal. San Gregorio Nacianceno escribe su *Oratio*, que influye decisivamente en el escrito del Crisóstomo.

Son seis libros, en forma de diálogo entre el propio Juan y su amigo Basilio (no se ha podido identificar si es un personaje histórico o una ficción literaria), con ocasión de haber sido elegidos a la dignidad del episcopado:

- Libro primero: presentación de los personajes que discuten sobre si aceptar el episcopado o no, a raíz de que en el año 373 los presbíteros de Antioquía habían decidido elevarlos a tal dignidad. Se habla de la grandeza del sacerdocio. Su amigo lo acepta, pero Juan justifica su rechazo a tal dignidad, por los graves peligros y dificultades que conlleva el oficio y por el convencimiento de su propia fragilidad.

- Libro segundo: continua la defensa de su rechazo.

- Libro tercero: niega que el motivo de su rechazo haya sido la soberbia o la vanagloria, sosteniendo que los que piensan así no conocen la verdadera naturaleza del sacerdocio. La verdadera razón del rechazo es que él no cumple con los requisitos de lo que un sacerdote tendría que ser: extraordinariamente virtuoso y santo, sin ninguna ambición terrena, sabio y prudente, cauto y clarividente, paciente y tolerante aunque se le insulte.

- Libro cuarto: expone la suerte terrible que espera a quienes entran en el estado clerical conscientes de su indignidad, y la de aquellos que se ven forzados a aceptarlo, aunque no tengan las cualidades necesarias, entre ellas, la de la predicación. El sacerdote debe de estar preparado para responder a los ataques de griegos, judíos y herejes (sobre todo de los maniqueos, Valentino, Marción, Sabelio, Arrio).

- Libro quinto: es un manual de predicadores. El buen predicador debe despreciar la adulación, no tener envidia de los que lo hacen mejor que él, tener por única finalidad la de agradar a Dios, y no debería ser turbado ni por la crítica ni por la falta de estima.

- Libro sexto: donde se contrapone la vida activa a la vida contemplativa. Prefiere la primera a la segunda (que él había vivido por experiencia) porque exige mayor magnanimidad, tiene mayores peligros y dificultades que la vida monástica, es mucho más fácil salvar el alma propia que las de los demás, los sacerdotes son responsables aún de los pecados de los demás, etc. La santidad del sacerdote ha de ser aún mayor que la de los mismos monjes.

Todas estas razones le llevan a san Juan Crisóstomo a sentirse incapaz de afrontar las responsabilidades y peligros del episcopado.

El tratado termina con dos grandes alegorías: la de la esposa mística y la del rapazuelo conductor de un gran ejército, con las que muestra la dignidad y responsabilidad del sacerdote.

2. *Exhortación a Teodoro lapso.* Con ocasión de las tentaciones de Teodoro para dejar la vida monástica.

3. *Contra los enemigos de la vida monástica.* Ataca a los enemigos del monaquismo y trata de persuadir a los padres cristianos para que envíen a sus hijos a los monjes para su educación moral y superior.

4. *Sobre la virginidad,* donde interpreta con detalle 1 Cor 7:38, sobre la superioridad de la virginidad sobre el matrimonio.

5. *Sobre la compunción.* Sobre el verdadero sentido del arrepentimiento.

6. *Sobre la vanagloria y la educación de los hijos.* Es el sitio donde expone más extensa y profundamente sus ideales sobre la educación. La consideración de la vanagloria en sentido amplio (lujo y libertinaje) durante la primera parte del tratado, le lleva a propugnar que se defienda a los jóvenes contra vicios tan perniciosos, para lo cual da normas de educación a los padres.

7. Etc.

Homilías

Es considerado el mejor orador cristiano. Duraban un par de horas. La gente tomaba nota de ellas; él las preparaba mucho; había muchos aplausos... La forma escrita que conservamos no la hizo el propio san Juan, sino los taquígrafos. Suele haber dos versiones: una con estilo tosco (tomada directamente del sermón); y otra con estilo pulido (reelaborado por los taquígrafos) cuyo valor es menor como fuente de conocimiento.

Se pueden dividir en cinco grupos:

1. *Homilías exegéticas* (exégesis literal de carácter moral; son varios centenares). Pertenecen al periodo antioqueno, y se ve que asimiló muy bien el modo de hacer exégesis de esta escuela. Las hay de dos tipos:

   - Antiguo Testamento: dos serie sobre el Génesis (son 9 y 67); 60 sobre los Salmos, que son sus mejores homilías sobre el Antiguo Testamento; seis homilías sobre Isaías; etc.

   - Nuevo Testamento:
     - 90 homilías sobre san Mateo, que constituyen el comentario patrístico más completo y antiguo que se conserva sobre el primer Evangelio.

Ataca varios errores: a los maniqueos por su contraposición entre los dos Testamentos; a los que acusaban de falta de autenticidad de los cuatro Evangelios debido a sus discrepancias, pues éstas son precisamente el signo de su verdad (los evangelistas no se pusieron de acuerdo para escribir lo mismo); y a las interpretaciones arrianas.

Se encuentra una profunda y bellísima interpretación de las parábolas.

Resaltan por su espiritualidad y ascetismo, en contra de las costumbres de la época.

– 88 homilías sobre san Juan (390-391). Más breves en su duración que las de Mateo, y más polémicas contra las interpretaciones anomeas (arrianas) sobre Jesucristo, que no sería ni siquiera de una substancia parecida al Padre.

– 55 homilías sobre los Hechos, donde se encuentra el comentario más completo sobre este libro de los diez primeros siglos del cristianismo. Tienen un estilo poco depurado, pero sin duda del Crisóstomo, porque fueron dichas cuando era obispo de Constantinopla, con graves preocupaciones y deberes que le impedían revisar la obra de los taquígrafos.

– 250 homilías sobre las Epístolas de san Pablo. Con respecto a la de los Romanos, por ejemplo, conservamos 32 homilías, que son del periodo antioqueno, y contienen el mejor comentario patrístico a esa Carta. Para muchos es la obra más perfecta del Crisóstomo.

Sus homilías comentan todas las Cartas de san Pablo: 48 sobre la Primera Carta a los Corintios y 33 sobre la segunda; 24 sobre Efesios, etc.

2. *Homilías dogmáticas.* Sobresalen, las doce homilías contra Aecio (fundador de la herejía anomea) y Eunomio (el maestro principal de la secta y del que reciben su nombre) *sobre la naturaleza incomprensible de Dios*, quienes sostenían una doctrina trinitaria arriana y llegaron a afirmar que se puede conocer a Dios, como Él se conoce a Sí mismo.

3. *Homilías bautismales.* De su periodo antioqueno, cuando era presbítero y preparaba catecúmenos para el bautismo, y donde se describe la liturgia de esa Iglesia.

4. *Homilías morales.* Por ejemplo:

   - *Contra los juegos circenses y el teatro.* Una homilía contra su congregación de Constantinopla que no había ido a la liturgia por asistir al circo. Expresa su indignación de que aún en el Viernes Santo se fuera a las carreras de carros y que hubiera teatro en el Sábado Santo.

   - *Sobre la limosna.* Había muchos pobres en Constantinopla y fustiga la indiferencia de los cristianos ricos.

5. *Homilías de circunstancias:*

   - *A propósito de las fiestas.* Están motivadas por las principales fiestas litúrgicas: Navidad, Epifanía, Viernes Santo, etc.

   - 21 homilías por las estatuas, motivadas por un motín del pueblo de Antioquía contra el Emperador.

   - Dos homilías sobre Eutropio, personaje del poder del momento caído en desgracia, y que motiva la consideración del carácter transitorio de la gloria terrena.

   - Sermones de antes y después del destierro, íntimamente relacionados a su propia historia cuando fue objeto de los destierros mencionados.

Cartas

Escribió 236 cartas con celo apostólico, en las que se reflejan su gran humanidad y santidad de vida, entereza y ánimo frente a lo adverso. Dos de esas cartas están dirigidas al Papa Inocencio y son una buena fuente para defender el primado romano.

19.2.3 Teología del Crisóstomo

No hace estudios concretos de tipo dogmático. Su obra es la de un pastor de almas y un reformador de las costumbres. No se envuelve en las controversias teológicas de su época. Si refuta las herejías, es para formar a su grey.

Por otro lado, es un gran exégeta, pues sobresale en la interpretación correcta y profunda de la Sagrada Escritura.

Es un predicador nato.

Es completamente ortodoxo, aunque evita involucrarse en las controversias del momento.

Se pueden subrayar algunos aspectos de su teología:

1. Sacerdocio:

   Ya examinado en su Tratado dedicado a él. La dignidad del sacerdote se mide por el amor hacia Cristo, del cual es signo: por las dificultades del ministerio sacerdotal, por el deber confiado al sacerdote de ofrecer el sacrificio eucarístico, de perdonar los pecados, de regenerar las almas en Cristo. Tal vez se contenga en el Tratado una de las páginas más bellas sobre la dignidad del sacerdocio:

   > "El sacerdocio, sí es cierto que se ejerce sobre la tierra, pero pertenece al orden de las instituciones celestes, y con mucha razón. Porque no fue un hombre, no un ángel

o arcángel, no otra potestad alguna creada, sino el Pará-
clito mismo quien ordenó este ministerio e hizo que hombres vestidos aún de carne pudieran ejercer oficio de ángeles. Por lo cual, el sacerdote ha de ser tan puro como
si se hallara en los cielos en medio de aquellas angélicas
potestades... Imagínate, te ruego, que tienes ante los ojos
al profeta Elías; mira la ingente muchedumbre que lo ro-
dea, las víctimas sobre las piedras, la quietud y silencio
absoluto de todos y sólo el profeta que ora, y, de pronto,
el fuego que baja del cielo sobre el sacrificio. Todo esto
es admirable y nos llena de estupor. Pues trasládate ahora de ahí y contempla lo que entre nosotros se cumple, y
verás no sólo cosas maravillosas, sino algo que sobrepa-
sa toda admiración. Aquí está en pie el sacerdote, no para hacer bajar fuego del cielo, sino para que descienda el
Espíritu Santo, y prolonga largo rato su oración no para
que una llama desprendida de lo alto consuma las víctimas, sino para que descienda la gracia sobre el sacrificio
y, abrasando las almas de todos los asistentes, las deje más
brillantes que plata acrisolada... Pues quien atentamente
considera qué cosa sea estar un hombre envuelto aún de
carne y sangre, y poder, no obstante, llegarse tan cerca
de aquella bienaventurada y purísima naturaleza, ése podrá comprender bien qué tan grande sea el honor que la
gracia del Espíritu otorgó a los sacerdotes. Porque por manos del sacerdote se cumplen no sólo los misterios dichos,
mas también otros que en nada les van en zaga, ya en razón de su dignidad en sí, ya en orden a nuestra salvación.
En efecto, a moradores de la tierra, a quienes en la tierra
tienen aún su conversación, se les ha encomendado admi-

nistrar los tesoros del cielo, y han recibido un poder que ni a ángeles ni a arcángeles concedió Dios jamás. Porque no se les dijo a éstos: 'Lo que atareis sobre la tierra será también atado en el cielo, y lo que desatareis sobre la tierra será desatado en el cielo' (Mt 18:18). Cierto que los que ejercen autoridad en el mundo tienen también poder de atar; pero es sólo los cuerpos. La atadura del sacerdote toca al alma misma y penetra los cielos. Lo que los sacerdotes hacen aquí abajo, Dios lo ratifica allá arriba, y la sentencia de los siervos es confirmada por el Señor...

Porque éstos son, éstos, los que espiritualmente nos engendran, los que por el bautismo nos dan a luz. Por ellos nos revestimos de Cristo y nos consepultamos con el Hijo de Dios y nos hacemos miembros de aquella bienaventurada cabeza. De suerte que los sacerdotes debieran merecernos más reverencia que los magistrados y reyes y hasta fuera justo tributarles honor mayor que a nuestros mismos padres. Porque éstos nos engendran por la sangre y la voluntad de la carne; mas aquéllos son autores de nuestro nacimiento de Dios, de la regeneración bienaventurada, de la libertad verdadera y de la filiación divina por la gracia".[23]

2. Cristología:

- Usa el "homoousios" cinco veces,[24] pero prefiere otra expresiones: "igual al Padre", "igual en esencia...", "igualdad de esencia".[25]

---

[23]San Juan Crisóstomo: *Sobre el Sacerdocio*, 3, 4–6.

[24]San Juan Crisóstomo: *Hom.*, 7, 2 *contra Anomoeos; Hom.*, 52, 3 y 54, 1 *in Ioh.; Hom.*, 54, 2 *in Matth.; Hom.* 26, 2 *in 1 Cor.*

[25]San Juan Crisóstomo: *Hom.* 74 *in Ioh.* 2; 4, 1–2.

- Recalca la divinidad completa y perfecta de Cristo en contra de las interpretaciones arrianas;[26] y también la completa y perfecta humanidad del Señor en contra de los apolinaristas.[27]

- A pesar de las dos naturalezas completas y perfectas, solo hay un Cristo, sin mezcla ni destrucción de substancias, sino por medio de una unión inefable e inconcebible.[28] No debes de preguntar cómo se realiza esa unión.

3. Mariología:

No usa los términos que empezaban a ser controvertidos en torno al año 380: *Theotokos*, para los nicenos; *Anthropotokos*, para Diodoro de Tarso; o *Christotokos*, para los antioquenos.

Enseña la virginidad perpetua de la Virgen María.[29]

También tiene explicaciones sobre pasajes marianos que aparecen en el Nuevo Testamento, que no son aceptables.[30]

4. Pecado original:

Sostiene la necesidad de bautizar a los niños aunque no tuvieran pecados personales. San Agustín probó con varios textos, y en contra de la interpretación del pelagiano Juan de Eclana, que san Juan Crisóstomo enseñó la existencia del pecado original. No obstante su teología no es tan exacta como la que aportará, más tarde, el propio san Agustín.

5. Penitencia:

---

[26]San Juan Crisóstomo: *Hom. 1 in Matth.* 2; *Hom. 4 contra Anomoeos*, n. 4.

[27]San Juan Crisóstomo: *Hom. 4 contra Amonoeos*, 4; *Hom. 1 in Matth.* n. 2.

[28]San Juan Crisóstomo: *Hom. 7 in Phil.* n. 2-3).

[29]San Juan Crisóstomo: *Hom. 4, in Matth.*, 3.

[30]Cfr. algunos de ellos en J. Quasten: *Patrología*, cit., vol. II, págs. 531-532.

San Juan Crisóstomo habla de la confesión de los pecados en la penitencia pública. Algunos teólogos piensan que trataba también de la confesión privada al sacerdote. Hay una polémica. Pero, además de la penitencia pública, el santo habla de dos momentos en el que el sacerdote perdona pecados directamente, en el bautismo y en la unción de los enfermos: "Los sacerdotes no sólo tienen poder de perdonar lo pecados cuando nos regeneran por el bautismo, sino también los que cometernos después de nuestra regeneración. Porque: '¿Está alguno enfermo —dice la Escritura— entre vosotros? Llame a los presbíteros de la Iglesia y ore sobre él, después de ungirle con aceite en el nombre del Señor. Y la oración de la fe salvará al enfermo y el Señor lo levantará, y si hubiere cometido pecados, se le perdonarán'."[31]

6. Eucaristía:

Se ha llamado al Crisóstomo el "Doctor de la eucaristía", pues es un testigo eminente de la presencia real de Jesucristo en la eucaristía y de su carácter sacrificial:

- Presencia real: "Lo que está en el cáliz es aquello que manó del costado...¿Qué es el pan? El cuerpo de Cristo".[32] "Reflexiona, ¡oh hombre!, qué sacrificio vas a tocar, a qué mesa te vas a acercar. Piensa que, aunque seas tierra y ceniza, recibes la sangre y el cuerpo de Cristo".[33] Algunas expresiones suyas son todavía más fuertes: "No nos concedió solamente el verle, sino tocarle también, y comerle, e hincar los dientes en su carne y unirnos a El de la manera más íntima".[34] "Lo que no toleró en la cruz [es decir, que le quebrantaran las piernas], lo tolera ahora en el

---

[31]San Juan Crisóstomo: *Iac* 5, 14–5; *De sacerdotio* 3, 6.
[32]San Juan Crisóstomo:*Hom. 24 in 1 Cor.*, n.1, 2.
[33]San Juan Crisóstomo:*Hom. in nat. Dom.* n.7.
[34]San Juan Crisóstomo:*Hom. 46 in Ioh.* n. 3.

sacrificio por tu amor; y permite que le fraccionen para saciar a todos".[35]

- Carácter sacrificial: la eucaristía es un "sacrificio tremendo y terrible".[36] "Un sacrificio terrible y santo".[37] "El sacrificio más tremendo".[38]

19.3   Breves noticias sobre otros autores griegos de esta época, y sobre las escuelas y literatura siríacas de este período

19.3.1   Diodoro De Tarso

Vida

- 320: Nace en Antioquía de ilustre familia cristiana. En Atenas hace estudios clásicos.[39]

- 345: Se incorpora a la escuela antioquena; tuvo como discípulos a Teodoro de Mopsuestia y a san Juan Crisóstomo.

- 361: Se opone a Juliano el Apóstata defendiendo la fe nicena. Frente al Emperador que preparaba su obra "Contra los Galileos" donde sostenía que la divinidad de Cristo era invención de Diodoro, éste se levantó defendiendo la divinidad de Cristo con tal fuerza que el

---

[35]San Juan Crisóstomo: *Hom. 24 in I Cor.*, n. 2.

[36]San Juan Crisóstomo: *Hom. 24 in I Cor.*.

[37]San Juan Crisóstomo: *Hom. 24 de prod. Iudae*.

[38]San Juan Crisóstomo: *De Sacerdotio* 6, 3.

[39]J. Chapman: *Diodorus of Tarsus*, en The Catholic Encyclopedia. Vol. 5. New York: Robert Appleton Company, 1909; J. Quasten: *Patrología*, cit., vol. II, págs. 441–446; J. A. Jorge: *Cristología*, cit., vol. I, págs. 192–193; E. Moliné: *Los Padres...*, cit., págs. 357–358; L. F. Mateo Seco: *Diodoro de Tarso*, en GER, vol. VII, págs. 772 ss.; P. Godet: *Diodore de Tarse*, en DTC, vol. IV, cols. 1363–1366; V. Cano Sordo: *Patrología...*, cit., tema 20.

propio Emperador lo llamó "astuto defensor de una religión propia de los aldeanos", ganándose su enemistad.

- 372: Es desterrado por Valente a Armenia.

- 378: El elegido obispo de Tarso de Cilicia.

- 381: Participa en el concilio de Constantinopla y es calificado de "columna de la ortodoxia".

- 394: Muere.

Doctrina

Luchó contra el arrianismo y el apolinarismo.

Algunas de sus expresiones, un siglo más tarde, se entendieron en sentido nestoriano; llama a Cristo, por ejemplo, Hijo de Dios e Hijo de David. El año 438 san Cirilo de Alejandría en su *Contra Diodorum et Theodorum*, acusó a Diodoro de ser el responsable de la doctrina de Nestorio.

Como reacción frente a Apolinar, Diodoro de Tarso clasifica los rasgos humanos y divinos de Cristo en el evangelio, y acaba atribuyendo dos naturalezas completas a Cristo, pero separadas: la naturaleza humana es el Cristo "hijo de María"; y la naturaleza divina es el Cristo "hijo de Dios" (teoría de "los dos hijos"). Predica por tanto una yuxtaposición de naturalezas en las que falta la unidad. Utiliza expresiones muy desafortunadas para describir la unión de ambas naturalezas, como son la del templo de Dios que alberga la divinidad, o la del vestido donde se cubre Dios. La unión pues, sería una conjunción accidental y extrínseca, una συνεργεια.

El siguiente gráfico podría expresar sus ideas, donde el triángulo cerrado representa la naturaleza humana y el ángulo con vectores, la divina:

Sus ideas influyeron en Nestorio. En efecto, san Cirilo de Alejandría le acusa en su obra *Contra Diodorum et Theodorum*[40] de ser el responsable

---

[40]*P. G.* 86, 1364

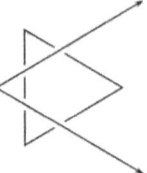

(gráfico de Cristo para Diodoro de Tarso)

de la herejía de Nestorio. Dicha acusación motiva diversas condenaciones *post mortem*. Se habla de condenación en el sínodo de Constantinopla (cuya existencia hoy se niega) del a. 499, y de un concilio en Antioquía, a. 553.[41]

Su doctrina es condenada en el concilio Romano de 382:

> "Anathematizamus eos, qui duos asserunt Filios, unum ante sæcula, et alterum post assumptionem carnis ex Virgine".[42]

De sus 60 o 70 tratados sólo quedan fragmentos. Fue un verdadero naufragio de su producción literaria.

19.3.2   Teodoro De Mopsuestia

Vida

- 350: Nace en Antioquía de buena familia. Ingresa en un monasterio que poco después abandona para casarse. Unas cartas de san Juan Crisóstomo le hacen rectificar. Se dedicó al estudio de la Sagrada Escritura.[43]

---

[41]L. F. Mateo Seco: *Diodoro de Tarso*, en GER, vol. VII, pág. 772.

[42]D. S. 158.

[43]B. Mondin: *Dizionario del Teologi*, Edizioni Studio Domenicano, Bologna 1992, pp. 589–590; Cr. Baur: *Theodore of Mopsuestia*, en The Catholic Encyclopedia. Vol. 14. New York: Robert Appleton Company, 1912.; J. Quasten: *Patrología*, cit., vol. II, págs. 446–470; J. A. Jorge: *Cristología*, cit., vol. I, pág. 193; E. Moliné: *Los Padres...*, cit., págs. 358–359; J. Ibáñez Ibáñez:

- 383: Es ordenado presbítero. Refuta las herejías.

- 392: Es elegido obispo de Mopsuestia. Se dedicó a convertir paganos y a escribir obras exegéticas. Defendió a san Juan Crisóstomo.

- 428: Muere.

- 553: Es condenado por el II concilio de Constantinopla (a. 553). Esta condena provocó la desaparición de casi todos sus escritos.

Obras y doctrina

En efecto, muchas de sus obras se perdieron. De lo que ha quedado tiene valor teológico, sobre todo los fragmentos de *De Incarnatione* (libri 15), *La Disputa con los macedonianos*, y Las 16 *homilías catequéticas*.

En sus obras exegéticas utiliza el sentido literal, acude a la crítica literaria (modos de decir, matices de estilo, etc.). Hizo un *Comentario a los Salmos* y un *Comentario a los profetas menores*. Es representante insigne de la exégesis y la teología antioquenas.

Es sus *Homilías catequéticas* comenta el Credo y el Pater Noster.

Teodoro de Mopsuestia afirmaba en Cristo la realidad de dos sujetos distintos, el "Logos" y el hombre, estrechamente unidos "por conjunción":

> "Nadie reconoce como Dios por naturaleza al que es judío según la carne, o como Dios por encima de todo al que es judío por naturaleza. Sin embargo, hablando de los dos al mismo tiempo manifiesta (san Pablo) claramente la perfecta *conjunción* entre el asumido y el que lo asume, de manera que la diferencia de naturaleza manifieste a todos el honor y la gloria que asumido recibe de la unión con el Dios asumente".[44]

Teodoro de Mopsuestia, en GER, vol. XXII, págs. 219 ss.; É. Amann: *Théodore de Mopsueste*, en DTC, vol. XV, cols. 235–279; V. Cano Sordo: *Patrología...*, cit., tema 20.

[44] Teodoro de Mopsuestia: *Homilías Catequéticas*, VI, 6.

Defiende contra los apolinaristas la absoluta integridad de la naturaleza humana, sin comprometer su unión con la persona del "Logos". Considera al Jesús histórico en la plena realidad de su naturaleza humana. Uno de los signos más claros de la plenitud de la naturaleza humana de Cristo su muerte en la cruz. Sostiene una distinción neta entre las dos naturalezas de Cristo, y que a María no se le puede llamar "Madre de Dios", sino sólo madre de Cristo.

Teodoro no pudo establecer con precisión los conceptos de naturaleza y de persona. Teodoro hablaba del "Verbo asumente" y del "hombre asumpto". Esta doctrina se podría contraponer con la del concilio de Nicea ("el único Señor Jesucristo") y podía llevar a la doctrina de los dos "sujetos" en Cristo. El término "persona" que utilizaba podía interpretarse en aquel tiempo como "prosopón" (máscara), en cambio, el término "natura" indicaba una realidad concreta y, por tanto, una realidad personal.

Para Teodoro de Mopsuestia la realidad divina "inhabita" en el hombre Jesús, pero su sistema excluía la noción de "Verbo de Dios nacido de la Virgen María".

Por eso, es considerado padre de la cristología de Nestorio.

Es especialmente profundo y con doctrina ortodoxa al tratar de la eucaristía.

19.3.3   Teodoreto de Ciro

Vida

- Obispo de Ciro, en Siria en el 423.

- En el 433 elabora el Acta de Unión (se unen los partidarios de Juan de Antioquía y Nestorio con los de Cirilo de Alejandría)

Doctrina y obras

- Defiende el duofisismo antioqueno.

- Sostiene que, para la interpretación de cualquier texto, conviene hacerlo desde el autor, el mismo texto, y el lector de ese texto.

- Sostiene las reglas clásicas de la hermenéutica: averiguar el *skopos* (fin) del autor, y considerar la *opheleia* (utilidad) de ese escrito.

- Comenta casi toda la Sagrada Escritura. Teodoreto no se considera original y creativo, como las abejas, al comentar la Sagrada Escritura, sino que prefiere seguir las enseñanzas de los antiguos, y ser, más bien, como un mosquito.

- Da mucha importancia a interpretar a un autor, desde el autor (tratando de averiguar lo que el autor se proponía al escribir): "Homeron ex Homerou saphenizein" "esclarecer a Homero a partir de Homero", "esclarecer a Pablo a partir de Pablo". Y así, "Cuando me decidí por esclarecer a Homero a partir de Homero, indiqué que él se interpreta a sí mismo" (Porfirio).

19.3.4 Escuelas y Literatura Siriacas

Afrates

El primero de los Padres de la Iglesia siriaca es Afrates, de sobrenombre "el Sabio persa". Vivió en el siglo IV y formaba parte de una asociación de ascetas "los hijos del pacto", que vivían el celibato, pero permanecían en el mundo. Entre sus escritos se conservan 23 homilías o *Demostraciones*, compuestas entre 337 y 345. El autor se profesa discípulo únicamente de la Sagrada Escritura. Se nota una actitud de antijudaísmo. Ignora las categorías fundamentales de la cristología nicena. Su teología es de tipo narrativo más que especulativo. Su ética es muy exigente.[45]

---

[45]D. Ramos–Lissón: *Patrología*, cit., págs. 299–302; J. Parisot: *Aphraate ou Pharhad (Saint)*, en DTC, vol. I, cols. 1457–1463; B. Mondin: *Storia...*, cit., vol. I, 329 y ss.; V. Cano Sordo: *Patrología...*, cit., tema 20.

San Efrén

El segundo de los Padres de la escuela siriaca es san Efrén. Nace en Nísibe de Mesopotamia hacia el año 306. Su madre era cristiana y el padre un sacerdote pagano que expulsó a su hijo cuando este se hizo cristiano. Recibió educación e instrucción bajo el obispo de Nísibe, Jacobo. La mayor parte de su vida la pasó en Nísibe donde ejerció el ministerio de diácono. Al parecer, estuvo con su obispo presente en el concilio de Nicea. En 363, cuando Nísibe cae bajo el dominio persa, se traslada a vivir a Edesa donde dirige la escuela catequética y sigue un estilo de vida monástico.[46]

(San Efrén de Siria)

Sus principales obras son Comentarios escriturísticos (en prosa); en poesía: *Carmina nisibena, Hymni contra Iulianum, Hymni contra haereses, Hymni de Nativitate, De Cruxifixione, De Resurrectione, De Paradiso, De Nativitate, De Ecclesia*. San Efrén es el máximo poeta de la era patrística y el más importante de los Padres siriacos. Sin embargo es un pensador aislado,

---

[46]J. Labourt: *St. Ephraem*, en The Catholic Encyclopedia. Vol. 5. New York: Robert Appleton Company, 1909; I. Ortiz de Urbina: *Efrén el Sirio, San*, en GER, vol. VIII, págs. 359 ss.; F. Nau: *Ephrem le Syrien*, en DTC, vol. V, cols. 188–193; G. Ricciotti: *S. Efrem Siro*, Turín–Roma 1925; A. Voobus: *Literary critical and historical Studies in E. the Syrien*, Estocolmo 1958; E. Beck: *Ephrem*, en DSAM 1,788-800; I. Ortiz De Urbina: *Patrologia syriaca*, Roma 1965, 56-83 (con bibl. completa); V. Cano Sordo: *Patrología...*, cit., tema 20.

ajeno a las grandes controversias cristológicas de su época. Es exponente de un cristianismo que resulta notablemente arcaico en comparación con las otras áreas del Oriente cristiano. Como dice Ortiz de Urbina, es un "teólogo poeta que piensa cantando. No caben en él especulaciones sistemáticas. No pertenece a ninguna escuela. Es ajeno a la cultura helénica y, por tanto, a muchas teorías de los Padres griegos...A pesar de todo es un gran teólogo, siempre ortodoxo..."[47]

En mariología san Efrén profesó casi todos los dogmas marianos, y en concreto la limpieza de toda mancha y la virginidad no solo antes y en, sino también después del parto, con un énfasis y claridad hasta entonces desconocidas. Expone las razones exegéticas que se esgrimen en la actualidad para sostener la virginidad *post partum*. Habla de la Virgen como exenta de toda mancha, aunque todavía la doctrina del pecado original no estaba desarrollada. María ha colaborado en nuestra Redención. También tiene alusiones a la dignidad regia de la Virgen, Madre del Rey de Reyes. Todo esto le ha hecho merecer a san Efrén el título de "Doctor Marianus".

---

[47]I. Ortiz de Urbina: *Efrén*..., cit., pág.

Capítulo 20

Escritores latinos (s. IV e inicio del V)

20.1 Características propias de la literatura y de la teología latinas de este período

El renacimiento teológico de Occidente tiene lugar con un siglo de re-traso respecto al de Oriente.[1] Después de las grandes figuras del siglo III (Tertuliano, Cipriano e Hipólito) la Iglesia latina no había producido más teólogos de valor, y desde la mitad del siglo III hasta la mitad del siglo IV había registrado una larga fase de estancamiento. Las razones de esta si-tuación son cuatro principalmente:

1. La ausencia en Occidente de escuelas teológicas, o sea, de importan-tes centros culturales como Alejandría o Antioquía.

2. La ausencia del estímulo de las herejías cristológicas y trinitarias.

---

[1]Cfr. B. Mondin: *Storia...*, cit., vol. I, pág. 335; V. Cano Sordo: *Patrología...*, cit., tema 21.; A. Hamman: *El nuevo rumbo del siglo IV*, en Patrología III, dir. por A. Di Berardino, Madrid, BAC, 1981, págs. 3–38.

3. La menor difusión del cristianismo en Occidente respecto a Oriente.

4. A esto se añade que el norte de África, donde había sido más viva la teología, se debatía en la contienda donatista, y esta circunstancia era negativa para producir los frutos deseados.

El renacimiento teológico en Occidente, a fines del siglo IV, tiene lugar, sobre todo, por el mérito personal de algunos teólogos sobresalientes como san Jerónimo y san Hilario de Poitiers que toman contacto directo con la teología griega y se apropian de los métodos y discusiones por ella elaborados. Por otra parte, contribuyó al renacimiento teológico también la aparición a fines del siglo IV y comienzos del V de tres nuevas herejías: el priscilianismo, el donatismo y el pelagianismo.

20.2 Problemas específicos del cristianismo occidental: el donatismo, el priscilianismo, el pelagianismo

20.2.1 Donatismo

Historia del donatismo

Donato fue el iniciador y principal organizador del movimiento cismático que comienza en el año 312 en el Norte de África.

En 310 el obispo de Cartago murió al regresar de Roma, en donde había estado para explicar las razones por las que dio asilo al obispo Félix de Aptunga, autor de un libelo contra el emperador Majencio (280–312).[2]

---

[2]Cfr. H. Masson: *Manual...*, cit., págs. 124–127; V. Cano Sordo: *Patrología...*, cit., tema 21; Jr. Diez Antoñanzas: *Donato y Donatismo*, en GER, vol. VIII, págs. 102 ss.; D. Ramos–Lissón: *Patrología*, cit., págs. 308–309.

Los fieles eligen a Ceciliano, consagrado por el mencionado Félix de Aptunga. Botrus y Celestio aspiraban a esa sede. Lucila, rica patricia, logró quitar de su sede a Ceciliano.

El modo de conseguirlo fue a través del obispo Donato, obispo de Casas Negras, quien unificó las fuerzas de oposición a Ceciliano, contando con la fortuna de Lucila, y en base a los argumentos falsos de que era contrario a la Tradición consagrar un obispo de la zona en ausencia de los obispos (de Numidia, en este caso), y a que el obispo consagrante, Félix de Aptunga, había sido un traidor. Convocó a un concilio en Cartago con 70 obispos de Numidia, fueron depuestos Ceciliano y Felix. Fue elegido, como obispo de Cartago, Mayorino, consagrado por Donato. Comenzó el cisma.

A partir del 313, Constantino confió al procónsul Anulino la misión de pacificar Africa. En ese año los donatistas acudieron a solicitar la protección imperial de Constantino, pidiendo que hiciera juzgar su causa por un tribunal de la Iglesia gala.

Con este fin, se llegó a la conclusión de reunir un concilio en Roma para dirimir la cuestión, al que asistieron el papa Milcíades, Materno de Colonia, Reticio de Autun y Marino de Arles con otros 15 obispos. También estuvieron presentes Ceciliano y Donato con diez obispos cada uno. El concilio se proclamó a favor de Ceciliano, y condenó a Donato, como causante de un cisma.

Los donatistas no se conformaron, y pidieron un nuevo concilio, que se reunió en Arles (314): pero éste confirmó las decisiones del de Roma.

Los donatistas se rebelaron. Constantino afirmó su postura en contra de ellos, por consejo de Osio de Córdoba.

Donato, sucede a Mayorino en la sede donatista de Cartago, y se convierte en hereje al proclamar su doctrina.

Más de 300 obispos africanos se unieron a Donato.

Los emperadores romanos tuvieron una actitud diferente ante ellos. Valente los persiguió, Juliano (361) los aceptó.

Honorio encarga al tribuno Marcelino la pacificación del territorio. Se reúnen en Cartago 279 obispos donatistas y 286 católicos. Asistió san Agustín. Prevaleció la doctrina católica y Honorio condena a los donatistas en el año 411. El donatismo sufrió un fuerte revés con la invasión de los vándalos en 430. Duró hasta la invasión musulmana.

Doctrina

Los donatistas forman la Iglesia de los buenos; la Iglesia de Roma y las demás que la siguen son falsas y cismáticas; no tienen el verdadero bautismo; son inválidos sus sacramentos por estar en pecado de cisma; es agradable a Dios perseguir con violencia a los malos cristianos (origen de los *circumceliones* que saqueaban, mataban, etc.).

El fenómeno donatista es muy complejo, y enfrentaba posiciones concernientes a la relación Iglesia–Estado, económico social, teología sacramental, etc. Si embargo, como dice Antoñanzas:

"Pero el núcleo del donatismo (que le da permanente actualidad) es su significación eclesiológica: era su diferente concepción de la Iglesia lo que separaba de verdad a católicos y donatistas; los episodios que llevaron a la ruptura fueron simple catalizador. Se enfrentaban la iglesia pneumática y la Iglesia de Cristo. Los donatistas veían exclusivamente un aspecto de la Iglesia: su carácter salvífico; por eso consideraban contradictorio el que un ministro pudiera administrar válidamente un sacramento (que confiere la gracia) estando él en pecado (sin gracia personal); por eso reducían la Iglesia a solos los que viven en gracia. Es la iglesia de los puros, con precedentes africanos en Montano y Tertuliano. Conservan la organización jerárquica, pero en su mente no pasa de organización, sin tener razón de propiedad, naturaleza de la verdadera Iglesia, para ellos la verdadera Iglesia es la iglesia del Espíritu".[3]

Frente a esta posición los grandes anti-donatistas, Optato y san Agustín, siguen la verdadera doctrina católica, que se basa en la existencia de una Iglesia jerárquica fundada por Jesucristo, a la que se le confió aplicar la Redención, y que actúa por sus legítimos ministros, con independencia del estado de gracia de los mismos, porque es la Iglesia la que engendra a nuevos hijos, o Cristo mismo el que bautiza.

20.2.2 Priscilianismo

Prisciliano (+375) era un laico rico del sur de España, rigorista (semejante a los montanistas), consagrado obispo de Ávila, al que seguían muchas mujeres, que muere ejecutado en Tréveris en el año 385 junto con otros priscilianistas (primer caso en la historia).[4]

Fue condenado por varios Papas (Inocencio I, san León Magno) y concilios locales. El concilio I de Toledo (ca 400), el conc. I de Braga (a. 561) todavía alude a los priscilianistas. Para el concilio Bracarense II del a. 572 ya no quedaban restos del mismo.

El carácter de Prisciliano era crudito y dispuesto a discutir con gran locuacidad. Era muy sacrificado, con grandes vigilias y ayunos, no codicioso y parco. Pero, al mismo tiempo, poseído de una gran vanidad y presunción de sus propios conocimientos profanos.

Su influencia perduró en Galicia hasta la mitad del s. VI. Su doctrina contiene elementos sabelianos y docetas. Negaba la creación del mundo por Dios bueno y admitía un principio del mal, que fue el que creó todo. Este Dios creador, que es malo, se opone al Dios bueno del espíritu, que

---

[3]Jr. Diez Antoñanzas: *Donato...*, cit., pág. 104.

[4]Cfr. J. Fernández Conde: *Prisciliano y priscilianismo*, en GER, vol. XIX, págs. 170 ss.; V. Cano Sordo: *Patrología...*, cit., tema 21; G. Bardy: *Priscillien*, en DTC, vol. XIII, cols. 391-400; D. Ramos-Lisson: *Patrología*, cit., págs. 310-311.

es el del Nuevo Testamento, y del que emanan todas las realidades espirituales, formando un pléroma de eones en círculos concéntricos según su
perfección espiritual y en torno a un eje que sería la divinidad. En uno de
esos círculos estaría el mundo de las almas humanas, de naturaleza divina.
Pero son aprisionadas por los príncipes malignos del Dios del mal y son
aprisionadas en los cuerpos, donde tienen que luchar por liberarse. En esa
lucha, son ayudadas por eones buenos, los patriarcas, y tratan de liberarse
del cuerpo; cuerpo, que es ayudado en su tarea de encarcelación por los
eones malos, los signos del zodiaco.

En esa lucha, es necesaria la renuncia al matrimonio, que prolonga un
mundo dominado por el espíritu del mal; también la dura ascesis renun-
ciando a lo material y buscando un conocimiento superior, gnosis, cuyo
grado de posesión determina la diferente clase de elegidos.

Niegan por tanto, la resurrección de la carne.

En Trinidad son modalistas sabelianos. En Sagrada Escritura, aceptan
los libros apócrifos junto a los canónicos; y un modo esotérico de interpretación de la misma.

20.2.3 Pelagianismo

Muchos pensadores coinciden en afirmar que, en la actualidad, el ambiente está saturado por una especie de pelagianismo que ignora las consecuencias del pecado y la necesidad de la gracia.[5]

Pelagio (360–422) era un monje Bretón (inglés) muy austero y de ingenio penetrante que viajó a Roma hacia el año 400 y vivió ahí muchos años
durante los siglos IV y V. Tuvo muchos amigos de gran calidad espiritual,

---

[5]H. Masson: *Manual...*, cit., págs. 278–280; L. Arias: *Pelagio y Pelagianismo*, en GER, vol.
XVIII, págs. 190 ss.; V. Cano Sordo: *Patrología...*, cit., tema 21; V. Grossi: *La Controversia
Pelagiana. Adversarios y discípulos de san Agustín*, en "Patrología III" cit., págs. 554–582;
D. Ramos–Lissón: *Patrología*, cit., págs. 309–310; É. Amann: *Pélagianisme*, en DTC, vol. XII,
cols. 675–715; E. Moliné: *Los Padres...*, cit., págs. 405–406.

(Pelagio)

como san Paulino de Nola. Entre sus discípulos más sobresalientes se cuentan Celestio, noble romano, y Juliano de Eclana que, según San Agustín, es
el arquitecto del sistema pelagiano.

Con Celestio, se traslada en el año 409 (un año antes de la invasión de
Alarico) a Cartago y luego a Jerusalén donde conoce a Rufino, un discípulo
de Teodoro de Mopsuestia.

San Agustín combate su doctrina. La moral pelagiana tiene como temas favoritos la paciencia ante las tribulaciones, el abandono del mundo,
la vanidad de la vida, la inanidad de las riquezas, la belleza de la virtud, etc.

Sin embargo, es curioso constatar en sus escritos la ausencia total de la
teología de la cruz. Para él la santidad es una meta que se consigue con los
propios esfuerzos sin necesidad de la gracia.

La gracia de la que habla Pelagio no es una gracia interior, sino sólo la
gracia exterior de la enseñanza y del ejemplo. Puede ser una iluminación
—de carácter puramente intelectivo—, pero nunca una gracia que mueva la
voluntad, que —según Pelagio— es autónoma. Para Pelagio el cristianismo
se limita sólo a una enseñanza, a una doctrina, no es el acontecimiento de
una presencia que fascina.

En la escuela griega se seguían los principios fundamentales de la peda-
gogía antigua *(paideia)*, según los cuales basta la capacidad natural *(natura)*,
el esfuerzo de la voluntad —aplicada de modo intenso *(studium)*, habitual

(*usum*) y constante (*exercitium*)—, y las enseñanzas y ejemplos del maestro para alcanzar la virtud.

Tanto el donatismo como el pelagianismo, nacen del desconocimiento de la fragilidad del hombre y de la fuerza del pecado. Ambas pretensiones llevan al orgullo, a la intolerancia y a la división. San Agustín, ante estos errores, hace una llamada a la humildad y a la caridad fraterna, al mismo tiempo que señala la necesidad de que todo los hombres avivemos en nuestro interior la disposición de misericordia con todos los pecadores.

Pelagio dice que es un deber de todo hombre vivir sin pecado (impecancia), como resultado de un esfuerzo constante. Pelagio afirma que no necesitamos más ayuda de Dios que la que nos dio al crearnos. Creado por Dios, el hombre es autónomo y vive con independencia de Dios.

Por eso, también dice que el pecado de Adán no es hereditario. No tenemos una mancha en el alma al nacer. Afirma que las penalidades de esta vida son consecuencias de nuestros pecados personales y no de un supuesto pecado original. Adán fue creado mortal y la muerte no es consecuencia del pecado, sino algo previsto por Dios para el hombre desde la creación.

Esta doctrina le lleva a negar el bautismo de los recién nacidos. Además afirma que Cristo es maestro del mundo y un ejemplo para nuestra vida, pero no es Redentor de los hombres ni Salvador.

San Agustín lo combate hasta el año 417. La Iglesia condenó esta doctrina en los concilios de Cartago (411) y Milevi (413). Inocencio I confirmó estas condenas. El papa Zósimo, en el 418, reúne un concilio en Cartago donde se reafirma la doctrina sobre la gracia de san Agustín. El papa condena a Pelagio. En el concilio de Éfeso (431) vuelve a ser condenada su doctrina.

Resumen de la doctrina pelagiana:

- Negación del pecado original.

- Suficiencia de la voluntad para las obras sobrenaturales.

- Negación de la gracia; admite una gracia de iluminación que es exigida por las buenas obras, y no gratuita.

- El bautismo es sólo para imprimir el sello de la herencia de la vida eterna.

20.3   San Ambrosio de Milán

20.3.1   Vida

- 339: De antigua familia cristiana, aristócrata y romana, nace en Tréveris, donde su padre era prefecto del pretorio de las Galias.[6]

- 353: Al fallecer su padre, su madre lo lleva a Roma con sus hermanos Sátiro y Marcelina. Estudió gramática y retórica. Se educa con orientación hacia el derecho (estudios humanísticos y jurídicos): abogacía y administración pública.

- 370: Es constituido gobernador de la Liguria y la Emilia (sede en Milán).

- 374: Mueren Ausencio, el obispo pro–arriano de Milán, y san Dionisio, el obispo niceno en el destierro. Ambrosio es bautizado (era catecúmeno todavía), ordenado sacerdote y consagrado obispo por aclamación unánime de arrianos y no arrianos, cuando durante uno de sus discursos como gobernador, se elevó de improviso una voz infantil "¡Ambrosio obispo!". Intentó la fuga, pero a lo pocos días acepta la designación. Después, distribuye sus bienes entre los pobres.

---

[6]J. Loughlin: *St. Ambrose*, en "The Catholic Encyclopedia", Vol. 1. New York: Robert Appleton Company, 1907; A. Fierro Bardaji: *Ambrosio, San*, en GER, vol. I, págs. 795 ss.; A. Largent: *Ambroise (Saint)*, en DTC, vol. I, cols. 942–951; V. Cano Sordo: *Patrología...*, cit., tema 21; D. Ramos–Lissón: *Patrología*, cit., págs. 311–320; M. G. Mara: *Ambrosio de Milán, Ambrosiaster y Nicetas*, en "Patrología III" cit., págs. 166–223; E. Moliné: *Los Padres...*, cit., págs. 392–404; Fliché–Martin: *Historia...*, cit., vol. III, págs. 449–452.

(San Ambrosio de Milán)

- Es instruido por el presbítero Simpliciano (que luego le sucede) en base al estudio de la Escritura y la lectura de los Padres griegos, especialmente Orígenes, san Atanasio y san Cirilo de Jerusalén.

- Tuvo intervenciones claras contra el paganismo; por ejemplo, cuando impidió que el Senado restituyera en su lugar la estatua pagana de la Victoria. También luchó contra el arrianismo, como en la ocasión en que se opuso a los deseos de la emperatriz de ceder una iglesia de Milán a los arrianos (385): opuso resistencia pasiva, encerrado en la basílica con los fieles.

- 378: Desde 378 a 397 tuvo estrecha relación con varios emperadores: Graciano, Valentiniano II y Teodosio. Fue excelente pastor de almas. Fue valiente ante la autoridad civil, denunciando en ocasiones sus atropellos, como cuando obligó —por medio de una carta muy dura— a Teodosio a rectificar su conducta y a hacer penitencia pública por la matanza que había ordenado llevar a cabo en Tesalónica (siete mil muertos) por un levantamiento sucedido allí (390).

- 397: Muere san Ambrosio.

20.3.2 Obras y pensamiento

Obras exegéticas

Utiliza el método de Orígenes; da primacía al sentido moral; especulativamente depende de los orientales:

- Antiguo Testamento: *Sobre el paraíso*; *Sobre Abraham*, que tiene dos libros, el primero en sentido moral y el segundo en sentido alegórico, que le sirven para manifestar el ejemplo de vida de justicia; *Sobre Noé*, donde alegóricamente se entiende el arca como el cuerpo humano; etc.

  En diversos libros comenta casi todo el Génesis, de entre los cuales, sobresale el *Comentario al Hexamerón*, un comentario de los seis días de la creación en seis libros. Se contrapone una teología católica de la creación a las ideas de la filosofía griega; rechaza el triple principio del universo platónico (Dios, materia y las ideas divinas). Es un himno a la majestad de Dios a partir de la contemplación del universo creado. Con frecuencia se recurre a la interpretación moral y alegórica.

- Nuevo Testamento: apenas fue comentado por san Ambrosio. Solo poseemos la *Explicación del Evangelio de san Lucas*. En el prólogo se justifica la elección precisamente de este Evangelio debido a que conjuga los tres aspectos de la sabiduría: *natural* —en el Antiguo Testamento, es recogida en el Eclesiastés, y en el Nuevo Testamento, en el Evangelio de san Juan—; *moral* —en el Antiguo Testamento se manifiesta en el Cantar de los Cantares, y en el Nuevo en san Mateo—; y *racional* —que se ve en Proverbios en el Antiguo Testamento, y en Marcos en el Nuevo—. Y además por ser de un exquisito estilo histórico.

Obras ascético–morales

- Varias obras sobre la virginidad consagrada a Dios: *De virginibus, De institutione virginis, De virginitate, Exhortatio virginitatis, De lapsu virginis.* Libros a los cuales cabe añadir *De viduis.* Se destaca la superioridad de la virginidad sobre la vida matrimonial, que no es pecaminosa, pero sí onerosa.

- *Sobre los deberes de los ministros sagrados* (inspirada en el "De oficiis" de Cicerón, del que se tratará más ampliamente un poco más abajo).

Tratados dogmáticos

Se centraron sobre todo en la lucha antiarriana (su tiempo fue el de las controversias post–nicenas, esto es el semiarrianismo y el macedonianismo) y catequización de los paganos. Por eso sus obras están centradas en defender la divinidad del Hijo y del Espíritu Santo:

- *De fide* (sobre la fe en el sentido de contenido, de objetos de la misma) a petición de Graciano (367–383). Es una meditación sobre el Credo de Nicea. Expone fundamentalmente la relación entre el Padre y el Hijo: la igualdad de naturaleza entre el Padre y el Hijo según un temario frecuente en análogas obras contemporáneas: exégesis de declaraciones de Jesús y de los Apóstoles; doctrina sobre la posibilidad y modo de filiación o generación en el seno de la divinidad; respuesta a objeciones arrianas, que pretendían apoyarse en ciertos textos bíblicos que parecen hacer a Cristo inferior al Padre.

- *Sobre el Espíritu Santo.* Trata de cuestiones parecidas a la obra anterior, pero dedicadas al Espíritu Santo.

- *Sobre el misterio de la encarnación del Señor,* donde enfrenta algunos cuestionamientos surgidos tras su tratado sobre la fe.

- *Sobre los misterios* y *Sobre los sacramentos*. Ambos se dedican al bautismo y a la eucaristía. Se estudian las figuras del Antiguo Testamento que a ellos se refieren.

- *Sobre la penitencia* (contra los rigoristas novacianos). Tratado de carácter preponderantemente moral (arrepentimiento, conversión, etc.), pero que tiene alcances de teología sacramental al exponer la penitencia pública o de teología sobre Dios, al estudiar cómo puede perdonar un Dios que es inmutable.

Otros escritos

- Discursos fúnebres (Valentiniano y Teodosio).

- Cartas al Papa, a los obispos...

- Himnos para la liturgia ambrosiana (*Deus creator omnium, Iam surgit hora tertia...*).

20.3.3   Doctrina moral en el "De officiis ministrorum"

Entre sus obras morales se cuentan los tres libros *Sobre los deberes de los ministros*, dirigidos a sus clérigos; constituyen el primer tratado sistemático de ética cristiana, en el que sigue la pauta y el plan general del *De officiis* de Cicerón. Es la obra más importante de Ambrosio.

Esta obra es ciertamente posterior al 386, cuando se hallaba en plena posesión de su experiencia pastoral.

El desarrollo de sus contenidos es el siguiente:

- El primer libro trata de *lo honesto*, de las cuatro virtudes cardinales y de los deberes que se derivan de lo honesto.

- El segundo libro trata de *lo útil* y de los deberes que se relacionan con él. Ambrosio desarrolla en estas páginas la noción de *summum bonum* que Cicerón había tratado en su *De finibus*.

- El libro tercero trata de *los conflictos entre lo honesto y lo útil.* En las ideas, y hasta a veces en las expresiones, sigue de cerca a su modelo.

Es de gran interés esta obra de san Ambrosio para estudiar cómo aprovecha la obra de Cicerón, qué cosas rechaza de la misma y qué cosas conserva. Para Ambrosio lo que hay de bueno en la filosofía pagana ha sido tomado de la sabiduría hebrea, y hay que corregirla en casi su totalidad, y reformarla según los principios cristianos.

Desde el mismo fundamento hay que purificar la ética pagana, que no tiene la solidez de la moral cristiana apoyada firmemente en su aspecto religioso, es decir, considerada en cuanto expresión de la voluntad de Dios.

Conceptos de la ética estoica, como la distinción entre razón y pasiones, el deseo del "sumo bien", la clasificación de las virtudes (prudencia, justicia, fortaleza y templanza), el valor atribuido al juicio de la conciencia, etc., son transformados por Ambrosio. Por ejemplo, incluye en la virtud de la templanza el concepto de modestia, de la verecundia, tan poco familiar al espíritu pagano. De esta manera, cada noción moral adquiere un sentido, una eficacia, un alcance nuevo.

Defectos de composición son: las fluctuaciones en la exposición, la marcha libre de ideas, una falta de claridad deseable. No siempre supo conciliar y unificar las ideas presentes en su pensamiento.

Su valor es grande, sin embargo, porque en ningún otro tratado se percibe mejor hasta qué punto los dogmas capitales del cristianismo (fe en la Providencia y en Jesucristo, esperanza en la inmortalidad del alma y en la remuneración de ultratumba, etc.), han iluminado y solucionado plenamente muchos de los problemas que siempre se ha planteado el hombre.

20.3.4 Valoración

Siguiendo a Fierro Bardaji,[7] se puede decir que san Ambrosio no es un autor doctrinalmente decisivo en la historia de la teología o del pensamiento cristiano en general. Su mayor aportación estriba en su teología de la virginidad y también en la creación de himnos para uso litúrgico.

En lo que toca a su exégesis, reconoce con Orígenes, además del sentido literal o histórico, el sentido moral de las Escrituras, y también el alegórico, llamado asimismo espiritual o místico.

En lo que concierne a su teología trinitaria y cristológica, tampoco hallamos en él nada estrictamente original; su doctrina es la común de los Padres del siglo IV.

Desde el punto de vista doctrinal tal vez lo más característico suyo está en la antropología: la esencia del hombre la constituye el alma, no el cuerpo. Sólo el alma define la personalidad humana; el cuerpo es un velo, un vestido del alma, algo que pertenece al hombre, pero que no es el hombre.[8] Alma y cuerpo representan un sólo componentes ontológicos del hombre, sino también fuerzas éticas: dice que el alma da la vida al cuerpo, la carne en cambio contagia la muerte al alma.[9] De ahí que *alma* venga a significar el hombre entero en cuanto fiel a Dios, mientras que *carne* designa al hombre en cuanto pecador.[10]

Contribuyó a la difusión del cristianismo en todo el valle del Po.

Sus obras morales y ascéticas han tenido gran importancia en la posteridad.

Clarificó las relaciones entre Iglesia y Estado (independencia de la Iglesia; cooperación del Estado a la Iglesia; reforzar la autoridad del Papa).

La liturgia ambrosiana está aún vigente en Milán.

---

[7]A. Fierro Bardaji: *Ambrosio...*, cit., pág. 797.

[8]Cfr. San Ambrosio: *Hexaemeron*, libro VI, cap. 7, n° 43; cap. 8, no 50.

[9]San Ambrosio: *De bono mortis*, cap. 7, n 11, 26.

[10]San Ambrosio: *De Isaac et anima*, cap. 2.

20.4   San Jerónimo: su importancia como traductor y exégeta de la Biblia

20.4.1   Vida

Se le considera[11] como el más docto de los Padres latinos y el mayor erudito de su tiempo, "vir trilinguis", declarado por Bonifacio VIII doctor de la Iglesia el 20 de septiembre de 1295.

(San Jerónimo)

- 347: Eusebius Hiernonymus (ca. 347–420), de temperamento sanguíneo y gran sensibilidad, nace, de padres cristianos y familia acomodada, en la ciudad fortificada de Estridón (actual Lubiana, cerca de Aquileya, en el ángulo nororiental de Italia, no lejos de Trieste, en la frontera con Dalmacia y Panonia).[12] Aprendió a leer, escribir y contar en su ciudad natal.[13]

---

[11]Cfr. M. Á. R. Patón: *Jerónimo, San*, en GER, vol. XIII, pág. 395.

[12]cfr. San Jerónimo: *De Viris illustr.*, 135.

[13]L. Saltet: *St. Jerome*, en "The Catholic Encyclopedia", Vol. 8. New York: Robert Appleton Company, 1910; M. Á. R. Patón: *Jerónimo...*, cit., págs. 395 ss.; J. Forget: *Jérome (Saint)*, en DTC, vol. VIII, cols. 894–983; V. Cano Sordo: *Patrología...*, cit., tema 21; D. Ramos–Lissón:

- 359: Es enviado por sus padres a Roma donde estudia gramática, retórica, filosofía y derecho. Tuvo como profesor al célebre gramático Donato. Se aficiona a la lectura de Virgilio, Horacio, Quintiliano, Séneca y, sobre todo, de Cicerón. Tuvo una vida frívola y disipada. Recibió el sacramento del bautismo junto con su compañero de estudios, Bonoso, de manos del Papa Liberio. Otro de sus compañeros era Rufino.

- 367: Viaja a Tréveris (actual ciudad de Alemania). Ahí experimenta una primera conversión y comienza a estudiar la teología. Copia obras de san Hilario de Poitiers e intensifica su vida de piedad.

- 370: Vuelve a su patria con Bonoso. En Aquileya forma parte de un círculo de ascetas en torno a Valeriano, el Obispo. Forman parte de este grupo: Cromacio, Rufino y Heliodoro. Comienza a llevar un ascetísmo rigurosísimo. Es un gran erudito. Duran hasta el a. 374 donde "un torbellino súbito" dispersa al grupo, tal vez algún conflicto con los habitantes de la ciudad.

- 374: Después de dejar Aquileya, viaja por Tracia y Asia Menor, se instala en Antioquía, donde recibe clases de Sagrada Escritura con Apolinar de Laodicea. Le recibe su amigo Evagrio.

- 375: Permanece tres años en el desierto de Calcis —al sur de Alepo, Siria—, llevado por su ideal ascético. Enferma de gravedad. Ahí tuvo su famoso sueño, en el que él decía: "Soy cristiano", y se le respondía: "Mientes, tú eres ciceroniano, y no cristiano: donde está tu tesoro, allí está tu corazón..."[14] Toma la decisión de no leer más autores paganos. Ahí, un judío converso le enseña hebreo.

Patrología, cit., págs. 321–328; M. G. Gribomont: *Las Traducciones. Jerónimo y Rufino*, en "Patrología III" cit., págs. 249–290; E. Moliné: *Los Padres...*, cit., págs. 392–404; Fliché–Martin: *Historia...*, cit., vol. III, págs. 452–453.

[14]San Jerónimo: *Carta* 22, 30 (cfr. *Cartas*, 1, 191–193).

En esta época se ve envuelto en el cisma de Antioquía, entre Melecio y Paulino, y donde los monjes de la zona estaban divididos. Le escribe al Papa san Dámaso para saber a qué atenerse. No recibe respuesta. Ante las divisiones, vuelve a Antioquía junto con su amigo Evagrio, que era favorable a Paulino, posición que asumirá también san Jerónimo.

- 377: A su regreso a Antioquía el obispo Paulino le ordena de presbítero, pero con la condición de que se le permita seguir la vida monástica.

- 381: Asiste como observador al concilio de Constantinopla, y conoce a Gregorio Nacianceno, a Gregorio de Nisa y a otros Padres conciliares. Estudia a Orígenes y lo traduce al latín.

- 382: Junto con Paulino, obispo de Antioquía, y san Epifanio, se dirige a Roma. San Dámaso, papa, le hace su secretario. Comienza su labor de traductor al latín y corrector de la Sagrada Escritura. Se encarga de revisar la "Vetus Latina". Hace amistades y enemistades. Comienza a dirigir espiritualmente a un grupo de mujeres piadosas en un palacio del Aventino (Marcela, Paula, Asella, Eustoquio, etc.). Su estancia en Roma de tres años solamente es decisiva para san Jerónimo, porque está en la plenitud de su edad y de su cultura, y comienza su labor de gran escritor, ocupación que durará hasta el final de su vida.

- 384: Al morir san Dámaso, se traslada a Oriente, debido a que su situación en Roma se hace insostenible, pues los odios acumulados contra él, estallan súbitamente, tachándole de embustero, deshonesto, exagerado, etc. Todo debido a las fuertes críticas que san Jerónimo hacía a la vida del clero romano. Viaja por Fenicia, Palestina, Siria y Egipto. Conoce a Dídimo el Ciego que le pone en contacto con los escritos de Orígenes. Conoce también a los monjes y eremitas del desierto a ambos lados del Nilo.

- 396: Se instala en Belén, donde compone la mayoría de sus obras. Fundamentalmente se centra en la traducción del Antiguo Testamento. Conocía el griego, el hebreo y el caldeo. Tenía abundantes conocimientos de arqueología bíblica, e íntimo trato con otros exégetas griegos y latinos, antecesores y contemporáneos suyos. Funda un monasterio de hombres y tres de mujeres (dirigidos por Paula). En Belén pasa 34 años traduciendo e investigando la Sagrada Escritura. Recibió muchas consultas, incluso de san Agustín. Tomó parte en dos polémicas: la origenista (aspectos polémicos con su obispo, Juan de Jerusalén) y la pelagiana (compuso algunas obras; los pelagianos incendiaron su convento).

- 405: Termina su labor de traductor. Escribe otras obras de carácter ascético, histórico, hagiográfico y doctrinal, además de comentarios bíblicos, homilías, sermones y cartas.

- 420: Muere en Belén el 30 de septiembre.

20.4.2 Escritos

Tiene un estilo de gran belleza. Es uno de los santos Padres que más influyó en la posteridad. Sus conocimientos de idiomas le ayudó en su labor, así como la gran cultura clásica que tenía. Destaca por su labor como traductor y editor de los textos bíblicos.

Traducciones

- De Orígenes (78 homilías y el *De Principiis*).

- De Eusebio de Cesarea (*Crónica*).

- De Dídimo el Ciego (*Sobre el Espíritu Santo*).

- La Biblia Vulgata (se sirvió de las *Hexaplas* de Orígenes).

– Antiguo Testamento: los protocanónicos y algunos deuterocanónicos; cfr. un Comentario al libro de Joel.

– Nuevo Testamento: 4 Evangelios; epístolas.[15]

Obras exegéticas

Al principio utiliza la exégesis alegórica; al final, la literal:

- S. Mateo.

- Cuatro epístolas de S. Pablo.

- Génesis.

- Salmos.

- Eclesiastés.

Obras polémicas

- *Contra Elvidio.*

- *Contra Joviniano* (defiende el monaquismo).

- *Disputa entre un luciferario*[16] *y un ortodoxo.*

- *Apología contra Rufino* (origenista). Rufino y san Jerónimo habían sido amigos. Se distanciaron hasta extremos antagónicos a raíz de sus opiniones sobre Orígenes. Al principio san Jerónimo defendió a Orígenes, pero este entusiasmo se enfrió a raíz de su relación con el santo Padre más antiorigeniesta de la época, san Epifanio. En una visita de éste a Jerusalén, se enfrentó con el obispo de la ciudad, Juan de Jerusalén y con el antiguo amigo de S. Jerónimo, Rufino, que era

---

[15]Su traducción fue oficial de la Iglesia hasta la nueva llamada *Neo–vulgata.*
[16]Lucifer, obispo de Cágliari, era rigorista con los arrianos.

profundamente origenista. San Jerónimo aparece como sospechoso de anti–origenismo, y el obispo de Jerusalén obtiene una carta imperial de destierro para san Jerónimo y sus monjes. Como reacción, éste escribe un opúsculo virulento *Contra Johannem Hierosolymitanum*. No se cumple el decreto imperial, y la intervención de Teófilo de Alejandría calma los ánimos por el momento.

Poco después Rufino vuelve a Roma, donde hace una traducción del *Peri Arjón* de Orígenes, pero manipulándolo para quitar los puntos incompatibles con la fe, justificándose sobre la base de que otros habían hecho lo mismo antes que él, señalando implícitamente a san Jerónimo. Éste vuelve a reaccionar fuertemente. Hay un intercambio de escritos entre Rufino y san Jerónimo, ambos muy fuertes. En este contexto se sitúa su *Apologia Adversus Libros Rufini*. También hace san Jerónimo una traducción literal del *Peri Arjón*, para que se vieran todos los extremos de la doctrina origenista que habían sido ocultados.

Esta polémica causó un daño singular, y el mismo san Agustín se quejaba de la misma en una carta dirigida a san Jerónimo: "Te confieso haber sentido profundo dolor de que tamaña calamidad de discordia haya podido darse entre personas tan caras y familiares, unidas por un lazo de amistad que era conocidísimo de casi todas las iglesias".[17]

- *Diálogo contra los pelagianos* (415). Responde a una de las últimas controversias en las que se vio envuelto. En efecto, cuando estalla la crisis pelagiana, Palestina se dividió en torno al tema. San Jerónimo pronto visualizó los rasgos de la nueva herejía y la censura. Pero los pelagianos reaccionaron, y atacaron los conventos de san Jerónimo.

---

[17]San Agustín: *Cartas* 110,6: 11, 312.

Obras históricas y Cartas

- *De viris illustribus* (392–392).

- 150 Cartas. En las que se encuentran dos facetas del santo. En unas, aparece como frío y convencional, retórico; en otras, sobre todo en las del final de su vida, envuelto en diferentes controversias, aparece el san Jerónimo apasionado, espontáneo, directo y fuerte. En algunas de sus cartas a sus amigos más íntimos, aparece incluso, la ternura.

20.4.3 Sus versiones de la Sagrada Escritura

A finales del siglo IV había ya mucha diferencia entre los distintos códices latinos de los Evangelios, muchos de ellos muy alterados en su sentido original.

Por encargo del papa Dámaso, durante su segunda estancia romana (384), san Jerónimo comienza la revisión de la traducción latina de los Evangelios. Es el principio de la versión latina de la Biblia, que se ha llamado posteriormente *Vulgata*, recomendada, como versión oficial, por el concilio de Trento. Esta traducción eliminó, no del todo aunque sí en buena parte, la antigua versión latina que se designa (con bastante impropiedad) con el nombre de *Itala*.

De ciertos libros de la Biblia, san Jerónimo no retocó las traducciones latinas que existían (los deuterocanónicos: Sabiduría, Eclesiastés, Libros I y II de los Macabeos, Baruch) por no hallarse incluidos en el canon hebreo.

Otra serie de libros los revisó sumariamente: los Hechos de los Apóstoles, las Epístolas de san Pablo, el Apocalipsis.

Compuso una triple traducción al Salterio:

- El *Salterio Romano* (actualmente desaparecido) según la versión pre–hexaplar de los Setenta que él llama *Koiné* (durante su estancia romana en 384).

- El *Salterio Galicano* según el texto hexaplar griego de Orígenes (en 387); en 1592 es introducido en la Biblia Sixto Clementina, y forma parte de la *Vulgata* a partir de entonces.

- El *Salterio Hebreo* según el texto hebreo (395), que nunca fue utilizado por la Iglesia en las funciones litúrgicas.

Además, rehizo el texto de los Evangelios según los manuscritos griegos más antiguos que pudo hallar.

Por último, tradujo por primera vez del hebreo los libros canónicos del Antiguo Testamento (del 390 al 405).

No contento con fijar un mejor texto latino de los libros santos, se esforzó también en facilitar su inteligencia por medio de una serie de comentarios, en los que se sirvió en gran escala de Orígenes, y que contienen elementos inestimables, aunque elaborados con demasiada rapidez.

20.5 Breves noticias sobre otros autores occidentales de esta época

20.5.1 Rufino de Concordia (Aquileya)

Mientras que Epifanio de Constanza, Juan Crisóstomo, Jerónimo y otros participaron en diversa medida, a finales del siglo IV y comienzos del V, en la disputa en torno a Orígenes y su teología, Orígenes constituyó el principal campo histórico–literario del trabajo de Tirano Rufino porque la mayor parte de la ingente obra de Orígenes se ha conservado sólo por sus traducciones.[18]

Rufino nació en Concordia, al oeste de la ciudad de Aquileya, hacia 345. Recibió en Roma, junto a Jerónimo, su formación gramatical y retóri-

---

[18]H. Drobner: *Manual...*, cit., págs. 366–369; B. Altaner: *Patrología*, cit., págs. 653 ss.; J. Ibáñez Ibáñez: *Rufino de Aquileya*, en GER, vol. VIII, pág. 811 ss.; G. Bardy: *Rufin d´Aquilée*, en DTC, vol. XIV, cols. 153–160; V. Cano Sordo: *Patrología...*, cit., tema 21.

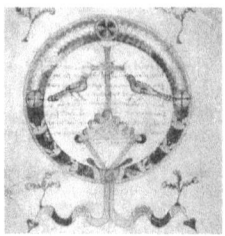

(Detalle de una copia del s. VII de un manuscrito de Rufino de Aquileya)

ca. Hacia 371 recibió el bautismo en Aquileya y se unió a una comunidad monástica. Estuvo ocho años en Egipto, recibió clases de Dídimo el Ciego y conoció la teología origenista.

En 381 fundó en Jerusalén un monasterio en el Monte de los Olivos, donde vivió dieciséis años. Fue ordenado presbítero hacia 392. Defendió a Orígenes, al estallar la controversia en 393, junto a su obispo Juan y en el bando opuesto de Epifanio y de Jerónimo.

Rufino volvió a Roma en 397. Desde entonces hasta el 402 sostuvo una agria polémica con Jerónimo con motivo de los escritos de Orígenes. Rufino traduce varias obras de Orígenes con bastante libertad y tratando de limar los pasajes de difícil comprensión.

Durante la invasión de los godos, estuvo en Roma, luego en el monasterio de Pinetum (no lejos de Terracina) y más tarde pasa a Roma (410), Sicilia y Mesina, donde fallece entre 411 y 412.

Rufino es el testigo principal de la teología de Orígenes.

20.5.2   Optato de Milevi (c. 320 – c. 390)

Optato fue obispo de Milevi, en Numidia (hoy Mila, Algeria). Se conoce muy poco de su vida. Agustín y Jerónimo nos han dejado algunos datos biográficos.[19]

---

[19]B. Mondin: *Storia...*, cit., vol. I, págs. 339–341; E. Amann: *Optat de Milève*, en DTC, vol. XI, cols. 1077–1084; V. Cano Sordo: *Patrología...*, cit., tema 21.

(Optato de Milevi)

Ocupa un puesto importante en la historia de la teología gracias a su obra *De schismate donatistarum* o *Contra Parmenianum*, traducida al italiano con el título de *La vera Chiesa*. Es la primera obra antidonatista. Esta obra tiene importancia como fuente histórica del donatismo y desde el punto de vista eclesiológico.

Se compone de siete libros. Señala que además de las notas de la Iglesia de la unidad, santidad y apostolicidad, está la nota de la catolicidad y la comunión con la Iglesia de Roma. Proporciona la lista completa de los papas que han sido obispos de Roma hasta Siriaco (384–399), contemporáneo a él.

Optato se opone a la práctica de volver a bautizar a los que habían caído en la herejía, como afirmaban los donatistas.

20.5.3 Cromacio de Aquileya (c. 350 – 407)

(San Cromacio de Aquileya)

San Cromacio de Aquileya fue miembro del clero de Aquileya, uno de los nudos de tránsito más importantes entre Oriente y Occidente, desde el año 370 aproximadamente. En 387 fue consagrado obispo de esa ciudad. Actuó en la controversia sostenida entre san Jerónimo y Rufino de Aquileya, su antiguo amigo. También tuvo relación con san Juan Crisóstomo. Padeció la invasión de los visigodos. Murió en 407.[20]

Es autor de más de 40 sermones y 60 homilías sobre el Evangelio de Mateo. En los últimos años han aparecido numerosos estudios que se ocupan de su persona, de su método exegético y de las referencias sobre la liturgia de Aquileya.

20.5.4   Eusebio de Vercelli (c. 305 – c. 370)

(San Eusebio de Vercelli)

San Eusebio de Vercelli nació en Cerdeña y acudió a Roma donde fue compañero del futuro papa Liberio. Permaneció en Roma hasta que fue elegido obispo de Vercelli en el año 345. Por defender a Atanasio de Alejandría fue desterrado a Palestina (355–360). Trasladado a Capadocia fue llevado finalmente a la Tebaida (Egipto). Participó en el concilio de Alejandría (362).

---

[20]A. di Bernardino: *Diccionario...*, cit., vol. II, págs. 1409–1411; S. Aznar Tello: *Cromacio, San*, en GER, vol. VI, pág. 737; V. Cano Sordo: *Patrología...*, cit., tema 21.

A su regreso a Italia continuó su actividad antiarriana con Hilario de Poitiers. Es autor de varias cartas.[21]

20.5.5 Máximo de Turín (c. 350 – c. 415)

(San Máximo de Turín)

San Máximo de Turín debió nacer hacia mediados del siglo IV. Ignoramos dónde. En el 398 es obispo en la sede episcopal de Turín. Muere, según Genadio, durante el reinado de Honorio y Teodosio II (408-423), un poco después del 412.[22]

Es pastor, más que teólogo. Se conservan unos cien de sus Sermones, que siguen el tiempo litúrgico y conservan una rica catequesis sobre los más diversos temas de la vida ordinaria (civil y eclesiástica) en aquella época de turbulencia por las constantes invasiones de los pueblos bárbaros.

---

[21]Di Bernardino, I, 823–824; P. Godet: *Eusèbe de Verceil*, en DTC, vol. V, col. 1553–1554; V. Serrano Muñoz: *Eusebio de Vercelli, San*, en GER, vol. IX, págs. 576 ss.; V. Cano Sordo: *Patrología...*, cit., tema 21.

[22]Di Bernardino, II, 1409-1411

Capítulo 21

San Agustín de Hipona

21.1 Importancia de san Agustín para la historia del cristianismo y para la teología y la espiritualidad católicas

Entre los Padres de la Iglesia, Agustín merece un capítulo aparte, dada la singular grandeza de su pensamiento. Figuras como Tertuliano, Cipriano, Ambrosio, Hilario y Jerónimo palidecen frente a la grandiosidad de san Agustín. Algunos escritos de Agustín como las *Confesiones, la Ciudad de Dios, La Trinidad* y *La Doctrina Cristiana*, iluminan no solamente la época patrística, sino que también han marcado de modo indeleble el camino de todas las épocas sucesivas de la historia de la teología. Con Agustín la teología ha alcanzado unos de sus hitos más altos de todos los tiempos, quizá el más alto de modo absoluto.[1]

---

[1] J. Morales: *Teología IV: Historia de la Teología*, en GER 22 (1975) 252-256; L. Cilleruelo: *Agustín, San*, en GER, vol. I, págs. 403–411; É. Gilson: *The Christian Philosophy of Saint Augustine*, New York, Random House, 1960; É. Gilson: *History of Christian Philosophy...*, cit., págs. 70–80; B. Mondin; *Storia...*, cit., vol. I, 369 y 419; V. Cano Sordo: *Patrología...*, cit., tema 22; A. Trape: *San Agustín*, en "Patrología III", cit., págs. 405–553; E. Portalié: *Augustin, Saint*, en DTC, vol. I, cols. 2268–2472; E. Moliné: *Los Padres...*, cit., págs. 497–508; D. Ramos-

El doctor de Hipona ha influido poderosamente en toda la civilización occidental. Su influjo abarca no solamente la mística y la política, sino toda la civilización medieval en cuanto tal. Todos los elementos esenciales de su cultura (las doctrinas, las costumbres, los valores, las mismas instituciones políticas) son manifestaciones de la cosmovisión elaborada por Agustín. Solamente cuando al fin de la Edad Media comienza a afirmarse la autonomía de la ciudad terrena frente a la ciudad celeste, con el advenimiento de la secularización y el triunfo de lo profano, la civilización cristiana —construida sobre las bases proporcionadas por Agustín— entrará en crisis y se desvanecerá.

21.1.1 Algunos rasgos de su pensamiento e influjo en la historia de la teología

Caben destacar las siguientes características del santo Obispo de Hipona:

- Tiene la máxima autoridad del siglo V al XIII.

- Sintetiza todo el pensamiento cristiano de la antigüedad.

- Funda el pensamiento cristiano posterior.

- Hace un sistema completo de filosofía y teología.

- Se basa en su lema: *Intellige ut credas, crede ut intelligas.*

- En filosofía se apoya en los neoplatónicos, con su concepto de Dios y del alma.

Lissón: *Patrología*, cit., págs. 333–372; etc. La bibliografía sobre san Agustín es ingente; baste recordar lo que decía Quasten, "la bibliografía sobre san Agustín ocupa libros enteros" ("Patrología III", presentación). Cfr. elenco selecto en É. Gilson: *The Christian Philosophy of Saint Augustine*, cit., págs. 367–384.

- En teología propone una adhesión a la fe a través de la Sagrada Escritura, la Tradición y el Magisterio de la Iglesia (*regula fidei*).

- Estudia con profundidad la Trinidad, la gracia y el pecado original.

- Propone los fundamentos de los medios para alcanzar la santidad en la vida sacramental y en la oración.

(San Agustín de Hipona. Rubens)

21.2 Vida de san Agustín: centralidad de la conversión; las grandes polémicas contra maniqueos, donatistas y pelagianos

Aurelio Agustín es teólogo, místico, filósofo, poeta, orador, polemista y pastor. Se caracteriza por su ardiente búsqueda de la verdad.

- 354: Nace en Tagaste el 13 de noviembre. Su padre (+370) era miembro del consejo municipal. Su madre, santa Mónica. Recibe formación en gramática, aritmética y latín (no griego).

- 365: Se traslada a Madaura para continuar sus estudios.

- 371: Va a Cartago a estudiar retórica. Cae en una profunda crisis moral.

- 374: Lee el *Hortensius* de Cicerón y comienza a buscar la verdad. No entendía la Biblia y se convierte al maniqueísmo (fue auditor) que pretendían resolver el problema del mal con el dualismo. Da clases de gramática dos años en Tagaste hasta que muere un amigo de la infancia y se traslada nuevamente a Cartago a la escuela de Romaniano. Ahí abre él mismo una escuela.

- 383: Abandona el maniqueísmo al descubrir la sabiduría meramente aparente del maniqueo Fausto. Había seguido estudiando a Cicerón, Varrón, Celso, los estoicos, el epicureísmo, el pitagorismo, las *Categorías*, los *Tópicos*, el *Peri hermeneias*, el *Timeo*, el *Fedón*, la *Isagogé*, y los *Oráculos*. Viaja a Roma. Dudaba de todo y cae en el escepticismo.

- 384: Se instala en Milán. Los domingos asiste a Misa y oye a san Ambrosio. Lee las *Eneadas* de Plotino y renace en él el antiguo deseo de sabiduría. Lee a san Pablo y descubre a Cristo Redentor (pecado, gracia, redención). Sostiene conversaciones con amigos cristianos.

- 386: Sólo, oye la voz de un niño que le dice *tolle, lege*. Al azar, abrió la Sagrada Escritura (Ro 13: 13–14) y decide convertirse. Abandona la cátedra de retórica. Entre octubre y noviembre está en Casiciaco, una casa de campo a las afueras de Milán, para meditar.

- 387: Lo bautiza san Ambrosio en Milán con Adeodato, su hijo, y su amigo Alipio. Muere santa Mónica en Ostia. En Roma visita los monasterios.

- 388: Se reúne en una casa con unos amigos a hacer penitencia y ayunos, y funda un monasterio.

- 391: Va a Hipona para fundar otro monasterio y el obispo, Valerio, le pide que acepte ser sacerdote; se resiste, pero cede al ver la voluntad de Dios.

- 396: Obispo auxiliar de Hipona.

- 397: Muere Valerio, y Agustín se convierte en obispo de Hipona. Desde su estancia en Roma hasta el 399 sostiene la polémica antimaniquea.

- 400: Escribe *La dignidad del matrimonio*. Desde entonces hasta el 411 sostiene la polémica antidonatista; el donatismo había comenzado el 313; con el tiempo llegó a contar con 500 obispos que formaban grupos armados, los "circumceliones".

- 401: Escribe *La santa virginidad*.

- 411: Sostiene un debate público en Cartago. Al final de la vida de san Agustín el donatismo estaba en vías de extinción. A partir del 411 hasta el final de su vida sostiene la polémica sobre la gracia, principalmente contra Celestio, pelagiano del norte de África. Por eso se le llama *doctor gratiae*.

- 415: Escribe *Comentario literal al Génesis*.

- 419: Escribe *Las uniones adulterinas*.

- 420: Escribe *Las bodas y la concupiscencia*.

- 429: Los vándalos invaden el norte de Africa.

- 430: Los vándalos asedian Hipona. Muere en Hipona durante el asedio el 28 de agosto, a los 76 años.

21.3   Obras de san Agustín

Son 93 obras, 232 libros, sermones, y cartas.
Con un estilo de gran calidad y sobriedad clásica.

21.3.1   Autobiografías

- *Las Confesiones* (397–400): 13 libros.

- *Retractationes* (volver atrás) (427).

21.3.2   Escritos filosóficos

- *Contra académicos* (386).

- *De vita beata.*

- *De ordine* (problema del mal).

- *Soliloquia* (existencia de Dios e inmortalidad del alma).

- *De quantitate animae* (388).

- *De magisterio* (389).

21.3.3   Obras apologéticas

- *De Civitate Dei* (413–426).

- *De vera religione* (390).

- *De utilitate credendi* (391).

21.3.4 Escritos dogmáticos

- *De Trinitate* (399–419).

- *De diversis quaestionibus octoginta tribus* (388-396).

- *De diversis quaestionibus ad Simplicianum* (post 397).

21.3.5 Obras polémicas

- *De moribus Ecclesiae Catholicae et de moribus maniquaeorum* (387–88).

- *Contra Faustum manichaeum* (397–400).

- *Contra Secundinum manichaeum* (399).

- *Contra epistulam parmeniani* (400).

- *De baptismo* (400-401).

- *Post collationem contra donatistas* (411).

- *De natura et gratia* (414–415).

- *De gratia Christi et de peccato originali* (418).

- *De nuptiis et concupiscentia* (419).

- *Contra Iulianum* (421).

- *De gratia et de libero arbitrio* (426–27).

- *De correptione et gratia* (427).

- *De praedestinatione sanctorum* (428-29).

- *De dono perseverantiae* (428–29).

- *De haeresibus* (428–29).

21.3.6   Obras morales y pastorales

- *De mendacio.*

- *De sancta virginitate.*

- *De continentia.*

- *De patientia.*

- *De catequizandis rudibus* (400).

21.3.7   Obras exegéticas

- *De doctrina christiana.*

- *De Genesi.*

- *Enarrationes in Psalmos.*

- *De sermone Domini in monte.*

- *Tractatus in Evangeliu Iohannis.*

- *Tractatus in Epistulam primam Iohannis.*

- *Sermones* (500 conservados) y *cartas* (250 conservadas).

21.3.8   *Las Confesiones*

Las Confesiones es la obra más famosa de san Agustín, y la única que figura en la literatura universal. Sus trece libros son la fuente principal para el conocimiento de su vida y de su evolución interior hasta su bautismo y hasta la muerte de su madre Mónica (387).

"Confesio" en latín no significa sólo confesión, sino también reconocimiento de la grandeza y la bondad de Dios. Así entiende Agustín el título de su libro.

Las Confesiones se divide en dos grandes partes, siguiendo ese criterio:

- Los libros 1–9 contienen la confesión de los errores de Agustín hasta su conversión, terminando con la muerte de su madre Mónica en Ostia

- Los libros 10–13 alaban a Dios y su creación; el libro 11 es famoso y contiene una gran filosofía del tiempo.

Agustín comenzó *las Confesiones* después de la muerte de Ambrosio (4 de abril de 397). La obra completa fue terminada el año 400.

Se han constatado algunas diferencias entre *las Confesiones* y los *Diálogos* escritos en Casiciaco. La finalidad de *las Confesiones* no es la de ofrecer un relato biográfico "objetivo", sino las reflexiones del obispo sobre la vida, de modo que nos aproximaremos lo más posible a la verdad si tenemos en cuenta a la vez ambas fuentes, sin perder la distinta época de su escritura y la diferente intención que las motivó.[2]

21.3.9   La Trinidad

San Agustín debió tener muchas dificultades para escribir su obra *De Trinitate*, como él mismo hace notar en el prólogo. En un trabajo de catorce años (399–412) habían nacido doce libros, pero Agustín no estaba satisfecho con los resultados obtenidos y, por eso, aplazó la publicación. Hasta el año 420 no apareció la obra completa en sus quince libros.

De Trinitate es una de las obras de san Agustín que no nacieron de motivos externos sino internos.

Los quince libros se dividen en cinco grandes partes:

- Libros I–IV: los testimonios de la Escritura respecto a la unidad y consustancialidad de la Trinidad.

- Libros V–VII: la doctrina de las relaciones como características diferenciadoras de las personas de la Trinidad.

---

[2]H. Drobner: *Manual...*, cit., págs. 443–444.

- Libro VIII: el conocimiento de Dios mediante la verdad, bondad, justicia y amor.

- Libros IX–XIV: la imagen de la Trinidad en el hombre.

- Libro XV: resumen y retoques de la obra.[3]

21.3.10   La Ciudad de Dios

Con la conquista de Roma por los visigodos de Alarico (410) se hizo añicos para los romanos un mundo según el cual Roma era la "Ciudad eterna", centro del mundo y quintaesencia de toda cultura. Esta cultura el cristianismo la había hecho suya. Era lógico que ahora se culpara al cristianismo de haber provocado esta catástrofe con la represión de los antiguos dioses romanos.

Agustín suministró una extensa apología en su *De Civitate Dei* (22 libros). La confeccionó en etapas, a lo largo de catorce años (413–426).

Agustín mismo describe en forma insuperable en *Retractationes* (II 43) la estructura y el contenido de la obra. Se trata de una apología amplia dispuesta en dos partes, y de la exposición de una teología histórica del cristianismo.[4]

21.4   El pensamiento filosófico

San Agustín es el máximo exponente de la filosofía cristiana durante el período patrístico y uno de los más geniales pensadores de todos los tiempos. Mejor que ningún otro logra la síntesis armoniosa entre platonismo y cristianismo. Su filosofía religiosa y su doctrina teológica tiene un influjo decisivo en la Edad Media y el Renacimiento, tanto en el aspecto teológico

---

[3]H. Drobner: *Manual...*, cit., págs. 450–452.

[4]H. Drobner: *Manual...*, cit., págs. 452–454.

como en el social. Influyó en todos los ámbitos: dogmático, político, místico, de reforma, etc.[5]

21.4.1 El momento histórico

Tiene las siguientes claves, que ayudan a comprender al personaje:

- Momento político: terminadas las persecuciones, el Estado apoya a los cristianos, pero se entromete en las cuestiones religiosas. Los bárbaros invaden el Imperio romano.

- Momento cultural: Desde Marco Aurelio y Plotino, no surgen grandes pensadores paganos (Libanio, Símaco, Macrobio y Claudio son de segunda categoría). En cambio surgen las grandes figuras de la literatura cristiana: Clemente, Orígenes, los Capadocios, Jerónimo, Hilario, Ambrosio, etc.

- Momento religioso: se suceden las grandes herejías (arrianismo, donatismo, pelagianismo, nestorianismo, etc., que influyen en la obra de Agustín).

21.4.2 Fuentes del pensamiento filosófico de san Agustín

Conocía muy bien a Cicerón. El *Hortensio* le influye decisivamente.

Sus filósofos preferidos eran Platón y Plotino, aunque conoce mejor a Porfirio, al que también admira.

21.4.3 Doctrina del conocimiento

Problemas de epistemología

A la pregunta sobre si conocemos la verdad, responde con su crítica al escepticismo.

---

[5]Cfr. B. Mondin: *Storia della Filosofia Medievale*, Pontificia Università Urbaniana, Roma 1991.

A la pregunta sobre cómo la conocemos, responde con su doctrina de la iluminación, que sustituye a la doctrina de la reminiscencia de Platón y a la doctrina aristotélica de la abstracción.

Critica del escepticismo

Es un defensor decidido de que el hombre conoce la verdad.

Agustín prueba que el hombre no puede dudar de su existencia en el mismo momento en que se plantea esta posibilidad: si soy capaz de preguntarme si existo, es que existo.

También afirma que si el hombre es capaz de dudar, es que la verdad existe, puesto que la duda es una señal de que existe algo que es verdadero, aunque yo ahora no lo conozca como tal.

La discordia entre los filósofos, indica al menos una verdad: que la discordia existe.

Por otra parte, es falso que los sentidos nos engañen. El engaño puede provenir de la enfermedad de los sentidos. Pero cuando están sanos, no engañan.

Además, el escepticismo es sumamente dañino en el terreno moral, porque conduce al relativismo, y a la disolución de la sociedad.

Mecanismo del conocimiento

Es su teoría de la iluminación.

Según san Agustín existen tres tipos de conocimiento:

1. El conocimiento sensitivo: se realiza por el alma a través del cuerpo, de manera, por tanto, mediata.

2. El conocimiento de las leyes del mundo físico por medio de la razón inferior; esta función de la razón da origen a la ciencia de las cosas temporales.

3. El conocimiento de las verdades eternas (ya sea algunas ideas como la justicia, la bondad, la belleza, etc., o ya sea —como interpreta Gilson— la misma verdad en el juicio); este proceso se llama *iluminación* y es un nuevo modo de explicar lo que Platón explicaba por medio de la preexistencia de las almas y la doctrina de la reminiscencia; esta función superior de la razón da origen a la sabiduría de las verdades eternas y a la vida contemplativa.

Es claro que el hombre debe dar preferencia a esta última función. Tomando el pasaje evangélico de Marta y María, propugna la importancia de ser como María, a riesgo de caer en la avaricia (*radix omnium malorum*) y en el orgullo (*initium peccati*) si se sigue el camino de Marta, que conduce al egoísmo, el individualismo y la anarquía de la *civitas diaboli*.

Fe y Razón

Antes de su conversión Agustín era un racionalista convencido. Despreciaba la Sagrada Escritura, con su lenguaje infantil y antropomórfico. Despreciaba las enseñanzas de la Iglesia y toda autoridad que no fuera la razón. Por eso se adhirió al gnosticismo de los maniqueos.

Después, admitió plenamente el papel de la fe que conduce a la verdad plena que no podemos obtener con la sola razón. El cristianismo es la verdadera filosofía. Razón y Religión deben ir siempre unidas. Cfr. *De Utilitate Credendi* y *De Vera Religione*.

21.4.4 La filosofía del lenguaje

San Agustín trata del problema del lenguaje en el *De Magistro* y en *De Doctrina christiana*.

- En estas dos obras explica que las palabras no son fuente de conocimiento, porque las cosas naturales las conocemos por la visión, y las sobrenaturales es Cristo mismo el que nos las da a conocer. Las palabras son un instrumento para recordarnos lo que ya hemos conocido. Son un signo convencional (también hay signos naturales). San Agustín afirma que las palabras son signo de las cosas, pero también en ocasiones dice que son signo del pensamiento.

- La Sagrada Escritura es Palabra de Dios y está en el marco de los signos. El sentido de la Escritura puede ser literal (inmediato) o alegórico (nos da a conocer una realidad más allá de lo que las palabras quieren significar inmediatamente).

- Respecto al lenguaje teológico, san Agustín dice que podemos hablar de Dios con nuestro lenguaje humano porque Él es el que ha creado todas las cosas, pero sobre todo porque ha creado al hombre a su imagen y semejanza. Nuestro lenguaje es apto, por tanto, para hablar de lo divino (las ideas no tienen subsistencia en sí mismas sino en Dios), aunque no es posible hablar de Dios de manera plenamente adecuada, porque es inefable.

21.4.5   Problemas de cosmología: origen del mundo, del tiempo y del mal

El fundamento de la filosofía agustiniana: la interioridad

Para san Agustín sólo dos cosas tiene que conocer el hombre: el alma y Dios. A partir de ahí conocerá toda la realidad. Aristóteles había buscado la verdad en la realidad. Agustín la busca en la interioridad. *Ubi Deus ibi homo*, decía Agustín. Pero podría haber dicho también *ubi homo ibi Deus*. Es la filosofía de la interioridad.

La existencia de Dios la prueba por la presencia de verdades eternas en el alma humana, que requieren la existencia de una razón suficiente: Dios. Y la naturaleza trinitaria de Dios también la explica mediante la analogía con el alma humana que tiene *mens, amor, notitia*.

Origen del mundo

Al principio, Agustín pensaba que el mundo era una emanación de Dios. Después de su conversión, comprende que ha sido creado por Dios. La expresión *in principio* la interpreta como "en el Logos" (según las ideas arquetípicas que se encuentran en el Hijo), de la nada y por su bondad.

El problema del tiempo

Platón concebía el tiempo como la imagen móvil de la eternidad. Aristóteles como la medida del movimiento. Agustín como la duración de una naturaleza finita que no puede existir toda contemporáneamente. El pasado y el futuro existen porque el presente no puede ser un presente siempre: es un presente que pasa. El presente se distingue en esto de la eternidad: es un *nunc transiens*; en cambio la eternidad es un presente que no pasa: es un *nunc stans*.

Sólo en nuestra mente se encuentran presente, pasado y futuro: la memoria (presente del pasado), la intuición (presente del presente) y la espera (presente del futuro). En el alma es donde se mide el tiempo.

El universo es finito y sucesivo. Por lo tanto tuvo que tener un origen en el tiempo y no en la eternidad.

Las razones seminales

Son las virtualidades puestas por Dios en la creación, que se van desarrollando en el tiempo. Son las semillas de todas las cosas futuras, que son desveladas y puestas por obra gracias a la actividad de las creaturas.

El porqué de las razones seminales es el mantener la simultaneidad de la creación (como dice la Biblia) y que sólo Dios puede crear.

El problema del mal

Lo trata san Agustín en su polémica con los maniqueos que sostenían un principio del mal junto a un principio del bien. Agustín afirma que sólo hay un Dios bueno, creador del cielo y de la tierra, y que el mal viene al mundo por la misma limitación de la creación y, sobre todo, por el pecado (mal moral).

21.5   Principales aportaciones agustinianas para la teología católica

San Agustín será decisivo para la construcción de muchas ramas de la teología católica, en concreto, para la teología trinitaria; antropología sobrenatural; eclesiología; sacramentaria; moral; espiritualidad.

A partir de Sócrates la tarea filosófica se presenta con una entraña ética y religiosa. Las filosofías griegas en la época de los primeros cristianos se presentan como escuelas de salvación (epicureísmo, estoicismo, neoplatonismo).[6]

Ante el ambiente paganizante, los primeros autores cristianos coinciden en dos puntos:

1. Poner el acento en el dogma de la creación (distinguir paganismo de cristianismo).

2. Asumir el lenguaje grecorromano, presentando la fe cristiana como la sabiduría plena sobre Dios, el hombre y el mundo.

San Agustín experimenta con fuerza la aporía que amenazaba el pensamiento griego, a saber, la tensión entre:

---

[6]Cfr. J. L. Illanes: *Sobre el Saber Teológico*, Madrid, Rialp, 1978, pp. 27–31; A. di Bernardino: *Diccionario...*, cit., I, págs. 59–61.

- Las ansias de verdad (*eudomonismo* de la ética platónica y aristotélica que identifica sabiduría y felicidad).

- La experiencia de la limitación y fracaso de los intentos humanos para alcanzarla (escepticismo que hace consistir la felicidad en la aceptación de una situación de indigencia, y la sabiduría en una continua búsqueda de la verdad que perennemente se nos escapa).

San Agustín supera esa aporía en el reconocimiento de Dios y en la confianza en Él. Sin embargo, la filosofía sigue siendo para él la búsqueda de la verdad que salva y hace feliz.

Como dice V. Cano:

"Para S. Agustín la filosofía es salvífica no porque produzca la salvación, sino porque nos sitúa frente a ella. La filosofía alcanza en efecto su culmen cuando conduce al hombre al reconocimiento de Dios como principio de todo bien y de toda bondad y, por consiguiente, a la confesión de que sólo en Él está la solución del problema de la existencia... El filósofo debe ir más allá de su filosofía, so pena de traicionar ese amor a la verdad que sustenta la filosofía misma".[7]

Por eso, para san Agustín, la laguna fundamental de la filosofía grecorromana ha sido su desconocimiento de Cristo. El conocimiento de Dios no es pleno si no va acompañado de la confesión de nuestra dependencia con respecto a Él. De otra manera se corre el riesgo de desembocar en el equívoco intelectual, en el orgullo y en la soberbia. La revelación cristiana y la fe son así absoluta y plenamente salvíficas, ya que liberan al hombre de confiar en sí mismo. La revelación no es una mera palabra, sino Palabra de Dios que produce y causa lo que anuncia (relación entre predicación y gracia, palabra y sacramentos).

---

[7] V. Cano Sordo: *Patrología...*, cit., tema 22, pág. 8.

San Agustín, en este contexto, afirma: *intellige ut credas, crede ut intelligas.* Es necesario ir profundizando en el conocimiento de Dios (*noverim Te*), para así reconocerse cada vez como creatura hecha a imagen suya (*noverim me*) con más claridad y entregarse a Dios con todo el corazón.

En resumen, la teología en la escuela de san Agustín es "la progresiva conformación de la mente con la verdad divina, el acto de una inteligencia amante que, usando de todos los recursos de que dispone, se mueve hacia la plena identificación con el Amado".[8]

21.5.1   Teología trinitaria

La intervención de san Agustín en la clarificación del misterio de la Trinidad ha sido decisiva. Fijó con precisión el significado de los términos clave.

Mientras que las Personas divinas son perfectamente idénticas al nivel de esencia y de perfección absolutas, se distinguen al nivel de las relaciones. San Agustín aclara que la identidad del Padre procede de la relación de Paternidad, que solamente Él posee; la identidad del Hijo, de la Filiación, y la identidad del Espíritu Santo de la donación pasiva (el Don que el Padre y el Hijo se hacen recíprocamente).

21.5.2   Antropología sobrenatural

En la controversia pelagiana desarrolló la teología de la redención, la justificación y gracia auxiliar, así como la de la muerte, la concupiscencia, el bautismo de los niños, la solidaridad humana (con Adán y con Cristo).

La clave para comprender su doctrina es la cruz de Cristo, cuyo significado y eficacia defendió con energía: *ne evacuetur crux Christi.* La redención es necesaria, objetiva y universal. Todos los hombres tienen necesidad de ser justificados en Cristo. La justificación lleva consigo la remisión de los

---

[8]V. Cano Sordo: *Patrología...*, cit., tema 22, pág. 8.

pecados y la renovación interior que comienza aquí en la tierra y llega a su perfección después de la resurrección.

Para llegar a la justificación y perseverar en ella se necesita la gracia divina que consiste en la inspiración de la caridad para que hagamos con amor lo que conocemos que hay que hacer. Agustín defiende la necesidad, la eficacia y la gratuidad de la gracia.

Sobre el misterio de la predestinación que sintió muy profundamente, pone de relieve la gratuidad de la salvación; tanto el comienzo de la fe como la perseverancia final son dones de Dios.

21.5.3 Eclesiología

En la controversia donatista y en *la Ciudad de Dios* desarrolló la noción de la Iglesia como:

1. Comunidad de fieles edificada sobre el fundamento de los Apóstoles.

2. Comunidad de justos que peregrinan por el mundo desde Abel hasta el final de los tiempos.

3. Comunidad de predestinados que viven en la inmortalidad dichosa.

La primera es la *communio sacramentorum*, en la que bajo la guía de los obispos, de los concilios, y de la Sedes Petri, están unidos buenos y malos sin que la santidad de los primeros se vea contaminada por los segundos, aunque los sacramentos por su naturaleza cristológica son válidos —pero no fructuosos— fuera de la verdadera Iglesia.

La segunda es la *communio iustorum*, presente ya antes de Cristo, pero no sin Cristo, en tensión a la escatología.

La tercera es la *communio praedestinatorum*, constituida por los que componen el reino de Dios glorioso, pero "ya en el presente la Iglesia es el reino de Dios y el reino de los cielos".

21.5.4   Sacramentaria

San Agustín elabora toda la teología de los sacramentos como signos instituidos por Jesucristo para dar la gracia. Defiende la eficacia "ex opere operato" de los sacramentos.

21.5.5   Moral

La doctrina moral de san Agustín está en estrecha dependencia con su antropología sobrenatural y su teología de la gracia.

21.5.6   Espiritualidad

El contenido de la espiritualidad de san Agustín puede resumirse en estos temas:

- Vocación universal a la santidad.

- La caridad: alma, centro y medida de la perfección.

- La humildad: condición indispensable para desarrollar la caridad.

- La purificación interior o el ascetismo: ley de ascensiones interiores

- La oración.

- Deber y necesidad, medio y fin de la vida espiritual.

- Los dones del Espíritu Santo.

- La imitación de Cristo.

- Amor y meditación de la Escritura.

21.6 Discípulos y adversarios de san Agustín

Los más señalados son:[9]

21.6.1 Discípulos de san Agustín

- Paulino de Nola.

- Próspero de Aquitania.

- Cesareo de Arles.

21.6.2 Adversarios de san Agustín

- Julián de Eclana.

- Los monjes de Hadrumeto.

- Los monjes de las Galias (Marsella).

- Juan Casiano.

- Vicente de Lerins.

21.6.3 Paulino de Nola (355 – 431)

San Paulino de Nola, poeta cristiano del que ha llegado hasta nosotros una colección de Epístolas y otra de Carmina. Nació en Aquitania (Francia) de una noble familia senatorial. En 378 fue nombrado senador. Conoció a san Ambrosio de Milán. Recibió el bautismo en el 389. En 394, en Barcelona, fue aclamado sacerdote. Cerca de Nola (Campania), llevó una vida ascética con su esposa Terasia y algunos compañeros hasta que en 409 fue consagrado obispo de Nola. Murió el 22 de junio de 431.[10]

---

[9]Cfr. H. Drobner: *Manual...*, cit., págs. 438–439.

[10]Cfr. A. di Bernardino: *Diccionario...*, cit., II, págs. 1720–1722.

21.7   Excursus: Los arquetipos de la no creencia en san Agustín

21.7.1   ¿La historia se repite?

Aunque la historia no se repite, también es verdad que los sucesos históricos son *eadem sed aliter*, es decir, los mismos, pero ocurren de otro modo.[11]

Dice Spengler que el budismo del siglo VI a.C., el estoicismo del siglo I y el socialismo del siglo XX tienen en común lo de todas las ideologías del final de una civilización, cuando comienza la decadencia: se busca organizar la naturaleza en modo útil y racional, en base a principios intelectualísticos, porque reina el cerebro y el alma ha abdicado.

Lo que sucedió en la época helenística sucede ahora en la época postmoderna:

- Cansancio intelectual y repetitividad artística.

- Poca creatividad y difuso enciclopedismo.

- Incerteza existencial y costumbres morales laxas.

- Abandono de las viejas creencias y espera mágica de una nueva revelación

- Desconfianza en la *res publica* y cerrazón individualista en la propia subjetividad.

- Crisis de la identidad personal y de la solidaridad social.

En este sentido podemos mostrar cómo los cuatro enemigos a los que combatió san Agustín se vuelven a presentar en nuestra sociedad postmoderna:

---

[11]Cfr. G. Morra: *Gli archetipi della non credenza*, en "Studi Cattolici", n. 441, págs. 741–750; V. Cano Sordo: *Patrología...*, cit., tema 22, págs. 10–13.

- El escepticismo (384–386).

- El maniqueísmo (387–400).

- El donatismo (400–412).

- El pelagianismo (412–430).

21.7.2 La lucha de san Agustín contra cuatro grandes enemigos

Al escepticismo se enfrenta Agustín como filósofo, al maniqueísmo y pelagianismo como teólogo, y al donatismo como obispo.

Agustín escéptico

San Agustín es primero maniqueo. Los académicos son los que lo alejan de este error. Más tarde, el neoplatonismo filosófico y teológico es el que le hace abandonar el escepticismo.

Hay un sano escepticismo: el de no dejarse llevar por cualquier apariencia de verdad. El peligroso es el que se convierte en sistema de pensamiento.

El escepticismo de Agustín en su periodo de profesor en Roma, era el de la Academia: el de Carneades, que Cicerón hace suyo. Pronto supera Agustín esta doctrina, haciendo ver lo absurda que es. El verdadero escéptico no podría ni decir, ni hacer nada. El utilizar el pensamiento para afirmar el escepticismo es ya una contradicción. Agustín sostiene, contra el escepticismo, la capacidad del hombre para conocer la verdad con certeza. Por ejemplo en el *si fallor, sum*.

Agustín maniqueo

Ya antes que Manes difundiera su doctrina dualista en el siglo III, el gnosticismo —fundamento del maniqueísmo— se había introducido desde el siglo II en la vida de la Iglesia con su triple dualismo:

- Cosmológico o teológico: existen dos divinidades, una del bien y otra del mal (Hegel decía que el bien tienen necesidad del mal para existir).

- Antropológico: en el hombre hay un principio del bien (el espíritu) y otro del mal (la materia) en continua lucha; sólo se puede superar el mal con la gnosis, es decir, el conocimiento que tienen unos pocos iniciados; en definitiva, se niega la libertad humana.

- Ético. Por una parte se afirma la necesidad de un ascetismo riguroso contra todo lo que tiene que ver con los *tria signacula morum*: la boca —mentiras y alimentos impuros—, la mano —los homicidios— y el seno —los placeres sensuales, el matrimonio—. Y, por otra, se desprecia toda ley y se pretende actuar por encima del bien y del mal (¿opción fundamental?), lo que conduce en ocasiones a una laxitud moral completa.

Agustín ataca al pesimismo maniqueo, apoyándose en Plotino, sobre todo en la doctrina del único Dios Espíritu Creador y de la bondad de la Creación (comentarios al Génesis).

El autonomismo pelagiano

Al final de su vida, san Agustín escribe su *Opus imperfectum contra Iulianum*. En esta obra explica cómo el maniqueísmo es contrario al pelagianismo. El primero niega la libertad humana y el segundo minimiza la gracia divina.

Pelagio afirmaba que no se trasmite el pecado original y que la gracia es dada al hombre como consecuencia de sus obras meritorias. Negaba así la donación gratuita de Dios, y hacía inútil el mismo sacrificio de Cristo ("Crux Christi evacuator").

Influido por el estoicismo romano, Pelagio consideraba al hombre autónomo y capaz de conseguir la salvación con su sola libertad.

San Agustín explica la relación entre gracia y libertad haciendo ver que ambos aspectos se comprenden perfectamente cuando consideramos que son dones de Dios y se someten a su verdad. La gracia precede a la voluntad, pero no la anula, sino que la convierte en poderosa para el bien.

El integrismo donatista

Los donatistas rechazaban a los sacerdotes y obispos que habían caído en la persecución y los consideraban indignos de poder administrar los sacramentos, que sólo serían válidos si eran conferidos por ministros dignos. Su moralismo pretencioso les llevaba a acusar, injuriar y matar (los "circumceliones").

San Agustín explica una eclesiología realista. En la Iglesia *in via* caben los hombres ejemplares y los pecadores que luchan y se purifican. Solamente todos serán santos en la Iglesia *in patria*. La Iglesia, en esta vida, está conformada por las dos ciudades: la ciudad de Dios y la ciudad del pecado (*De Civitate Dei*).

21.7.3 Los mismos peligros en la sociedad postmoderna

Escepticismo moderno

Se manifiesta en los siguientes rasgos:

- Proviene de la negación de la metafísica.

- Aparece en el cientifismo (sólo dar valor a los juicios de hecho) y en el historicismo (cada época histórica tiene su verdad).

- La hermenéutica —que sostiene muchas tesis a la vez— se convierte en la metodología del escepticismo historiográfico.

- La filosofía analítica y del lenguaje, que se conforman con estudiar lo llamado verdadero o bueno en lugar de la verdad y la bondad, son claras muestras del escepticismo actual que se convierte en sociologismo relativístico.

- – Popper afirma, por ejemplo, que todo se puede falsificar y por lo tanto, nada se puede verificar.

- – Hoy sucede lo que decía Chesterton: que quien no cree en nada, acaba creyéndolo todo (lo que dicen los periódicos, las promesas de los políticos, etc.).

- El *homo debilis* de nuestra época está continuamente sometido a una intensificación de la agitación neurótica en el continuo y rápido sucederse de estímulos externos, cada uno de los cuales se deshace del anterior antes de que pueda saberse si era verdadero o falso.

- El "tecnopolitano" actual es escéptico sin tener tiempo para darse cuenta de ello.

Maniqueísmo moderno

Este modo de pensamiento se puede comprobar con los siguientes datos:

- El gnosticismo permea gran parte de la filosofía moderna.

- El sistema copernicano quita al hombre del centro y acaba quitando el centro del hombre.

- El hombre en el cosmos se encuentra frente a dos extraños: el mundo y Dios, que han desaparecido sin dejar ni rastro; esta extrañeza maniquea de Dios y del mundo hacen imposible una respuesta al absurdo del mal; el mal se convierte en la prueba de la no existencia de Dios (por ejemplo, para Schopenhauer, en el terremoto de Ginebra); se pasa de la fórmula tomística *si Deus est, unde malum?* a esta otra: *malum est, ergo Deus non est.*

- El dualismo maniqueo está en la base del nihilismo contemporáneo.

- La temática gnóstica se convierte en un *melting-pot* en la conciencia contemporánea: el hombre rompe el cordón umbilical con la naturaleza y con Dios, y las consecuencias son el antinatalismo, el aborto, los anticonceptivos, la ingeniería genética, el terror ecológico frente a la naturaleza contaminada que muere.

- Como el gnóstico, el hombre actual desea anularse lo antes posible: aborto, eutanasia, suicidio, cremación.

Pelagianismo moderno

También se descubre el pelagianismo moderno en las siguientes características:

- Toda la filosofía moderna constituye un crescendo de autonomismo y de antropocentrismo (*sapere aude*).

- Se sustituye a Dios por el Yo (idealismo alemán).

- En la teología se da el giro antropológico; debe matarse a Dios para que el Superhombre pueda inventar los valores.

- Los intentos religiosos del neopelagianismo carecen del dato esencial de la experiencia religiosa, a saber, el primado de la iniciativa de Dios en la salvación. De ahí que se encuentre la forma más banal de religión consistente en reducirla a moralidad (moralismo): lo importante es la conducta, por eso hay muchos cristianos anónimos; cada uno se salva en la religión en que está (mito del hombre bueno con las solas fuerzas de la naturaleza).

- La conciencia de la creaturalidad humana y la experiencia del pecado original en la propia vida llevan al pelagianismo a adoptar posturas pseudo–religiosas y mágicas: éste es el origen del despertar religioso neo-pagano, o de religiones ancestrales u orientales, que se observa en la actualidad.

Donatismo moderno: la Iglesia de los puros

El integrismo donatista se manifiesta en la actualidad en el ataque a la Iglesia como "instrumento de poder, dominio y privilegio", y a la religión como una superestructura clerical de la vida religiosa contra los "pobres" y los "humildes".

Se pueden señalar diversas manifestaciones de neodonatismo que llevan al arquetipo donatista de la no creencia:

- La invención del mito de la "era constantiniana".

- Las comunidades de base.

- Los sacerdotes obreros.

- Las marchas pacifistas.

- El primado de la ortopraxis sobre la ortodoxia.

- La teología de la liberación.

- La opción preferencial por los pobres.

- la religión se convierte en *ancilla revolutionis*: se subordina toda afirmación de fe o de teología a la política.

- El neodonatismo actual puede presentarse atenuado: la Iglesia se considera como una sucursal de la Cruz Roja en su labor puramente filantrópica y social.

- Se ve a la Iglesia no como una madre que debe ser amada, sino como una prostituta que debe ser redimida (cfr. el "meaculpismo" actual).

21.7.4 Conclusión

Agustín combate cuatro peligros siempre presentes en la vida de todo hombre:

- La relativización de la verdad, el pasotismo y la falta de compromiso vital (neo–escepticismo).

- El pesimismo y la falta de fe en la bondad de la Creación y en la acción de la Providencia (neo–maniqueísmo).

- La falta de sentido religioso y el naturalismo paganizante (neo–pelagianismo).

- la soberbia y la falta de comprensión de los errores humanos (neo–donatismo).

Pero, en concreto, podrían resumirse en estas cuatro actitudes que experimentamos todos:

- Falta de convicciones y falta de compromiso por falta de una fe operativa (neo–escepticismo).

- Pesimismo y falta de esperanza por falta de esperanza y confianza en la propia libertad (neo–maniqueísmo).

- Naturalismo por falta de sentido sobrenatural y sentido del misterio (neo–pelagianismo).

- Integrismo por soberbia y falta de caridad (neo–donatismo).

Todavía podríamos concluir de manera más sintética, diciendo que lo que cada una de estas cuatro herejías represente en la vida de cada hombre es:

- El escepticismo: una falta de la virtud de la fe; (prioridad de la verdad de fe que ilumina la razón).

- El maniqueísmo: una falta de la virtud de la esperanza; (confianza en Dios, el hombre y el mundo).

- El pelagianismo: una falta de la virtud de la religión; (sentido del misterio y de la sujeción a Dios).

- El donatismo: una falta de la virtudes de la humildad y de la caridad (actitud pastoral, llena de misericordia).

En este sentido, caben señalar estos cuatro estilos de afrontar el problema de Dios, del hombre y del mundo, como los arquetipos de la no creencia, porque realmente se trata de cuatro modos de arrancar algún aspecto central del modo teologal de comprender la realidad.

En el mundo postmoderno en que vivimos —muy parecido a la sociedad helenística en que vivió san Agustín— habría que reforzar cuatro cosas principalmente:

- La búsqueda de una fe fuerte mediante una sólida formación doctrinal.

- El clima de libertad y confianza que tiene que estar presente en todos los ámbitos de la vida humana.

- El sentido del misterio o sentido religioso de lo sacro y la dependencia de Dios mediante una vida de piedad intensa.

- La formación de hombres con un hondo sentido de la misericordia fruto de la humildad (reconocerse pecador para saber perdonar).

Capítulo 22

El siglo V entre los concilios de Éfeso (a.431) y Calcedonia (a.451): el problema cristológico

22.1 Introducción

Hasta este momento, los herejes negaron que Cristo fuera verdaderamente hombre o fuera Dios, pero no se centraron en estudiar o proponer el modo cómo ambas naturalezas se unen. Los santos Padres de la época afirman las dos naturalezas, y van aportando algunas explicaciones sobre la unión de ambas, pero de un modo todavía muy rudimentario y sin ade-

cuadas precisiones.[1] El desafío no era menor, pues los problemas que había
que enfrentar eran bien difíciles. En efecto:

- ¿Cómo es posible que un hombre de carne, cuerpo y alma, fuera Dios
  al mismo tiempo?

- ¿Cómo se han de unir ambas realidades,

  - sin destruir una (la humanidad), y

  - sin rebajar la otra (la divinidad), y

  - sin mezclar ambas, como hacían los paganos y las filosofías de
    cuño neoplatónico?

Conviene recordar los presupuestos de las dos principales escuelas teológicas del Oriente cristiano, Alejandría y Antioquía, sobre todo en sus
conclusiones cristológicas. En cristología, mientras la escuela alejandrina,
con su teoría del *Logos–Sarx* tendía a reducir la integridad ontológica de
la humanidad de Cristo, la escuela antioquena, con la doctrina del *Logos–
Anthropos* se preocupaba de valorar plenamente la componente humana de

---

[1]Así, por ejemplo, Orígenes trató de profundizar teológicamente el modo de unión entre
la realidad humana y divina de Cristo, y lo encontró en el alma humana de Jesús: ésta se
une totalmente al Verbo (segunda Persona de la Trinidad), y sirve de intermediaria para que
el Verbo se una a la carne; el tipo de unión entre el Verbo y el alma humana de Cristo es
descrita con un ejemplo que no es muy afortunado: como el hierro se transforma en fuego
a su contacto, así ocurre con el alma humana de Cristo. El peligro de estas reflexiones es
que la dualidad perfecta de naturalezas en Cristo quedara desfigurada.

Por su parte, Tertuliano, desde el ámbito de la teología latina, se centraría en defender la
humanidad de Cristo frente a los docetas, pero no olvida su divinidad. Su máxima aportación en cristología es que encontró los términos lingüísticos que más tarde servirían para
solucionar el problema de la unión de las dos naturalezas en Cristo; además subraya bien
el hecho que la unión de naturalezas, no priva a ninguna de sus operaciones y actividades
propias.

LAS CONTROVERSIAS CRISTOLÓGICAS HASTA CALCEDONIA
¿Cómo se combina lo divino y lo humano en Cristo?

SUBRAYAN LO DIVINO   SUBRAYAN LO HUMANO

siglo IV
(finales)

apolinarismo:
«El Logos ocupa en
Cristo el lugar del
alma humana»;
Apolinar de Laodicea
ca. 370.

siglo V
(tercera
década)

nestorianismo:
«El Logos habita en el hombre Jesús
como en un templo»; «no hay que
llamar a María Madre de Dios, sino
Madre de Cristo»;
Nestorio, ca. 428

ÉFESO a. 431
María es madre de Dios.
«Theotokos»

monofisismo:
«una sola naturaleza»,
«después de la
unión, la naturaleza
divina absorbe
a la humana»;
Eutiques, ca. 445

siglo V
(mediados)

nestorianismo estricto:
Hay dos personas en
Cristo

CALCEDONIA a. 451

«Todos nosotros profesamos
a uno e idéntico Hijo, nuestro Señor Jesucristo,
completo en cuanto a la divinidad
y completo en cuanto a la humanidad,
en (no «de») dos naturalezas,
inconfusas e instransmutadas (contra los monofisitas)
inseparadas e indivisas (contra los nestorianos)
unidas ambas en una persona y en una hipóstasis»

(Cfr. E. Moliné: *Los Padres...*, cit., pág. 590)

Cristo, junto con la divina, asignando a la naturaleza humana una subsistencia propia (persona), corriendo así el riesgo de comprometer la unión
sustancial entre las dos naturalezas.

El problema es que ambas escuelas presentan un aspecto de la verdad sobre Cristo, y complementadas dan una imagen del Señor certera. Pero el espíritu humano tiende a los extremos y se producen las herejías ("hairesis": elección) al sobrevalorar uno y otro de los aspectos con olvido de la verdad total. Además ambas cristologías cuentan con un riesgo común en la elaboración de su proyecto teológico: ni el concepto de naturaleza ni el de persona gozaban entonces de suficiente precisión.[2]

22.2   Nestorio y nestorianismo

Frente a las tesis apolinaristas, Nestorio, patriarca de Constantinopla desde el a. 428, proclama la verdadera humanidad de Cristo. Pero en su explicación, insistiendo en la realidad de la misma, afirmará que en Cristo hay también una persona humana, con lo que se desencadenará la crisis nestoriana que preocupará a la Iglesia durante los siguientes décadas.

Los antecedentes de Nestorio hay que buscarlos en algunos de los representantes de la Escuela de Antioquía, que ya se han explicado: la teoría de los dos hijos de Diodoro de Tarso y la unión por conjunción de Teodoro de Mopsuestia.

Nestorio nació en Siria, y fue formado en Antioquía. Se hizo monje y fue elevado a la sede de Constantinopla en 428, siendo emperador Teodosio el joven. Combatió a arrianos y macedonianos. El concilio de Éfeso (431), con la presencia de los legados papales, condena a Nestorio. Nestorio es desterrado a un monasterio de Petra (Arabia) y luego a Libia donde muere.

Nestorio[3] construye su cristología partiendo la negación de la comunicación de idiomas tal como se entiende ortodoxamente. Para Nestorio,

---

[2]J. Ibáñez Ibáñez: *Nestorio y Nestorianismo 1. Nestorio*, en GER, vol. XVI, pág. 759.

[3]Cfr. E. Amann: *Nestorius*, en DTC, vol. XI, págs. 76–157.

(Nestorio)

María no puede ser ni la "theotokos" (es demasiado), ni la "anthropotokos" (es muy poco), sino que es la "Cristotokos".[4]

La razón la encuentra Nestorio en que Cristo tiene dos "hypostasis" (aquí en su sentido original de naturalezas, divina y humana) distintas y completas. Ninguna usa de la otra ni se mezclan en sus operaciones. Ambas son inmutables. Por lo mismo habrá dos "physis", y dos "prósopon".

Por tanto, el problema es saber cómo se unen ambas naturalezas, una vez que hay que rechazar las tesis de Apolinar o de Arrio de que una de las naturalezas cambie y se disminuya para producir la unión. No cabe unión "en la naturaleza", que supondría que el Padre padecería o que los sufrimientos del Hijo no fueran libres. Por tanto, la unión entre la divinidad y la humanidad en Cristo es propuesta por Nestorio como la unión "in prósopon": cada una de ellas se entrega mutuamente su propio "prósopon", de

---

[4]La doctrina de Nestorio aparece con toda claridad en su tratado *Liber Heraclidis Damasci*, escrito en año 451, después del concilio de Éfeso y antes de la celebración del concilio de Calcedonia. Tiene dos partes: la primera en contra de la legitimidad del concilio de Éfeso, y la segunda donde sostiene sus puntos dogmáticos.

modo que no obre a no ser sino un único "prósopon", el llamado "prósopon de unión".

De todos modos, Nestorio recalca que una vez realizada tal unión, las dos naturalezas permanecen en su propia hipóstasis (rechaza la expresión "unión hipostática" que para Nestorio significaría la unión de las naturalezas, y supondría el arrianismo), y conserva su propio "prósopon" (puesto que si bien el "prósopon" no es lo mismo que la esencia, no se concibe una esencia o una naturaleza sin su propio "prósopon"); y, con todo, afirma que la unión se hace en el "prósopon", en el famoso "prósopon unionis". El problema que aparece evidentemente es saber en qué consiste exactamente este "prósopon de unión". Como dice Ibáñez:

> "¿Cuál es el significado del *prósopon unionis* en la doctrina de Nestorio? A decir verdad, cada una de las naturalezas de Jesús tiene su propio "prósopon" y, después de la unión, aparece uno nuevo denominado *prósopon unionis*. De este *prósopon unionis* se puede afirmar que no se encuentra en su propia esencia, dado que es lazo de unión entre la naturaleza humana y la naturaleza divina y no es idéntico a ninguno de los dos "prósopon" subrayados. Parece ser *aliquid morale*, a semejanza de la única carne entre el varón y la mujer y de la unidad entre el alma y el cuerpo humanos".[5]

El siguiente gráfico podría expresar sus ideas, donde el triángulo cerrado representa la naturaleza humana y el ángulo con vectores, la divina; los vértices con un circulito sólido serían los dos "prósopon" divino y humano, y el círculo hecho de puntos el "prósopon unionis":

Por lo demás utiliza para expresar la unión de las dos naturalezas, los términos "sumpápheia" (conjunción), "kat' eudokían" (unión por compla-

---

[5] J. Ibáñez Ibáñez: *Nestorio...*, cit., pág. 760.

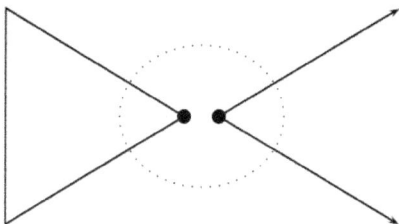

cencia) y "hombre asumido por el "Logos" en quien el "Logos" habita como en un templo".[6]

Cada naturaleza tiene sus propiedades específicas que no pueden ser predicadas de la otra (por ejemplo: la adoración se debe al Verbo, pero no a Jesús; el nacimiento en carne es de Jesús, pero no del Verbo). Las propiedades que traducen la unión entre la divinidad y la humanidad se aplican a Cristo, como por ejemplo, "salvador". Como consecuencia, se niega la llamada "comunicación de idiomas" (la posibilidad de atribuir a la persona divina propiedades o características ("idiomata") tanto humanas como divinas: el Verbo no murió; la naturaleza humana de Cristo no es adorada; etc.

En el fondo, Nestorio cuestiona el misterio de la unión hipostática, y con él toda la cristología. Cristo se presenta como un ser doble, como un santuario ambulante en el que el Sumo Sacerdote humano adoraba a su Dios.[7]

---

[6]Por eso, parecen difícil de aceptar, los intentos de rescatar a Nestorio, como ortodoxo, que se han propuesto últimamente: cfr. L. I Scipioni: *Ricerche sulla Cristologia del 'Libro de Eraclide' di Nestorio. La Formulazione Teologica e il suo Contesto Filosofico*, Ed. Univ. Friburgo, 1956; L. Abramowski: *La Historie de la Rechereche sur Nestorius*, en "Istina", 40 (1995) 44–55; A. Amato: *Nestorius, Nestorianismus*, en W. Kasper "Lexikon für Theologie und Kirche", VII, Herder, Friburgo, 1998, págs. 745–749. Recuérdese que Juan Pablo II y el patriarca de la Iglesia Siria nestoriana, Mar Dinkha IV, suscribieron una declaración común sobre el misterio de la encarnación, el 11 de noviembre de 1994.

[7]El nestorianismo pervivió después de su condena. Parece que un monje nestoriano instruyó a Mahoma sobre Cristo (acentos nestorianos del Corán). Los nestorianos huyen a

22.3   Reacción de san Cirilo de Alejandría

San Cirilo (+444), formado en la escuela de Alejandría, se opuso férrea-
mente a las tesis de Nestorio.

(San Cirilo de Alejandría)

22.3.1   Vida

- 403: Cirilo, siendo todavía joven lector, acompaña a su tío Teófilo,
  patriarca de Alejandría, a Constantinopla y toma parte en la deposición de san Juan Crisóstomo en el sínodo de "la Encina", cerca de

---

Mesopotamia y el Irán. Se establecieron en Persia varias iglesias nestorianas (Edesa, Nísibe...) y llegaron hasta la India y China (Malabares: cristianos de santo Tomás; preste Juan
de las Indias: Quetzalcoatl...). En 1308 se produce un cisma entre los nestorianos y hay un
acercamiento de uno de los grupos. A fines del siglo XVI muchos abrazan la fe (Iglesia cal-
dea, que perdura) y otro grupo minoritario se refugia en el Kurdistán (Simón XXI vive en
USA, sus obispos guardan el celibato pero lo sacerdotes pueden casarse). La Iglesia nestoriana afirma que el Espíritu Santo sólo procede del Padre, la preexistencia de las almas, la
no existencia del pecado original, la apocatástasis origeniana y niegan la escatología intermedia. La liturgia es en lengua siriaca ("Liturgia de los Apóstoles"). Administran todos
los sacramentos y tienen el mismo Canon de las Escrituras que los Católicos. Cfr. V. Cano
Sordo: *Patrología...*, cit., tema 24, págs. 1–2.

Calcedonia. Le quedó, heredada de su tío, cierta prevención contra el Crisóstomo. Hasta 417 no manda, y de mala gana, que se reintegre su nombre a los dípticos de la iglesia alejandrina.[8]

- 412: El 15 de octubre muere en Alejandría Teófilo. Le sucede Cirilo. Mostró, al igual que su tío, un carácter impaciente y duro que le llevaría a tomar medidas exageradas de crueldad contra herejes, judíos, novacianos y últimos restos de paganismo. Superó su carácter con el tiempo.

- 415: Se le acusa de la cruel muerte de la filósofa Hypatia.

- 428: Nestorio, alumno de la escuela teológica de Antioquía, es nombrado obispo de Constantinopla.

- 429–430: Polémica entre Nestorio y san Cirilo, que se estudiará más adelante.

- 431: A instancias de Nestorio, Teodosio II (408-450) convoca el III concilio ecuménico, en Éfeso, para el día de Pentecostés. Cirilo preside la primera sesión (22 de junio) como delegado papal.

- 433: Cirilo hace una profesión de fe, quizá redactada por Teodoreto de Ciro. La acepta la escuela de Antioquía, con Juan a la cabeza. Cirilo comunica a Sisto III (432–40) que la paz había sido restablecida.

- 438: Desde este año hasta el 440 Cirilo tiene que volver a defender la doctrina ortodoxa, contra Teodoro de Mopsuestia y Diodoro de Tarso, maestros de Nestorio, sin llegarlos a condenar.

- 444: Cirilo muere el 27 de junio. Se le ha dado el título de "Sello de los Padres".

---

[8]Cfr. V. Cano Sordo: *Patrología...*, cit., tema 24, pág. 2; J. Quasten: *Patrología*, cit., vol. II, págs. 121–148; Fliché: *Historia...*, cit., vol. IV-6, 2.

22.3.2   Escritos

Sus obras llenan diez volúmenes de la edición Migne (PG 68–77). Tiene dos periodos: hasta el 428 (contra los arrianos) y hasta su muerte (contra los nestorianos).[9]

Tiene:

1. Escritos exegéticos (la mayor parte de su obra; sigue la exégesis alegórica):

   - Comentarios sobre el Antiguo Testamento (*De adoratione et cultu in spiritu et veritate* (17 libros), *Comentrarios elegantes* (13 libros: *Glaphyra*), *Comentario a Isaías*, *Comentario a los profetas menores*).

   - Comentarios sobre el Nuevo Testamento, en los que utiliza más el sentido literal, después del 430 (*Comentario al Evangelio de San Juan*, al *de San Lucas* y al *de San Mateo*, las *Catenae*).

2. Escritos dogmático–polémicos:

   - Escritos dogmático–polémicos contra los arrianos (423–425):
     - *Thesaurus de sancta et consubstantiali Trinitate.*
     - *De sancta et consubstantiali Trinitate.*

   - Escritos dogmático-polémicos contra los nestorianos (son trece):
     - *Adversus Nestorii blasphemias* (430).
     - *De recta fide* (3 tratados).
     - Los *doce anatematismos* contra Nestorio.
     - *Apologeticus ad imperatorem.*

---

[9]Cfr. V. Cano Sordo: *Patrología...*, cit., tema 24, pág. 3.

- *Adversus nolentes confiteri sanctam Virginem esse Deiparam.*
- *Contra Diodorum et Theodorum.*
- *Quod unus sit Christus.*
- Apologia contra Iulianum.

3. Escritos varios:

- *Cartas pascuales* (entre el 414 y el 442).
- *Sermones* (unos 22).
- *Cartas* (voluminosa correspondencia).

22.3.3 Doctrina

San Cirilo afirma que el movimiento de la encarnación parte de lo divino y no de lo humano: no es que el hombre Jesús se hizo el Verbo de Dios, sino que el Verbo de Dios se hizo carne. El punto de partida de su doctrina cristológica se sitúa en el primer capítulo del Evangelio de S. Juan: "El Verbo se hizo carne", fijándose más que en la integridad de las dos naturalezas que se unen en Cristo, como hacían los antioquenos, en la unidad de persona que hay en el Verbo, en ese Verbo que existe desde toda la eternidad y que, al fin de los tiempos, se encarnó. Por tanto, el sujeto de la unión entre divinidad y humanidad es el "Yo–Verbo–Logos", el yo divino. En Cristo hay dos "phisis", divina y humana, completas y distintas. Pero es una sola "hypóstasis" o "prósopon", el "yo–Logos" (divino).

Para expresar esta realidad, san Cirilo utiliza una expresión que es problemática: el Verbo ha hecho suya la naturaleza humana de modo que le pertenece "en unión de naturaleza", es decir esencialmente y no en virtud de una acción moral del hombre (como la fe o la caridad; la unión de naturalezas —ἕνοσις φυσική— no es moral, sino "natural", "esencial"); esta expresión podía ser entendida en sentido monofisita (que no era, en absoluto, la intención de san Cirilo). Como dice Aznar Tello:

"Cirilo rehúye toda explicación que parezca puede comprometer de alguna manera esta unión; no quiere hablar de una simple 'inhabitación' o de una 'conjunción' o de una 'relación'. Entre las dos naturalezas no existe solamente un acercamiento o un contacto (*synápheia*), como decían los antioquenos. 'Nosotros, escribe Cirilo a Nestorio, rechazamos el término *synápheia* porque no es propio para significar la unión (*énosis*)'. El mismo término 'unión' le parece insuficiente, pues no preserva a los teólogos contra la tentación de decir que Cristo es un hombre 'teóforo'. Hace falta precisar, según él, y hablar de 'unión según la hypóstasis' (*énosis kat'hypóstasin*) o 'unión según la naturaleza' (*énosis katá physin*), pues las dos palabras, 'hypóstasis' y 'physis', son, más o menos, intercambiables en el lenguaje de Cirilo. Se trata, en definitiva, según él, de una 'unión física' (*énosis physikée*) y no 'moral' ".[10]

El santo subrayaba que si no hay unión de naturalezas en Cristo, no habría salvación para el hombre.

Como consecuencia de la unión de naturalezas, existe la comunicación de idiomas en Cristo: a la persona se pueden aplicar las propiedades de ambas naturalezas (Cristo es humano y divino; Dios muere en la cruz, o sufre en la pasión, ya que suya es la humanidad que padecía, suyo era el cuerpo y suya el alma; o la Virgen es la "theotokos"). San Cirilo será el gran defensor de la maternidad divina de la Virgen, considerando que en esa realidad se encuentra la expresión de la más prístina cristología, al suponer en Cristo, la unidad de persona y la dualidad de naturalezas. Decir, en efecto, que María es la Madre de Dios equivale a afirmar que en Cristo no hay más que una persona, la del Hijo de Dios, y que es a esta persona a la que María ha dado nacimiento en el tiempo:

---

[10]S. Aznar Tello: *San Cirilo de Alejandría*, en GER, vol. V, pág. 667–668.

"Como la santa Virgen engendró según la carne a Dios unido personalmente a la carne, por eso decimos de ella que es la Madre de Dios, no en el sentido de que la naturaleza del Verbo tomara de la carne el comienzo de su existencia... sino porque, como hemos dicho antes, habiendo asumido personalmente la naturaleza del hombre, aceptó el ser engendrado de su seno según la carne".[11]

El siguiente gráfico podría expresar sus ideas, donde el triángulo cerrado representa la naturaleza humana y el ángulo con vectores, la divina; las flechas indican que el movimiento de la encarnación parte del "Logos":

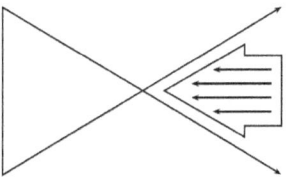

(Cfr. Juan A. Jorge: *Cristología*, cit., Vol I, pág. 199)

Podemos señalar las siguientes deficiencias en su posición:

1. La utilización de la fórmula μία φύσις τοῦ Θεοῦ Λόγου σεσαρκωμένη,[12] creyendo que era de san Atanasio, cuando en realidad era de Apolinar.[13]

2. La utilización de la fórmula ἕνοσις φυσική, que sería entendida en sentido monofisita posteriormente.

---

[11]*Epíst.* 17,11.

[12]*Epíst.* 17; *Epíst.* 46.

[13]Pertenecía a una Carta de Apolinar a Joviano.

3. Todavía no se encuentra el término adecuado para la unión de las naturalezas en Cristo (solo en el concilio II de Constantinopla del a. 553, se acepta la expresión ἔνοσις καθ' ὑποστασιν).

22.4 El concilio de Éfeso, a. 431

22.4.1 Controversia de Nestorio y san Cirilo

El concilio de Éfeso enfrenta la polémica suscitada por las posiciones de Nestorio, patriarca de Constantinopla, y su enfrentamiento con san Cirilo, patriarca de Alejandría. Los hechos se precipitan entre los años 429 y 430:

- Segunda Carta de Cirilo a Nestorio.

- Tercera Carta de Cirilo a Nestorio con los doce anatematismos.

- Doce contra–anatematismos de Nestorio a Cirilo, acusándole de apolinarista.

- Intervención de Juan, patriarca de Antioquía, defendiendo a Nestorio de buena fe.

- Intervención de Teodoreto, Obispo de Ciro, en favor de Nestorio, de buena be.

22.4.2 Concilio de Éfeso

En el año 431, la situación se había hecho tan tensa que el Emperador Teodosio II,[14] pide la convocatoria de un concilio que resolviera la controversia.[15] Cirilo comienza el concilio, sin esperar a Juan de Antioquía y sus

---

[14]Se une también el Emperador de Occidente, Valentiniano III.

[15]Cfr. Th. Camelot: *Éfeso y Calcedonia*, Ed. Eset, Vitoria, 1971; M. Jugie: *Éphése (Concile de)*, en DTC, V, págs. 137–163. Cfr. la Encíclica de Pio XI *Lux Veritatis*, para conmemorar este concilio.

obispos, y sin aguardar tampoco a los delegados del Papa. Condena a Nestorio, después de que éste expresara su voluntad explícita de no participar en las reuniones del concilio, siendo inmediatamente depuesto. Se establece el título de la Virgen como "theotokos" con una gran alegría del pueblo de Éfeso.[16]

En el concilio se leyó y aprobó la segunda Carta de Cirilo a Nestorio:

"Neque enim dicimus Verbi naturam per sui mutationem carnem esse factam; sed neque in totum hominem transformatum ex anima et corpore constitutum; asserimus autem Verbum, unita sibi secundum hypostasim carne animata rationali anima, inexplicabili incomprehensibilique modo hominem factum, et hominis Filium exstitisse, non per solam voluntatem, sive per solam personæ assumptionem. Et quamvis naturæ sint diversæ, vera tamen unione coeuntes unum nobis Christum et Filium effecerunt; non quod naturarum differentia propter unionem sublata sit, verum quod divinitas et humanitas secreta quadam ineffabilique coniunctione in una persona unum nobis Iesum Christum et Filium constituerint... Non enim primo vulgaris quispiam homo ex Virgine ortus est, in quem Dei Verbum deinde se demiserit; sed in ipso utero carni unitum secundum carnem progenitum dicitur, utpote suæ carnis generationem sibi ut propriam vindicans... Ita (sancti Patres) non dubitaverunt sacram Virginem Deiparam appellare, non quod Verbi natura ipsiusve divinitas ortus sui principium ex sancta Virgine sumpserit, sed quod sacrum illud corpus anima intellegente perfectum ex ea traxerit,

---

[16]Se ha discutido mucho, y así lo hizo también Nestorio, sobre la validez de este concilio. Hay que afirmar que Cirilo tenía poder del Papa para actuar como lo hizo, y lo que le llevó a ello fue el peligro que sintió Cirilo de que el Emperador pusiera como presidente del concilio a Juan de Antioquía, en contra de los deseos del Papa, así como para evitar la influencia indebida del Emperador. Como dice Alcántara A. Mens (*Éfeso, Concilio de*, en GER, vol. VIII, pág. 357): "La sesión primera, que determinó toda la evolución de la parte dogmática del concilio, tuvo lugar el lunes 22 de junio. En efecto, S. Cirilo, cansado de esperar la llegada del grupo de Juan de Antioquía y de los legados del Papa, declaró abierta la asamblea en presencia de 154 obispos, más el diácono africano Bessula. Creyó que tenía derecho para hacer esto, pues, por una parte, el citado Juan acababa de declarar que el sínodo podía comenzar si él tardaba demasiado, y como, por otra parte, los legados pontificios no habían llegado, quedaba él como representante jurídico del Papa, quien le había encargado en el concilio romano de agosto del 430 que ejecutase la sentencia infligida a Nestorio..."

cui et Dei Verbum, secundum hypostasim unitum, secundum carnem natum dicitur.

(c. 3) Credimus, inquiunt illi (scl. sancti Patres), et in Dominum nostrum Iesum Christum Filium eius unigenitum. Prævides quomodo Domini et Iesu Christi et unigeniti Filii prius communia deitatis et humanitatis nomina tamquam fundamenta ponentes, tunc suscepti hominis (accuratius: inhumanationis) et resurrectionis et passionis superædificant traditionem, ut nominibus quibusdam utriusque naturæ communibus et significativis propositis, neque quæ generationis Filii et dominationis, dissecentur neque quæ naturarum sunt propria, in singularitate nativitatis Filii ulla confusionis abolitione periclitentur nomine unionis.

(c. 4) In hoc apud illos Paulus doctor est factus; qui cum divinæ incarnationis memoriam faceret, incipiens subiungere quæ sunt passionis, prius posuit 'Christus', commune, ut paulo ante dixi, nomen naturarum: tunc decentem infert sermonem sive rationem utriusque. Quid enim ait? 'Hoc sentiatur in vobis quod et in Christo Iesu, qui cum in forma Dei esset, non rapinam arbitratus est esse æqualis Deo, sed', ne ad unumquodque loquar, 'factus oboediens usque ad mortem, mortem autem crucis' (Flp 2: 5–8). Quoniam igitur coeperat mortis facere mentionem, ut ne quis hinc Verbum Deum passibilem suspicetur, posuit 'Christus', tamquam inpassibilis et passibilis essentiæ in singularitate personæ significativum vocabulum, ut inpassibilis et passibilis Christus sine periculo nominetur, inpassibilis quidem deitate, passibilis vero natura corporea.

(c. 5) Multa super hoc cum possim dicere et primo omnium quod nec nativitatis in dispensatione, sed susceptionis humanitatis tantum meminisse sanctos illos Patres ostendere valeam; ... (brevitati studens statim) venio nunc et ad secundum caritate tua capitulum motum, in quo naturarum quidem laudabam factam discretionem secundum deitatis et humanitatis rationem et in una persona consortium nec non et illud quod Deum Verbum secunda nativitate ex muliere minime diceret eguisse <et> quod passionis incapacem profitebatur deitatem. Catholica enim re vera sunt hæc et omnino sectis omnibus circa Domini naturas adversa. In reliquis vero si aliquam latentem et profundam atque incomprehensibilem rationem legentium auribus adferebas, tuæ sit examinatæ prudentiæ scire: mihi enim priora destruere videbaris. Eum enim qui in primis inpassibilis et secundam non recipere nativitatem fuerat prædicatus, iterum passibilem et noviter creatum nescio quomodo inferebas, tamquam quæ Deo Verbo naturaliter inessent, consortio templi corrupta sint, aut forsitan paulo minus hominibus putari illud ipsum absque peccato templum et inseparabile divinæ naturæ nativitatem et mortem pro peccatoribus (non) pertulisse, tamquam voci dominicæ ad iudæos clamanti 'Solvite templum hoc, et in triduo suscitabo illud' (Jn 2:19) non debeat credi. Non dixit: solvite deitatem meam, et in triduo suscitabitur.

(c. 6) ...Ubique per divinas Scripturas, quotiens meminerint dominicæ dispensationis, non divinitatis Christi, sed humanitatis eius passio et nativitas traditur, ut magis secundum liquidissimam rationem convenientius aptiusque sit sanctam Virginem non genetricem Dei, id est *theotokon*, sed Christi genetricem, id est *Christotokon* vocari, ad hæc Evangeliis quoque vociferantibus: 'Liber generationis Iesu Christi filii David filii Abraham' (Mt 1:1). Evidens est quia Deus Verbum David non erat filius. Accipe, si videtur, et aliud testimonium: 'Iacob autem genuit Joseph virum Mariæ, de qua natus est Jesus qui dicitur Christus' (Mt 1:16). Intende etiam in aliud dictum: 'Christi autem generatio sic erat. Cum esset desponsata virgo Maria, inventa est in utero habens de Spiritu Sancto' (Mt 1:18). Creaturam autem esse Spiritus Sancti Unigeniti deitatem quis vel debeat suspicari? Quid etiam his superfundi debeat, audi: 'Et erat mater Iesu ibi' (Jn 2:1) et iterum 'cum Maria matre Iesu' (Act 1:14), illud quoque 'Quod in ea natum est, de Spiritu Sancto est' (Mt 1:20) et iterum 'Accipe puerum et matrem eius et fuge in Ægyptum' (Mt 2:13) et illud 'De Filio eius unigenito, qui factus est ei ex semine David secundum carnem' (Ro 1:3) et iterum de passione eius quia 'Deus Filium suum misit in similitudinem carnis peccati et de peccato damnavit peccatum in carne' (Ro 8:3) et iterum 'Christus mortuus est pro peccatis nostris' (1 Cor 15:3) et denuo 'Christo passo in carne' (1 Pe 4:1) et illud 'Hoc est corpus meum et hic est sanguis meus' (1 Cor 11:24), non dixit hæc est deitas mea.

(c. 7) Et decem milia alia sunt, aliis atque aliis vocibus protestantibus humanum genus in eo, non Filii deitatem recentem putare aut novellam aut corporalium passionum esse capacem, sed illam divinæ naturæ coniunctam carnem ex qua <et dominum et> filium se David nominat Christus. Quid enim ait? 'Quid vobis videtur de Christo? Cuius est filius? Responderunt: David. Et respondit Iesus et dixit: Quomodo ergo David in spiritu dominum eum vocat dicens: dixit, inquit, Dominus Domino meo, sede ad dexteram meam?' (Mt 22: 42–44). Tamquam filius profecto David secundum carnem, secundum divinitatem vero Dominus. Esse quidem templum divinitatis Filii corpus et templum secundum excellentem quandam et divinam unitum coniunctionem certissimum est, ita ut ea quæ sunt Dei, adsciscere sibi et ad se revocare divinam naturam profiteri sit bonum et dignum evangelica traditione; huius autem familiaritatis nomine confricare et coniunctæ carnis proprietates, generationem scilicet et passionem et mortalitatem Deo tribue-re, aut errantis gentilitatis, frater, est sensus aut mente capti Apollinaris et Arrii aut reliquarum pestium hæreticarum et harum aliquid peius. Necesse est enim huiusmodi homines adtractos familiaritatis nomine et lactationis socium propter familiaritatem et ætatis quæ paulatim accessit, incremento-rum participem Deum Verbum facere et passionis in tempore ex timiditate auxilii angelici indigentem. Taceo circumcisionem et sacrificium et sudo-rem et famem, quæ quidem carnis pro nobis evenerunt (hæc tamen, cum illi coniunguntur, et adoranda sunt) in deitate autem ista etiam mendaciter accipiuntur nobisque tamquam calumniatoribus iustas damnationis causas important..."[17]

También se leyeron los doce anatematismos contra Nestorio, pero no constan en las actas del concilio. Con todo se consideran las enseñanzas cristológicas del concilio:

"1.– Si quis non confitetur, Deum esse veraciter Emmanuel, et propterea Dei genitricem sanctam virginem (peperit enim secundum carnem carnem factum Dei verbum), an. sit.

2.– Si quis non confitetur carni secundum subsistentiam adunatum ex Deo Patre Verbum, unum esse etiam Christum cum sua carne, eundem ipsum videlicet Deum simul et homi-nem, an. sit.

3.– Si quis in uno Christo dividit subsistentias post aduni-tionem, soli iungens eas contiguitati quæ est secundum digni-tatem vel auctoritatem aut potentiam, et non magis concursu qui est secundum adunitionem naturalem, an. sit.

4.– Si quis personis duabus vel etiam subsistentiis quæ sunt in evangelicis vel apostolicis scripturis, impertit voces aut in Christo a Sanctis dictas aut ab Ipso de se et quasdam velut

---

[17]D. S. 250–251.

homini præter ex Deo Verbum specialiter intellecto applicat, quasdam vero velut Deo condecentes soli ex Deo Patre Verbo, an. sit.

5.– Si quis audet dicere deiferum hominem Christum et non magis Deum esse secundum veritatem sicut Filium unum et natura secundum quod factus est caro Verbum et communicavit similiter nobis in sanguine et carne, an. sit.

6.– Si quis dicit Deum aut Dominum esse Christi ex Deo Patre Verbum et non magis eundem confitetur simul Deum et hominem, utpote facto carne Verbo secundum Scripturas, an. sit.

7.– Si quis ait ut hominem operationem suscepisse ex Deo Verbo Iesum et Unigeniti gloriam appositam esse tamquam alteri præter eum exsistenti, an. sit.

8.– Si quis audet dicere adsumptum hominem coadorari oportere Deo Verbo et conglorificari et coappellari Deum ut alter alteri ("co–" enim semper adjectum hoc intelligi cogit) et non magis una adoratione honorificat Emmanuel et unam ei glorificationem refert secundum quod factum est caro Verbum, an. sit.

9.– Si quis ait unum Dominum Iesum Christum glorificatum a Spiritu quasi aliena virtute, quæ per eum est, utens, et ab ipso accepisse operari posse contra spiritus immundos et adimplere in homines deitatis miracula et non magis proprium eius esse Spiritum dicit, per quem et operatus est deitatis signa, an. sit.

10.– Pontificem et Apostolum confessionis nostræ (Heb 3:1) factum Christum divina dicit Scriptura; obtulit etiam semet ipsum in odorem suavitatis Deo (Ef 5:2) et Patri. Si quis ergo Pontificem et Apostolum nostrum fieri dicit non ipsum ex

Deo Verbum, quando factum est caro et secundum nos homo, sed ut si alterum præter ipsum specialiter hominem ex muliere, aut si quis dicit et pro se obtulisse semet ipsum sacrificium, et non magis pro nobis tantum (nec enim indiguit sacrificio qui nescit peccatum), an. sit.

11.– Si quis non confitetur Domini carnem vivificatoriam esse et propriam ipsius ex deo Patre Verbi, sed velut alterius præter ipsum, copulati quidem ei secundum dignitatem aut quasi solummodo divinam inhabitationem habentem et non magis vivificatoriam sicut diximus, quia facta est propria Verbi omnia vivificare valentis, an. sit.

12.– Si quis non confitetur Dei Verbum passum carne et crucifixum carne et mortem gustasse carne, factum etiam primogenitum ex mortuis secundum quod vita est et vivificans ut Deus, an. sit".[18]

Las verdades principales que subraya este concilio son las siguientes:

- Cristo es un solo sujeto (ὑπόστασις) y una sola persona (πρόσοπον).

- El mismo que es Dios es hombre mediante la unión de la naturaleza divina (φύσις) con la humana.

- Por tanto, Santa María es verdadera Madre de Dios porque engendró según la carne al Verbo de Dios hecho carne.

- Cristo es el Hijo de Dios, y no puede afirmarse que el hombre Jesús sea un hombre divinizado e hijo adoptivo de Dios.

- La carne de Cristo –cfr. eucaristía– es vivificadora porque es carne del Verbo.

---

[18]D. S. 252–263.

- Cristo debe ser adorado con una única adoración, y no adorado como Dios y separadamente adorado como hombre.

- Deben atribuirse a la Persona del Verbo no solamente las operaciones divinas, sino también las operaciones y pasiones humanas de Jesús.[19]

En el concilio de Éfeso (431) se condena unilateralmente a Nestorio.[20]

22.4.3 Sucesos posteriores

Las circunstancias de la celebración del concilio produjeron que la controversia en torno a Nestorio y sus seguidores, se agravara.[21] Los hitos más importantes son:

- Envío al Emperador de sendos memorandums por Cirilo y Nestorio.

- Juan de Antioquía entra en Éfeso y condena y depone a Cirilo.

- Llegan a Éfeso los delegados papales, quienes:

  - Confirman a Cirilo.
  - Aprueban al concilio de Éfeso.
  - Convocan a Juan de Antioquía y lo deponen al no asistir; Juan de Antioquía estaba participando en otro sínodo.

- El Emperador depone a Cirilo y a Nestorio.

- Cirilo maniobra políticamente y con la ayuda de un santo abad convence al Emperador para que deponga a Nestorio y confirme en sus sedes a él mismo y a Juan de Antioquía.

---

[19]F. Ocáriz – L. F. Mateo–Seco – J. A. Riestra: *El Misterio...*, cit., págs. 139–140.

[20]D. S. 264.

[21]Los detalles, se pueden seguir en la bibliografía aportada más arriba sobre este concilio. Un buen resumen en Alcántara A. Mens: *Éfeso...*, cit., págs. 356–359.

Como consecuencia, el Oriente se encuentra dividido entre nestorianos, los partidarios de Juan de Antioquía y de Teodoreto de Ciro, y los de san Cirilo.

En el año 433 se produce el Acta de Unión, con el Papa Sixto III, por la cual los obispos todos de la Iglesia de Oriente se unen a la fe de Éfeso: es el *Symbolum Ephesinum*.[22] Juan de Antioquía acepta el concilio de Éfeso; Teodoreto de Ciro lo hará al año siguiente (434) y el nestorianismo se extendió a Persia–India (los "caldeos"). El contenido de este "Symbolum Ephesinum" es el siguiente:

1. La Virgen es la "Theotokos".

   > "Secundum hanc inconfundibilem unitatem confitemur sanctam Virginem Dei genetricem, quia Deus Verbum incarnatus est et humanatus est et ex ipso conceptu adunivit sibi ex ipsa assumptum templum".[23]

2. La humanidad de Cristo permanece íntegra y total tras la encarnación. Se emplea el término "homooúsios" de Nicea para explicar también la consubstancialidad de Cristo con los hombres. Se emplea el término "unión" ("hénosis") y no 'synapheia" para indicar la unidad de las dos naturalezas.

   > "Confitemur igitur Dominum nostrum Iesum Christum filium Dei unigenitum, Deum perfectum et hominem perfectum ex anima rationali et corpore, ante sæcula ex Patre genitum secundum deitatem, in ultimis autem diebus eundem propter nos et propter nostram salutem ex Maria Virgine secundum humanitatem, consubstantialem Patri

---

[22]D. S. 271–273.

[23]D. S. 272.

eundem secundum deitatem et consubstantialem nobis secundum humanitatem. Duarum enim naturarum unitas facta est; unde unum Christum, unum filium, unum dominum confitemur".[24]

3. La comunicación de idiomas es válida.

"Evangelicas autem et apostolicas de Domino voces scimus deiloquos viros aliquotiens has consociantes tamquam de una persona dictas, aliquotiens autem dividentes tamquam de duabus naturis et has quidem Deo condecentes secundum deitatem Christi, humiles autem secundum humanitatem tradentes".[25]

4. No se acepta la fórmula de Cirilo μία φύσις τοῦ Θεοῦ Λόγου σεσαρκωμένη.

Con todo la controversia no queda zanjada todavía pues no se ha llegado a la fórmula de solución final ("unión hipostática"), y existían expresiones usadas por los santos Padres que todavía eran muy imprecisas e inducían al error. Así en el concilio de Constantinopla I, el significado de "hypóstasis" era diferente de "ousía" y se aplicaba a cada una de las personas divinas; en cambio en el concilio de Éfeso, no hay una clara distinción entre ambos términos, y se entendían con el mismo significado. Por eso san Cirilo piensa en una sola "hypóstasis" y en una sola "ousía"; por su parte Nestorio hablaba, de dos "ousia" y de dos "hypostasis". La terminología de cada autor únicamente podría aclararse con la exposición de sus posiciones teológicas. Solo en el concilio de Calcedonia (a. 451) se acaba por determinar con precisión el alcance de cada vocablo y, por tanto, facilitar su uso correcto en cristología.

---

[24]D. S. 272.
[25]D. S. 273.

De esta controversia queda claro que en Cristo hay un solo "Yo" que es divino, la Virgen María es la "theotokos" y la comunicación de idiomas es válida en cristología.

22.5   Eutiques y la crisis monofisita

La comprensión de la unidad de Cristo no quedaba todavía precisada del todo. En efecto, los conceptos amplios de "hipóstasis" y de "physis" con tan diferente significado para unos y otros, propiciaba por un lado, que al hablar de la única hipóstasis de Cristo se pudiera significar en realidad que el Señor tenía una sola naturaleza; y por otro, que el entendimiento de la "unión en la naturaleza o substancia" se comprendiera como una unión que no se operaba en la "persona" o "subsistencia" (olvidando el prístino sentido de la fórmula usada para rechazar una unión de la humanidad y de la divinidad en Cristo de tipo moral).

La imprecisión conceptual supuso una nueva crisis, la monofisita, lo que impulsó el esfuerzo aclaratorio: por un lado, de las dos escuelas teológicas de la antigüedad, Alejandría y Antioquía; y, por otro, del de la Iglesia latina, sobre todo por la obra del Papa san León Magno.

Etimológicamente, "monofisismo", significa "una naturaleza" ("mono–physis": μόνος – φύσις). Y tiene su origen en el momento que ahora se estudia: algunos pensadores cristianos, en su esfuerzo por luchar contra el nestorianismo y su negación de la única persona en Cristo, cayeron en el error opuesto: afirmar que en Cristo hay una única naturaleza.

Hay que distinguir entre el *monofisismo real*, que formalmente contradice el dogma del concilio de Calcedonia de varios modos y que constituye el auténtico pensamiento herético al sostener la única naturaleza en Cristo, del *monofisismo verbal*, que utiliza expresiones inadecuadas, de sabor monofisita, pero que en principio no pretenden negar la doble naturaleza de Cristo y su real distinción (es el de aquéllos que ponen en Jesucristo, después de la unión, una sola "physis" o naturaleza, pero que entienden la palabra "physis" en el sentido de ser concreto, subsistente en sí mismo, sujeto único de atribución, con el efecto de que el término "naturaleza" — "physis"— se hace sinónimo de "persona" —"hypóstasis", "prósopon"—).[26]

22.5.1 Eutiques, archimandrita de Constantinopla (378–454)

Eutiques,[27] apoyándose en la aprobación conciliar de Éfeso de las doctrinas de san Cirilo, sin embargo las interpreta en sentido Apolinarista.

Eutiques nació hacia el 378. Muy pronto ingresa en un monasterio. Más tarde fue ordenado sacerdote y elegido archimandrita de un gran monasterio en los alrededores de Constantinopla. Era amigo de Cirilo de Alejandría y también de su sucesor Dióscoro. Además, gozaba de la estima y de la protección de la corte, tanto del emperador Teodosio II como de su potente ministro, el eunuco Crisafio. Fanático adversario del nestorianismo, pero desprovisto de una sólida cultura teológica, acabó por caer en el error

---

[26]Se ha distinguido entre un monofisismo verbal ortodoxo, que sería por ejemplo el de san Cirilo de Alejandría con su famosa fórmula μία φύσις τοῦ Θεοῦ Λόγου σεσαρκωμένη, que él interpretaba en sentido ortodoxo como ya sabemos; y monofisismo verbal heterodoxo, que sería el propio de los monotelitas, como Severo de Antioquía: antes de la encarnación, existía sólo el Verbo; después de ella existe un solo ser concreto, una sola "physis" (naturaleza) compuesta de dos "ousiai" (esencias). A causa de estas dos esencias diferentes e inconfusas, Cristo es consustancial con el Padre según la divinidad, y consustancial con María y con nosotros según la humanidad. De la síntesis de estas dos "ousiai" en una única "physis", con la unidad vital que supone, deduce Severo que, aunque aparentemente se distinguen en Cristo acciones humanas y acciones divinas, sin embargo, todas ellas provienen de una actividad única, la "enérgeia" del Verbo Encarnado, en quien todo es humano–divino, teándrico. Con esta concepción, Severo no podía menos de estar en desacuerdo con el concilio de Calcedonia y el *Tomo* de san León. Cfr. J. S. Nadal y Cañellas: *Monofisismo*, en GER, vol. XVI, págs. 216–221; M. Jugie: *Monophysisme*, en DTC, XX, 2216–2251.

[27]J. S. Nadal y Cañellas: *Eutiques*, en GER, vol.IX, págs. 580–581 ; M. Jugie: *Eutiches et Eutychianisme*, en DTC, vol. V, 1582–1609; Id: *Theologia Dogmatica Christianorum Orientalium*, V, París, 1935, 397–442; ; J. Lebon: *Le Monophysitisme Sevérien*, Lovaina, 1909; B. Mondin: *Storia...*, cit., vol. I, págs. 259–261; V. Cano Sordo: *Patrología...*, cit., cap. 25, pág. 1.

opuesto: de hecho, sostenía que en Jesucristo la encarnación traía consigo la fusión de las dos naturalezas, humana y divina, por lo que en Él había una sola naturaleza, y obviamente una sola persona (mientras que Nestorio sostenía la tesis opuesta de las dos naturalezas y las dos personas. Tras todas las vicisitudes que se explicarán más abajo, después del concilio de Calcedonia, fue condenado al exilio donde murió poco después (ca. 454).

Es probable que Eutiques fuera más bien ignorante que malicioso (el Papa san León le calificó como *multum imprudens et nimis imperitus senex*[28]), y sus doctrinas fueron interpretadas por sus sucesores y enemigos de muy diferente forma, pero realmente se constituyó en el referente de la herejía monofisita.

Históricamente, el monofisimo de Eutiques fue interpretado de las siguientes maneras:[29]

1. Teodoreto de Ciro, en su obra *Eranístes*, contra Eutiques, escrita en 447, supone que éste afirmaba que la humanidad había sido absorbida en la divinidad, a la manera de una transustanciación, "casi como una gota de miel que caída en el mar, se disuelve en él".[30]

2. Juan, obispo de Tomos, en el Ponto, hacia 448, creía que la enseñanza de Eutiques podía resumirse en la afirmación de que la divinidad se disolvía en la humanidad, de modo que el Verbo de tal manera se hacía hombre que dejaba de ser Dios. Este error, del que ciertamente Eutiques estaba inmune, en realidad había sido mantenido por algunos herejes anteriores a él, de los que tenemos noticias por Hilario de Padua en su libro *De Trinitate*,[31] y fue condenado por el sínodo de Sirmio de 351 en su canon 11.[32]

3. San Cirilo en su *Epístola a Acacio*, y Nestorio en el *Libro de Heracles*, nos describe otra forma de monofisismo, que el Pseudo-Zacarías y Miguel Siro atribuyeron después

---

[28]*P. L.* 54, 756.

[29]Cfr. J. S. Nadal y Cañellas: *Monofisismo*, cit., págs. 216.

[30]*P. G.* 83, 135. Cfr. G. H. Ettlinger: *Theodoret of Cyrus Eranistes. Critical Text and Prolegomena*, Oxford, 1975.

[31]*P. L.* 10, 383.

[32]D. S. 140.

a Eutiques: el Verbo no se había fundido con una carne tomada de mujer, sino que el Verbo mismo, en virtud de su omnipotencia, se había transformado y, por así decir, condensado en carne humana. Es cierto que no fue éste el pensamiento de Eutiques; pero parece que algunos de sus discípulos adoptaron esta concepción, según se desprende de los escritos de Filoxeno y de Severo de Antioquía.

4. La cuarta interpretación es un error excogitado por los docetas, mucho tiempo antes de Eutiques, pero que Timoteo Ærulo le atribuía con estas palabras: "Dios, en su misma esencia, se hizo material y apareció en un cuerpo celeste; de la misma manera que en la cera nada queda del sello que le ha impreso la forma, y en el barro nada resta del anillo de oro que lo ha timbrado, así nada permaneció en Cristo de las cosas humanas".[33]

5. La quinta forma es la del monofisismo clásico. La divinidad y la humanidad de tal manera se han confundido en Cristo que han dado lugar a una tercera naturaleza única, que no es ni Dios ni hombre, sino algo especial, tanto en el ser como en el obrar. También esta interpretación fue atribuida a Eutiques. Parece que la defendió un tal Sergio Gramático, y el Pseudo–Dionisio Areopagita a veces da la impresión de estar de acuerdo con ella.[34]

6. La forma más sutil del monofisismo real considera al Verbo Divino y a la humanidad como dos sustancias incompletas, que se unen sin confundirse para formar una sustancia completa, al modo del alma y el cuerpo. Esta última imagen había sido usada por muchos Padres para ilustrar la encarnación, sin pretender darle un sentido real; sin embargo, los arrianos y apolinaristas la entendieron a la letra.

7. Finalmente, algunos seguidores de Eutiques, entre ellos el obispo egipcio Isaías y el sacerdote alejandrino Teófilo, parecen haber sostenido que el Verbo solamente *ab extrínseco* y en apariencia se había hecho hombre. Este había sido el error típico de los docetas, por lo cual, los que lo mantuvieron, más tendrían que ser considerados discípulos de Valentín y Apeles que del propio Eutiques.[35]

---

[33]Zacarías el Rector: *Historia eclesiástica*, V, 1, ed. Brooks, 146

[34]*P. G.* 94, 287 ss.

[35]Corrientes monofisitas (cismáticas, por profesar un monofisismo atenuado) actuales son:

- Jacobitas de Siria y la India (1 millón).
- Coptos de Egipto (6 millones).
- Etíopes (9 millones).
- Armenios (3 millones). (cfr. H. Masson: *Manual...*, cit., págs. 251-255.)

Para los propósitos del presente manual, baste decir que la humanidad de Cristo quedaría absorbida por la divinidad en la encarnación, de tal modo que existiría una única naturaleza en Cristo, que sería la que produce la unión, la divina. Como el agua del mar absorbe una gota de miel, la humanidad de Cristo, sin ser aniquilada, es absorbida por la divinidad. En este sentido hay "fusión" (κρᾶσις) o "mezcla" (σύγκρασις) de naturalezas en Cristo.

Cristo sería así una Persona de dos naturalezas (antes de la unión) pero no en dos naturalezas (después de la unión). Este sería el sentido de la fórmula ἕνωσις φυσική.

22.5.2 San León Magno

Toscano de origen, nace en Roma en el año 400. Trabaja del 420 al 430 en la curia romana y es elegido papa en el 440. Muere el 461.[36]

De los más de veinte años de pontificado de León destacan de modo especial tres apartados:

- Su teología y praxis de un primado jurisdiccional pontificio que lo convirtieron en el primer Papa en el sentido moderno y que le valieron más que ninguna otra cosa el título de "Magno".

- Su papel decisivo como teólogo y político eclesiástico en la controversia cristológica nacida en torno a Eutiques y que condujo al concilio de Calcedonia (451).

- Sus dos misiones para salvar a la ciudad de Roma, cuando Atila rey de los hunos invadió con sus hordas Italia en 452, y cuando Genserico, rey de los vándalos estaba con su pueblo a las puertas de Roma en 455.

---

[36]H. Drobner: *Manual...*, cit., págs. 492–495; Cfr. V. Cano Sordo: *Patrología...*, cit., tema 25, pág. 2.

Vive en un período histórico turbulento (bárbaros, monofisismo, ambición de los patriarcas de Constantinopla).

Con motivo de la herejía monofisita de Eutiques escribe su famoso "Tomus ad Flavianum", patriarca de Constantinopla, del que inmediatamente trataremos.

Del concilio de Calcedonia (451) firmó todos los cánones, excepto el n. 28, en el que se afirmaba la preeminencia en el Oriente de los patriarcas de Constantinopla.

En el 452 detuvo a Atila a las puertas de Roma, y en el 455 a libró a Roma del amenazante saqueo de Genserico.

Dio prestigio temporal al papado, llenando el hueco de la falta de autoridad civil.

Escribió 96 homilías y 150 cartas.

22.5.3 Sucesos previos al concilio de Calcedonia

Cuando las tesis de Eutiques se hacen públicas, se produce una suerte de reacción en cadena de acontecimientos:

1. Flaviano, patriarca de Constantinopla (+449) condena y depone a Eutiques en el sínodo celebrado en su ciudad el año 448.

2. Dióscoro, patriarca de Alejandría y sucesor de san Cirilo, defiende las tesis de Eutiques.

3. En el año 449, el Papa san León Magno responde a las cartas enviadas por Eutiques y por Flaviano con su famoso "Tomus Leonis ad Flavianum":[37]

   > "Salva igitur proprietate utriusque naturæ et in unam coeunte personam, suscepta est a maiestate humilitas, a virtute infirmitas, ab æternitate mortalitas, et ad resolvendum

---

[37]D. S. 290–295.

condicionis nostræ debitum natura inviolabilis naturæ est unita passibili: ut, quod nostris remediis congruebat, unus atque idem 'mediator Dei et hominum, homo Christus Jesus' (1 Tim 2:5) et mori posset ex uno, et mori non ex altero. In integra ergo veri hominis perfectaque natura verus natus est Deus, totus in suis, totus in nostris —nostra autem dicimus quæ in nobis ab initio Creator condidit at quæ reparanda suscepit; nam illa, quæ deceptor intulit et homo deceptus admisit, nullum habuerunt in salvatore vestigium... Adsumpsit formam servi sine sorde peccati, humana augens, divina non minuens, quia exinanitio illa, qua se invisibilis visibilem præbuit..., inclinatio fuit miserationis, non defectio potestatis".[38]

En el "Tomus", el Papa condena a Eutiques, y afirma la única Persona de Cristo y la doble naturaleza, unidas, pero quedando distintas e inconfusas tras la unión, que recogía la teología de la Iglesia latina, que, de mano de Tertuliano y san Agustín, ya habían establecido con precisión el sentido de "naturaleza" y de "persona". Conviene, así, destacar en esta Carta:

- La doctrina de la doble "consubstancialidad" de Cristo, al Padre y a nosotros.
- La integridad de las dos naturalezas en Cristo y la unidad de su persona, con la expresión que luego asumirá el concilio de Calcedonia: "...permaneciendo íntegras las propiedades de una y otra naturaleza y substancia, y confluyendo en una sola persona, la majestad ha tomado la humildad".
- Insiste en la comunicación de idiomas como apropiada para la teología cristológica.

---

[38]D. S. 293.

4. En el mismo año se celebra el llamado "Latrocinio de Éfeso", un conciliabulo convocado por Dióscoro de Alejandría y Eutiques en rebelión. El emperador Teodosio II patrocinó este sínodo. El Papa León I, aunque de mala gana, envió legados, con mensajes que contenían la misma doctrina expuesta ya en su epístola dogmática "Tomus Leonis ad Flavianum". En ese concilio:

   - Se rechaza el "Tomus Leonis", que no fue leído y se condena a los "di–fisistas" (los que aceptaban las dos naturalezas en Cristo).

   - Se silencia a los representantes del Papa.

   - Se hace violencia a los obispos ortodoxos.

   - Se condena a varios obispos sin ser escuchados.

   - Flaviano es arrastrado por el suelo, y muere pocos días más tarde.

   - Terminado el concilio, el Papa León lo calificó de "Latrocinio de Éfeso" por lo que no tiene valor dogmático al haber sido desautorizado por el santo Padre. Dióscoro todavía intentó rebelarse, y cuando pasaba por Nicea, excomulgó al Pontífice Romano. Teodosio II, sin embargo, aprobó las actas del concilio y mandó ejecutar sus decretos.

5. Para poner orden y hacer valer su autoridad, el Papa envió a Constantinopla una legación compuesta de cuatro obispos. Antes de llegar a la ciudad, había muerto el emperador Teodosio II (el 28 julio 450), y su viuda se había casado con el general Marciano al que hizo emperador. Las cosas cambiaron: los decretos del "latrocinio" fueron declarados nulos. Los nuevos emperadores se apresuraron a escribir estos hechos al Papa y comunicarle su acuerdo para la reunión de un nuevo concilio. Este se celebró en octubre del 451 en Calcedonia.

22.6   El concilio de Calcedonia, a. 451

Introducción.– El concilio ortodoxo,[39] convocado por los emperadores Pulqueria y Marciano, con permiso del Papa y garantizando la libertad de los obispos, reunió a 600 obispos.[40] En él se condenará a Eutiques y a Dióscoro (primera y tercera sesiones); se asiente de modo unánime por los Padres, a las enseñanzas del Papa León Magno en su "Tomus" como verdadera expresión de la fe de la Iglesia, y también a las cartas segunda de san Cirilo a Nestorio y de san Cirilo a Juan de Antioquía, y se recitan los Símbolos de Nicea y Constantinopla (segunda sesión); y se compone el famoso Símbolo calcedonense: unicidad de persona y dualidad de naturalezas "sin división, sin separación, sin cambio, sin confusión" (sesión quinta). En la sexta sesión, con la presencia de los emperadores, se proclama el Símbolo.[41]

Texto.– El concilio recoge toda la controversia anterior y unifica criterios. El estudio de su contenido teológico, se puede separar en tres partes, subdividiéndolo todo en veintisiete versículos para su posterior profundización:[42]

---

[39]Cfr. Alcántara A. Mens: *Calcedonia, Concilio de*, en GER, vol. IV, págs. 682–684; T. Camelot: o. c., págs. 115–173; A. de Haulleux: *La Définition Christologique à Chalcédoine*, en "Revue Théologique de Louvain" (1976) 3–23; 115–170.

[40]Se discute el número de los mismos, porque en la época a veces los obispos metropolitanos firmaban la asistencia de los sufragáneos. Cfr. A. A. Mens: *Calcedonia...*, cit., pág. 683.

[41]Una breve historia de estas sesiones en A. Amato: *Jesús...*, cit., págs. 324–327, con la bibliografía allí expuesta. Véase la Encíclica de Pio XII *Sempiernus Rex*, de 8–septiembre–1951, para celebrar el 1500 aniversario de este concilio

[42]Cfr. A. Amato: *Jesús...*, cit., págs. 331–336, quien recoge una división en 27 versículos de I. Ortiz de Urbina: *Das Symbol von Chalkedon. Sein Text, sein Werden, seine Dogmatische Bedeutung*, en A. Grillmeier y H. Bacht, "Das Kanzil von Chlakedon I: Der Glaube von Chalkedon", Friburgo, 1951, págs. 389 ss. La articulación en tres partes dictada por el análisis literario del texto, está señalada por la repetición de la frase que regula toda la definición. D. S. 301–303.

1. *Una síntesis de los concilios precedentes*: "(Definitio) 1 Sequentes igitur sanctos Patres, 2 unum eundemque confiteri Filium 3 Dominum nostrum Iesum Christum 4 consonanter omnes docemus, 5 eundem perfectum in deitate, 6 eundem perfectum in humanitate, 7 Deum vere et hominem vere, 8 eundem ex anima rationali et corpore, 9 consubstantialem Patri secundum deitatem 10 et consubstantialem nobis eundem secundum humanitatem, 11 'per omnia nobis similem absque peccato' (cf. Heb 4:15); 12 ante sæcula quidem de Patre genitum secundum deitatem, 13 in novissimis autem diebus 14 eundem propter nos et propter nostram salutem 15 ex Maria virgine Dei genetrice secundum humanitatem".

2. *La aportación original del concilio calcedonense*: "16 Unum eundemque Christum Filium Dominum unigenitum, 17 in duabus naturis inconfuse, 18 immutabiliter, indivise, inseparabiliter agnoscendum, 19 nusquam sublata differentia naturarum propter unitionem 20 magisque salva proprietate utriusque naturæ, 21 et in unam personam atque subsistentiam concurrente, 22 non in duas personas partitum sive divisum, 23 sed unum et eundem Filium unigenitum 24 Deum Verbum Dominum Iesum Christum".

3. *El fundamento de la doctrina en la Sagrada Escritura y la Tradición*: "25 sicut ante Prophetæ de eo 26 et ipse nos Jesus Christus erudivit, 27 et Patrum nobis symbolum tradidit.[43]"[44]

Contenido teológico– Como dice A. Amato[45] el contenido teológico del mismo es el siguiente:

---

[43]D. S. 125, 150.

[44]D. S. 301–302.

[45]Sigue en este estudio a I. Ortíz de Urbina (*Das Symbol...*, cit., págs. 401–412), Camelot (*Éfeso...*, cit., págs. 150 ss.) y Sagi–Bunic: *"Duo Perfecta" et "Duæ naturæ" in definitione dogmatica chalcedonensi* en "Laurentianum", 5 (1964) 3–70, 203–244 y 321–361.

"—Primera parte (v. 1–15).

Siguiendo a los santos Padres (v. 1). Los Padres de los que habla son los participantes en el concilio de Nicea, Constantinopla y Éfeso. Esta afirmación, situada al comienzo de toda la definición dogmática, quiere hacer ver que la Tradición es la fuente y el fundamento de lo que va a ser solemnemente definido, y que es legítimo desarrollar ulteriormente el dato de fe con nuevas precisiones y profundizaciones.[46] Nos dice que la primera parte de la fórmula es una síntesis del dato cristológico de los concilios anteriores.

Enseñamos todos sinfónicamente que se ha de confesar (v. 4,2). Con el término *homologeîn* ("confesar") el concilio señala qué es lo que quiere comunicar. No se trata sólo de "información" o de "automanifestación", sino de "llamada con autoridad" al asentimiento de fe del creyente.

Uno y el mismo (v. 2). Hemos dicho ya que se trata del tema central de la fórmula calcedonense, propuesto tres veces a lo largo de toda la fórmula: "uno y el mismo Hijo Señor nuestro Jesús Cristo" (v. 2–3); "uno y el mismo Cristo, Hijo, Señor, Unigénito" (v. 16); "uno y el mismo él es Hijo y Unigénito, Dios, Verbo y Señor Jesucristo" (v. 23–24). Se trata de afirmar el misterio de la unidad de sujeto en Cristo (la expresión no es sólo "ciriliana"), y de referir a esa unidad las perfecciones de la divinidad y de la humanidad.

Los versículos 5–15 describen, con un estilo lingüístico de gran armonía (lo que indica que la fórmula es un todo homogé-

---

[46]¿En qué sentido lo dice A. Amato? Este modo de escribir es un tanto ambiguo y hay que tener cuidado en no interpretarlo con el sentido historicista que emerge de las expresiones de A. Amato, puesto que sus dichos, que responden a su pensamiento, sin embargo no parecen los más adecuados para salvaguardar la inmutabilidad del dogma.

neo y "original"), el misterio de la dualidad de Cristo, mediante
cuatro afirmaciones perfectamente equilibradas y que constituyen cuatro variaciones de un mismo tema. Efectivamente, se
predica de uno y el mismo Hijo Señor nuestro Jesús Cristo: 1.
la *perfección* de su divinidad y de su humanidad (v. 5–6); 2. la
verdad de su ser "Dios y de su ser hombre, (compuesto) de alma racional y cuerpo" (v. 7–8); 3. su doble *consubstancialidad*,
con el Padre según la divinidad, con nosotros según la humanidad, por lo que es "en todo semejante a nosotros excepto en
el pecado" (cf. Heb 4:15 v.11); 4. su doble *nacimiento*, en cuanto
"engendrado del Padre antes de los siglos según la divinidad" y
"en los últimos tiempos de María virgen Madre de Dios según
la humanidad" (v. 13, 15). Son evidentes en estas afirmaciones los contenidos antiarrianos (sobre todo con la expresión
técnica del *homooúsios* niceno) y antiapolinaristas (con el añadido específico: "compuesto de alma racional y cuerpo"). En
las afirmaciones "difisitas", referentes a la perfección y a la integridad de la divinidad y de la humanidad en Cristo, resuena
la aportación esencial de la tradición antioquena; así como la
alejandrina resuena en la referencia constante a la unidad de
Cristo.

Por nosotros y por nuestra salvación (v. 14). La expresión
señala claramente el contexto "soteriológico" de esta cuidada
exposición "ontológica" del misterio de Cristo.

De María virgen Madre de Dios (v. 15). Se refiere a una realidad concreta e histórica de la verdadera humanidad de Cristo.
Y es también la consagración oficial, por parte del cuarto concilio ecuménico, del título efesino *theotókos*, confirmado ya definitivamente como patrimonio de la conciencia de fe de la Iglesia universal. El contenido de esta primera parte, y sobre todo

la afirmación de la doble perfección de Cristo, deben llevarnos a reconocerlo como "uno y el mismo Cristo, Hijo, Señor, Unigénito" (v.16).

—Segunda parte (v. 16–24).

Esta parte se considera el culmen de la definición calcedonense, puesto que ofrece la aportación específica y original del concilio. Se introduce y se concluye insistiendo en la unidad e identidad de Cristo (*uno y el mismo*: v. 16, 23). Se la conoce universalmente por las expresiones *hén prósopon–mía hypóstasis, en dúo physesin* (una persona–una hipóstasis–en dos naturalezas), que más adelante se resumen en la fórmula: "una persona–en dos naturalezas". Aquí predominan conceptos y fórmulas abstractas, aunque en realidad se trata de una presentación sintética y técnica de lo que se ha dicho en la primera parte. Finalmente se acuña una fórmula que en pocas palabras aquilata en qué sentido Cristo es "uno" y en qué sentido es "dos". La solución está en que Calcedonia da un significado diferente a los conceptos de *physis* y de *hypóstasis*. Aquí no se define el contenido de estos términos, y no todos los Padres verían con claridad la diferencia entre estos dos conceptos. Lo cierto es que se usan de manera bastante diferente, cristológicamente hablando, a como se habían usado hasta entonces. La fórmula afirma que en Cristo la unidad de sujeto hay que aplicarla a la única *hypóstasis* y al único *prósopon*, mientras que la duplicidad de sus perfecciones divinas y humanas ha de aplicarse a sus dos *physeis*. Cristo, por tanto, es "una sola persona y una sola hipóstasis" (v. 21) "en dos naturalezas" (v. 17). Con la distinción entre *hypóstasis* y *physis* se supera de manera de-

finitiva la equivocidad de la fórmula ciriliana y efesina de la
mía physis.

En dos naturalezas (v. 17). Se corrige la fórmula ambigua
"de dos naturalezas", que podía dar lugar a la interpretación
eutiquiana. Ésta admitía en Cristo dos naturalezas antes de la
unión, pero una sola después de la unión.

Sin confusión ni cambio, sin división ni separación (v. 18). Se
trata de adverbios que concretan la relación de las dos naturalezas, afirmando contra Eutiques que no están confundidas y
que la naturaleza divina no se cambia en la humana; y señalando contra Nestorio que las dos naturalezas no están divididas
ni separadas. Quieren significar la distinción (sin mezcla y sin
cambio) y la unión (sin división y sin separación) de las naturalezas. Unidas y distintas.

*No habiéndose suprimido la diferencia de las naturalezas por
causa de la unión, sino más bien quedando a salvo lo que es propio de una y otra naturalezas* (v. 19–20). Las dos naturalezas,
unidas pero distintas, mantienen íntegras todas sus perfecciones y propiedades. *Y confluyendo en una sola persona y en una
sola hipóstasis* (v. 21). Aquí se consideran substancialmente si-
nónimos *prósopon* ("persona") e *hypóstasis* ("hipóstasis"). Este
es el culmen del misterio de la ontología de Cristo: afirmar la
integridad de las dos naturalezas y su unión en una sola persona y subsistencia. En el *Tomus ad Flavianum*, León había ilus-
trado con ejemplos de la Sagrada Escritura cómo se podían distinguir en Cristo dos tipos de acciones, las divinas y las humanas, refiriéndolas a dos fuentes distintas, la naturaleza divina
y la naturaleza humana, pero siempre convergentes en un solo
sujeto, el Verbo de Dios encarnado.

No partido ni dividido en dos personas (v. 22). Se reafirma la unidad de persona, que en la práctica significa: uno solo y el mismo Hijo y Unigénito, Dios, Verbo, Señor, Jesús, Cristo (v. 23–24).

—Tercera parte (v. 25–27).

Como desde el principio (nos lo han dicho) los profetas acerca de Él (v. 25). Referencia explícita a la revelación veterotestamentaria, que prepara la encarnación de Cristo.

Y el mismo Jesucristo nos ha enseñado (v. 26). Los Padres insisten en que su fórmula pretende anunciar de nuevo lo que ha sido revelado por el mismo Jesucristo. Se trata de la afirmación explícita de la continuidad que hay entre kerigma neotestamentario y fórmula dogmática.

Y el Símbolo de los Padres nos lo ha transmitido (v. 27). La fórmula no sólo está en línea con la Escritura, sino también con la Tradición fijada solemnemente en el Símbolo de fe de Nicea y de Constantinopla.

La conclusión del *hóros* insiste en la coherencia y en el desarrollo que hay de hecho entre Escritura, Tradición y dogma. El dogma se fundamenta en la Escritura y en la Tradición de los Padres. A su vez, la Escritura y la Tradición encuentran en las fórmulas dogmáticas precisiones oportunas "inculturadas" en la conciencia de fe eclesial. Se afirma la novedad en la continuidad. Si en Nicea la novedad estaba en el *homooúsios*, en Calcedonia ha estado en las palabras *physis, prósopon, hypóstasis*, y en las fórmulas "hén prósopon, mía hypóstasis en dúo physesin", "asynchytos–adiairétos"…

—Conclusión.

El análisis teológico de la fórmula calcedonense nos lleva a las siguientes conclusiones: *a)* se afirma con equilibrio la unidad y la dualidad en Cristo: el principio de unidad es la persona; el principio de dualidad y distinción es la naturaleza; *b)* las expresiones clave de este misterio cristológico se encuentran en las fórmulas "una persona o hipóstasis en dos naturalezas" y "sin confusión y sin división"; *c)* se llega por fin en cristología a un uso distinto al que se había dado hasta entonces de los conceptos de *physis, hypóstasis y prósopon*: la naturaleza concreta (*physis*) es distinta de la persona subsistente (*hypóstasis*), mientras que *prósopon* queda identificado con *hypóstasis*, designando ya no la personalidad psicológica o moral, sino una persona subsistente; *d)* los Padres afirman explícitamente que tienen conciencia de la continuidad y de la coherencia que hay entre pronunciamientos conciliares, kerigma bíblico y Tradición eclesial;[47]..."[48]

Resumen de aportes y temas pendientes– Así pues, el concilio de Calcedonia:

1. Amplía el *homooúsios* de Nicea: así como Cristo se proclamaba "consubstancial al Padre" (ὁμοούσιον τῷ πατρί) en la divinidad, Calcedo-

---

[47]Así como aparecen ajustadas estas conclusiones, sin embargo en la última, A. Amato (*Jesús*..., cit., pág. 336), manifiesta un principio de historicismo muy en boga actualmente y que llevado a sus lógicas consecuencias, podría poner en peligro el valor inmutable e imperecedero del Magisterio solemne. Estas son sus palabras exactas: "...con este *hóros*, finalmente, el concilio no pretende decirlo todo en el misterio del Verbo encarnado, sino simplemente ofrecer una aclaración cualificada de la 'quæstio disputata' de cómo se dan en Cristo unidad y dualidad: 'El dogma de Calcedonia es, por tanto, la antigua Tradición condensada en una fórmula que serviría para afrontar las crisis de su época' (A. Grillmeier: *Cristo en la Tradición Cristiana: Desde el Tiempo Apostólico hasta el Concilio de Calcedonia (451)*, Sígueme, Salamanca, 1997, I/2, pág. 835)".

[48]A. Amato: *Jesús*..., cit., págs. 331–336.

nia, lo proclama también "consustancial a nosotros" en la humanidad (ὁμοούσιον ἡμιν).

2. Contra Nestorio: proclama que las naturalezas en Cristo no se pueden separar ni dividir, pues están unidas en el Verbo (persona divina): "sin división" y "sin separación" (ἀδιαιρέτως, "indivise" – ἀχωρίστως, "inseparabiliter").

3. Contra Eutiques: proclama que ambas naturalezas permanecen en mutua coexistencia, conservando cada una sus propias cualidades, aunque estén unidas en el Verbo: "sin cambio" y "sin confusión" (ἀτρέπτως, "inmutabiliter" – ἀσυγχύτως, "inconfuse").

Con todo, todavía hay un problema: no se resuelve definitivamente el modo cómo ambas naturalezas están unidas. Habrá que esperar al concilio de Constantinopla II (553) para el concepto de "unión hipostática".

Parte V

La Etapa final del período de los Padres de la Iglesia (siglos V a VIII)

Capítulo 23

Visión general de época

23.1 El nuevo marco histórico después de la caída del Imperio de Occidente

A la "época de oro" de la teología patrística (siglos IV y V) le sigue una "época de plata" (siglo VI) y luego una de "hierro" (siglos VII y VIII). En el período de decadencia de la patrística son pocas las estrellas que brillan en el firmamento de la teología y, además, son cada vez más pequeñas.[1]

El contexto político religioso en el cual se encuentran los Padres de este período era muy diverso en Oriente y Occidente. En el Oriente de Constantinopla la teología depende de la guía de los soberanos inteligentes y enérgicos, como Justiniano. Florecen los estudios filosóficos, teológicos y jurídicos. En los grandes monasterios se encuentran vivas la teología espiritual y la mística.

En cambio, en Occidente, durante el siglo V, las invasiones de los bárbaros (ostrogodos, visigodos, germanos, francos, vándalos, suevos, alanos, hérulos, anglosajones, etc.) son cada vez más frecuentes y ruinosas. En el

---

[1]Cfr. B. Mondin: *Storia...*, cit., vol. I, págs. 441–443; V. Cano Sordo: *Patrología...*, cit., tema 27.

año 410 Alarico saquea Roma. En el 430, mientras san Agustín moría, Genserico con los vándalos, pone sitio a Hipona. Finalmente, en 476, el mismo emperador de Occidente, el joven Rómulo Augústulo, es derrotado y depuesto por Odoacro, jefe de los Hérulos. A partir de entonces todas las regiones del Imperio son ocupadas por los bárbaros y sufren un proceso de progresivo estancamiento cultural: desaparecen las instituciones públicas, especialmente la administración y las escuelas. Desaparece, al mismo tiempo, la institución estatal.

Providencialmente, por iniciativa de san Benito, en Occidente nace el monaquismo, que se convierte en la última roca sólida de la cultura latina y, por tanto, también de la teología.

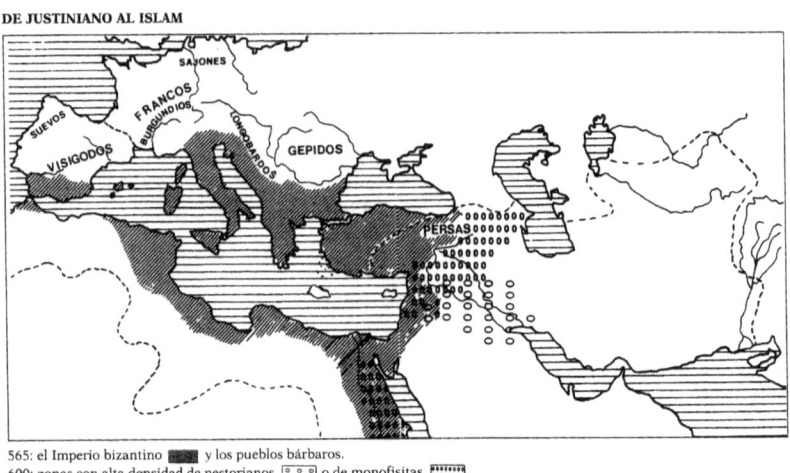

DE JUSTINIANO AL ISLAM

565: el Imperio bizantino ▓▓ y los pueblos bárbaros.
600: zonas con alta densidad de nestorianos [° ° °] o de monofisitas ▦▦▦
750: límites alcanzados por el Islam ....

(Cfr. E. Moliné: *Los Padres...*, cit., pág. 598)

23.2   El contexto doctrinal y las diferencias entre Occidente y Oriente

La labor teológica desarrollada en torno a los primeros concilios en Oriente y Occidente, manifiesta ya las diferencias de orientación intelectual que, con el transcurso de los siglos, se harían más patentes entre "los dos pulmones" del mundo cristiano. Por una parte está el interés teológico y cristológico de un Orígenes o de un Clemente de Alejandría, y por otra la predilección por los temas soteriológicos, ético-antropológicos y eclesiológicos de un Tertuliano, un Cipriano o un Agustín. Occidente siempre ha mostrado un mayor interés por lo racional, lo jurídico, lo organizativo y lo práctico. Oriente por las cuestiones especulativas, el simbolismo y la mística. Otro factor diferenciativo importante es la tendencia de la Iglesia oriental a permanecer en la Tradición, sin admitir ningún tipo de progreso o desarrollo.

Estas diferencias fundamentales entre pensamiento oriental y occidental se manifestaron pronto en importantes cuestiones en torno a las relaciones Iglesia–Estado. Los orientales, metidos en el mundo de las ideas, renuncian al mundo profano, que dejan totalmente al dominio y custodia del Estado. Incluso los aspectos más visibles de la Iglesia, son dejados a la competencia de los Emperadores (la convocación de los concilios, por ejemplo).

A todo lo anterior se unió, a partir del siglo IV, la creciente importancia de Constantinopla, en Oriente, y la conciencia cada vez más clara del primado del sucesor de Pedro, en Occidente. Durante los primeros tres siglos, sin embargo, se puede decir que en todas las Iglesias (Antioquía, Alejandría, Corinto, Cartago, etc.) había una clara conciencia de la superioridad de la Iglesia romana y de la autoridad suprema de su obispo. Hay muchos datos históricos que confirman esto: la forma autoritativa en que Clemente romano se dirige por carta a los fieles de Corinto, a finales del siglo I; las alabanzas de Ignacio de Antioquía a la Iglesia de Roma a principios del siglo II; la apelación de Policarpo al papa Aniceto en la controversia pascual de mediados del siglo II; la defensa de Ireneo al papa Víctor a fines del siglo II; la forma autoritaria en que Víctor I dirime la cuestión pascual a fines del siglo II; el modo frecuente y respetuoso de tratar Orígenes y Cipriano con la Iglesia Romana, etc.

23.3   Visión de conjunto de los principales problemas teológicos de esta época

Como hemos visto más arriba, la época que comienza con la caída del Imperio romano de Occidente, trae consigo una gran decadencia de la cultura en el Occidente latino. La decadencia en Oriente se da más lentamente.

Las fuentes a las que recurren los Padres para desarrollar su trabajo, tanto en Oriente como en Occidente, son prácticamente las mismas: la Sagrada Escritura, que ahora es asiduamente comentada, y las fuentes de la Tradición (los Padres y los concilios).

Cada vez son más numerosos los "florilegios", las "catenae" de las sentencias de los Padres y las antologías de sus escritos. Uno de los más famosos florilegios es el de Severo de Antioquía, contenido en su *Liber contra impium Grammaticum* que comprende cerca de 1250 citas de los Padres.

Entre los instrumentos de trabajo, la filosofía conserva siempre el primer puesto y, entre las filosofías, predomina el neoplatonismo de Plotino y de Proclo. De las *Eneadas* de Plotino, y de la teología platónica de Proclo, los Padres de la época de la decadencia sacaban conceptos y teorías. También Aristóteles es estudiado y comentado con mayor atención y asistimos a varios intentos de armonizar las posiciones de los dos máximos filósofos griegos.

En cuanto al contenido, y por tanto a las doctrinas, la teología de este período, especialmente en Oriente, se caracteriza como "teología neocalcedonense". En efecto, mientras en los siglos IV y V el punto de referencia para la mayor parte de los teólogos era el concilio de Nicea, en el siglo VI el objetivo primario de la reflexión teológica es la consolidación de las adquisiciones dogmáticas de Calcedonia. El elemento común de los neocalcedonenses es el empeño por elaborar una apología, más o menos sistemática del dogma de Calcedonia. Sin embargo, la definición de Calcedonia, aunque fue aprobada por el poder imperial, no se impuso inmediatamente, y su recepción fue bastante lenta y tortuosa. Al centro de las discusiones estaba la autoridad de Cirilo de Alejandría, que hablando de Cristo había usado un lenguaje diverso al que utilizó Calcedonia. El objetivo de los "neocalcedonenses" es superar definitivamente el monofisismo de Eutiques, conciliando las terminologías opuestas: la ciriliana y la calcedonense. La teología de los siglos VI y VII es esencialmente una hermenéutica del dogma de Calcedonia.

Esta es la época en la que se registra la introducción del "Filioque" en el Símbolo litúrgico de la Iglesia latina. Pero esta innovación no da, todavía, lugar a contrastes teológicos entre latinos y griegos. Esto ocurrirá al inicio de la época sucesiva, y precisamente en el tiempo del emperador Carlomagno y del patriarca de Constantinopla, Focio.

En esta época ocupa un puesto de relieve el misterio del Espíritu Santo que, en tiempos pasados, había permanecido más o menos en la sombra, oculto por las herejías cristológicas de Arrio, Apolinar, Nestorio y Eutiques.

Al fin de la era patrística, el tema más debatido fue el referente al culto de las imágenes. A la furia iconoclasta de algunos emperadores bizantinos se opuso eficazmente y con ardor el último gran teólogo de la época patrística, san Juan Damasceno.

23.4 La teología bizantina de la época

En el período "neocalcedonense", el de la teología patrística bizantina —o, como Florovski lo ha llamado: período neopatrístico— hay tres figuras principales: el Pseudo–Dionisio, Máximo el Confesor y Juan Damasceno. También destacan otros teólogos de menor relieve: Severo de Antioquía, Juan el Gramático y Leoncio de Bizancio.

La desaparición de los centros teológicos de Siria, Egipto y Palestina, llevó a la concentración de figuras de la teología en Constantinopla, la capital del Imperio bizantino, y a los monasterios que la rodeaban.

Las diferencias entre la Iglesia latina y la griega se hacían mayores, en la liturgia, en la teología, en la espiritualidad y en la pastoral. En el plano político la Iglesia de Oriente permanece más imperial que nunca. El emperador era, de hecho, el jefe de la Iglesia en Oriente: intervenía en la convocación de los concilios, en la llevada a la práctica de los decretos conciliares, en la elección y deposición de los patriarcas, en las disputas teológicas, emanando documentos propios, dentro de los cuales está el famoso *Enotikon* de Zeon (482), para la recta interpretación de la fórmula calcedonense.

Dejando a un lado el poder político, la Iglesia griega se autodefine como misterio de santificación, experiencia litúrgica interiorizada por los monjes, testimonio de sufrimiento y transfiguración.

Entre las características principales de la teología griega de este período, están la sapiencialidad, el apofatismo y el misticismo. La sapiencialidad lleva a gustar el misterio divino más que a viviseccionarlo mediante el raciocinio, y conduce, al mismo tiempo, a subrayar su inefabilidad, su luz inaccesible, y a expresarlo más en forma negativa (apofotismo) que positiva, y además, empuja al alma a introducirse en el misterio y a vivirlo (misticismo), y esto sucede especialmente en la liturgia.

La teología bizantina más que una *fides quaerens intellectum* (aunque también, obviamente, es esto) es una *fides quaerens cor*: es una teología que busca y promueve el amor. Para el teólogo bizantino el conocer no está separado del amar, sino que se ejercita en el amar. En el mundo bizantino solamente el santo es el auténtico teólogo.[2]

23.5 Pseudo–Dionisio Areopagita

23.5.1 Vida e importancia histórica

(Pseudo–Dionisio Areopagita
Icono ortodoxo griego)

El Pseudo–Dionisio es una figura singular en la historia de la teología, una figura importante por la peculiaridad de su pensamiento y por el influjo ejercido sobre la especulación teológica de los escolásticos. También se podría colocar en la época de oro de la patrística porque debió de haber vivido en la segunda mitad del siglo quinto y debió de haber escrito sus obras hacia el final del mismo.[3] Especulativamente, podría ser considerado

---

[2]B. Mondin: *Storia...*, cit., vol. I, págs. 444-445; V. Cano Sordo: *Patrología...*, cit., tema 27.

[3]Eventos, tanto históricos como literarios, evidentemente ejercieron una marcada influencia sobre el Areopagita: 1) el concilio de Calcedonia (451), cuya terminología cristológica fue estudiosamente seguida por Dionisio; (2) los escritos del neoplatónico Proclo (411–485), de los que Dionisio tomó en gran cantidad; (3) la introducción (c. 476) del Credo

como uno de los exponentes de la teología monástica. Sin embargo, se trata de un pensador solitario, que se ha de situar en el amplio contexto de la teología bizantina, pues es el representante más cualificado de la misma. En su pensamiento resaltan las tres características mencionadas de la teología bizantina.[4]

De su vida no nos ha llegado ninguna información histórica segura. De sus escritos se puede deducir que se trata de un cristiano de origen siriaco que vivió largo tiempo en Atenas donde siguió con entusiasmo la enseñanza de Proclo, del cual recibió una profunda influencia. Por eso utiliza el pseudónimo del "Areopagita". También se hace llamar "obispo de Atenas". Sin embargo, lo más probable es que haya vivido una vida retirada de oración y estudio en algún monasterio de Siria o Palestina.

Durante todo el medioevo se consideró como verdadero discípulo de san Pablo y, por tanto, con una autoridad mayor a la que se daba a otros Padres de la Iglesia, incluido san Agustín. El autor quiere hacerse pasar por el Areopagita Dionisio convertido por S. Pablo (Hech 17:34), lo que se admitió generalmente hasta el Renacimiento. La leyenda de Dionisio

---

a la liturgia de la Misa, al cual se hace referencia en la *Jerarquía Eclesiástica* [III, 2, en P.G., III, 425 C, y III, (3), 7 en P.G., III, 436 C; cf. la explicación de Máximo en P.G., IV, 144 B]; (4) el *Henoticon* del emperador Zenón (482), una fórmula de unión diseñada para obispos, clérigos, monjes y fieles de Oriente, como un compromiso entre monofisitas y ortodoxos. Tanto en espíritu como en tendencia los Areopagitas corresponden completamente al sentido del *Henoticon*; y uno puede fácilmente inferir que fueron escritos para fomentar la causa del *Henoticon*. El resultado de la información anterior es que la primera aparición de los escritos pseudo-areopagitas no se puede situar antes de la última mitad, de hecho al cierre, del siglo V.

[4]B. Mondin: *Storia...*, cit., vol. I, págs. 445-454; V. Cano Sordo: *Patrología...*, cit., tema 28; T. Spidlík: *Dionisio Areopagita*, en GER, vol., págs. VII, págs. 779 ss.; É. Gilson: *History of Christian Philosophy*, cit., págs. 81–85; P. Godet: *Denys l´Aréopagite (Pseudo)*, en DTC, vol. IV, cols. 429–436; D. Ramos–Lissón: *Patrología*, cit., págs. 398–402; J. Stiglmayr: *Dionysius the Pseudo-Areopagite*, en "The Catholic Encyclopedia", Vol. 5, New York: Robert Appleton Company, 1909.

Areopagita fue destruida por las investigaciones de Lorenzo Valla durante el Renacimiento.

En sus obras, aunque de modestas proporciones, pero de una extraordinaria potencia especulativa, el Pseudo–Dionisio ha realizado, también gracias a la filosofía neoplatónica, una visión unitaria de la teología, que supera todas las precedentes: su teología, en realidad, es una visión del universo en el cual Dios está en el culmen. Como dice T. Spidlík:

> "El universo dionisiaco, evoca los principales temas de las cosmologías antiguas. Su estructura espiritual, jerárquica, triádica, es herencia del neoplatonismo. Cada triada entra en relación con la triada que le precede o con la que le sigue. La primera triada angélica se relaciona directamente con Dios. La función de toda jerarquía es la divinización. Esta puede conseguirse por el conocimiento de las cosas divinas (*episteme*) o por la actividad santa (*energeia*). La actividad comienza por la purificación y la conversión. Pero ésta es solamente una condición de una verdadera actividad teárquica que manifiesta por consiguiente un triple carácter: purificación, iluminación y unión".[5]

El objetivo principal de Dionisio es comprender la Sagrada Escritura: aquello que la Escritura ha dicho de Dios, ya sea de modo inteligible (mediante conceptos como bien, ser, vida, etc.) o de modo sensible (mediante Símbolos e imágenes como ojo, boca, ira, etc.).

Un gran mérito del Pseudo-Dionisio es haber subrayado la importancia de la teología simbólica y la teología mística. Sin embargo él es, sobre todo, un especulativo, un teorético. Toda la Escritura es leída por él especulativamente, recurriendo a la filosofía.

---

[5]T. Spidlík: *Dionisio...*, cit., pág. 780.

El Pseudo–Dionisio tuvo un influjo enorme en la teología medieval.[6] Cuando, por obra de Escoto Eriúgena, que lo tradujo en latín y lo comentó, sus escritos llegaron al conocimiento de los occidentales, suscitaron un interés enorme y no cesaron de constituir una fuente primaria de estudio, de meditación, de comentario y de inspiración. El mismo santo Tomás de Aquino estuvo fuertemente influenciado por Dionisio, no sólo sobre algunos puntos en particular (como la doctrina sobre el conocimiento de Dios) sino en la forma general de su pensamiento. En efecto, el planteamiento de la _Suma Teológica_ recalca a la letra el planteamiento del _exitus et reditus_ del neoplatonismo cristiano de Dionisio. Como ha resaltado Urs von Balthasar, la grandeza del Pseudo–Dionisio permanece intacta incluso en nuestros días. Es el genio del lenguaje religioso.

23.5.2   Obras principales

El _Corpus areopagiticum_ se compone de cuatro escritos, dedicados a un discípulo de nombre Timoteo, y un conjunto de cartas bastante breves:

1. _Los Nombres Divinos, De Divinis Nominibus_, (13 capítulos): una explicación de los nombres y de los atributos que la Sagrada Escritura asigna a Dios; un ensayo sobre el valor de nuestro conocimiento, y sobre la posibilidad y los límites del lenguaje teológico.

2. La _Mystica Theologia_ (cinco capítulos): que retoma muy sintéticamente el tema de la obra precedente, subrayando la trascendencia de Dios. Explica cómo el alma se une a Dios en la contemplación extática y en lo que consiste la oscuridad divina.

---

[6]Esta influencia fue mayor en el Occidente que en el Oriente, pues en éste los grandes temas místicos y espirituales del Pseudo–Dionisio ya eran conocidos y vividos desde antes, por lo que su influjo fue más como teólogo que como místico. En cambio en Occidente tuvo una impresionante influencia, por lo que fue llamado "el más latino de los Padres Griegos", y fue estudiado y comentado por toda la Escolástica, tanto como teólogo como místico.

3. *La Jerarquía Celeste, De Coelesti Hierarchia*, (quince capítulos): es el primero y el más clásico tratado de angelología. Comienza con el estudio de la esencia y de las propiedades de los ángeles y luego fija su jerarquía, subdividiéndola en tres coros, cada uno con tres grados.

4. *La Jerarquía Eclesiástica, De Ecclesiastica Hierarchia*, (siete capítulos): es un breve tratado de eclesiología en el cual se toman en consideración tres sacramentos (bautismo, eucaristía y unción), tres estados sacerdotales (obispo, presbítero y diácono), tres estados subordinados (monjes, cristianos comunes, catecúmenos). En un apéndice se habla de la sepultura y del bautismo de los niños.

Las *cartas* abordan diversos temas como el de las tinieblas y la luz inaccesible, la trascendencia divina, la realidad teándrica de Cristo, etc.

Capítulo 24

Las controversias cristológicas de los siglos V – VIII

24.1   Introducción

Después del concilio de Calcedonia, quedaba pendiente resolver definitivamente el problema del modo de unión de las dos naturalezas perfectas y completas de Cristo.

Además todavía había suspicacias y malentendidos sobre el significado de los conceptos "physis", "ousia", "prósopon" e "hypóstasis". Por lo que el concilio no consiguió que se hiciera la paz en el cristianismo, a lo que contribuyeron las disputas políticas y nacionales, además de los intereses personales de monarcas y eclesiásticos. Sobresalen los siguientes datos:[1]

- Continuaron existiendo los monofisitas estrictos —eutiquianos, con el denominado "monofisismo real y herético", divididos en varias facciones—, y los monofisitas mitigados —llamado "monofisismo ver-

---

[1]A. A. Mens: *Calcedonia...*, cit., pág. 684; A. Amato: *Jesús...*, cit., págs. 349-355; E. Ludwig: *Chalcedon and its Aftermath: Three Unresolved Crises*, en "Laurentianum" 27 (1986) 98–120 con la bibliografía allí expuesta.

LAS CONTROVERSIAS CRISTOLÓGICAS DESPUÉS DE CALCEDONIA

	INTENTOS DE CAPTACIÓN DE LA BENEVOLENCIA DE LOS MONOFISITAS	REAFIRMACIÓN Y DESARROLLO DE LAS DEFINICIONES DE CALCEDONIA
siglo V (finales)	*HENOTICON* a. 482 Fórmula de unión confusa que insiste en el símbolo de Nicea y deja de lado el de Calcedonia.	
siglo VI (mediados)	CONSTANTINOPLA II, de los «Tres Capítulos» a. 553	
	Se condenan obras de tres autores antiguos ingratos a los monofisitas.	Se reafirman las definiciones de Calcedonia.
siglo VII (mediados)	*ECTHESIS* a. 638 En Cristo hay una sola actividad divino-humana *(monoergismo).* En Cristo hay una sola voluntad divino-humana *(monotelismo).*	
	TYPOS a. 648 Prohíbe discutir si hay una o dos voluntades u operaciones en Cristo.	
siglo VII (finales)		*Sínodo de* LETRÁN a. 680 Así como Cristo tiene dos naturalezas, así, «como perfecto Dios y pefecto hombre, tiene también dos naturales operaciones»,. una humana y otra divina.
		CONSTANTINOPLA III, «Trullano» a. 681
		En Cristo hay «dos voluntades y dos operaciones naturales», una humana y otra divina.

(Cfr. E. Moliné: *Los Padres...*, cit., pág. 591)

bal" de la escuela ciriliana, con sus representantes principales Severo de Antioquía (+ 538), Timoteo Aliouros (+ 477) y Filoxeno de Mabbug de Siria (+523)—. Éstos, mucho más numerosos, sostenían, pretendiendo basarse en la terminología de san Cirilo, que la doctrina proclamada en Calcedonia era nestoriana cuando profesaba dos naturalezas en Cristo. Para Severo, por ejemplo, admitir las dos naturalezas en Cristo suponía aceptar dos "hypóstasis", lo que supondría volver al nestorianismo, por lo que prefería utilizar la fórmula de san Cirilo: "una naturaleza..."

- El asunto se agravó con el *Encyclion*, edicto del emperador usurpador Basiliscos (475), quien, para lograr el apoyo de los monofisitas, promulgó una orden en la que eran reconocidos los tres primeros concilios ecuménicos, pero eran condenados la Epístola dogmática de León I y el concilio de Calcedonia. Esta orden fue firmada por bastantes obispos.

- Pocos años después apareció en escena el llamado *Hentikon* o decreto de unión (482), promulgado por el emperador Zenón e inventado por Acacios, patriarca de Constantinopla, quien después de haber combatido vigorosamente a los monofisitas, buscó, con una finalidad política, ganar su apoyo. Este decreto, aunque profesaba en términos ortodoxos la divinidad y la verdadera humanidad de Cristo, sin embargo, impuso silencio sobre la fórmula "una persona o hipóstasis en dos naturalezas", además de que indirectamente desaprobó el concilio de Calcedonia con la frase "aun cuando Calcedonia hubiese enseñado lo contrario". La adhesión a este edicto fue impuesta por la fuerza y los obispos recalcitrantes, tanto eutiquianos como católicos, fueron proscritos.

- De aquí resultó una tercera complicación aún más grave: el cisma de Acacios. Habiéndose quejado los obispos perseguidos a Roma, el papa Félix II rechazó el *Henotikon* y excomulgó a Acacios y a los obispos que eran partidarios suyos. Resultó de esto un cisma que separó durante 35 años (484–519) al Oriente cristiano del Occidente.

- Posteriormente, el emperador jurista Justiniano inaugura el llamado "neocalcedonismo" como otro intento de superar el impasse creado, intentando explicar el Credo de Calcedonia con las categorías de san Cirilo, buscando superar las diferencias verbales entre los cirilianos ("monofisitas verbales") y los calcedonianos ("difisitas"), con fórmulas como:

> "Efectivamente el padre (san Cirilo) ha dicho: 'Después de la unión, no dividimos las naturalezas la una de la otra, ni dividimos en dos hijos al único e indivisible, sino afirmamos un solo Hijo', y ha demostrado que después de la unión no hay que dividir las naturalezas, sino que hay que profesarlas unidas en Cristo. Ellos (los herejes), sin embargo, silencian todo esto y se inventan una sola naturaleza de la carne y de la divinidad. Pero el beato padre no habla, como ellos fantasean, de una sola naturaleza de la carne y de la divinidad, sino que después de decir una sola naturaleza del "Logos" privado de carne, no se ha detenido aquí, sino que ha añadido 'encarnada', para presentarnos con [el término] 'encarnada' la otra naturaleza, o sea, la humana. Y además no se ha contentado con estas palabras, sino que, queriendo presentarnos de manera más clara su pensamiento, ha añadido enseguida un paso que ellos también olvidan: 'Por eso, pensando y mirando sólo con los ojos del alma cómo el Unigénito se ha hecho hombre, decimos que son dos las naturalezas, pero es uno solo Cristo Hijo Señor, el "Logos" de Dios que se ha hecho hombre y se ha encarnado'."[2]

La teología "neocalcedoniana" tiene como rasgos propios el intentar potenciar el aspecto de la unidad de Cristo, pero conservando la ple-

---

[2]Justiniano: *Contra Monophysitas*, 16–17, cit. por A. Amato: *Jesús...*, cit., pág. 354. Fueron también "neocalcedonianos" Juan de Cesarea, Juan de Escitópolis y Leoncio de Jerusalén.

na validez de las declaraciones de Calcedonia, por eso, se respeta y afirma la autoridad de san Cirilo de Alejandría considerando el conjunto de su doctrina y desde ahí interpretar sus dichos más problemáticos; se usa la doble terminología de "dos naturalezas" (di–fisita) como de "una naturaleza del Verbo encarnada" (monofisita verbal); se acepta la fórmula teopástica ("unus de Trinitate passus est") que interpretada rectamente con la doctrina de la comunicación de idiomas acentúa la unidad del sujeto en Cristo; y se excogita la doctrina de la "en–hipóstasis" de la naturaleza humana de Cristo en la hipóstasis del Verbo.

- Los Tres Capítulos (designan aquí tres puntos o *capitula* de un Decreto –año 544– del emperador Justiniano, condenando como contrarios a la fe a Teodoro de Mopsuestia, Teodoreto de Ciro e Ibas de Edesa[3]), marca el último intento de llegar a un acuerdo con los monofisitas antes del concilio de Constantinopla II. Se trata del laborioso y difícil proceso que lleva a la condena después de muertos de esos tres pensadores que habían sido considerados ortodoxos hasta esta fecha, pero vistos con recelo por los monofisitas verbales cirilianos que los tenían por inspiradores de las tesis nestorianas: Justiniano proclamó el edicto de los "Tres Capítulos" en torno al año 544, que suscitó inmediatamente una gran polémica,[4] por lo que convocó el concilio de Constantinopla II (a. 553) para impulsar la ratificación de los mismos.

---

[3]El primero fue maestro de Nestorio; el segundo, opositor de san Cirilo; el tercero se había acercado a sus posiciones en su "Carta a Maris de Hardaschir". Los tres habían sido condenados en el llamado latrocino de Éfeso (a. 449), pero habían sido rehabilitados en el concilio de Calcedonia del a. 451.

[4]Cfr. F. J. Bacchus: *Three Chapters*, en The Catholic Encyclopedia, Vol. XIV, New York: Robert Appleton Company, 1912; É. Amann: *Trois Chapitres* en DTC, XV, 1868–1924.

24.2   Profundización teológico–filosófica

24.2.1   Introducción.

En este tiempo aparecen algunos santos Padres que profundizarán en los conceptos de "naturaleza" y "persona", y ayudarán a aclarar también la confusión terminológica que existía hasta entonces (para muchos autores orientales, como ya sabemos, el concepto de "hypóstasis" significaba no la persona, sino la naturaleza; para otros el concepto de "própopon" tenía un sabor docetista; etc.).

Distinguen los conceptos de "naturaleza" y de "persona" en un mismo ser, por lo que cabría separarlos; de este modo, deducían que en la realidad de Jesucristo, la naturaleza humana podría separarse de la persona humana, y el lugar de esta persona humana podría ser ocupado por la persona divina del Verbo, sin por ello dejar de ser hombre verdadero. La naturaleza es "lo que un ser es"; la persona indica la subsistencia de esa naturaleza. La persona del Verbo daría la subsistencia a la naturaleza humana de Cristo.

24.2.2   Leoncio de Bizancio.

Vida

León o Leoncio de Bizancio, fue originario de Constantinopla y frecuentó, siendo joven, los ambientes nestorianos. Monje en Palestina, se unió al partido origenista encabezado por Sabás. En 531 formó parte de una misión a Constantinopla, pero en los debates que precedieron los diálogos con los monofisitas, traicionó sus convicciones origenistas. Sin embargo, su hábil defensa en el concilio de Calcedonia le procuró un cierto prestigio en la corte. Murió en Constantinopla poco después de la promulgación del edicto de Justiniano contra Orígenes (543).

Es el autor de tres importantes obras teológicas, que en el pasado eran atribuidas a algún homónimo suyo o a otros escritores bizantinos: *Con-*

tra nestorianos et eutichianos (tres libros); *treinta Capítulos contra Severo*; *Epylisis* que vuelve a los argumentos antiseverianos (contra Severo de Antioquía) del primer libro.

Escritores bizantinos contemporáneos suyos fueron Juan el Gramático y Severo de Antioquía.

Pensamiento

Leoncio de Bizancio intenta demostrar que el concilio de Calcedonia representaba la vía media, la sola verdadera, entre las herejías opuestas de los nestorianos y los eutiquianos.[5] Y así, explica a los monofisitas que lo que ellos llaman "carne del Logos" (en la fórmula ciriliana), el concilio de Calcedonia lo denomina la naturaleza humana del Verbo; que no deben de hacer equivalentes los conceptos de naturaleza e hipóstasis a riesgo de no considerar naturaleza humana a la "carne" del Verbo, o atribuirle dos hipóstasis, una por cada naturaleza. También aclara que el hecho de que Cristo tenga una naturaleza humana no implica que tenga que tener una hipóstasis humana, e introduce la distinción entre "hypóstasis" y "enhypóstaton". La primera indicaría la persona, y la segunda la substancia: una naturaleza es una substancia y no puede estar nunca privada de hipóstasis, pero no por eso la naturaleza es una hipóstasis: la hipóstasis es también naturaleza pero la naturaleza no es también hipóstasis. Una naturaleza puede tener la subsistencia de otra hipóstasis, sin que por eso tenga que ser reducida a la categoría de puro accidente, en cuyo caso sería "en–hipóstasis".[6]

---

[5]Algún autor considera que su solución se parece más a la de Eutiques que a la de Calcedonia. Leoncio no designa al Verbo como el sujeto de la unión hipostática, sino sólo a "Cristo" o al "Señor". En la visión de Leoncio, Cristo era esencialmente el intelecto no caído, unido al "Logos", que voluntariamente había asumido la naturaleza humana para restaurarla. Sobre este punto no hacía otra cosa que reproducir las antiguas tesis de Orígenes.

[6]V. Grumel: *Léonce de Byzance*, en DTC, IX, 400–426; P. Altaner: *Patrología*, 5 ed., Madrid, 1962, págs. 536–537; M. A. Monge: *Leoncio de Bizancio*, en GER, vol. XIV, pág. 174; B.

24.2.3   Leoncio de Jerusalén.

Leoncio de Jerusalén, siglo VI, siguiendo la línea de pensamiento de Leoncio de Bizancio, hace una identificación entre la hipóstasis del Verbo con la hipóstasis de unión, de tal manera que cuando el Verbo se hizo carne, hipostatiza la naturaleza humana en su hipóstasis divina. Como consecuencia la naturaleza humana del Verbo, siendo perfecta, no tiene sin embargo una propia hipóstasis. Para dar este paso, introdujo el concepto de "naturaleza individual" (φυσις ιδικε) como distinto de la hipóstasis, con lo que excluyó de la hipóstasis toda propiedad natural.[7] Por eso, la ausencia de la persona humana en el caso de Cristo, no supone imperfección para tal naturaleza humana, sino una verdadera elevación, que le lleva a la plena realización de su ser (su ontología), y de su obrar (la Redención). La naturaleza humana del Verbo no es divinizada por gracia o por participación, sino ontológicamente.

(San Leoncio de Jerusalén)

Por eso se puede concluir con A. Amato:

"Con esto, Leoncio ofrece puntualizaciones significativas al dogma calcedonense. Primero, orienta la búsqueda de la unidad de

---

Mondin: *Storia...*, cit., vol. I, 457–458; V. Cano Sordo: *Patrología...*, cit., tema 29; A. Fortescue: *Leontius Byzantinus*, en "The Catholic Encyclopedia", Vol. 9.

[7]Cfr. B. Studer y A. Ortiz: *Dios Salvador en los Padres de la Iglesia...*, cit., pág. 342.

Cristo en la hypóstasis divina del "Logos". Segundo, pone en evidencia la suprema realización ontológica y soteriológica de la naturaleza humana, enhipostáticamente presente en el "Logos"".[8]

Estos autores consiguen aclarar que *en Cristo habría dos naturalezas humana y divina, y una persona única, la divina que le da subsistencia a la naturaleza humana. Se precisa que una naturaleza exige la existencia de una persona, pero ésta puede ser realizada por una Persona divina.*

24.3   El concilio II de Constantinopla, a. 553

El concilio II de Constantinopla estuvo totalmente centrado en la polémica sobre los "Tres Capítulos". Tuvo ocho sesiones entre mayo y junio del año 553. El papa Vigilio, a la sazón en Constantinopla, no quiso participar en las sesiones por no querer condenar póstumamente a los anatematizados en los Tres Capítulos alegando que sufriría con ello la autoridad de Calcedonia y que se debía dejar en paz a los muertos. Pero se adhirió a la condena, ya terminado el concilio, a finales del año 553. Sólo al año siguiente, el papa, sin duda para evitar males más graves y viendo a salvo la rehabilitación de las personas decidida en Calcedonia, consintió en aprobar el concilio (con lo que le convirtió en ecuménico) así como en condenar los errores objetivos emitidos por los autores mencionados. Lo hizo por medio de un *Constitutum* del 23 febrero del 554.[9]

El decreto conciliar tiene dos partes; la primera se refiere a la condena de los "Tres Capítulos" junto con un relato de los hechos ocurridos y una profesión de fe; la segunda, contiene catorce anatemas, los diez primeros

---

[8]A. Amato: *Jesús...*, cit., pág. 357.

[9]A. A. Mens: *Constantinopla, Concilios de*, en GER, vol. VI, págs. 320–321; É. Amann: *Vigile, Pape*, en DTC, XV, 2994–3005 F. X. Murphy y P. Sherwood: *Constantinople II et III*, Paris, Orante, 1974, págs. 13–130.

dedicados a cuestiones doctrinales y los cuatro últimos a la condena de las personas y escritos de los mencionados pensadores ya fallecidos.[10] Son declaraciones muy extensas y con un lenguaje difícil, que recogen las ideas teológicas de los dos Leoncios.

Los puntos más sobresalientes de su doctrina son:

1. Unidad del "Logos", gran preocupación de toda la teología neocalcedonense, se resalta al afirmarse que:

   - El Verbo de Dios se ha encarnado y hecho hombre (aceptando las dos perspectivas, alejandrina y antioquena):

     > "Si quis dicit, alium esse Deum Verbum qui miracula fecit, et alium christum qui passus est, vel Deum Verbum cum Christo nascente de muliere, vel in ipso esse ut alterum in altero, et non unum eundemque Dominum nostrum Iesum Christum, Dei Verbum incarnatum et hominem factum, et ejusdem ipsius miracula et passiones quas voluntarie carne sustinuit, talis an. s".[11]

   - La adoración al Verbo encarnado es una sola:

     > "Can. 9. Si quis in duabus naturis adorari dicit Christum, ex quo duas adorationes introducunt, separatim Deo Verbo, et separatim homini: vel si quis ad interemptionem carnis vel confusionem deitatis et humanitatis, unam naturam sive substantiam eorum quæ convenerunt introducens, sic Christum adorat, sed non una adoratione Deum Verbum incarnatum cum pro-

---

[10]D. S. 421–438.

[11]D. S. 423.

pria ipsius carne adorat, sicut ab initio Dei Ecclesiæ traditum est, talis an. s".[12]

- La afirmación teopástica:

"Can. 10. Si quis non confitetur, Dominum nostrum Iesum Christum qui crucifixus est carne, Deum esse verum, et Dominum gloriæ, et unum de Sancta Trinitate, talis an. s".[13]

2. La unidad de las naturalezas de Cristo "según la hipóstasis", καθ' ὑπόστασιν:

"Cum enim multis modis unitas intelligitur, qui impietatem Apollinarii et Eutychetis sequuntur, interemptionem eorum quæ convenerunt colentes, unitionem secundum confusionem dicunt. Theodori autem et Nestorii sequaces, divisione gaudentes, affectualem unitatem introducunt. Sancta Dei Ecclesia utriusque perfidiæ impietatem reiciens, unitionem Dei Verbi ad carnem secundum compositionem confitetur, quod est secundum subsistentiam (καθ' ὑπόστασιν). Unitio enim per compositionem in mysterio Christi non solum inconfuse ea, quæ convenerunt, conservat, sed nec divisionem suscipit".[14]

3. La interpretación auténtica de la fórmula del concilio de Calcedonia de "en dos naturalezas":

"Can. 8. Si quis ex duabus naturis deitatis et humanitatis confitens unitatem factam esse, vel unam naturam Dei

---

[12]D. S. 431.

[13]D. S. 432.

[14]D. S. 425; cfr. también los cánones quinto y octavo: D. S. 426 y 429–430.

Verbi incarnatam dicens, non sic ea excipit sicut Patres docuerunt, quod ex divina natura et humana, unitione secundum subsistentiam facta (καθ' ὑπόστασιν), unus Christus effectus est, sed ex talibus vocibus unam naturam sive substantiam deitatis et carnis Christi introducere conatur, talis an. s".[15]

4. Reafirmación del título mariano de la "theotokos":

"Can. 6. Si quis abusive et non vere Dei genitricem dicit sanctam gloriosam semper Virginem Mariam, vel secundum relationem, quasi homine puro nato, sed non Deo Verbo incarnato et nato ex ipsa, referenda autem, sicut illi dicunt, hominis nativitate ad Deum Verbum, eo quod cum homine erat nascente, et calumniatur sanctam Chalcedonensem Synodum, tamquam secundum istum impium intellectum, quem Theodorus exsecrandus adinvenit, Dei genitricem Virginem dicentem, vel qui hominis genitricem vocat, aut "Christotocon", id est, Christi genitricem, tamquam si Christus Deus non esset, et non proprie et vere Dei genitricem ipsam confitetur, eo quod ipse qui ante sæcula ex Patre natus est Deus Verbum, in ultimis diebus ex ipsa incarnatus et natus est, et sic pie et sanctam Chalcedonensem Synodum eam esse confessam, talis an. s".[16]

El concilio II de Constantinopla aclara, pues, los puntos controvertidos que habían quedado pendientes en el concilio de Calcedonia, evitando una

---

[15]D. S. 429.

[16]D. S. 427.

interpretación tanto monofisita como nestoriana, y encontrando en la fórmula καθ' ὑπόστασιν del Verbo, el vínculo de unión ontológica entre las dos naturalezas de Cristo. Para ello se sirve de los adelantos de la teología de Leoncio de Jerusalén y de Leoncio de Bizancio.

Es el triunfo de la teología "neocalcedonense" que buscaba salvar tanto la teología de san Cirilo y la escuela de Alejandría, como los contenidos plenos de los dogmas del concilio de Calcedonia.

En conclusión, tras la controversia monofisita queda claro que la unión entre las naturalezas no será en la naturaleza, sino en la persona del Verbo.

24.4 El monotelismo y el monoenergismo. El concilio de Constantinopla III (681)

24.4.1 Monotelismo y monoenergismo

Las fórmulas del concilio II de Constantinopla y la teología neocalcedonense no habían terminado con el problema monofisita, que presentará una nueva vertiente en los inicios del siglo VII: el monoenergismo y el monotelismo.[17] Sus orígenes tuvieron raíces eclesiásticas y también políticas.

En efecto:

1. Desde el punto de vista intraeclesial, y para solucionar el problema de los monofisitas que no terminaban de aceptar los concilios ecuménicos de Calcedonia ni Constantinopla II, el patriarca de Constantinopla Sergio (+ 638) propuso que más que insistir en la doble naturaleza de Cristo, se hiciera en la única operación de Cristo, que provendría de su única Persona y no de sus naturalezas. Habló de una única operación humano–divina en Cristo, de un único operante (la Persona

---

[17]Cfr. M. Jugie: *Monothélisme*, en DTC, X, 2307–2323; A. Amann: *Honorius I*, en DTC, VII, 93–132; Llorca–García Villoslada–Montalbán: *Historia de la Iglesia católica*, vol. I, 4 ed. Madrid 1964, 729–752; L. F. Mateo–Seco: *Monotelismo*, en GER, vol. XVI, págs. 232–235.

divina del Verbo encarnado) y de una sola realidad divino–humana en Cristo.

El patriarca aceptaba en principio que había en Cristo dos voluntades inconfusas, pero subrayaba que había un solo tipo de operaciones (monoenergismo)…, para acabar atribuyendo a Cristo una sola voluntad (monotelismo). Se basaba para ello, en la necesidad de respetar los dictámenes de los santos Padres según los cuales en Cristo "la humanidad era instrumento de la divinidad". Y por otro lado, según su parecer, era el modo de defender la realidad de la unión hipostática, lo que sería imposible si Cristo tuviera dos voluntades que pudieran ser contradictorias; que una sola persona pudiera querer y no querer al mismo tiempo sería una contradicción, y habría peligro de considerar en Cristo la existencia de dos personas. Además los autores monotelitas pensaban que si Cristo hubiera tenido una voluntad humana o un obrar libre, se podría poner en peligro la Redención: Cristo, con su voluntad humana podría rebelarse contra los planes divinos y frustrar la Redención, como pareciera ocurrir en la agonía de Getsemaní, donde la voluntad de Jesús humana parece querer de modo diferente de la divina. Por eso, en Cristo, el rechazo de la pasión no proviene de una verdadera voluntad humana, sino solo de la "inclinación natural de la carne".

Un texto claro es el siguiente:

> "La expresión 'dos operaciones', escandaliza a muchos, pues no ha sido pronunciada por ninguno de los santos y elegidos maestros de la Iglesia. De ahí se deriva la afirmación de dos voluntades que se oponen la una a la otra, como si el Dios "Logos" quisiera realizar la pasión redentora y su humanidad obstaculizara y estuviera en contra de su voluntad, de manera que habríamos introducido en

él dos que quieren cosas contrarias, lo cual es impío, pues es imposible que en un mismo y único sujeto subsistan dos voluntades contrarias al mismo tiempo, la una junto a la otra. La doctrina saludable de los santos Padres enseña abiertamente que en ninguna ocasión su carne racionalmente animada ha hecho sentir su inclinación natural separadamente y por propio impulso en contraste con la decisión de Dios "Logos" unido a ella en la hipóstasis, sino sólo cuando, cómo y cuánto ha querido el Dios 'Logos'".[18]

2. Desde el punto de vista de la política del momento, el emperador Heraclio I (+ 641) había conquistado territorios de creencia monofisita, y con el fin de unificar su Imperio, necesitaba una concordia también a nivel de religión. De ahí su apoyo a los intentos del patriarca Sergio. Así en el año 638 promulga su *ékthesis*, con tesis monotelitas. En él, se prohíbe hablar de "una o dos energías" y se afirma la existencia en Cristo de una sola voluntad (*thélema*), llamándola "querer hipostático".

Las posiciones de Sergio, fueron refrendadas por el papa Honorio I al que fue enviado por el patriarca una copia de su *Pséphos* en el mismo año 633 junto con consideraciones de los buenos resultados de su política de acercamiento a los monofisitas. El papa entendió la propuesta de Sergio no en el sentido monotelita ni monoenergeta que tenía, sino como que de hecho, en Cristo su voluntad humana aceptaba siempre la voluntad divina, por lo que en la práctica se daba siempre un solo querer y no había contrariedad de voluntades. Tal malentendido le llevó a afirmar la frase "profesamos una sola voluntad en Cristo Jesús" lo que fue declarado he-

---

[18]El texto pertenece al *Pséphos* del año 633. Traducción en A. Amato: *Jesús...*, cit., pág. 370.

rético en el concilio de Constantinopla III. Materialmente lo era, pero no formalmente:[19]

> "Unde et unam voluntatem fatemur Domini nostri Iesu Christi, quia profecto a divinitate assumpta est nostra natura, non culpa; illa profecto, quæ ante peccatum creata est, non quæ post prævaricationem vitiata... Quia Dominus Iesus Christus, Filius ac Verbum Dei, 'per quem facta sunt omnia' (Jn 1:3), ipse sit unus operator divinitatis atque humanitatis, plenæ sunt sacræ litteræ luculentius demonstrantes. Utrum autem propter opera divinitatis et humanitatis, una an geminæ operationes debeant derivatæ dici vel intelligi, ad nos ista pertinere non debent; reliquentes ea grammaticis, qui solent parvulis exquisita derivando nomina venditare. Nos enim non unam operationem vel duas Dominum Iesum Christum eiusque Sanctum Spiritum sacris litteris percepimus, sed multiformiter cognovimus operatum".[20]

---

[19]Así lo explicaba el sucesor de Honorio, Juan IV, y también el redactor de la carta de respuesta de Honorio al *Pséphos* de Sergio: "Nuestro predecesor ha respondido a Sergio que no existían en nuestro Redentor dos voluntades opuestas, es decir, ha negado la existencia de la voluntad viciada de la carne, ya que no se daban en Cristo las consecuencias del pecado original..." Y el abad Symponus, quien redactó la carta de Honorio a Sergio, comentaba: "Hemos dicho que no había más que una voluntad del Señor, no en el sentido de que no hubiese más que una sola voluntad de la divinidad y de la humanidad, ya que nosotros no hablábamos más que de la voluntad de la humanidad. En efecto, puesto que Sergio había escrito que algunos enseñaban dos voluntades de Cristo, opuestas éstas la una a la otra, nosotros hemos respondido que en Cristo no existían dos voluntades opuestas, la de la carne y la del espíritu..." Cfr. L. F. Mateo–Seco: *Monotelismo*, cit., pág. 234.

[20]D. S. 487.

24.4.2 Reacción ortodoxa

Las posturas de Sergio fueron contestadas por el patriarca de Jerusalén, san Sofronio (+ 638) por ser contrario a los dictados del concilio de Calcedonia.

San Sofronio de Jerusalén

Nació en Damasco hacia el 550 y murió en Jerusalén el 11 de marzo de 638 (un año después de la toma de Jerusalén por el Califa Omar). Parece ser que fue maestro de retórica y por esta razón se le dio el título de "Sofista" (*Sofronio el Sofista*). Se hizo monje en el monasterio de san Teodosio, junto a Jerusalén. En compañía de su maestro, Juan Mosco, se dirigió a Egipto, en donde los dos monjes se dedicaron a la conversión de los monofisitas. Luego fueron a Roma, donde murió Juan Mosco. Sofronio llevó sus restos al monasterio de san Teodosio. En 634 lucha contra los monotelitas en Egipto y África, y luego en Constantinopla contra el patriarca Sergio.

(San Sofronio de Jerusalén)

Fue elegido patriarca de Jerusalén en 634. Publica una carta sinodal en donde defiende la fe calcedoniana contra el monotelismo. Tiene escritos hagiográficos, homilías (11), odas anacreónticas (23).[21]

---

[21]Cfr. A. di Bernardino: *Diccionario...*, cit., vol. II, pág. 2034; V. Cano Sordo: *Patrología...*, cit., tema 29.

San Máximo el Confesor

Al inicio del siglo VII el firmamento teológico bizantino presenta nuevamente una estrella de primera magnitud, Máximo el Confesor. La visión del mundo que nos ha dejado Máximo el Confesor —dice H.U. von Balthasar— es, bajo varios aspectos, el complemento y la plena madurez del pensamiento griego místico, teológico y filosófico.[22]

(San Máximo el Confesor)

Después de haber recibido una óptima formación literaria y filosófica, desarrolló en poco tiempo una brillante carrera política hasta llegar a alcanzar la altísima dignidad de secretario del emperador. En 630 abandona este alto oficio estatal y se hace monje, entrando en el monasterio de Crisópolis (el actual Scutari). En un principio, aprueba el *Pséphos*. Más tarde lo encontramos en Cartago (645), empeñado en combatir las herejías que afligían la Iglesia en aquella región, particularmente la herejía cristológica del monotelismo. Para obtener la condena de esta herejía, Máximo discute en varios sínodos africanos, y en el 649 toma parte en el concilio Lateranense, que se cierra con la condena del monotelismo y de los obispos y patriarcas que lo habían sostenido. Esta condena desencadenó la ira del emperador Constante II que buscó hacer cambiar de opinión a Máximo con todos los

---

[22]Cfr. B. Mondin: *Storia...*, cit., vol. I, págs. 458–463; V. Cano Sordo: *Patrología...*, cit., tema 29.

medios. Habiendo resultado vanas todas las tentativas, el emperador le hizo cortar la lengua a él y a sus compañeros. Máximo murió el 13 de agosto de 662.

San Máximo tiene once obras escritas contra el monofisismo y veintitrés contra el monotelismo. Además tiene algunos comentarios a Dionisio Areopagita y a Gregorio Nacianceno. Las más importante son: *Liber asceticus*; *500 capita theologica*; *Capita gnostica*; *Ambigua*. Fue, sobre todo, un especulativo y un grandísimo exponente de la filosofía cristiana de dirección neoplatónica.

En un capítulo de *Ambigua* (Teorías ambiguas) presenta unas síntesis de su cosmovisión.

San Máximo el Confesor rechaza el monotelismo sobre la base de la necesidad de afirmar las naturalezas completas en Cristo y la distinción entre alteridad de voluntades y no contradicción: en Cristo había dos voluntades perfectas (alteridad), pero su voluntad humana siempre quería seguir los dictados de la divina (no contradicción). Así, en la oración de Getsemaní, que era donde los monotelitas veían afirmadas sus posiciones, san Máximo ve precisamente la realidad de la voluntad humana del Señor, que es distinta de la voluntad divina, pero se pliega a los dictados de ésta. Por eso la fórmula cristológica de san Máximo será: "a partir de las cuales (las dos naturalezas), en las cuales y las cuales es Cristo":

> "Cristo, que es por naturaleza cada una de las dos [naturalezas] —el mismo es por naturaleza Dios y hombre— posee por naturaleza lo que es propio de cada naturaleza: la voluntad y las operaciones divinas y la voluntad y las operaciones humanas, y no una sola excluyendo las dos operaciones naturales, ni otra además de las dos que existen por naturaleza. lo cual daría tres operaciones y tres voluntades".[23]

---

[23]San Máximo el Confesor: *Ad Catholicos Per Siciliam Constitutos*, en *P. G.* 91, col. 117D.

Por eso, la Redención no se opera solo por la voluntad divina de Cristo, sino también por la humana.

Sínodo Lateranense del a. 649

Desde el punto de vista de los concilios provinciales que enfrentan esta crisis, destaca el concilio Lateranense del año 649, tanto por la profundidad como por la exactitud de sus textos, donde se afirma:

> "et duas eiusdem sicuti naturas unitas inconfuse, ita et duas naturales voluntates, divinam et humanam, in approbatione perfecta et indiminuta eundem veraciter esse perfectum Deum et hominem perfectum secundum veritatem, eundem atque unum Dominum nostrum et Deum Iesum Christum, utpote volentem et operantem divine et humane nostram salutem..."[24]

Donde queda establecido con claridad:

- Existencia de dos voluntades y operaciones en Cristo.

- La Redención se opera también con la voluntad humana de Cristo.

- Relación entre la ontología y la soteriología de Cristo.

24.5 El concilio de Constantinopla III (680–681)

Es el sexto concilio ecuménico, convocado por el emperador Constantino IV y con la aquiescencia del papa Agatón, y se celebró entre los años

---

[24]D. S. 500; son palabras que se introdujeron en el Credo de Calcedonia, que aquí se recoge otra vez, entre las palabras 'Iesum Christum:' et 'sicut ante prophetæ.' Esta doctrina se explica en los cánones del concilio que condenan los errores trinitarios y cristológicos (D. S. 501–522).

680 a 681, donde se recoge explícitamente el concilio de Calcedonia,[25] y se inspira en las doctrinas del concilio Lateranense del año 649 y de san Máximo el Confesor.

Interesa su profesión de fe, de gran importancia porque precisa lo dicho en Calcedonia: si allí se proclama la perfección de la humanidad del Verbo, aquí se define la perfección de su voluntad humana; se hace una interpretación más profunda de los textos bíblicos sobre la doble voluntad de Cristo, subrayando cómo la salvación del ser humano fue voluntad de la Trinidad, pero también de la voluntad humana de Jesucristo; la existencia de las dos voluntades no supone, por otro lado, desacuerdo o contradicción de las mismas puesto que están unidas y no confundidas o mezcladas, son distintas pero no separadas, por lo que la voluntad humana sigue libremente a la voluntad divina.

1. Dos naturalezas completas y perfectas:

   "...Et duas naturales voluntates in eo, et duas naturales operationes indivise, inconvertibiliter, inseparabiliter, inconfuse secundum sanctorum Patrum doctrinam adæque prædicamus; et duas naturales voluntates non contrarias, absit, juxta quod impii asseruerunt hæretici, sed sequentem eius humanam voluntatem et non resistentem vel eluctantem, sed potius et subjectam divinæ eius atque omnipotenti voluntati. Oportebat enim carnis voluntatem moveri, subici vero voluntati divinæ, juxta sapientissimum Athanasium. Sicut enim eius caro Dei Verbi dicitur et est, ita et naturalis carnis eius voluntas propria Dei Verbi dicitur et est, sicut ipse ait: 'Quia descendi de cælo, non ut faciam voluntatem meam, sed eius qui misit me Patris' (Jn 6:38), suam propriam dicens volunta-

---

[25]Junto con los otros concilios ecuménicos, el *Tomo* del papa san León a Flaviano, las Cartas de san Cirilo contra Nestorio. Cfr. D. S. 553–554.

tem, quæ erat carnis eius. Nam et caro propria eius facta est. Quemadmodum enim sanctissima atque immacu-
lata animata eius caro deificata non est perempta, sed
in proprio sui statu et ratione permansit: ita et humana eius voluntas deificata non est perempta, salvata est
autem magis, secundum deiloquum Gregorium dicentem:
'Nam illius velle, quod in Salvatore intelligitur, non est
contrarium Deo, deificatum totum' (Oratio 30, c.12)".[26]

2. Dos operaciones completas y perfectas:

"Duas vero naturales operationes indivise, inconvertibiliter, inconfuse, inseparabiliter in eodem Domino nostro
Iesu Christo vero Deo nostro glorificamus, hoc est, divinam operationem et humanam operationem, secundum
divinum prædicatorem Leonem apertisime asserentem:
'agit enim utraque forma cum alterius communione quod
proprium est, Verbo scilicet operante quod Verbi est, et
carne exsequente quod carnis est'.[27] Nec enim in quo-
quam unam dabimus naturalem operationem Dei et crea-
turæ, ut neque quod creatum est, in divinam educamus
essentiam, neque quod eximium est divinæ naturæ, ad
competentem creaturis locum deiciamus. Unius enim eiu-
sdemque tam miracula quamque passiones cognoscimus,
secundum aliud et aliud earum ex quibus est, naturarum
et in quibus habet esse, sicut admirabilis inquit Cyril-
lus".[28]

3. Salvación operada también por la voluntad humana del
Verbo:

---

[26]D. S. 556.

[27]Cfr D. S. 294.

[28]D. S. 557.

"Undique igitur inconfusum atque indivisum conservantes, brevi voce cuncta proferimus: unum sanctæ Trinitatis et post incarnationem Dominum nostrum Iesum Christum verum Deum nostrum esse credentes, asserimus, duas eius esse naturas in una eius radiantes subsistentia, in qua tam miracula quamque passiones per omnem sui dispensativam conversationem, non per phantasiam, sed veraciter demonstravit, ob naturalem differentiam in eadem una subsistentia cognoscendam, dum cum alterius communione utraque natura indivise et inconfuse propria vellet atque operaretur: juxta quam rationem et duas naturales voluntates et operationes confitemur, ad salutem humani generis convenienter in eo concurrentes".[29]

4. Valor definitorio y anatemas:

"His igitur cum omni undique cautela atque diligentia a nobis formatis, definimus, aliam fidem nulli licere proferre aut conscribere componerere aut sapere vel etiam aliter docere. Qui vero præsumpserint fidem alteram componere vel proferre vel docere, vel tradere aliud symbolum volentibus converti ad agnitionem veritatis ex gentilitate vel iudaismo aut ex qualibet hæresi: aut qui novitatem vocis, vel sermonis adinventionem ad subversionem eorum, quæ nunc a nobis determinata sunt introducere: hos siquidem episcopi fuerint aut clerici, alienos esse, episcopos quidem ab episcopatu, clericos vero a clero: sin autem monachi fuerint vel laici, etiam anathematizari eos".[30]

---

[29]D. S. 558.
[30]D. S. 559.

El concilio condenó póstumamente al papa Honorio por su aceptación de las doctrinas monotelitas; pero habiendo muerto Agatón el 10 de enero, pertenecía a León II (682) confirmar el concilio, lo que efectivamente hizo. Sin embargo, rectificó con razón la fórmula de condenación de Honorio, enunciándola como sigue: "no habiéndose esforzado para hacer resplandecer" la fe apostólica, "permitió que esta fe inmaculada fuese manchada". Aunque mantenía la condena, León concilió así en el infortunado papa la grave negligencia con la ortodoxia. Ésta de hecho no puede ser puesta en duda como ya sabemos.[31]

La controversia dejó claro que la unión de la naturaleza humana con el "Yo" divino no despoja a la naturaleza humana de ningún aspecto sino que la deja como es hasta el último acto de su voluntad.

---

[31]Cfr. D. S. 487–488 fragmentos de sus dos cartas a Sergio; cfr. también D. S. 496–498.

Capítulo 25

La controversia de las imágenes y el realismo de la encarnación. Nicea II (787)

25.1 Introducción

A comienzos del siglo VIII aparece la controversia de las imágenes, el problema iconoclasta, que durará durante siglo y medio, y necesitará otro concilio ecuménico, el II de Nicea (a. 787) para resolverlo.[1]

En los siglos anteriores al concilio se daba la praxis del culto a las representaciones de Jesucristo, de la Virgen y de los santos, de muy variadas maneras, a pesar de la existencia de una doctrina en contra por parte de

---

[1]Los antecedentes históricos del mismo, así como sus raíces teológicas pueden ser consultadas en I. Ortiz de Urbina: *Nicea II*, en Enciclopedia Cattolica, VIII, Ciudad del Vaticano 1952, 1832–1834; Id.: *Nicea, Concilios de 2. Segundo Concilio de Nicea*, en GER, vol. VI, págs. 190 ss.; H. Leclercq: *The Second Council of Nicaea*, en "The Catholic Encyclopedia" Vol. XI, New York, Robert Appleton Company, 1911; G. Fritz: *Nicée, II Concile*, en DTC, XI, 417–441; G. Dumeige: *Nicée II*, Ed. L'Orante, Paris, 1978.

algunos santos Padres antiguos y también de algún concilio particular.[2] A raíz de las controversias antiarrianas, nestorianas y monofisitas, santos Padres del calibre de los Capadocios, san Cirilo de Alejandría y san Máximo el Confesor, subrayaron la importancia de Jesucristo como "imagen del Padre": la unión de la naturaleza humana con el Verbo divino no es extrínseca y accidental, sino intrínseca y personal, de tal manera que a comienzos del siglo VIII las imágenes forman parte del catolicismo de un modo natural y con una Tradición desde el comienzo de la Iglesia.[3]

Sin embargo, en torno a esos años, surgen las primeras reacciones en contra de parte de algunos obispos tanto occidentales como orientales. El problema se agravó y extendió al intervenir el poder del Emperador, en concreto en el a. 727 cuando León III el Isáurico ordenó destruir el icono de Cristo que estaba en la puerta del Palacio imperial. Le sigue en sus decisiones, el sucesor, Constantino V. El año 754, un sínodo, que se pretendió ecuménico pero que no lo es, en Hierápolis, sostuvo entre otras cosas, que la divinidad no es representable, que incluso después de la encarnación la Persona del Verbo no puede ser propiamente representada, que pintar a Cristo supondría negar la unión hipostática al separar la humanidad de la persona divina, incidiendo en la distinción y separación entre el Hijo de Dios y el hijo de María, y que la única representación válida de los santos es la imitación de sus virtudes.

A raíz de estas decisiones, comenzó una auténtica guerra de destrucción de las imágenes sagradas y de persecución de los cristianos que las defendían. Se enfrentaron contra las ideas iconoclastas grandes figuras del momento, justificando su veneración, como fue el caso de Germán, patriarca de Constantinopla (rechazar los iconos suponía rechazar la encarnación), el monje Jorge de Chipre (el rechazo del Antiguo Testamento a los ídolos

---

[2] Cfr. canon 4 del concilio de Elvira.

[3] Con los lógicos cambios de motivos de representación, lugares, etc., consecuencia del devenir histórico. Cfr. bibliografía *supra* al respecto.

no es lo mismo que la veneración a las imágenes, por lo que la Iglesia en su larga Tradición siempre las aceptó) y sobre todo, san Juan Damasceno (+750).

25.2 Germán de Constantinopla

(San Germán de Constantinopla)

Fue patriarca de Constantinopla desde el año 715 al 730, en época del emperador Anastasio II. Debió nacer entre el 631 y el 649. Su padre, que había ocupado importantes cargos bajo el emperador Heracleo, fue condenado a muerte por Constantino IV Pogonato. En esa triste circunstancia Germán fue castrado y luego asociado al clero de Santa Sofía del que fue luego, hacia el año 678, primicerio.[4]

El año 715, probablemente convocó un sínodo en Constantinopla, al que asistieron un centenar de prelados, para condenar la herejía del monotelismo.

Fue defensor denodado del culto a las imágenes desde 726, cuando León III el Isáurico intensificó su campaña iconoclasta. Se opuso al emperador,

---

[4]Cfr. A. di Bernardino: *Diccionario...*, cit., vol. I, 933–934; V. Cano Sordo: *Patrología...*, cit., tema 30; F. G. Cuéllar: *Germán I, San*, en GER, vol. X, págs. 842 ss.; F. Cayre: *Germain I (Saint)*, en DTC, vol. VI, cols. 1300–1309.

que lo obligó a dimitir en 730. Se refugió en una propiedad familiar, donde murió, a edad avanzada, hacia el año 733.

De sus obras quedan las siguientes:

- *Cartas* (relacionadas con la controversia iconoclasta y las herejías monofisita y monotelita).

- *Homilías* (son muchas las que nos han llegado y, la mayoría, de tema mariano).

- Tratados:

  - *De haeresibus et sinodis*: exposición histórica de las herejías, de sus promotores y de los concilios en las que fueron condenadas.

  - *De vitae termino*: diálogos entre un racionalista y un ortodoxo acerca del dogma de la presciencia y de la providencia divinas.

  - *Historia mystica ecclesia catholicae*: comentario sobre el simbolismo litúrgico bizantino.

- Himnos.

25.3   San Juan Damasceno

Vida

Nace en Damasco, que ya estaba bajo los califas musulmanes, entre los años 650–674. Descendía de una rica y noble familia árabe–cristiana. Su padre era ministro del tesoro en la corte del califato. Tuvo una excelente educación literaria y filosófica. Sucede a su padre en su cargo y también en el cargo de logozés, es decir, el jefe de la comunidad cristiana de Damasco. Fue consejero de estado del califa.

Antes del 726 vive en el monasterio de san Sabas, cerca de Jerusalén. Es ordenado presbítero, probablemente en el año 725, por Juan IV, patriarca

(San Juan Damasceno)

de Jerusalén (706-734). Después se dedicó, sobre todo, a la enseñanza de la Sagrada Escritura y de la teología y, tanto con la palabra como con sus escritos, se metió de lleno en la defensa del culto de las imágenes.

Muere antes del año 754, en el que se tiene el concilio de Hieria (probablemente muere el 749). En 1890 León XIII lo proclamó doctor de la Iglesia.[5]

Pensamiento y Obras

Destaca por su vasta cultura teológica, su amor profundo a Jesucristo y su devoción sincera a la Virgen María. Es el último gran teólogo de la Iglesia griega. Siendo tan culto, sin embargo no intenta hacer nada original: "nada digo que sea mío".[6] Por eso tiene mucho interés en recoger el pensamiento de los santos Padres anteriores, organizándolo de un modo sistemático. No suele citar las fuentes que utiliza, pero se pueden descubrir los pensamientos de los Padres de la "edad de oro" patrística y algunos posteriores: Atanasio, Basilio, Gregorio Nacianzeno, Cirilo de Jerusalén, Juan Crisóstomo, Nemesio de Emesa, Cirilo de Alejandría, el Pseudo-Dionisio,

---

[5] É. Gilson: *History of Christian Philosophy...*, cit., págs. 91–93; L. F. Mateo Seco: *Juan Damasceno, San*, en GER, vol. XIII, págs. 568 ss.; M. Jugie: *Jean Damascene*, en DTC, vol. VIII, cols. 693–751; E. Moliné: *Los Padres...*, cit., págs. 524–525; D. Ramos–Lissón: *Patrología*, cit., págs. 406–410; V. Cano Sordo: *Patrología...*, cit., tema 30.

[6] San Juan Damasceno: *La fuente de conocimiento*, prólogo, en P. G. 94, 525.

Leoncio de Bizancio y Máximo el Confesor. Su preferido es san Gregorio de Nisa. De Occidente, parece conocer solo el *Tomo a Flaviano*.

San Juan Damasceno ha sido llamado el "Tomás de Aquino de Oriente" por su síntesis teológica en la cual se reúnen no pocos elementos de la filosofía árabe y de los Padres griegos. En él hay un influjo aristotélico en la concepción de la lógica y la metafísica, y también un influjo platónico y neoplatónico, evidentemente, sobre todo, en su doctrina sobre la incognoscibilidad de Dios.[7]

Tiene obras dogmáticas, polémicas, exegéticas, morales, homilías e himnos litúrgicos:

- Obras dogmáticas: *De Fide Ortodoxa*, o *Fuente de Conocimiento*, dividida en tres partes:

  - *Dialéctica*, cien capítulos filosóficos introductorios a la exposición del dogma y consistentes en definiciones filosóficas tomadas sobre todo de la *Isagoge* de Porfirio, Aristóteles y algunos Padres de la Iglesia.

  - *De Haeresibus* (el libro de las herejías) consistente en la recensión de ciento tres herejías: las ochenta primeras tomadas casi literalmente del *Panarion* de S. Epifanio; las restantes, de fuentes más recientes como Teodoreto, Leoncio de Bizancio y otros; y las tres últimas —islamismo, iconoclastas y aposkitas— de exclusiva redacción del Damasceno.

  - *De Fide Ortodoxa*, que es una exposición y desarrollo del Símbolo Niceno–Constantinopolitano, una exposición sistemática del dogma católico, con cien capítulos, que se suelen dividir en cuatro partes:

    * Caps. 1–14, Dios y la Trinidad.

---

[7]B. Mondin: *Storia...*, cit., vol. I, págs. 463–467.

* Caps. 15–44, Creación y Providencia.

* Caps. 45–73, encarnación y sus consecuencias.

* Caps. 74–100, Cristología, sacramentos, mariología y escatología.

También tiene otras obras menores: *Institutio elementaris ad dogmata*, semejante a la *Dialéctica*; *Libellus de recta doctrina*, profesión de fe compuesta por el Damasceno para que el obispo Elías, quizá convertido del monotelismo; etc.

• Escritos polémicos: donde enfrenta todas las herejías cristianas que se dieron hasta su tiempo, y además la fe mahometana: *Contra los nestorianos*, *Contra los jacobitas*, *Acerca de la naturaleza compuesta contra los acéfalos*, *Sobre el himno del Trisagio*, carta al archimandrita *Jordán*, y los *Tres discursos en favor de las sagradas imágenes* (*Orationes pro sacris imaginibus*).

• Escritos exegéticos: Solo conocemos sus *Comentarios a las Cartas de San Pablo*, recopilando las opiniones de Padres anteriores.

• Escritos morales: la más conocida es *Paralelos Sagrados*, donde el Damasceno hace una compilación de textos extraídos de la Sagrada Escritura y de los santos Padres ordenados según las letras del alfabeto griego. También tiene otros tratados menores sobre diferentes temas: los pecados capitales, sagrados ayunos, etc.

• Homilías: Sobre la natividad de la Virgen, la Transfiguración, Higuera estéril, Sábado Santo, etc.

• Himnos litúrgicos bizantinos: se duda en la exacta identificación de los que son de su autoría.

Además de ser un testigo de excepción de todo el pensamiento patrístico anterior y de su labor de ordenación de eso materiales de un modo sistemático, hay que destacar en su pensamiento teológico lo siguiente:

1. La precisión de los términos para construir la teología trinitaria y cristológica. En efecto, es exacto en el uso de los conceptos de naturaleza y persona, utiliza la palabra "enhipóstasis" de Leoncio de Bizancio, y "enousía", unión, señalando las características de la unión hipostática: Unidad de hypóstasis; perseverancia en la unión de las diversas naturalezas y sus propiedades, sin cambio, mezcla o confusión; indestructibilidad de esa unión.

2. La Revelación divina tiene como fuentes de conocimiento a la Sagrada Escritura y a la Tradición, resaltando la autoridad de los Padres. Sigue la lista de libros canónicos de san Epifanio, que no es la del concilio Trullano, que luego seguiría Trento.

3. La Iglesia es jerárquica y monárquica (Roma), y debe ser independiente del poder temporal: "Es cometido de los sínodos y no de los emperadores el decidir las cosas eclesiásticas... No consiento a los decretos imperiales el gobernar la Iglesia; ella tiene sus leyes en las tradiciones de los Padres, escritas y no escritas".[8]

4. Es el teólogo de la encarnación. Valga como ejemplo: "Inmediatamente tras el consentimiento de la Virgen, el Espíritu Santo desciende sobre ella para purificarla y tornarla capaz de recibir al Verbo y convertirse en su madre. La Virtud y la Sabiduría subsistente del Altísimo, el Hijo de Dios, consustancial al Padre; la cubre con su sombra y se forma de la sustancia inmaculada y purísima de la Virgen una carne animada de un alma racional e inteligente... el mismo Verbo

---

[8]San Juan Damasceno: *Orat. in imag.* I y III: P. G. 94, 1281 y 1304.

vino a ser *hypóstasis* para la carne, de forma que en el mismo momento que existió la carne ella fue carne del Verbo Dios... por eso hablamos no de un hombre deificado, sino de un Dios encarnado... Él se ha unido a la carne, tomada de la Virgen santa y animada de un alma racional, según la hypóstasis, sin confusión, ni cambio, ni separación".[9]

5. La Virgen María es real y verdaderamente la Madre de Dios. Y es claro defensor de la concepción inmaculada de María, de su virginidad perpetua y de la asunción a los cielos.

6. Es el gran defensor del culto a las imágenes.

25.4   Nicea II, a. 787

Con el fin de intentar acabar con la crisis abierta, que volvía a desunir el Imperio de Oriente, la emperatriz Irene, convocó el séptimo concilio ecuménico en Nicea en el año 787, con la presencia de muchos obispos orientales, dos delegados del papa y muchos monjes que capitaneaban la defensa del culto a las imágenes.

En este concilio se confirman todas las verdades sobre Cristo de los concilios anteriores, y extraen sus lógicas consecuencias. Por lo tanto:

1. La representación del rostro humano de Cristo en una imagen supone confesar la realidad de la encarnación y de la Redención, así como el misterio de la unión hipostática. La aceptación de la imagen de Cristo supone llevar a sus lógicas consecuencias el realismo (bíblico, teológico y metafísico) de la encarnación:

---

[9]San Juan Damasceno: *De fide ort.*, III: P. G. 94,985–988.

> "Imaginis enim honor ad primitivum transit: et qui adorat imaginem, adorat in ea depicti subsistentiam".[10]

2. Se comprende mejor el significado de las prohibiciones del Antiguo Testamento contra las imágenes, con su sentido anti–idolátrico, que aparece superado desde el Nuevo Testamento cuando Dios mismo toma forma humana, visible y representable. El Verbo eterno e infinito, transcendente, se "ha circunscrito"[11] asumiendo una verdadera humanidad, y desde entonces puede ser plasmado en las imágenes, que son Símbolos de su realidad:

> "Si quis Christum Deum nostrum circumscriptum non confitetur secundum humanitatem, anathema sit".[12]

3. Se subraya que la imagen también desempeña una función de recuerdo, enseñanza y belleza del ser y de la obra de Cristo, a quien en verdad se dirige la adoración:

> "Quanto enim frequentius per imaginalem formationem videntur, tanto, qui has contemplantur, alacrius eriguntur ad primitivorum earum memoriam et desiderium, ad osculum et ad honorariam his adorationem tribuendam..."[13]

4. Al igual que se proclama a Cristo con la expresión verbal, se puede hacer con la expresión pictórica o plástica:

---

[10]D. S. 601.

[11]Cfr. el significado profundo de esta palabra en Nicéforo de Constantinopla y Teodoro Estudita, así como su rechazo por los iconoclastas un poco más abajo.

[12]D. S. 606.

[13]D. S. 601.

"Si quis evangelicas historias imaginibus expressas non admittit, an. sit".[14]

5. Por eso las imágenes de Cristo, de la Virgen y de los santos han de ser expuestas para la veneración:

> "...definimus in omni certitudine ac diligentia, sicut figuram pretiosæ ac vivificæ crucis, ita venerabiles ac sanctas imagines proponendas tam quæ de coloribus et tessellis, quam quæ ex alia materia congruenter in sanctis Dei ecclesiis, et sacris vasis et vestibus, et in parietibus ac tabulis, domibus et viis: tam videlicet imaginem Domini Dei et Salvatoris nostri Iesu Christi, quam intemeratæ Dominæ nostræ sanctæ Dei genitricis, honrobiliumque Angelorum, et omnium Sanctorum simul et almorum virorum".[15]

> "Nos venerandas imagines recipimus. Nos (eos), qui ita non sentiunt, anathemati subiicimus..."[16]

> "Si quis ipsas non salutat, cum sint in nomine Domini et Sanctorum eius anathema sit".[17]

El concilio apoya sus enseñanzas en el valor revelador de la Sagrada Tradición, siendo éste uno de los lugares más señeros del Magisterio solemne al respecto. En efecto:

> "Sic enim robur obtinet sanctorum Patrum nostrorum doctrina, id est, traditio sanctæ catholicæ Ecclesiæ, quæ a finibus

---

[14]D. S. 607.

[15]D. S. 600.

[16]D. S. 605.

[17]D. S. 608.

usque ad fines terræ suscepit evangelium. Sic Paulum, qui in Christo locutus est (cfr. 2 Cor 2:17), et omnem divinum apostolicum coetum et paternam sanctitatem exsequimur tenentes traditiones (2 Tes 2:15), quas accepimus".[18]

"Eos ergo, qui audent aliter sapere aut docere aut secundum scelestos hæreticos ecclesiasticas traditiones spernere et novitatem quamlibet excogitare, vel proicere aliquid ex his, quæ sunt Ecclesiæ deputata, sive evangelium, sive figuram crucis, sive imaginalem picturam, sive sanctas reliquias martyris;..."[19]

25.5   Sucesos posteriores a Nicea II

La teología de las imágenes y su relación con la cristología todavía se profundizará más a raíz de la polémica que se suscita después del concilio,[20] sobre todo contra la tesis de los iconoclastas de que Cristo era "aperígraptos", es decir no circunscrito, ya que la naturaleza humana de Cristo al estar unida a su persona divina ontológicamente no podía ser circunscrita, por lo que no podía tampoco representarse en imágenes. Las aclaraciones de Nicéforo de Constantinopla (+ 829) fueron importantes, al sostener que el icono no "circunscribe", sino que "escribe" la realidad de Cristo al igual que se hace con las palabras, pero aquí, con los colores; además de que el icono es una imagen natural y no artificial de Cristo, con un valor intencional y de semejanza, no de copia exacta; por lo demás, el hecho de que

---

[18]D. S. 602.

[19]D. S. 603.

[20]En efecto, a pesar de la aceptación por el papa del concilio, sin embargo sus decisiones fueron rechazadas en parte del Oriente —sobre todo con el emperador León V el Armenio (+ 820)—, y del Occidente —en este caso, por la teología Carolingia de la Corte de Carlomagno, en las figuras de Alcuino, Teodulfo de Orleans y el mismo Carlomagno—, con lo que continuó la polémica y las acciones violentas.

Cristo tenga ahora un cuerpo glorioso no impide su representación, porque el cuerpo glorioso sigue siendo corpóreo, como Cristo mismo insiste tras su resurrección. Por su parte, Teodoro Estudita (+ 826) insiste en que el icono no representa simplemente una naturaleza, sino la persona: y la Persona del Verbo se hizo carne en Jesús, permitiendo que su realidad divina se "circunscribiera" en los rasgos personales de Cristo; además el icono es una sombra de la realidad superior que representa, no teniendo una identidad substancial con lo representado, sino solo una realidad intencional de indicar el misterio.

La crisis inconoclasta se da por terminada con la muerte del último emperador de ese pensamiento, Teodoro. Su sucesor, Miguel, convocó un concilio en Constantinopla el año 843 para declarar la legitimidad del culto a las imágenes.[21]

Conviene recordar que los judíos, mahometanos y maniqueos rechazan el culto a las imágenes e insisten en la necesidad de destruirlas.

Dentro del cristianismo, y después del concilio de Constantinopla del año 843, se vuelve a negar la adoración a las imágenes por:

1. Los albigenses (s. XII).
2. Wiclefitas (s. XV).[22]
3. Calvinistas (s. XVI).
4. Luteranos (s. XVI).[23]

Trento en contra de los protestantes, insistirá en la legitimidad del culto a las imágenes por los prototipos que representan:

"Imagines porro Christi, Deiparæ Virginis et aliorum Sanctorum, in templis præsertim habendas et retinendas, eisque debitum honorem et venerationem impertiendam, non quod credatur inesse aliqua in iis divinitas vel

---

[21]D. S. 650–656.

[22]El concilio de Constanza contra los wiclefitas y los husitas reafirmó la licitud de tener y dar culto a las imágenes. D. S. 1269.

[23]Los luteranos aceptan las imágenes solo en privado y para adornar las iglesias, pero no como objeto de culto.

virtus, propter quam sint colendæ, vel quod ab eis sit aliquid petendum, vel quod ficucia in imaginibus sit figenda, veluti olim fiebat a gentibus, quæ in idolis spem suam collocabant (cf Ps 134: 15 ss): sed quoniam honos qui eis exhibetur,refertur ad prototypa, quæ illæ repræsentant: ita ut per imagines, quas osculamuret coram quibus caput aperimus et procumbimus, Christum adoremus, et Sanctis, quorum illæ similitudinem gerunt, veneremur. Id quod Conciliorum, præsertim vero secundæ Nicænæ Synodi, decretis contra imaginum oppugnatores est sanctitum".[24]

---

[24]D. S. 1823 (cfr. D. S. 600ss). Pío IV insistirá en lo mismo (*Profesión de Fe Tridentina*, Bula "Injunctum Nobis", de 13 noviembre 1564, D. S. 1862). El Código de Derecho Canónico reafirmará la validez del culto a las imágenes en los cánones 1186 al 1190.

Capítulo 26

Escritores latinos de s. V—VIII

26.1 Visión panorámica y breves noticias sobre los escritores más destacados

Desde el punto de vista político, la situación de la Iglesia de Occidente, después de la caída del Imperio de Occidente, es muy distinta de aquella de la Iglesia de Oriente. En Oriente, donde el Imperio bizantino llega a su máxima potencia durante los siglos VI a VIII, se consolida la "Iglesia imperial". En cambio, en Occidente, la caída del Imperio brinda a la Iglesia la ocasión de su presencia también en el mundo civil.

El papel del papa como "defensor populi romano" llega a ser cada vez más acentuado, y de simple jefe de la comunidad cristiana se transforma en jefe político de toda la población de Roma. Y así, la Iglesia latina, poco a poco, va tomando la estructura de una "Iglesia papal". A partir de Gregorio Magno, la Iglesia, en su dinamismo reformador, forma el Estado, o pretende hacerlo. El papa, además de ocuparse de la población oprimida, se ocupa también de los opresores y promueve la conversión a la fe católica de los pueblos bárbaros, mediante la evangelización de los godos, de los francos, de los anglos y de los germanos.

Sin embargo, no puede hacer mucho por la promoción de la cultura religiosa y teológica. En un mundo donde la barbarie ha destruido todos los principales canales de la cultura y ha reducido a la mayor parte de la gente al analfabetismo, hacer teología es un lujo reservado a pocos privilegiados y que solamente podía ser llevado a cabo por los monjes. Y así, durante un par de siglos (VII y VIII) se registra un vacío teológico casi absoluto. No se escriben más obras originales, sino que se conforman con copiar y conservar las obras más importantes de la literatura cristiana y pagana.

Pero antes de este período de prolongado silencio, la teología latina consigue hacer sentir una vez más su voz autorizada a través de algunos valiosos pensadores y escritores, en particular, por medio de san Vicente de Lerins (las Galias), san Fulgencio de Ruspe (África), Boecio, Casiodoro, san Gregorio Magno (Italia) e Isidoro de Sevilla (Hispania). Todos ellos son teólogos ligados más o menos estrechamente a san Agustín: de hecho, el santo de Hipona, ejerció, como sabemos, un influjo enorme sobre toda la cultura cristiana medieval, en todas sus dimensiones: política, religiosa, filosófica, jurídica. Pero su incidencia más profunda se registra en la teología. Se puede decir que después de san Agustín —en la última patrística y en la primera y en la gran escolástica— las fuentes principales de la teología fueron dos: la Sagrada Escritura y los escritos del Doctor de Hipona. Para cada cuestión de dogmática, de moral, de pastoral, de catequesis, se acude a dos autoridades: la Biblia y san Agustín.

La estima de la que gozaba el gran teólogo se confirma en los numerosos florilegios que aparecen, extraídos de sus obras. Los más famosos son los compilados por Próspero de Aquitania (*Sententiarum ex operibus s. Augustini delibatarum libri*). Vicente de Lerins compone los *Excerpta*. Eugippio, en la primera mitad del siglo VI, escribe los *Excerpta ex operibus s. Augustini*.

Veamos ahora algunas breves noticias sobre los escritores más destacados de este período, en el Occidente latino:

26.2   San Vicente de Lerins

Parece ser que san Vicente de Lerins, nacido en las Galias, se dedicaba a las armas antes ordenarse de presbítero e ingresar en el monasterio de Lerins, situado en una isla frente a la ciudad de Marsella, en el sur de Francia. Muere hacia el año 450.[1]

(San Vicente de Lerins)

San Vicente escribió varias obras, pero la única que se ha conservado es el famoso *Commonitorium* ("Memorial"), que es una especie de "discurso del método" en teología, en cuanto que ofrece criterios válidos para distinguir la fe católica de la herejía. Fue compuesto tres años después (a. 434) del concilio de Éfeso.

San Vicente afirma en el *Commonitorium* la autoridad de la Tradición. Además de la nota de la apostolicidad (de la cual ya habían tratado Ireneo y Tertuliano), Vicente propone acudir a otras tres notas para descubrir la verdadera Tradición: universalidad, antigüedad y unanimidad: *Quod ubique, quod semper, quod ab omnibus creditum est*. Como dice Mateo–Seco:

> "Este pequeño libro, lleno de vigor y ciencia, ha atraído la atención de los estudiosos sobre todo a partir del s. XVI, y sus afirmaciones han sido muy tenidas en cuenta en momentos de

---

[1]Cfr. L. F. Mateo Seco: *Vicente de Lerins, San,* en GER, vol. XXIII, págs. 483 ss.; G. Bardy: *Vincent de Lerins,* en DTC, vol. XV, cols, 3045–3055; F. Brunetiere Y P. De Labriolle: *Saint Vincent de Lerins,* París, 1906; V. Cano Sordo: *Patrología...,* cit., tema 31.

confusión doctrinal, desde las polémicas entre protestantes y católicos del s. XVII hasta la crisis modernista, porque en él se encuentra un excelente testimonio cristiano y respuesta ante los riesgos de escepticismo y de relativismo teológico".[2]

La Tradición es necesaria, además de la Sagrada Escritura, porque ésta puede ser vaciada de contenido al darle un sentido diverso del que tiene, como se manifiesta por las herejías.

Es fundamental custodiar el verdadero depósito de la fe íntegramente, porque la Revelación no es obra humana, sino de Dios, y la doctrina, un tesoro que Dios ha confiado a la Iglesia. Por eso comentando el pasaje de la 1 Carta a Timoteo 6: 20–21, dice:

> "¿Quién es hoy Timoteo, sino o generalmente la Iglesia universal, o, especialmente, todo el cuerpo de los obispos, que deben poseer íntegra la ciencia del culto divino e infundirla a otros? ¿Qué significa guarda el depósito? S. Pablo dijo custódialo, a causa de los ladrones, a causa de los enemigos, no sea que, durmiendo los hombres, siembren cizaña sobre aquella buena semilla de trigo que había sembrado el Hijo del Hombre en su campo. Por eso dijo: *guarda el depósito*. Pero, ¿qué es el depósito? Es aquello que debes creer, no lo que has encontrado tú; lo que recibiste, no lo que tú pensaste; lo que es fruto de la doctrina, no del ingenio; lo que procede de la Tradición pública, no de la rapiña privada. Algo que ha llegado hasta ti, pero que tú no has producido; algo de lo que no eres autor, sino custodio; no conductor, sino conducido. *Guarda el depósito*, dice el Apóstol; conserva inviolado y sin mancha el talento de la fe católica. Lo que has creído, en tu poder permanezca y por ti sea entregado a otro. Oro has recibido, devuelve oro; no quiero

---

que me cambies una cosa por otra; no quiero que desvergon-
zada y fraudulentamente pongas plomo o bronces en lugar del
oro; no quiero apariencia de oro, sino oro puro".[3]

También ofrece criterios para el progreso teológico. En la segunda parte del *Commonitorium* formula de manera clara las reglas del progreso del
dogma: *in eodem scilicet dogmate, eodem sensu, eademque sententia* (la inteligencia de los dogmas ha de tener lugar "en el mismo dogma, en el mismo
sentido, y según la misma interpretación"). Es característica fundamental
del progreso que una cosa pueda crecer permaneciendo siempre idéntica a
sí misma. Este es el papel de la Iglesia:

"Quizá alguno diga: ¿no puede haber ningún progreso en la
doctrina de la Iglesia de Cristo? Haya, sí, un profundo y grande
progreso, porque ¿qué sería más pernicioso para los hombres
y más detestable a los ojos de Dios que atreverse a prohibirlo?
Mas sea de tal modo que haya progreso en lo que es de fe, pero
no cambio. Pertenece al progreso que cada cosa se amplíe en sí
misma; por el contrario, es propio del cambio que una cosa se
transforme en otra. Conviene, pues, que crezca la inteligencia,
la ciencia, la sabiduría de todos y cada uno, tanto de un solo
hombre como de la Iglesia entera, a través de las épocas y los
siglos; pero permaneciendo siempre en su género, es decir, en
el mismo dogma, en el mismo sentido y en la misma significación".[4]

---

[3]San Vicente de Lerins: *Comm.*, 22.
[4]San Vicente de Lerins: *Comm.*, 23.

26.3   San Fulgencio de Ruspe

San Fulgencio,[5] gran defensor de la doctrina del concilio de Nicea y del sistema agustiniano de la gracia, pertenecía a una rica y potente familia de Cartago, los Gordianos, que había sufrido súbitamente graves carencias a partir de la invasión de los vándalos. Pero su padre, Claudio, vuelto a África después de un breve periodo de exilio, había logrado recuperar una parte bastante grande de lo que había perdido, lo que permitió dar a su hijo (nacido en 467) una óptima educación intelectual, además de moral y espiritual. Gracias a sus excelentes cualidades de administrador, Fulgencio, todavía muy joven, fue elegido procurador de su propia ciudad natal, Telepta. Pero después de poco tiempo, dejó el mundo para abrazar la vida monástica (en torno al 499) motivado por la lectura de la exposición de san Agustín al salmo 36.

(San Fulgencio de Ruspe)

En 507 los fieles y el clero de Ruspe, una pequeña ciudad cerca de Túnez, lo eligieron para ser su obispo. Este nombramiento le procuró casi inmediatamente el exilio a Cerdeña, junto con sesenta obispos católicos, por orden del rey de los vándalos Trasimundo.

---

[5]V. Cano Sordo: *Patrología...*, cit., tema 31; J. Ibáñez Ibáñez: *Fulgencio de Ruspe, San*, en GER, vol. X, págs. 563 ss.; P. Godet: *Fulgence de Ruspe*, en DTC, vol. VI, cols. 968–972.

Durante los veinticinco años restantes de su vida, Fulgencio se convierte en el gran abogado de la causa católica contra el arrianismo. Durante este período, por un par de veces, consiguió volver a su patria, para ser después nuevamente expulsado. En 531 volvió a Ruspe donde murió un par de años más tarde, el 31 de enero de 533.

Escribe obras contra el arrianismo y monofisismo, además de una docena de cartas y sermones (*Commonitorium de Spiritu Sancto ad Abragilam presbyterum; Epistula Carthaginiensibus; Contra Fabianum libra decem*; etc.).

Fulgencio fue el mayor artífice de la transmisión de la gran herencia teológica agustiniana, herencia preciosísima en su extraordinaria riqueza y complejidad, y rigurosamente fiel, sea a la letra sea al espíritu del Doctor de Hipona, tanto que Fulgencio se ganó el título de "Agustín en compendio". Escribe contra Fabiano que consideraba al Espíritu Santo como un ser subordinado y de grado inferior. Fulgencio supera a Agustín en algunas cuestiones cristológicas. Por ejemplo, afirma que la divinidad de Cristo permanece unida al cuerpo después de la muerte, no solamente al alma.

26.4   Severino Boecio

En el marco de las sucesivas invasiones barbáricas (germanos, eslavos, normandos, magiares), la Edad Media fue un período tanto de ricas recreaciones como de profundas destrucciones. San Agustín es el primero que experimenta estas crisis de manera existencial. Los monjes, en los monasterios, pudieron reconstruir una y otra vez, por la *lectio divina* y la oración, las formulaciones teóricas de la patrística, primero en el plano humilde y técnico de la gramática (determinar la significación inteligible de las palabras de la fe) y luego en la dialéctica.[6]

---

[6]V. Cano Sordo: *Patrología*..., cit., tema 31; J. Lomba Fuentes: *Boecio*, en GER, vol, IV, págs. 337 ss.; G. Chappuis: *La théologie de Boece*, en "Congres d'histoire du christianisme",

(Boecio)

El trabajo de Severino Boecio (480–525) —nacido en Roma, de familia senatorial— tiene que situarse en este contexto intelectual.

De familia noble; estudió primero en su ciudad natal, luego, durante 18 años, en Atenas y, finalmente, en Alejandría, donde fue discípulo de Ammonio Sakkas. Vuelve a Roma donde es hecho senador, y en 510 cónsul. Posteriormente, en 523 es nombrado *Magister officiorum* en la corte de Teodorico, en Rávena. Cargo que ocupa hasta que, acusado de conspiración política y de magia durante la persecución del emperador contra los cristianos, es destituido, puesto en prisión y ejecutado en Pavía en el 525. Durante su periodo de cárcel compone la famosa *Consolatio Philosophiae* que es la obra madura de su pensamiento, síntesis de su filosofía, testamento político moral y espiritual, en el que armonizando a Platón, neoplatonismo, Aristóteles, tradición latina y cristianismo, se queja de las injusticias de esta vida poniendo su pensamiento en Dios y en la filosofía.[7]

Fue él quien organizó de forma coherente el *Quadrivium* que, a través de toda la Edad Media, puso ritmo a la enseñanza de lo que llegarían a ser las ciencias exactas (aritmética, geometría, música y astronomía). Además tradujo lo que se llamaría la *Lógica Vetus* de Aristóteles al latín (*Categorías*,

---

III, París, 1938, págs. 15–40; G. Fraile: *Historia de la Filosofía*, I, Madrid, 1965, 792–809; P. Godet: *Boèce*, en DTC, vol. II, cols. 918–922; É. Gilson: *History of Christian Philosophy...*, cit., págs. 97–106.

   [7]J. Lomba Fuentes: *Boecio*, cit., pág. 337.

Interpretación, Primeros analíticos, Silogismos hipotéticos, Tópicos). Su pensamiento filosófico fue muy importante para la Edad Media, en el que se puede destacar los siguientes aspectos:

- En lógica destaca por hacer conocer la de Aristóteles.

- Influye en el cambio de concepción sobre la división de las ciencias que se hará a partir del s. XII, pasando del modelo estoico (física, lógica y ética) al modelo aristotélico: ciencias teóricas (filosofía primera, matemática y física)[8] y ciencias prácticas (ética, política y económica).

- Plantea el tema clásico medieval de la realidad de los universales, dando el primer atisbo de solución, intermedia entre Aristóteles y Platón.

- La prueba de la existencia de Dios se hace sobre lo que luego desarrollará san Anselmo: la realidad del ser más perfecto que el cual no puede pensarse otro.

- Dios es el ser que está por encima de toda categoría, creador (con creación eterna, sin estar claro si la consideraba *ex nihilo*) y providente. Es el sumo bien y lo único que da felicidad a las creaturas.

- Dios se diferencia de las creaturas porque en éstas *diversum est esse et id quod est*, y en Dios el *esse* y el *id quod est* son lo mismo. Principio que dará lugar en el medioevo al problema de la distinción entre la esencia y la existencia.

---

[8]Al que Boecio hace corresponder una jerarquía de seres y de facultades cognoscitivas del hombre: intelectibles o absolutamente inmateriales, captadas por el entendimiento puro, y que da lugar a la teología o filosofía primera; inteligibles o causas materiales de las cosas, captables por la razón discursiva en las matemáticas, etc.; conocimiento sensible, que capta los cuerpos materiales y a los que se dedica la física. A esto, añade, además, la lógica.

- Da su famosa definición de persona: *rationalis naturae individua substantia.*[9]

En sus obras teológicas (*De fide catholica, Contra Eutichen et Nestorium*) Boecio se propone precisar el significado correcto de las palabras de la fe, que hay que entenderlas siempre siguiendo el sentido de la fe. Dos de sus obras tratan sobre la Trinidad: *De Sancta Trinitate (o Quomodo Trinitas unus Deus ac non tres Dii)*, y *Utrum Pater et Filius et Spiritus Sanctus de divinitate substantialiter praedicentur*, donde se manifiesta su conocimiento de la obra de san Agustín, y acuña nuevos términos para acercarse al misterio de Dios. En otro de sus tratados, *Quomodo substantiae in eo quod sint bonae sint, cum non sint substantialia bona* (conocido por *De hebdomadibus*), se centra en la relación entre el ser y la bondad de las cosas. En su obra *Liber contra Eutichen et Nestorium*, llamado en el Medievo *Liber de persona et duabus naturis*, centra su consideración en el misterio de la encarnación, dando explicación de los diversos significados de la palabra naturaleza y aportando la definición de persona que se hizo clásica. Y finalmente, su *De fide catholica* (o *Brevis fidei christianae complexio*), es un compendio de la vida cristiana.

Para Boecio el teólogo es dialéctico (busca la "significación" de las palabras de la fe: por ejemplo, en su tratado *De Sancta Trinitate* mencionado desarrolla el sistema de las categorías que es un antecedente de la *analogía entis*), mientras que el filósofo es un meditativo (por ejemplo en *De consolatione philosophiae*: experiencia espiritual tensa hacia el "sentido").

---

[9]Boecio: *Contra Eutychen*, 5.

26.5   Flavio Magno Casiodoro

Entre los autores latinos de este período, hay que mencionar también a Casiodoro (490–583) que fundó el monasterio de Vivarium, en Calabria, célebre por su biblioteca.[10]

(Casiodoro, en las *Gesta Thorodorici*)

Contemporáneo de Boecio, Casiodoro —que llegó a vivir 94 años— coincide con él en los intereses filosóficos y teológicos, y en los mismos objetivos: poner a disposición de los latinos y de la posteridad todo el gran patrimonio cultural, sea pagano sea cristiano, de los griegos, traduciendo sus obras al latín.

Casiodoro nace en Squillace, en Calabria, en torno al año 490, de familia que, originaria de Siria, ocupaba tradicionalmente cargos estatales de la vida civil. Pronto, siendo muy joven, Casiodoro fue nombrado "questor". Mas tarde, Teodorico lo llamó al cargo de *magister officiorum* y sucesivamente al de prefecto del Pretorio (533–537). En 537 se retiró a la vida privada. Durante un tiempo se trasladó a Roma donde proyectó la fundación, de acuerdo con el papa Agapito, de una escuela superior de teología, que fal-

---

[10]B. Mondin: *Storia...*, cit., vol. I, págs. 470–485; P. Godet: *Cassiodore*, en DTC, vol., II, cols. 1830–1833; M. Guerra Gómez: *Casiodoro*, en GER, V, págs. 243 ss.; G. Bardy: *Cassiodore et la fin du monde ancien*, en "L'année théologique" 6 (1945) 383–425; V. Cano Sordo: *Patrología...*, cit., tema 31; É. Gilson: *History of Christian Philosophy...*, cit., págs. 106–112.

taba en Occidente. No pudo realizarse este proyecto a causa de la guerra gótica contra los bizantinos.

Sin embargo, fundó en Calabria el monasterio de Vivarium. No abrazó personalmente la vida monástica, pero la compartía con sus monjes, distribuyendo su tiempo entre la oración y el trabajo intelectual. Murió alrededor del año 583.

Casiodoro fue un escritor prolífico y muy metódico. Poseía una vastísima cultura y tenía el don del orden y del organizador.

Para sus monjes escribió las *Institutiones divinarum et saecularium litterarum*. En esta obra traza un plan de estudios completo que prevé al inicio una formación humanística general repartida en dos ciclos: el *trivium* y el *quadrivium*, y sucesivamente, una formación teológica especializada.

El *trivium* comprendía el estudio de la gramática, la retórica y la dialéctica (lógica), mientras el *quadrivium* abraza el estudio de la aritmética, la geometría, la astronomía y la música. Este será el modelo que sigan las escuelas medievales.

Casiodoro escribe también para sus monjes un segundo manual de estudio: *De artibus ac disciplinis liberalium litterarum*. Además recogió en nueve tomos comentarios de los Padres griegos sobre la Sagrada Escritura.

26.6   San Gregorio Magno

Es una de las grandes figuras de la Iglesia: papa, santo, Padre de la Iglesia, amplia cultura, gran jerarca y reformador de la Iglesia, gran maestro de la espiritualidad occidental, etc. Con todo, una de las mejores descripciones de su papel en la historia, la aporta Huddleston:

> "En primer lugar, quizá, será mejor aclarar el terreno admitiendo francamente lo que no era Gregorio. No era un hombre de profundos conocimientos, ni un filósofo, ni un buen conversador, apenas era teólogo en el sentido constructivo del término.

Era un abogado romano de oficio, administrador y monje, misionero, predicador y sobre todo un médico de las almas y un líder. Lo más importante que se debe recordar es que fue el verdadero padre del papado medieval (Milman). Respecto a lo espiritual, dejó en las mentes de los hombres la impresión , hasta un punto sin precedentes, de que la sede de Pedro era la suprema y decisiva autoridad en la Iglesia católica".[11]

26.6.1 Vida

Nace en Roma de familia noble en torno al año 540. Su padre era el senador Gordiano y su madre la noble Silvia, que llegó a ser santa. Muere el 12 de marzo del 604.[12]

(San Gregorio Magno)

Ocupa puestos públicos (fue prefecto de la Urbe) entre el 572 y el 574. Muerto su padre, convirtió su casa de Celio en un monasterio, donde debió

---

[11]G. Huddleston: *Pope St. Gregory I ("the Great")*, en "The Catholic Encyclopedia", Vol. 6. New York: Robert Appleton Company, 1909.

[12]V. Cano Sordo: *Patrología...*, cit., tema 31; C. Castillo: *Gregorio I Magno, San*, en GER, vol. XI, págs. 321 ss.; P. Godet: *Grégoire I le Grand (Saint), Pape*, en DTC, vol. VI, cols. 1776–1781; D. Ramos-Lisson: *Patrología*, cit., págs. 427–433.

vivir según la regla benedictina, y fue discípulo de san Hilarión en el monasterio de Clivus Scauri. Siendo diácono fue nombrado representante del papa Pelagio II en Constantinopla, donde permanece seis años.

Envió misioneros a las tierras anglosajonas, dando abundantes frutos.

Benedicto I lo envía a Constantinopla como apocrisiario hasta el 585. En Constantinopla conoce la cultura y la vida de Oriente. Entabla amistad con san Leandro de Sevilla, relación que durará años. Vuelve a Roma, donde hace vida retirada y de estudio en el monasterio del Monte Celio, y funda otros seis monasterios en Sicilia.

Es elegido papa el 590, a la muerte del papa Pelagio II: fue aclamado papa por el pueblo, el senado y el clero. Se hace llamar "servus servorum Dei".

En Italia tiene que luchar contra el hambre (en una ocasión da de comer a tres mil monjes), la peste y los longobardos. Milán había roto relaciones con Roma. También tiene que enfrentar el empeoramiento del cisma de los Tres Capítulos y los pleitos con Bizancio, intentando frenar al mismo tiempo, los grupos nestorianos y monofisitas de Oriente.

Envía a san Agustín de Canterbury con 40 monjes a los anglosajones, y afianzó la conversión de los visigodos del arrianismo después de Recaredo, a través de su amistad con san Leandro. Trabajó por la conversión del rey lombardo, quien hizo bautizar a su hijo Adalaldo en el 603.

Ejerció una labor pastoral ingente. Enfermo durante los cinco últimos años de su vida, murió el 12 de marzo del a. 604.

Por eso, una de las ideas que quedará muy firme para la posteridad será la del primado del papa. La actuación de san Gregorio en todos los campos anteriores, supone en otro orden de cosas la reafirmación de la Unidad de la Iglesia y del primado de Roma, cuyo reconocimiento entorpecían las circunstancias históricas de aquel momento. La doctrina del primado de Roma está expresamente afirmada en los escritos de san Gregorio, que siente sobre sí el peso de la preocupación por todas las iglesias, y firmemente puesta en práctica en la negativa a admitir el título de "ecuménico" que comenzaban a ostentar los patriarcas de Constantinopla.

26.6.2 Obras

La herencia literaria de san Gregorio comprende una abundante y variada colección de cartas, comentarios de textos bíblicos, los Diálogos y el libro de la Regla Pastoral; obras que fueron escritas en un espacio de 10 años:

- *Regla pastoral*: obra maestra de prudencia y tesoro de sabiduría. Escrito en el a. 591, da normas de cómo debe ser un buen pastor en la Iglesia, es decir: "con qué cualidades debe uno llegar a la dignidad de la prelatura, y cómo debe vivir el que a ella ha llegado debidamente, y cómo debe enseñar el que vive bien; y el que enseña bien reconozca de continuo, con la mayor reflexión posible, su flaqueza; para que ni la humildad rehúya el acceso, ni la vida impida el arribo, ni la enseñanza contradiga a la vida, ni la presunción ensoberbezca a la enseñanza".[13]

- *Expositio in Iob* (35 libros). Es lo más valioso de su obra, y donde resaltan las observaciones de tipo filosófico, dogmático y moral. Más que exégesis es un libro de manual de espiritualidad para cristianos escogidos, de ahí el nombre con que se conoció, *Moralia*.

- *Homilías* sobre el Antiguo Testamento y el Nuevo Testamento (a. 590–593) de las que son más famosas: las *22 Homilías sobre Ezequiel*, escritas para el gran público, y no como las Moralia; y las *40 Homilías sobre los Evangelios*, pronunciadas durante el inicio de su pontificado.

- *Diálogos*, escritos sin finalidad literaria y para un público sencillo (a. 593–594), recogen hechos y vidas de los santos, mezclados con

---

[13]San Gregorio Magno: *Regula*, prol.

leyendas y noticias sobre las costumbres de su tiempo. Contienen una vida de san Benito.

- *Cartas* (más de ochocientas), donde se testimonia su preocupación por el gobierno de la Iglesia, su prudencia y su celo pastoral. Su estilo es simple y un tanto rudo.

26.6.3   Reforma litúrgica

Su labor en este campo es de gran trascendencia. Aunque algunos niegan su autoría, parece probada su labor definitiva en la:

- Reforma el *Sacramentarium* romano. Retocó y dio el orden actual al rito de la celebración de la Misa.

- Reforma y revisión el canto litúrgico, el *Antifonarium*.

26.6.4   Influencia

El acento principal de la poderosa influencia de san Gregorio Magno en la teología medieval se encuentra en el campo del derecho eclesiástico y de la condición práctica de la vida religiosa. Sus escritos han influido fuertemente la orientación práctica de la Escolástica medieval: fueron muy estudiados y compendiados. Como muestra, tenemos el gran número de citaciones de Gregorio, sobre todo en la filosofía moral de las Sententiae y las Summae medievales.

26.7   San Isidoro de Sevilla

San Isidoro de Sevilla nació en torno al año 560 en Sevilla de una familia noble hispano–romana. Sus padres, Severiano, perteneciente a una ilustre familia hispanorromana, y Teodora, de ascendencia probablemente goda, vivían en Cartagena, donde nacieron Leandro, Fulgencio y Florentina (los tres llegaron a santos). Se trasladan a la provincia Bética, y allí nació Isidoro. Recibió una formación óptima, al mismo tiempo clásica y cristiana, monástica y sacerdotal. Hermano de san Leandro, le sucedió en la sede de Sevilla.

Organizador dinámico dejó una impronta profunda en la liturgia, en la formación del clero y en la vida monástica. Estuvo al frente del II concilio de Sevilla y el IV concilio de Toledo (633), cuyas actas son una especie de carta ideal de la Iglesia visigótica y de sus relaciones con la monarquía. Esos concilios unificaron la disciplina litúrgica española y consiguieron redactar una de las fórmulas trinitarias y cristológicas más precisas.

Su interés por la formación y la espiritualidad del clero se plasmó en la creación de escuelas episcopales en Sevilla, que luego fueron replicadas en Toledo y Zaragoza.

También mejoró la vida monástica, sobre todo con la regla llamada *Regula Monachorum*, generalmente atribuida a san Isidoro, e influenciada por las reglas de san Benito, san Pacomio y Casiano. Tiene 24 capítulos, y presenta la organización completa de la vida del monje con toda su variada gama de actividades.

Todos estos esfuerzos dieron como resultado la elevación del nivel cultural del pueblo visigodo.

Murió en el año 636.[14]

Es imponente su producción literaria de estilo enciclopédico. Su principal objetivo y también su mayor mérito se refieren a la transmisión a la posteridad, en un período de decadencia cultural, de todo el saber del cual tenía conocimiento. No estando dotado de propia originalidad, procede esencialmente a base de citas, aunque no siempre documentadas.

---

[14]B. Mondin: *Storia...*, cit., vol. I, pág. 489; F. Mendoza Ruiz: *Isidoro de Sevilla, San*, en GER, vol. XIII, págs. 120 ss.; D. Ramos–Lisson: *Patrología*, cit., págs. 454–460; G. Bereille: *Isidore de Séville, (Saint)*, en DTC, vol. VIII, cols. 98–111; V. Cano Sordo: *Patrología...*, cit., tema 31;

(San Isidoro de Sevilla, según Murillo)

- Escribió dos obras que tienen prevalentemente un interés filosófico: *De natura rerum*, que probablemente se inspiró en el *Hexameron*
de san Ambrosio; *De ordine creaturarum*, síntesis sobre la tierra y
el espacio, pero además expone brevemente la Trinidad y la esencia de los seres espirituales. Su obra más famosa, usada muchísimo
por los medievales, se titula *Originum sive Etymologiarum libri XX*.
Fue compuesta a final de su vida y dejada inconclusa. Isidoro expone en forma enciclopédica y ordenada todo el saber de su tiempo.
Obra fundamentalmente lingüística, las *Etimologías*, remontándose
al principio de que las palabras son las claves de las cosas, ofrecen
una organización de todo el saber entonces disponible. No se trata de
un procedimiento etimológico propiamente dicho, sino de un método
interpretativo más o menos arbitrario, que juega sobre todo sobre la
asonancia de las palabras. Por ejemplo: "Nomen dicit quasi notamen,
quod nobis vocabulo suo res notas efficiat".

- Obras exegéticas y bíblicas. Comentó casi todos los libros del Antiguo
Testamento. En *Mysticorum expositiones sacramentorum seu quaes-
tiones in Vetus Testamentum* expone el sentido típico del Pentateuco,
de los Jueces y de los Reyes. *Allegoriae Sacrae Scripturae. Expositio in
Canticum Canticorum. Proaemia in libros Veteris ac Novi Testamenti*
en que ofrece notas introductorias al canon de la Sagrada Escritura.
El *De ortu et obitu Patrum* (nacimiento y muerte de los Patriarcas) re-

seña la vida de los personajes bíblicos más salientes, y el *De numeris qui in Sacra Scriptura occurrunt* es una interpretación mística de los números que van saliendo en la Biblia.

- Otra de sus obras es los tres libros de las *Sententias*. Isidoro expone una triple teología: dogmática, espiritual y moral. Es un compendio de teología que inspirado en san Agustín y en las *Moralia* de san Gregorio Magno, servirá de pauta a las famosas *Sentencias* de Pedro Lombardo. Es una especie de *summa* doctrinal y moral para toda la sociedad visigótica, desde los pobres a los príncipes, de los monjes a los obispos. Es un espejo de una sociedad dura y heterogénea, que aún no ha sido permeada por la caridad cristiana en profundidad.

- Obras históricas que tienen gran valor como fuentes de conocimiento de muchos datos más que por su carácter crítico, son: *Chronicon Maior*, una historia universal hasta el a. 615; La *Historia de regibus Gothorum*, de particular interés para parte de la historia de España; *De viris illustribus*, donde presta especial atención a personajes españoles.

Isidoro suele ser nombrado como uno de los tres Padres fundadores del medioevo, junto con Agustín y Boecio, gracias al enorme patrimonio pagano y cristiano que, con sus obras enciclopédicas, consiguió conservar y transmitir a los estudiosos medievales. En realidad él está más ligado a la antigüedad que al medioevo.

Capítulo 27

Apéndice: Instrucción sobre el estudio de los Padres de la Iglesia en la formación sacerdotal. Congregación para la Educación Católica, Roma, 30 de noviembre de 1989

27.1 Introducción

1. En atención a las particulares necesidades actuales de los estudios teológicos en los institutos de formación sacerdotal, esta Congregación, después de haberse ocupado a su tiempo del estudio de los Padres de la

Iglesia globalmente[1] desea, ahora, dedicar la presente Instrucción a algunos problemas concernientes a tal tema.

La invitación a cultivar más intensamente la patrística en los seminarios y en las facultades teológicas podría sorprender sin duda a algunos. ¿Por qué, en efecto, se nos podría preguntar, se invita a los profesores y a los estudiantes a volverse hacía el pasado cuando hoy, en la Iglesia y en la sociedad, se dan tantos y tan graves problemas que exigen ser resueltos urgentemente? Se puede encontrar una respuesta adecuada a esta pregunta si se echa una mirada global a la historia de la teología, si se consideran atentamente algunas características del clima cultural actual, y si se presta atención a las necesidades profundas y a las nuevas orientaciones de la espiritualidad y de la pastoral.

2. El reexamen de las varias etapas de la historia de la teología revela que la reflexión teológica nunca ha renunciado a la presencia afianzadora y orientadora de los Padres. Al contrario, ella ha tenido siempre la viva conciencia de que en los Padres hay algo de especial, de irrepetible y de perennemente válido, que continúa viviendo y resiste a la fugacidad del tiempo. Como se expresó a tal propósito el Sumo Pontífice Juan Pablo II, "de la vida extraída de sus Padres la Iglesia vive todavía hoy; sobre los fundamentos puestos por sus primeros constructores todavía se edifica hoy en el gozo y en la pena de su camino y de su esfuerzo diario".[2]

3. La consideración del actual clima cultural hace además que aparezcan las muchas analogías que unen el tiempo presente con la época patrística no obstante las diferencias evidentes. Como entonces, también hoy la Iglesia está realizando un delicado discernimiento de los valores espirituales y culturales, en un proceso de asimilación y de purificación, que le permite mantener su identidad y ofrecer, en el complejo panorama cultural de, hoy,

---

[1] En el documento sobre *La formación teológica de los futuros sacerdotes*, 22 de febrero de 1976, núms. 85, 88.

[2] Juan Pablo 11, Carta Apost. *Patres Ecclesiae*, 2 de enero de 1980: AAS 72 (1980), pág. 5.

las riquezas que la expresividad humana de la fe puede y debe dar a nuestro mundo.[3] Todo esto constituye un reto para la vida de la Iglesia entera y, de modo particular, para la teología, la cual, para cumplir adecuadamente sus obligaciones, no puede dejar de investigar en las obras de los Padres, como análogamente investiga en la Sagrada Escritura.

4. La observación de la realidad eclesial actual muestra, en fin, cómo las exigencias de la pastoral general de la Iglesia y, de modo particular, las nuevas corrientes de espiritualidad reclaman alimento sólido y fuentes seguras de inspiración. Frente a la esterilidad de tantos esfuerzos, el pensamiento se vuelve espontáneamente a aquel saludable soplo de verdadera sabiduría y autenticidad cristiana que emanan de las obras patrísticas. Es un soplo que ya ha contribuido, incluso recientemente, a profundizar numerosas problemáticas litúrgicas, ecuménicas, misioneras y pastorales que, recibidas del concilio Vaticano II, son consideradas por la Iglesia de hoy fuente de aliento y de luz.

Los Padres, por consiguiente, demuestran una vitalidad siempre actual y tienen muchas cosas que decir a quien estudia o enseña teología. Por esta razón la Congregación para la Educación Católica se dirige ahora a los responsables de la formación de los sacerdotes para proponerles algunas reflexiones sobre la situación actual de los estudios patrísticos (I), sobre sus más profundas motivaciones (II), sobre sus métodos (III) y sobre su programación concreta (IV).

27.2 Aspectos de la situación actual

El tratamiento de los temas aludidos supone como punto de partida el conocimiento de la situación en que se encuentran hoy los estudios patrísticos. Nos preguntamos, por tanto, cuál es hoy el puesto que se les reserva

---

[3]Pablo VI, Carta Encícl. *Ecclesiam suam*, 6 de agosto de 1964: AAS 56 (1964), págs. 627-628.

la preparación de los futuros sacerdotes y cuáles sean las orientaciones de la Iglesia al respecto.

27.2.1   Los Padres en los estudios teológicos de hoy

5. El estado actual de la patrística en los Institutos de formación sacerdotal está en estrecha relación con las condiciones generales de la enseñanza de la teología: con su planteamiento, estructura e inspiración fundamentales; con la calidad y preparación de los profesores, con el nivel intelectual y espiritual de los alumnos, con el estado de las bibliotecas y con la disponibilidad de los medios didácticos. Su situación no es igual en todas partes; no sólo difieren de un país a otro, sino incluso es distinta en las diversas diócesis de cada nación. Con todo se pueden señalar a tal respecto, a nivel de Iglesia universal, aspectos positivos, así como también ciertas situaciones y tendencias, que presentan, a veces, problemas para los estudios eclesiásticos.

6 a) La inserción de la dimensión histórica en el trabajo científico de los teólogos, que ha tenido lugar en los comienzos de nuestro siglo, ha atraído la atención, entre otros, también sobre los Padres de la Iglesia. Esto se ha demostrado extraordinariamente provechoso y fecundo, porque ha hecho posible un mayor conocimiento de los orígenes cristianos, de la génesis y de la evolución histórica de las diversas cuestiones y doctrinas, y también, porque el estudio de los Padres ha encontrado algunos cultivadores verdaderamente eruditos e inteligentes que han sabido poner en evidencia el nexo vital que rige entre la Tradición y los problemas más urgentes del momento presente. Gracias a un tal acceso a las fuentes, los largos y fatigosos trabajos de investigación histórica no se han quedado reducidos a una mera investigación del pasado, sino que han influido en las orientaciones espirituales y pastorales de la Iglesia actual, indicando el camino hacia el futuro. Es natural que la teología se haya aprovechado grandemente de ellos.

7 b) Tal interés por los Padres continúa incluso, aunque en condiciones distintas. A pesar de un notable decaimiento general de la cultura humanística, se nota aquí y allá un despertar en el campo patrístico, que implica no sólo a insignes estudiosos del clero religioso y diocesano, sino también a numerosos representantes del laicado. En estos últimos tiempos van multiplicándose óptimas publicaciones de colecciones patrísticas y de monografías científicas, que son, sin duda, el índice más evidente de una verdadera hambre del patrimonio espiritual de los Padres; fenómeno consolador que también se da positivamente en las Facultades teológicas y en los Seminarios. Sin embargo, la evolución verificada en el campo teológico y cultural en general, pone en evidencia ciertas insuficiencias y diversos obstáculos a la seriedad del trabajo que no deben ser ignorados.

8 c) No faltan hoy concepciones o tendencias teológicas que, contrariamente a las indicciones del Decreto "Optatam totius" (n.16), prestan escasa atención al testimonio de los Padres y, en general, de la Tradición eclesiástica, limitándose a la confrontación directa de los datos bíblicos con las realidades sociales y con los problemas concretos de la vida, analizados con la ayuda de las ciencias humanas. Se trata de corrientes teológicas que prescinden de la dimensión histórica de los dogmas y para las que los inmensos esfuerzos de la época patrística y del medioevo no parecen tener alguna importancia. En tales casos, el estudio de los Padres queda reducido al mínimo e incluido prácticamente en el rechazo global del pasado.

Como se ve en el ejemplo de varias teologías de nuestro tiempo, separadas del cauce de la Tradición, la actividad teológica, en estos casos, se reduce a un puro "biblicismo" o llega a ser prisionera del propio horizonte histórico, abandonado prácticamente a sí mismo, creyendo hacer teología, no hace en realidad sino historicismo, sociologismo, etc., rebajando los contenidos del Credo a una dimensión puramente terrena.

9 d) Se refleja también negativamente sobre los estudios patrísticos una cierta unilateralidad que se advierte hoy en diversos casos en los métodos

exegéticos. La exégesis moderna, que se sirve de las ayudas de la crítica histórica y literaria, proyecta una sombra sobre las aportaciones exegéticas de los Padres a las que se las considera simplistas y, en sustancia, inútiles para un profundo conocimiento de la Sagrada Escritura. Tales orientaciones, al mismo tiempo que empobrecen y desnaturalizan la exégesis misma, quebrando su natural unidad con la Tradición, disminuyen indudablemente la estima y el interés por las obras patrísticas. La exégesis de los Padres, en cambio podría abrirnos los ojos a otras dimensiones de la exégesis espiritual y de la hermenéutica que completarían la histórico-crítica, enriqueciéndola de intuiciones profundamente teológicas.

10 e) Además de las dificultades provenientes de ciertas orientaciones exegéticas, es necesario mencionar también aquellas que nacen de concepciones distorsionadas de la Tradición. En algún caso, en efecto, en lugar de la concepción de una Tradición viva, que progresa y se desarrolla con el devenir de la historia, se tiene de ella otra demasiado rígida, llamada a veces "integrista", que reduce la Tradición a la repetición de modelos pasados y hace de ella un bloque monolítico y fijo, que no deja lugar alguno al desarrollo legítimo y a la necesidad de la fe de responder a las nuevas situaciones. En tal caso, se crean fácilmente prejuicios contra la Tradición como tal, que no favorecen un acceso sereno a los Padres de la Iglesia.

Paradójicamente repercute de modo desfavorable sobre el aprecio de la época patrística la misma concepción de la Tradición eclesiástica viva, cuando los teólogos al insistir sobre el igual valor de todos los momentos históricos, no tienen suficientemente en cuenta lo específico de la contribución aportada por los Padres al patrimonio común de la Tradición.

11 f) Además muchos estudiantes actuales de teología, provenientes de escuelas de tipo técnico, no disponen de aquel conocimientos de las lenguas clásicas, que se precisa para un conocimiento serio de las obras de los Padres. Como consecuencia, la situación de la patrística en los Institutos de formación sacerdotal se resiente notoriamente de los cambios culturales

actuales, caracterizados por un creciente espíritu científico y tecnológico, que privilegia casi exclusivamente los estudios de las ciencias naturales y humanas, descuidando la cultura humanística.

12 g) En fin, en algunos Institutos de formación sacerdotal, los programas de estudio están tan sobrecargados de las diferentes nuevas disciplinas consideradas más necesarias y más "actuales", que no queda espacio suficiente para la patrística. Esta, consecuentemente, debe contentarse con pocas horas semanales, o como solución de emergencia, ser estudiada en el marco de la historia de la Iglesia antigua. A tal dificultad se añade a menudo la falta de colecciones patrísticas y de adecuados apoyos bibliográficos en las bibliotecas.

27.2.2   Los Padres en las orientaciones de la Iglesia

Lo expuesto sobre el estado actual de los estudios patrísticos no sería completo, si no se mencionaran las relativas normas oficiales de la Iglesia. Ellas, como se verá, ponen en evidencia los valores teológicos, espirituales y pastorales contenidos en las obras de los Padres, con el intento de hacerlas provechosas para la preparación de los futuros sacerdotes.

13 h) Entre las orientaciones ocupan el primer lugar, las indicaciones del concilio Vaticano II concernientes al método de la enseñanza teológica, y al papel de la Tradición en la interpretación y en la transmisión de la Sagrada Escritura.

En el n. 16 del Decreto "Optatam totius" se prescribe para la enseñanza de la dogmática el método genético, nunca en contraposición con la necesidad de profundizar los misterios de la teología y de "descubrir su conexión, por medio de la especulación, bajo el magisterio de Sto. Tomás" (ib) método que en la segunda etapa contempla el conocimiento de la contribución de los Padres de la Iglesia Oriental y Occidental a la "transmisión y al desarrollo de cada una de las verdades reveladas".

Dicho método tan importante para la comprensión del desarrollo dogmático, fue confirmado en el reciente Sínodo extraordinario de los Obispos de 1985 (cfr. *Relatio finalis*, II, B, n.4).

14 i) La importancia, que los Padres tienen para la teología y, en modo particular, para la comprensión de la Sagrada Escritura, se deduce, además, con gran claridad de algunas de las declaraciones de la Constitución "Dei verbum" sobre el valor y papel de la Tradición:

> "La Tradición y la Escritura están estrechamente unidas y compenetradas... la Tradición transmite íntegra la palabra de Dios, encomendada por Cristo Señor y el Espíritu Santo a los Apóstoles, a sus sucesores...; de ahí que la Iglesia no saca exclusivamente de la Escritura la certeza de todo lo revelado. Y así ambas se han de recibir con el mismo espíritu de piedad y reverencia" (n.9).

Como se ve, la Sagrada Escritura que debe ser "el alma de la teología" y "su fundamento perenne" (n.24), forma una unidad inseparable con la Sagrada Tradición, "un solo depósito de la palabra de Dios confiado a la Iglesia... que no puede subsistir independientemente" (n.10). Y son precisamente "las afirmaciones de los santos Padres" las que "atestiguan la presencia de esta Tradición cuyas riquezas penetran la práctica y la vida de la Iglesia que cree y ora" (n.8). Por tanto hoy, no obstante los innegables progresos conseguidos por la exégesis moderna, la Iglesia "que se preocupa por alcanzar un conocimiento cada vez más profundo de la Sagrada Escritura, para alimentar continuamente a sus hijos con las palabras divinas..., con razón favorece también el estudio de los santos Padres del Oriente y del Occidente, y de la Sagrada Liturgia" (n.23).

15 j) La Congregación para la Educación Católica, en la "Ratio fundamentalis institutionis sacerdotalis" y en el documento sobre "La formación teológica de los futuros sacerdotes" reafirma las sobredichas prescripciones del concilio Vaticano II, poniendo de relieve algunos aspectos importantes:

Frente a ciertas tendencias reductivas en teología dogmática, se insiste sobre la integridad y sobre la totalidad del método genético,[4] demostrando su validez y valores didácticos,[5] así como también las condiciones que se requieren para su recta aplicación;[6] a tal propósito se hace expresa referencia a la etapa patrístico-histórica.[7]

Según la "Ratio fundamentales"[8] los profesores y los alumnos deben adherirse fielmente a la palabra de Dios, contenida en la Escritura y en la Tradición... deduciendo su verdadero sentido "principalmente de las obras de los santos Padres". Ellos merecen gran estima porque "su obra pertenece a la Tradición viviente de la Iglesia a la cual, por disposición providencial, ellos han hecho aportaciones de valor duradero en épocas más favorables a la síntesis de razón y fe".[9] Un mayor acercamiento a los Padres puede considerarse, por tanto, como el medio más eficaz para descubrir la fuerza vital de la formación teológica[10] y, sobre todo, para insertarse en el dinamismo de la Tradición, "que preserva de un exagerado individualismo, garantizando objetividad de pensamiento".[11]

Para que tales exhortaciones no quedasen en letra muerta, se dan en el citado documento sobre "La formación teológica de los futuros sacerdotes" algunas normas para el estudio sistemático de la patrística (nn. 85–88).

16 k) Los impulsos dados por el concilio y por la Congregación para la Educación Católica al estudio de los Padres han sido acentuados en estos últimos decenios en diversas ocasiones por los Sumos Pontífices. Sus intervenciones, como las de sus insignes Predecesores, se distinguen por la

---

[4]*Ratio fundamentalis institutionis sacerdotalis*, n. 79

[5]*La formación teológica de los futuros sacerdotes*, núms. 89, 93.

[6]Ib. núms. 90, 91.

[7]Ib., n. 92, 4b.

[8]*Ratio fundamentalis institutionis sacerdotalis*, n. 86.

[9]La formación teológica de los futuros sacerdotes, n. 48.

[10]Ib., n. 74.

[11]Ib., n. 49.

variedad y penetración de sus reflexiones sobre la actual situación teológica y espiritual:

> "El estudio de los Padres, de gran utilidad para todos, es de necesidad Imperiosa para aquellos que tienen a pecho la renovación teológica, pastoral y espiritual promovida por el concilio y quieren cooperar en la misma.[12] El pensamiento patrístico es cristocéntrico;[13] es ejemplo de una teología unificada vivida y madurada en contacto con los problemas del ministerio pastoral;[14] es un óptimo modelo de catequesis,[15] fuente para el conocimiento de la Sagrada Escritura y de la Tradición,[16] así como también del hombre total y de la verdadera identidad cristiana".[17] Los Padres, "en efecto, son una estructura estable de la IGLESIA, y para la Iglesia de todos los tiempos cumplen una

---

[12]Pablo VI, *Carta a su Emncia. el card. Miguel Pellegrino en el centenario de la muerte de J. P. Migne*, 10 de mayo de 1975: AAS 67 (1975), pág. 471.

[13]Juan Pablo II, *Alocución Sono fleto*, a los profesores y alumnos del Instituto Patrístico "Augustinianum", 8 de mayo de 1982: AAS 74 (1982), pág. 798: "Meterse, pues, en la escuela de los Padres quiere decir aprender a conocer mejor a Cristo y a conocer mejor al hombre. Este conocimiento, científicamente documentado y probado, ayudará enormemente a la Iglesia en la misión de predicar a todos, como hace sin descanso, que sólo Cristo es la salvación del hombre".

[14]Pablo VI, *Alocución I nostri passi*, en la inauguración del Instituto Patrístico "Augustinianum", 4 de mayo de 1970: AAS 62 (1970), pág. 425: "Como pastores, pues, los Padres sintieron la necesidad de adaptar el mensaje evangélico a la mentalidad de su tiempo y de nutrir con el alimento de la verdad de la fe a sí mismos y al pueblo de Dios. Esto hizo que para ellos catequésis, teología, Sagrada Escritura, liturgia, vida espiritual y pastoral se unieran en una unidad vital y que no hablaran solamente a la inteligencia, sino a todo el hombre, interesando el pensamiento, el querer y el sentir".

[15]Juan Pablo 11, Exhort. Apost. Catechesi tradendae, 16 de octubre de 1979: AAS 71 (1979), pág. 1287, n. 12.

[16]Juan Pablo II, *Alocución Sono lieto*, a los profesores y alumnos del Instituto Patrístico "Augustinianum", 8 de mayo de 1982: AAS 74 (1982), págs. 796 s.

[17]Ib., págs. 797 s.

función perenne. De modo de todo anuncio o magisterio posterior, si quiere ser auténtico, debe confrontarse con su anuncio y su magisterio; todo carisma y todo ministerio deben encontrar la fuente vital de su paternidad; y todo piedra nueva añadida al edificio... deben asentarse sobre las estructuras ya establecidas por ellos y en ellas afirmarse y compenetrarse".[18]

Así pues, los apremios al estudio más intenso de la patrística no faltan. Son numerosos y bien motivados. Ahora bien, para hacer tales solicitaciones más explícitas todavía, consideramos útil exponer a continuación algunas razones.

27.3   ¿Por qué estudiar a los Padres?

17. Es obvio que los estudios patrísticos podrán alcanzar el debido nivel científico y dar los frutos esperados, solamente con la condición de que sean realizados con seriedad y con amor. La experiencia, en efecto, enseña que los Padres manifiestan sus riquezas doctrinales y espirituales tan solo a quienes se esfuerzan por penetrar en su profundidad a través de un continuo y asiduo trato familiar con ellos. Se requiere, por tanto, de parte de los profesores y de los alumnos un verdadero interés, para el que se pueden aducir las siguientes razones:

1) Los Padres son testigos privilegiados de la Tradición. 2) Ellos nos han transmitido un método teológico que es a la vez luminoso y seguro. 3) Sus escritos ofrecen una riqueza cultural y apostólica, que los hace grandes maestros de la Iglesia de ayer y de hoy.

---

[18]Juan Pablo 11, *Carta Apost. Patres Ecclesiae*, 2 de enero de 1980: AAS 72 (1980), pág. 6

27.3.1   Testigos privilegiados de la Tradición

18. Entre los diversos títulos y funciones que los documentos del Magisterio atribuyen a los Padres, figura en primer término, el de testigos privilegiados de la Tradición. En la corriente de la Tradición viva, que desde los comienzos del cristianismo y continúa a través de los siglos hasta nuestros días, ellos ocupan un lugar del todo especial, que los hace diferentes respecto de los protagonistas de la historia de la Iglesia. Son ellos, en efecto, los que delinearon las primeras estructuras de la Iglesia junto con los contenidos doctrinales y pastorales que permanecen válidos para todos los tiempos.

19 a) En nuestra conciencia cristiana, los Padres aparecen siempre vinculados a la Tradición, habiendo sido ellos al mismo tiempo protagonistas y testigos. Ellos están más próximos a la pureza de los orígenes; algunos de ellos fueron testigos de la Tradición apostólica, fuente de la que la Tradición trae su origen; especialmente a los de los primeros siglos se les puede considerar como autores y exponentes de una Tradición "constitutiva", la cual se tratará de conservar y explicar continuamente en épocas posteriores. En todo caso los Padres han transmitido lo que recibieron, "han enseñado a la Iglesia lo que aprendieron en la Iglesia",[19] "lo que encontraron en la Iglesia eso han poseído; lo que aprendieron han enseñado; lo que han recibido de los Padres han transmitido a los hijos".[20]

20 b) Históricamente, la época de los Padres es el período en el que se dan los primeros pasos en el ordenamiento eclesial. Fueron ellos los que fijaron el "Canon completo de los Libros Sagrados",[21] los que compusieron las profesiones básicas de la fe ("regulae fidei"), precisaron el depósito de la fe en confrontaciones con las herejías y la cultura de la época, dando así origen a la teología. Además son también ellos, los que pusieron las bases de

---

[19]S. Agustín, *Opus imp. c. Iul.*, 1, 117: PL 45, 1125.

[20]Idem, *Contra Iul.*, 2, 10, 34: PL 44, 698.

[21]Conc. Vat. II, *Const. Dei Verbum*, n. 8.

la disciplina canónica ("statuta patrum", "traditiones patrum"), y crearon las primeras formas de la liturgia, que permanecen como punto de referencia obligatorio para todas las reformas posteriores. Los Padres dieron de ese modo la primera respuesta consciente y refleja a la palabra divina, formulándola no tanto como una teoría abstracta, sino como diaria praxis pastoral de experiencia y de enseñanza en el corazón de las asambleas litúrgicas reunidas para profesar la fe y para celebrar el culto del Señor resucitado. Han sido así los autores de la primera catequesis cristiana.

21 c) La Tradición de la que los Padres son testigos, es una Tradición viva, que demuestra la unidad en la diversidad y la continuidad en el progreso. Esto se ve en la pluralidad de familias litúrgicas, de tradiciones espirituales, disciplinarias y exegético–teológicas existentes en los primeros siglos (por ejemplo, las escuelas de Alejandría y de Antioquía); tradiciones diversas, más unidas y radicadas todas en el firme e inmutable fundamento de la fe.

22 d) La Tradición, pues, como fue conocida y vivida por los Padres no es un bloque monolítico fijo, esclerotizado, sino un organismo pluriforme y lleno de vida. Es una praxis de vida y de doctrina que conoce, por una parte, también dudas, tensiones, incertidumbres y, por otra, decisiones oportunas y valientes, revelándose de gran originalidad y de importancia decisiva. Seguir la Tradición viva de los Padres no significa agarrarse al pasado en cuanto tal, sino adherirse con sentido de seguridad y libertad de impulso en la línea de la fe, manteniendo una orientación constante hacia lo fundamental; lo que es esencial, lo que permanece y no cambia. Se trata de una fidelidad absoluta, en tantos casos llevada y probada "usque ad sanguinis effusionem" al dogma y a aquellos principios morales y disciplinares que demuestran su función insustituible y su fecundidad precisamente en los momentos en que se están abriendo camino cosas nuevas.

23 e) Los Padres son, pues, testigos y garantes de una auténtica Tradición católica, y por tanto, su autoridad en las cuestiones teológicas fue y

permanece siempre grande. Cuando ha sido necesario denunciar la desviación de determinadas corrientes de pensamiento, la Iglesia siempre se ha remitido a los Padres como garantía de verdad. Varios concilios, como por ejemplo los de Calcedonia y Trento, comienzan sus declaraciones solemnes con alusión a la Tradición patrística, usando la fórmula: "Siguiendo a los santos Padres..., etc.". A ellos se hace referencia incluso en los casos en los que la cuestión ya ha sido resuelta por sí misma con el recurso a la Sagrada Escritura.

En el concilio Tridentino[22] y en el Vaticano I[23] se estableció explícitamente el principio de que el unánime consenso de los Padres constituye una regla cierta de interpretación de la Escritura, principio éste que ha sido siempre vivido y practicado en la historia de la Iglesia y que se identifica con el de la normatividad de la Tradición formulada por Vicente de Lerín[24] e, incluso antes, por san Agustín.[25]

24 f) Los ejemplos y las enseñanzas de los Padres, testigos de la Tradición, fueron particularmente estudiados y valorados en el concilio Vaticano II, y precisamente gracias a ellos, la Iglesia adquirió una conciencia más viva de sí misma, y especificó el camino seguro, en especial, para la renovación litúrgica, para un eficaz diálogo ecuménico y para el encuentro con las religiones no cristianas, haciendo fructificar en las actuales circunstancias el antiguo principio de la unidad en la diversidad y del progreso en la continuidad de la Tradición.

27.3.2 Método teológico

25. El delicado proceso de inserción del cristianismo en el mundo de la cultura antigua, y la necesidad de definir los contenidos del misterio cris-

---

[22]Conc. Trid., ed. Goeressiana, V (Acta 11) 91 ss.

[23]Conc. Vat. I, coll Lac. 7, 251.

[24]*Comm primum* 2, 10: PL 50, 639, 650.

[25]S. Agustín, *De lib. arb.* 111, 21, 59; *De Trin.* 11, 1, 2: PL 32, 1300; 42, 845.

tiano frente a la cultura pagana y a las herejías, estimularon a los Padres a profundizar y a explicar racionalmente la fe con la ayuda de las categorías de pensamiento mejor elaboradas por las filosofías de su tiempo, especialmente por la refinada filosofía helenística. Una de sus tareas históricas más importantes fue dar vida a la ciencia teológica, y crear para su servicio algunas coordenadas y normas de procedimiento, que se han revelado valederas y eficaces incluso para los siglos posteriores, como demostraría en su obra santo Tomás de Aquino, fidelísimo a la doctrina de los Padres.

En esta actividad de teólogos se perfilan en los Padres algunas actitudes y momentos particulares que tienen gran interés y que es preciso tener presentes incluso hoy en los estudios sagrados:

a) el recurso continuo a la Sagrada Escritura y al criterio de la Tradición;

b) la conciencia de la originalidad cristiana, aun reconociendo las verdades contenidas en la cultura pagana;

c) la defensa de la fe como bien supremo, y la profundización constante del contenido de la Revelación;

d) el sentido del misterio y la experiencia de lo divino.

Recurso a la Sagrada Escritura, sentido de la Tradición

26 1. Los Padres son primero y esencialmente comentadores de la Sagrada Escritura: "divinorum librorum tractatores".[26] En este trabajo es verdad que desde nuestro actual punto de vista, su método presenta ciertos límites que no se pueden negar. Ellos no conocían ni podían conocer los recursos de orden filológico, histórico, antropológico–culturales, ni temáticas de investigación, de documentación, de elaboración científica que están a disposición de la exégesis moderna, y por lo tanto, una parte de su trabajo exegético puede considerarse caduco. Pero a pesar de ello, sus méritos para una mejor comprensión de los Libros Sagrados son incalculables. Ellos permanecen para nosotros verdaderos maestros y se puede decir superiores,

---

[26]S. Agustín, *De lib. arb.* 111, 21, 59; *De Trin.* 11, 1, 2: PL 32, 1300; 42, 845.

bajo tantos aspectos, a los exégetas del medioevo y de la Edad Moderna por "una especie de suave intuición de las cosas celestiales, por una admirable penetración del espíritu, gracias a las cuales van más adelante en la profundidad de la palabra divina".[27] El ejemplo de los Padres puede, en efecto, enseñar a los exégetas modernos un acercamiento verdaderamente religioso a la Sagrada Escritura, como también una interpretación que se atiene constantemente al criterio de comunión con la experiencia de la Iglesia, la cual camina a través de la historia guiada por el Espíritu Santo. Cuando estos dos principios interpretativos, religioso y específicamente católico, vienen desatendidos u olvidados, los estudios exegéticos modernos resultan a menudo empobrecidos y deformados.

La Sagrada Escritura era para ellos objeto de veneración incondicional, fundamento de la fe, tema constante de la predicación, alimento de la piedad, alma de la teología. Defendieron siempre el origen divino de ella, la inerrancia, la normatividad, la inagotable riqueza de vigor para la espiritualidad y la doctrina. Baste recordar aquí lo que escribía san Ireneo sobre las Escrituras: ellas "son perfectas, porque son dictadas por el Verbo de Dios y por su Espíritu",[28] y los cuatro Evangelios son "el fundamento y la columna de nuestra fe".[29]

27 2. La teología nació de la actividad exegética de los Padres, "in medio Ecclesiae", y especialmente en las asambleas litúrgicas, en contacto con las necesidades espirituales del Pueblo de Dios. Una exégesis en la que la vida espiritual se funde con la reflexión racional teológica, mira siempre a lo esencial, aunque en la fidelidad a todo el sagrado depósito de la fe. Se centra enteramente en el misterio de Cristo, en el cual convergen todas las verdades particulares en una síntesis admirable. Antes que perderse en nu-

---

[27]Pío XII, Carta Encícl. *Divino afflante Spíritu*, 30 de septiembre de 1943: AAS 35 (1943), pág. 312.

[28]*Adv. haer*, 2, 28, 2: PG 7, SOS. 28. Ib., 3, 1, 1: PG 7, 844.

[29]Id. 3,1,1: PG 7, 844.

merosas problemáticas marginales, los Padres buscan abarcar la totalidad del misterio cristiano, siguiendo el movimiento fundamental de la Revelación y de la economía de la salvación, que va de Dios, a través de Cristo, a la Iglesia, sacramento de la unión con Dios y dispensadora de la gracia divina, para volver a Dios. Gracias a esta perspectiva, debida a su vivo sentido de la comunión eclesial, a su proximidad a los orígenes cristianos y a la familiaridad con la Escritura, los Padres ven todo en su centro, haciéndolo presente en cada una de sus partes, y enlazando con él toda cuestión periférica. Por lo tanto, seguir a los Padres en su itinerario teológico significa captar más fácilmente el núcleo esencial de nuestra fe y lo "specificum" de nuestra identidad cristiana.

28 3. La veneración y la fidelidad de los Padres en relación con los Libros Sagrados va pareja con su veneración y fidelidad a la Tradición. Ellos no se consideran dueños sino servidores de la Sagrada Escritura, recibiéndola de la Iglesia, leyéndola y comentándola en la Iglesia y para la Iglesia, según la regla propuesta y explicada por la Tradición eclesiástica y apostólica. El anteriormente citado S. Ireneo, gran amador y estudioso de los Libros Sagrados, sostiene que el que quiera conocer la verdad debe mirar a la Tradición de los Apóstoles,[30] y añade que, aunque éstos no nos hubiesen dejado la Escritura, sería suficiente para nuestra instrucción y salvación, la Tradición.[31] El mismo Orígenes, que estudió con tanto amor y pasión las Escrituras y tanto trabajó para su comprensión, declara abiertamente que deben ser creídas como verdades de fe solamente aquellas que en ningún modo se alejan de la "Tradición eclesiástica y apostólica",[32] haciendo con esto, de la Tradición, la norma de interpretación de la Escritura. san Agustín más tarde, que ponía sus "delicias" en la meditación de la Escritura,[33]

---

[30]Ib., 3, 3, 1: PG 7, 848.

[31]Ib., 3,4, 1: PG 7,855.

[32]*De principiis* 1, praef. 1; d. *In Mt comm.* 46: PG 11, 116; d. 13,1667.

[33]*Confess.* 11, 2, 3: PL 32, 809

enuncia este principio sencillo maravilloso, que se refiere también a la Tradición: "No creería en el evangelio si a ello no me indujese la autoridad de la Iglesia católica".[34]

29 4. Por tanto el concilio Vaticano II, cuando declaró que "la Tradición y la Sagrada Escritura constituyen un único sagrado depósito de la Palabra de Dios confiado a la Iglesia",[35] no hizo otra cosa sino confirmar un antiguo principio teológico, practicado y profesado por los Padres. Este principio, que iluminó y dirigió su entera actividad exegética y pastoral, permanece ciertamente válido también para los teólogos y pastores de hoy. De ello se deduce concretamente que el retorno a la Sagrada Escritura, que es una de las características mayores de la actual vida de la Iglesia, debe ir acompañado de la vuelta a la Tradición atestiguada por los escritores patrísticos, si se quiere que produzca los frutos apetecidos.

Originalidad cristiana e inculturación

30 1. Otra característica importante y actualísima del método teológico de los Padres es que ofrece luz para comprender "mejor según qué criterios la fe, teniendo en cuanta la filosofía y el saber de los pueblos, puede encontrarse con la razón".[36] Ellos, en efecto, de la Escritura y de la Tradición adquirieron una clara conciencia de la originalidad cristiana, esto es, la firme convicción de que la enseñanza cristiana contiene un núcleo esencial de verdades reveladas que constituyen la norma para juzgar la sabiduría humana y para distinguirla del error. Si una tal convicción llevó a algunos de ellos a rechazar las aportaciones de esta sabiduría y a considerar a los filósofos casi como "patriarcas de los herejes", no impidió a la mayor parte de los mismos acoger esta ayuda con interés y reconocimiento, como procedente de la única fuente de la sabiduría, que es el Verbo. Baste recordar a

---

[34]*Contra ep. fund.* 5, 6: PL 42, 176.

[35]Const. *Dei Verbum*, n. 10.

[36]Conc. Vat. II, *Decr. Ad gentes*, n. 22.

san Justino, mártir, Clemente de Alejandría, Orígenes, san Gregorio Niceno y, en particular, san Agustín, quien en su obra "De doctrina cristiana" trazó para tal actividad un programa: "Si aquellos que son llamados filósofos han dicho cosas que son verdaderas y conformes con nuestra fe... no sólo no deben inspirar motivo de temor, sino... deben ser reclamados para nuestro uso... ¿No es esto, por cierto, lo que han hecho muchos de nuestros buenos fieles... Cipriano... Lactancio... Victorino... Optato, Hilario, por no nombrar más que los ya fallecidos, y en número incontable de los Griegos?"[37]

31 2. A este estudio de asimilación se añade otro no menos importante e inseparable de él, que podremos llamar de "desasimilación". Anclados en la norma de la fe, los Padres acogieron muchas de las aportaciones de la filosofía grecorromana, pero rechazaron sus graves errores, evitando especialmente el peligro del sincretismo tan difundido en la cultura helenística entonces dominante, como también el racionalismo que amenazaba reducir la fe a los solos aspectos aceptables para la racionalidad helénica. "Es preciso defender la doctrina cristiana contra sus grandes errores" escribe san Agustín.[38]

32 3. Gracias al prudente discernimiento de los valores y de los límites escondidos en la diversas formas de la cultura antigua, se abrieron nuevos caminos hacia la verdad y nuevas posibilidades para el anuncio del evangelio. Instruida por los Padres griegos, latinos, sirios... la Iglesia, en efecto, "desde el comienzo de su historia, aprendió a expresar el mensaje cristiano con los conceptos y en las lenguas de cada pueblo; y procuró ilustrarlo además con el saber popular y las exigencias de los sabios".[39] En otras palabras, los Padres, conscientes del valor universal de la revelación, iniciaron la gran obra de la inculturación cristiana, como se dice hoy día. Han llegado a ser el ejemplo de un encuentro fecundo entre fe y cultura, entre fe

---

[37]*De doctr. chr.* 2, 40, 60-61: PL 34, 63.

[38]*Retract.* 1, 1, 4: PL 32, 587.

[39]Conc. Vat. II, Const. past. *Gaudium et spes,* n. 44.

y razón, permaneciendo como guías para la Iglesia de todos los tiempos, empeñada en anunciar el evangelio a los hombres de culturas tan diversas y en trabajar en medio de ellos.

Como se ve, gracias a tales actitudes de los Padres, la Iglesia se da a conocer desde sus comienzos "por su naturaleza misionera"[40] también al nivel del pensamiento y de la cultura, y por esto el concilio Vaticano II prescribe que "tal adaptación de la predicación de la palabra revelada se mantenga como norma de toda evangelización".[41]

Defensa de la fe, progreso dogmático

33 1. Dentro la Iglesia, el encuentro de la razón con la fe ha dado origen a muchas y largas controversias que han interesado los grandes temas de los dogmas trinitario, cristológico, antropológico, escatológico. En tales ocasiones los Padres, al defender las verdades que atañen a la esencia misma de la fe, fueron los protagonistas de un gran avance en el conocimiento de los contenidos dogmáticos, prestando un valioso servicio al progreso de la teología. Su papel apologético, ejercitado con una consciente solicitud pastoral por el bien espiritual de los fieles, fue un medio providencial para hacer madurar a todo el cuerpo de la Iglesia.

Como decía san Agustín ante el multiplicarse de los herejes: "Dios ha permitido su difusión, para que no nos nutriéramos de sólo leche y no permaneciéramos en el estado de la simple infancia",[42] pues cuando, "muchas cuestiones que tocan a la fe son puestas con astuta inquietud por los herejes, para poder defenderlas contra ellos, son estudiadas más diligentemente, de modo que la cuestión propuesta por el adversario llega a ser ocasión de aprender".[43]

---

[40]Conc. Vat. II, Decr.*Ad gentes*, n. 2.

[41]Conc. Vat. II, Const. past. *Gaudium et spes*, n. 44.

[42]S. Agustín, *Tract. in Ioh.* 36, 6: PL 35, 1666.

[43]Idem, *De civ. Dei* 16, 2, 1: PL 41, 477.

34 2. Así los Padres llegaron a ser los iniciadores del método racional aplicado a los datos de la Revelación, y promotores esclarecidos del "intellectus fidei" que forma parte esencial de toda auténtica teología. Su cometido providencial fue no sólo defender el cristianismo, sino también repensarlo en el ambiente cultural greco–romano; encontrar fórmulas nuevas para expresar una doctrina antigua, fórmulas no bíblicas para una doctrina bíblica; presentar, en una palabra, la fe en forma de razonamiento humano, enteramente católico y capaz de expresar el contenido divino de la revelación, salvaguardando siempre su identidad y su trascendencia. Numerosos términos por ellos introducidos en la teología trinitaria y cristológica (por ejemplo, *ousía, hypostasis, physis, agenesia, genesis, ekporeusis,* etc.) han desempeñado un papel determinante en la historia de los concilios y han entrado en las formulaciones dogmáticas, siendo componentes de nuestro corriente acervo teológico.

35 3. El desarrollo dogmático, que fue llevado a cabo por los Padres no como proyecto abstracto puramente intelectual, sino las más de las veces en las homilías, en medio de las actividades litúrgicas y pastorales, constituye un excelente ejemplo de renovación en la continuidad de la Tradición. para ellos "la fe católica proveniente de la doctrina de los Apóstoles... y recibida a través de una serie de sucesiones" había que "transmitirla íntegra a la posteridad".[44] Por ello fue tratada por ellos con el máximo respeto, con entera fidelidad a su fundamento bíblico, y al mismo tiempo, con una justa apertura de espíritu hacia nuevas necesidades y nuevas circunstancias culturales; las dos características propias de la Tradición viva de la Iglesia.

36 4. Estos primeros esbozos de teología transmitidos por los Padres ponen en evidencia algunas de sus típicas actitudes fundamentales frente a los datos revelados, que pueden ser consideradas como valores permanentes y, por consiguiente, válidos también para la Iglesia de hoy. Se trata de una base construida una vez por todas, a la que la teología posterior debe

---

[44]Idem, *Tract. in Ioh.* 37, 6:PL 35, 1672.

referirse y, si fuera menester, volver a ella. Se trata de un patrimonio que no es exclusivo de ninguna Iglesia particular, sino que es muy caro a todos los cristianos. Ello, en efecto, se remonta a los tiempos anteriores a la ruptura entre el Oriente y el Occidente cristiano, transmitiendo tesoros comunes de espiritualidad y de doctrina; una mesa rica en la que los teólogos de diversas confesiones se pueden siempre encontrar. Los Padres son, en efecto, Padres sea de la ortodoxia oriental sea de la teología latina católica, o de la teología de los protestantes y de los anglicanos, objeto común de estudio y veneración.

Sentido del misterio, experiencia de lo divino

37 1. Si los Padres han dado en tantas ocasiones prueba de su responsabilidad de pensadores e investigadores en relación con la fe, siguiendo, se puede decir, el programa del "credo ut intelligam" y del "intelligo ut credam", lo han hecho siempre como auténticos hombres de la Iglesia verdaderamente creyentes, sin comprometer mínimamente la pureza o, como dice san Agustín, la "virginidad"[45] de la fe. En efecto, como "teólogos" no se apoyaban exclusivamente en los recursos de la razón, sino también en los específicamente religiosos, ofrecidos por el conocimiento de carácter afectivo y existencial, centrado en la unión íntima con Cristo, alimentado por la oración y sostenido por la gracia y dones del Espíritu Santo. En sus actitudes de teólogos y de pastores se manifestaba en grado altísimo el sentido profundo del misterio y la experiencia de lo divino, que los protegía de las tentaciones que podían venir sea de un racionalismo demasiado exagerado, sea de un fideísmo simplista y resignado.

38 2. La primera cosa que impresiona en su teología es el sentido vivo de la trascendencia de la Verdad divina contenida en la Revelación. A diferencia de no pocos pensadores antiguos y modernos, ellos, dan ejemplo de gran humildad frente al misterio de Dios, contenido en las Sagradas Escri-

---

[45]S. Agustín. *Serm.* 93, 4; 341, 5; etc.: PL 38, 574; 39, 1496.

turas, de las que en su modestia, prefieren ser sólo comentadores sencillos, atentos a no añadirles nada que pueda alterar su autenticidad. Se puede decir que esta actitud de respeto y de humildad no es otra cosa que el vivo conocimiento de los límites irremontables que la inteligencia humana encuentra frente a la trascendencia divina. Basta recordar, además de las homilías de san Juan Crisóstomo *Sobre la incomprensibilidad de Dios*, textualmente lo que escribió san Cirilo, obispo de Jerusalén, dirigiéndose a los catecúmenos: "Cuando se trata de Dios, es una gran sabiduría confesar la ignorancia";[46] como después de él, el obispo de Hipona, san Agustín, dirá lapidariamente a su pueblo: "Es preferible una ignorancia fiel, a una ciencia temeraria".[47] Antes que ellos san Ireneo había afirmado que la generación del Verbo es inenarrable y que aquellos que pretenden explicarla "han perdido el uso de la razón".[48]

39 3. Dado este vivo sentido espiritual, la imagen que los Padres nos ofrecen de sí mismos es la de hombres que no sólo aprenden, sino también, y sobre todo, experimentan las cosas divinas, como decía Dionisio Areopagita de su maestro "Ieroteo": "nos solum discens sed et patiens divina".[49] Son muchas veces especialistas de la vida espiritual, que comunican lo que han visto y gustado en su contemplación de las cosas divinas; lo que han conocido por la vía del amor, "per quedam connaturalitatcm", como diría santo Tomás de Aquino.[50] En su modo de expresarse es a menudo perceptible el sabroso acento de los místicos, que deja traslucir una gran familiaridad con Dios, una experiencia vivida del misterio de Cristo y de la Iglesia, y un contacto constante con todas las genuinas fuentes de la vida teologal considerado por ellos como situación fundamental de la vida cristiana. Se

---

[46]*Catech.* 6, 2: PG 33, 542.

[47]*Serm.* 27, 4: PL 38, 179.

[48]*Adv. haer.* 2, 28, 6: PG 7, 809.

[49]*De Divinis Nominibus*, 11, 9: PG 3, 674, cf. 648; citado por santo Tomás de Aquino en *Summ. Theol.*, IIª-IIᵃᵉ, q. 45, a. 2.

[50]*Summ. Theol.*, IIª-IIᵃᵉ, q. 45, a. 2.

puede decir que, en la línea del agustiniano "intellectum valde ama",[51] los Padres aprecian, ciertamente, la utilidad de la especulación, pero saben que ella no basta. En el mismo esfuerzo intelectual para aprender la propia fe, ellos practican el amor, que haciendo amigo al que conoce con el conocido,[52] llega a ser, por su misma naturaleza fuente de nuevo conocimiento. En efecto, "ningún bien es perfectamente conocido ni so es perfectamente amado".[53]

40 4. Estos principios metodológicos, primero seguidos y vividos prácticamente antes que enunciados expresamente, fueron también objeto de las reflexiones explícitas de los Padres. Basta referirse, al respecto, a san Gregorio Nacianceno, que en la primera de las cinco de sus famosas oraciones teológicas sobre el modo de hacer teología, trata de la necesidad de la moderación, de la humildad, de la purificación interior, de la oración. Otro tanto hace san Agustín, que recuerda el puesto que ocupa la fe en la vida de la Iglesia, y, hablando de la función que desempeñan los teólogos, escribe que ellos sean "piadosamente sabios y verdaderamente espirituales".[54] De ello da él mismo ejemplo cuando escribe el De Trinitate dirigido a responder "a los charlatanes", que "despreciando los humildes principios de la fe, se dejan extraviar por un inmaduro y perverso amor a la razón".[55]

Por las razones aducidas, se puede decir que la actividad teológica de los Padres es, para nosotros, todavía actual. Ellos permanecen maestros para los teólogos, como representantes de un momento importante, decisivo e irreemplazable de la teología de la Iglesia, como ejemplos por el modo de desarrollar su actividad teológica, como fuentes autorizadas y testimonios insustituibles por los contenido que han sabido sacar de su reflexión y meditación sobre el dato revelado.

---

[51]S. Agustín, Ep. 120, 3, 13: PL 33, 459.

[52]Clemente Alejandrino, *Stromata* 2, 9: PG 8, 975-982.

[53]S. Agustín, *De Div* v. qq. LXXXIII, q. 35, 2: PL 40, 24.

[54]*Ep.* 118, 32: PL 33, 448.

[55]*De Trin.* 1, 1, 1: PL 42, 819.

27.3.3   Riqueza cultural, espiritual y apostólica

41. Los escritos patrísticos se distinguen no sólo por la profundidad teológica, sino también por los grandes valores culturales, espirituales y pastorales que contienen. Bajo este aspecto, ellos son, después de la Sagrada Escritura, como se reconoce en el decreto "Presbyterorum ordinis" (n.19) una de las principales fuentes de la formación sacerdotal y "un provechoso alimento" que acompaña a los presbíteros durante toda la vida.

42 a) Los Padres latinos, griegos, sirios, armenios... además de contribuir al patrimonio literario de sus respectivas naciones, son —aunque cada uno en manera y medida diversas— como clásicos de la cultura cristiana que, fundada y construida por ellos, lleva por siempre la señal indeleble de su paternidad. A diferencia de las literaturas nacionales que expresan y plasman el genio de cada pueblo, el patrimonio cultural de los Padres es verdaderamente "católico", universal, porque enseña cómo llegar a ser y comportarse como hombres rectos y auténticos cristianos. Por su vivo sentido de los sobrenatural y por su discernimiento de los valores humanos en relación con lo específicamente cristiano, sus obras han sido en los siglos pasados un instrumento excelente de formación para generaciones de presbíteros y permanecen indispensables para la Iglesia de hoy.

43 b) Desde el punto de vista cultural es muy relevante el hecho de que numerosos Padres recibieron una óptima formación en las disciplinas de la antigua cultura griega y romana, de la que aprovecharon las grandes conquistas humanas y espirituales, enriqueciendo con ellas sus tratados, sus catequesis y predicaciones. Ellos, imprimiendo a la antigua "humanitas" clásica el sello cristiano, fueron los primeros en establecer el puente entre el evangelio y la cultura profana, trazando para la Iglesia un rico y exigente programa cultural, que ha influido profundamente en los siglos posteriores y, en modo particular, la entera vida espiritual, intelectual y social del me-

dioevo.[56] Gracias a su magisterio, muchos cristianos de los primeros siglos tuvieron acceso a las diversas esferas de la vida pública (escuelas, administración, política) y el cristianismo pudo valorizar cuanto de válido se encontraba en el mundo antiguo, purificar lo que allí había de menos perfecto y contribuir, por su parte, a la creación de una nueva cultura y civilización inspiradas en el evangelio. Remontarse a las obras de los Padres significa, por tanto, para los futuros sacerdotes alimentarse en las mismas raíces de la cultura cristiana, y comprender mejor las propias tareas culturales en el mundo de hoy.

44 c) En cuanto a la espiritualidad de los Padres se ha señalado ya en el párrafo anterior, cómo toda su teología es eminentemente religiosa, una verdadera "ciencia sagrada", que, al tiempo que ilumina la mente, edifica y enfervoriza el corazón. De ahí que más allá de los elementos y aspectos propiamente teológicos, es bueno hacer resaltar algunos comportamientos y actitudes de orden moral resultantes de sus obras como elemento fundamental de la progresiva expansión, a menudo silenciosa, del fermento evangélico en la sociedad pagana, y que ha permanecido después, para siempre, impreso en la conciencia y en el rostro de la misma Iglesia. Muchos Padres eran "convertidos"; el sentido de la novedad de la vida cristiana se unía en ellos a la certeza de la fe. Por eso brotaba en las comunidades cristianas de su tiempo una "vitalidad explosiva", un fervor misionero, un clima de amor que impelía a las almas al heroísmo de la vida diaria personal y social, especialmente con la práctica de las obras de misericordia, limosnas, cuidado de los enfermos, de las viudas, de los huérfanos, estima de la mujer y de toda persona humana, respeto y generosidad en el trato a los esclavos, libertad y responsabilidad frente a los poderes públicos, defensa y sostén de los pobres y oprimidos, y con todas las formas del testimonio evangélico requeridas por las circunstancias de lugar y tiempo, llevado, tal vez, hasta

---

[56]A tal respecto ejercieron una gran influencia sobre todo dos obras de san Agustín: De Civitate Dei y De doctrina christiana.

el sacrificio supremo del martirio. Con un comportamiento inspirado en las enseñanzas de los Padres, los cristianos se distinguían del mundo pagano circundante, manifestando su novedad de vida nacida de Cristo en el abrazar los ideales ascéticos de la virginidad "propter regnum coelorum", en el desprendimiento de los bienes terrenos, en la penitencia, en la vida monástica, eremítica o comunitaria, en la línea de los "consejos evangélicos" y en la vigilante espera de Cristo que viene. Incluso muchas formas de piedad privada (como la oración en familia, la oración diaria, la práctica de ayunos) y comunitaria (por ej., la celebración de los domingos y de las principales fiestas litúrgicas como participación en los acontecimientos salvíficos, la veneración de la Stma. Virgen María, las vigilias, los ágapes, etc.) se remontan a la época patrística y reciben su concreto significado teológico–espiritual de las enseñanzas de los Padres.

Por esto es evidente que la asidua familiaridad de los seminaristas con las obras de los Padres vigorizará su vida espiritual y litúrgica, arrojando una luz especial sobre su vocación, enraizándola en la milenaria Tradición de la Iglesia y poniéndola en comunicación directa con la riqueza y pureza de los orígenes. Al mismo tiempo les ayudará a descubrir al hombre en su unidad y en su totalidad: a reconocer y perseguir aquel ideal superior de humanidad unificada e integrada en el armónico desarrollo de los valores naturales y sobrenaturales, que es el modelo de antropología cristiana.

45 d) Otra razón del atractivo y del interés de las obras de los Padres es, que son netamente pastorales; esto es, compuestas con fines apostólicos. Sus escritos son catequesis y homilías, refutación de herejías, respuestas a consultas, exhortaciones espirituales o manuales destinados a la instrucción de los fieles. De esto se deduce que los Padres se sentían comprometidos con los problemas pastorales de su tiempo. Ellos ejercían su cargo de maestros y pastores buscando, en primer lugar, mantener unido al Pueblo de Dios en la fe, en el culto, en la moral y en la disciplina. Muchas veces procedían colegiadamente, intercambiándose cartas de carácter doctrinal y

pastoral, a fin de conseguir una línea común de acción. Se preocupaban del bien espiritual no sólo de sus Iglesias particulares, sino de toda la Iglesia. Algunos llegaron a ser defensores de la ortodoxia y puntos de referencia para los demás obispos del mundo católico (como por ejemplo, Atanasio en sus controversias antiarrianas. Agustín en las antipelagianas), encarnando de algún modo la conciencia viva de la Iglesia.

46 e) No se puede dejar de señalar que los Padres en su acción pastoral aunque describían un rico panorama de las más diversas problemáticas culturales y sociales de su realidad contemporánea, sin embargo, siempre la encuadraban en coordenadas netamente sobrenaturales. A ellos les interesa la integridad de la fe, fundamento de la justificación, para que florezca en la caridad, vínculo de la perfección, y para que la caridad cree al hombre nuevo y la nueva historia. Todo en su acción pastoral y en su enseñanza es reconducido a la caridad y la caridad a Cristo, camino universal de salvación.[57] Todo lo refieren a Cristo, recapitulación de todas las cosas (Ireneo), deificador de los hombres (Atanasio), fundador y rey de la ciudad de Dios, que es la Iglesia (Agustín). En su perspectiva histórica, teológica y escatológica, la Iglesia es el *Christus totus* que "va peregrinando entre las persecuciones del mundo y los consuelos de Dios, desde los tiempos de Abel, el primer justo muerto por su cruel hermano, hasta la consumación de los siglos".[58]

47. Si quisiéramos resumir ahora las razones que inducen a estudiar las obras de los Padres, podríamos decir que ellos fueron, después de los Apóstoles, como dijo justamente san Agustín, los sembradores, los regadores, los constructores, los pastores y los alimentadores de la Iglesia, la cual pudo crecer por su acción vigilante e incansable.[59] Para que la Iglesia continúe creciendo es indispensable conocer a fondo su doctrina y su obra

---

[57]S. Agustín, *De civ. Dei* 10, 32, 1-3: PL 41. 312 ss.

[58]Idem, *De civ. Dei* 18, 51, 2: PL 41, 614; d. Conc. Vat. II, Const. *Lumen gentium*, n. 8.

[59]*Contra Iul.* 2, 10, 34: PL 44, 698.

que se distingue por ser al mismo tiempo pastoral y teológica, catequética y cultural, espiritual y social en un modo excelente y, se puede decir, único con respecto a cuanto ha sucedido en otras épocas de la historia. Es propiamente esta unidad orgánica de los varios aspectos de la vida y misión de la Iglesia que hace a los Padres tan actuales y fecundos incluso para nosotros.

27.4 ¿Cómo estudiar a los Padres?

48. De las reflexiones precedentes sobre la situación actual y sobre las razones más profundas de los estudios patrísticos surge espontáneamente la pregunta sobre su naturaleza, sus objetivos y el método a seguir para promover la calidad de estos estudios. Tanto para los profesores como para los alumnos se ofrecen al respecto numerosas tareas que necesitan mayormente ser esclarecidas y explicadas, para que se puede realizar una obra formativa sólida y que responda a las instancias de la deseada renovación promovida según las normas del concilio Vaticano II.

27.4.1 Naturaleza de los estudios patrísticos y sus objetivos

49 a) Es muy importante que esta parte de los estudios eclesiásticos sea claramente delimitada en conformidad con su naturaleza y su finalidad, e integrada orgánicamente en el contexto de las disciplinas teológicas. Esto se articula en dos esferas intercomunicadas: por una parte, la Patrística, que se ocupa del pensamiento teológico de los Padres, y por otra, la Patrología, cuyo objeto es su vida y sus escritos. Mientras que el carácter de la primera es eminentemente doctrinal y tiene muchas relaciones con la dogmática (e incluso con la teología moral, la teología espiritual, la Sagrada Escritura), la segunda se mueve más bien a nivel de la investigación histórica y de la información biográfica y literaria, y tiene una natural conexión con la historia de la Iglesia antigua. Por su carácter teológico, la Patrística y la Patrología se distinguen de la Literatura cristiana antigua, disciplina no

teológica y se puede decir, literaria, que estudia los aspectos estilísticos y filológicos de los escritores cristianos antiguos.

50 b) Al afrontar los estudios patrísticos es preciso darse cuenta ante todo de la autonomía de la Patrística–Patrología como disciplina en sí misma, con su método, en el ámbito del *corpus* de disciplinas, que es objeto de la enseñanza teológica. Su autonomía, como parte de la teología, en la que se aplican rigurosamente los principios del método histórico-crítico, es un elemento adquirido y , como tal, debe ser entendido por el estudiante.

51 c) En especial, de la Patrología se espera que presente una buena panorámica de los Padres y de sus obras, con sus características individuales, situando en el contexto histórico su actividad literaria y pastoral. Dado su carácter informativo-histórico, nada impide la colaboración del profesor de Historia eclesiástica, cuando venga exigido por una mejor economía del tiempo disponible o por la escasez de personal docente. Si fuera menester, se puede reservar también un mayor espacio al estudio privado de los alumnos, reenviándoles a la consulta de buenos manuales, de diccionarios y de otras ayudas bibliográficas.

52 d) La Patrística a su vez, para cumplir satisfactoriamente sus tareas, debe figurar como disciplina en sí misma, manteniendo estrecha colaboración con la dogmática. En efecto, ambas disciplinas, según el Decreto "Optatam totius" (n.16), deben ayudarse y enriquecerse mutuamente, a condición de que permanezcan autónomas y fieles a sus métodos particulares. El dogma cumple sobre todo un servicio de unidad. Como a todas las disciplinas teológicas, también a la Patrística le ofrece la perspectiva unificadora de la fe, ayudándole a sistematizar los resultados parciales e indicando el camino a la investigación y a la actividad didáctica del profesor. El servicio de la Patrística a la dogmática consiste en delimitar y precisar la obra de mediación de la revelación de Dios desarrollada por los Padres en la Iglesia y en el mundo de su tiempo. Se trata de describir, con absoluto respeto a lo específico del método histórico–crítico, el ámbito de la teología y de la

vida cristiana de la época patrística en su realidad histórica. Por esta razón la enseñanza de la Patrística, como se expresa el documento sobre "La formación teológica de los futuros sacerdotes", debe tender, entre otras cosas, "a dar sentido ya de la continuidad del razonamiento teológico que responde a los datos fundamentales, ya de su relatividad, que corresponde a los aspectos y a las aplicaciones particulares" (n.87).

27.4.2 El método

53 a) El estudio de la Patrología y de la Patrística, en su primera fase informativa, supone el recurso a los manuales y a otras ayudas bibliográficas, pero cuando pasa a tratar de los delicados y complejos problemas de la teología patrística, ninguna de tales ayudas puede sustituir el recurso directo a los textos de los Padres. Es, en efecto, a través del contacto directo del profesor y del alumno con las fuentes, cómo la Patrística debe ser enseñada y aprendida, sobre todo a nivel académico y en cursos especiales. Sin embargo, dadas las dificultades en que a menudo se encuentran los estudiantes, será bueno poner a su disposición textos bilingües de ediciones recomendadas por su seriedad científica.

54 b) El estudio científico de los textos debe afrontarse con el método histórico-crítico, de modo análogo a como se aplica en las ciencias bíblicas. Es, no obstante, necesario que en el uso de dicho método se indiquen también sus límites y que sea integrado, con una adecuada "manuductio" del estudiante para comprenderlo, valorarlo y servirse de él. Tratándose de una disciplina teológica, que en todas sus etapas procede "ad lumen fidei", la libertad de investigación no debe reducir su objetivo de investigación a la esfera de la pura filología o de la crítica histórica. En efecto, la teología positiva debe reconocer como primer presupuesto, el carácter sobrenatural de su objeto y la necesidad de referirse al Magisterio. Los estudiantes deben, por tanto, llegar a ser conscientes de que el rigor del método, indispensable para la validez objetiva de toda investigación patrística, no excluye

una orientación previamente programada ni impide una participación activa del investigador creyente que, conforme a su "sensus fidei", se sitúa y procede en un clima de fe.

55 c) La pureza del método anterior requiere además que tanto el profesor como el estudiante estén libres de prejuicios y prevenciones, que en el campo de la Patrística se manifiestan de ordinario en dos tendencias: la de encerrarse anacrónicamente en los escritos de los Padres, despreciando la Tradición viva de la Iglesia y considerando a la Iglesia postpatrística hasta hoy, en continua decadencia; y la de instrumentalizar el dato histórico en una actualización arbitraria, que no tiene en cuenta el legítimo progreso y objetividad de la situación.

56 d) Motivos científicos y también prácticos, como, por ejemplo, un empleo más racional del tiempo, sugieren la conveniencia de la colaboración entre las disciplinas más directamente interesadas en los Padres. El tratamiento interdisciplinar debe tener su primera aplicación en la dogmática, donde se realiza la síntesis, pero pueden beneficiarse de él otras muchas disciplinas (teología mora, teología espiritual, liturgia y, especialmente, la Sagrada Escritura) que necesitan enriquecerse y renovarse recurriendo a las fuentes patrísticas. Las formas concretas de tal colaboración variarán según las circunstancias; otras posibilidades y exigencias se imponen a nivel de cursos institucionales y, otras, en los cursos de especialización.

27.4.3   Exposición de la materia

57 a) La materia, objeto del curso de Patrística-Patrología, es la codificada por la praxis escolástica y tratada en los libros de textos clásicos: la vida, los escritos y la doctrina de los Padres y de los escritores eclesiásticos de la antigüedad cristiana; o, en otras palabras, el perfil biográfico de los Padres y la exposición literaria, histórica y doctrinal de sus escritos. La amplitud de la materia impone, sin embargo, a tal respecto, la necesidad de limitar su extensión, mediante una cierta selección.

58 b) El profesor, deberá ante todo transmitir a los alumnos el amor a los Padres y no sólo su conocimiento. Para conseguir esto no será preciso insistir tanto en los datos bio-bibliográficos, cuanto en el contacto con las fuentes. A este fin se deberá hacer una opción entre las diversas maneras de presentar la materia, que sustancialmente son las siguientes:

1. La forma analítica, que supone el estudio de cada Padre; método éste, casi imposible, dado el número de ellos y el tiempo necesariamente limitado reservado a esta enseñanza;

2. la panorámica, que se propone dar una visión general sobre la época patrística y sus representantes; método útil para una introducción inicial pero no para el contacto con las fuentes y una profundización de las mismas;

3. la monográfica, que insiste sobre alguno de los Padres más representativos; esta forma es particularmente apta para enseñar en concreto cómo aproximarse y profundizar en su pensamiento;

4. finalmente, la temática, que examina algún tema fundamental y sigue su desarrollo a través de las obras patrísticas.

59 c) Hecha esta primera opción, será necesario realizar otra: la de los textos que se han de leer, examinar y desarrollar. Es preferible que la selección recaiga, en un primer momento, sobre textos que traten prevalentemente de cuestiones espirituales, pastorales, catequísticas o sociales, que son, en general, las más atrayentes y las más fáciles, dejando las doctrinales, que son más difíciles, para un segundo tiempo. Dichos textos serán estudiados diligentemente en una relación constante entre profesores y estudiantes en las lecciones, coloquios, seminarios e informaciones. Así nacerá aquella familiaridad con los Padres que es el mejor fruto de la enseñanza. El verdadero coronamiento de la labor formativa se alcanza, sin embargo,

solamente cuando el estudiante llega a amar verdaderamente a alguno de los Padres y a asimilar su espíritu.

60 d) Los estudios patrísticos no pueden no dejar adquirir también un sólido conocimiento de la historia de la Iglesia que hace posible una visión unitaria de los problemas, acontecimientos, experiencias, adquisiciones doctrinales, espirituales, pastorales y sociales en las diversas épocas. De esta manera nos damos cuenta del hecho de que el pensamiento cristiano, aunque comienza con los Padres no termina con ellos. De ahí que el estudio de la Patrística y de la Patrología no puede prescindir de la tradición posterior, comprendida la escolástica, en particular en lo que respecta a la presencia de los Padres en esta tradición. Sólo así se puede ser la unidad y el desarrollo que hay en ella y comprender también el sentido del recurso al pasado. Ello, en efecto, aparecerá no como un inútil arqueologismo, sino como un estudio creativo que ayuda a conocer mejor nuestros tiempos y a preparar el futuro.

27.5   Disposiciones prácticas

Como resulta de cuanto se ha expuesto anteriormente, los estudios patrísticos constituyen una componente esencial y una temática estimulante de la enseñanza teológica y de la entera formación sacerdotal. Se hace necesario, por tanto, tomar las oportunas medidas para promoverlos, a fin de que ocupen en los Seminarios y en las Facultades teológicas el puesto que por su importancia les corresponde:

61 1. Orientándose estos estudios directamente al objetivo de la enseñanza teológica, se les debe considerar como disciplina principal y enseñarse aparte con su método y materia que les es propia. Salvaguardando lo dicho anteriormente a propósito de la "Patrología" (n.51), esta materia no se puede confundir ni con la Historia de la Iglesia ni con el dogma y, menos aún, con la literatura cristiana antigua.

62 2. Préstese al estudio de la Patrología–Patrística la debida atención en la "Ratio institutionis sacerdotalis", y en los correspondientes programas de estudio, delimitando cuidadosamente los contenidos y los métodos, y asignándole un número suficiente de horas a la semana. No parece sea demasiado que se extienda, como mínimo, al menos tres semestres con dos horas semanales.

63 3. En las Facultades teológicas, además de los cursos establecidos del 1er. Ciclo, organícense seminarios con oportunos ejercicios, y promuévanse trabajos escritos sobre temas patrísticos. En el 2º Ciclo de especialización, póngase cuidado en estimular el interés científico de los estudiantes mediante cursos especiales y ejercitaciones, con los que puedan adquirir un profundo conocimiento de los diversos temas metodológicos y doctrinales y prepararse para el futuro ministerio de la enseñanza. Tales especializaciones podrán ser posteriormente perfeccionadas en el Ciclo 3º con la preparación de tesis sobre temas patrísticos.

64 4. Para la enseñanza de la Patrología–Patrística en los Institutos de formación sacerdotal deberá ser contratado quien haya conseguido la especialización en esta materia en Institutos erigidos a tal fin, como por ejemplo: el Instituto "Agustinianum" de Roma. Conviene, en efecto, que el profesor tenga la capacidad de acceder directamente a las fuentes con un método adecuado, a una exposición completa y equilibrada del pensamiento de los Padres, que sea capaz de juzgar con criterio maduro las obras de los colegas sobre la materia y posea las cualidades humanas y religiosas, fruto de su familiaridad con los Padres, y las pueda comunicar a los demás.

66 5. Es de señalar que esta especialización no sólo es válida para la enseñanza de la Patrología-Patrística, sino también muy útil para la enseñanza de la teología dogmática, pues ayuda a desempeñar con eficacia la labor catequística, espiritual y litúrgica con la sabiduría y el equilibrio ético–espiritual de los Padres.

66 6. Evidente que el estudio de los Padres requiere también medios y ayudas adecuadas como por ejemplo, una biblioteca bien provista desde el punto de vista patrístico (colecciones, monografías, revistas, diccionarios), así como también el conocimiento de las lenguas clásicas y modernas. Dada la notable deficiencia de los estudios humanísticos en las escuelas de hoy, será preciso hacer lo posible por reforzar en nuestros Institutos de formación el estudio del griego y del latín.

27.6   Conclusión

67. Esta Congregación haciéndose portavoz del concilio y de los Sumos Pontífices, ha querido llamar la atención de los Excmos. Obispos y de los Superiores Religiosos sobre un tema de gran importancia para una sólida formación de los sacerdotes, la seriedad de los estudios teológicos y la eficacia de la acción pastoral en el mundo contemporáneo. A su sentido de responsabilidad y a su gran amor a la Iglesia confía las consideraciones anteriores y las disposiciones tomadas, para que se tienda, en cuanto sea posible, a la realización del ideal de una buena formación de los sacerdotes de nuestro tiempo, también en este aspecto. En fin, expresa el deseo de que un estudio más atento de los Padres lleve a todos a una mayor asimilación de la Palabra de Dios y a una renovada juventud de la Iglesia, que tuvo y tiene en ellos sus maestros y sus modelos.

Roma, Palacio de la Congregación a 30 de noviembre de 1989.

Willian Card. Wakefield Baum Prefecto

Jose Saraiva Martins, c. m. f. Arz. tit. de Tuburnica Secretario

Bibliografía

Bibliografía

[1] AA.VV. "Dictionnaire de Théologie Catholique". En: *DTC*. Vol. 30 vols. Paris: Les éditions Letouzey et Ané, 1899-1937.

[2] AA.VV. "Gran Enciclopedia Rialp". En: *GER*. Vol. 24 vols. Madrid: Rialp, 1979.

[3] M. Albert y Otros. *Christianismes orientaux. Introduction à l'étude des langues et des littératures*. Paris, 1993.

[4] P. Allard. "Basile de Césarée ou Le Grand". En: *DTC*. Vol. II. Paris: Les éditions Letouzey et Ané, 1899-1937, págs. 441-455.

[5] J. Allenbach y otros. *Biblia Patristica. Index des citations et allusions bibliques dans la littérature patristique. 6 vols*. Paris, 1975-1995.

[6] B. Altaner. *Patrología*. Madrid: Espasa–Calpe, 1950.

[7] J. Álvarez Gómez. *Historia de la Iglesia. I. Edad Antigua*. Madrid: BAC, 2001.

[8] É. Amann. "Hippolyte". En: *DTC*. Vol. VI. Paris: Les éditions Letouzey et Ané, 1899-1937, págs. 2487-2511.

[9] É. Amann. "Honorius I". En: *DTC*. Vol. VII. Paris: Les éditions Letouzey et Ané, 1903-1925, págs. 93-132.

[10] É. Amann. "Lactance". En: *DTC*. Vol. VIII. Paris: Les éditions Letouzey et Ané, 1899-1937, págs. 2425-2448.

[11]   É. Amann. "Minutius Felix". En: *DTC*. Vol. X. Paris: Les éditions Letouzey et Ané, 1899-1937, págs. 1793-1798.

[12]   É. Amann. "Nestorius". En: *DTC*. Vol. XI. Paris: Les éditions Letouzey et Ané, 1903-1925, págs. 76-157.

[13]   É. Amann. "Novatien et Novatianisme". En: *DTC*. Vol. XI. Paris: Les éditions Letouzey et Ané, 1899-1937, págs. 816-849.

[14]   É. Amann. "Pélagianisme". En: *DTC*. Vol. XII. Paris: Les éditions Letouzey et Ané, 1899-1937, págs. 675-715.

[15]   É. Amann. "Quadratus". En: *DTC*. Vol. XIII. Paris: Les éditions Letouzey et Ané, 1899-1937, págs. 1429-1431.

[16]   É. Amann. "Théodore de Mopsueste". En: *DTC*. Vol. XV. Paris: Les éditions Letouzey et Ané, 1899-1937, págs. 235-279.

[17]   É. Amann. "Trois Chapitres". En: *DTC*. Vol. XV. Paris: Les éditions Letouzey et Ané, 1903-1925, págs. 1868-1924.

[18]   É. Amann. "Vigile, Pape," en: *DTC*. Vol. XV. Paris: Les éditions Letouzey et Ané, 1903-1925, págs. 2994-3005.

[19]   A. Amato. *Jesús, el Señor*. Madrid: BAC, 2009.

[20]   L. Arias. "Pelagio y Pelagianismo". En: *GER*. Vol. XVIII. Madrid: Rialp, 1979, 190 ss.

[21]   S. Aznar Tello. "Atenágoras". En: *GER*. Vol. III. Madrid: Rialp, 1979, 299 ss.

[22]   S. Aznar Tello. "Cuadrato". En: *GER*. Vol. VI. Madrid: Rialp, 1979, 785 ss.

[23]   S. Aznar Tello. "Minucio Félix, Marco". En: *GER*. Vol. XV. Madrid: Rialp, 1979, 870 ss.

[24]   S. Aznar Tello. "San Cirilo de Alejandría". En: *GER*. Vol. V. Madrid: Rialp, 1979, págs. 666-669.

[25]   Aland. B. "Marcione. Marcionismo". En: *Dizionario Patristico e di Antichità Christiane* II ().

[26]   F. J. Bacchus. "Three Chapters". En: *The Catholic Encyclopedia.* Vol. XIV. New York: Robert Appleton Company; online Edition Copyright © 1999 by Kevin Knight, 1907.

[27]   Le Bachelet. "Arius, Arianisme". En: *DTC.* Vol. I. Paris: Les éditions Letouzey et Ané, 1899-1937, págs. 1779-1863.

[28]   Le Bachelet. "Athanase, Saint". En: *DTC.* Vol. I. Paris: Les éditions Letouzey et Ané, 1899-1937, págs. 2143-2178.

[29]   Le Bachelet. "Hilaire, évêque de Poitiers". En: *DTC.* Vol. X. Paris: Les éditions Letouzey et Ané, 1899-1937, págs. 2388-2462.

[30]   G. Bardy. "Jean Chrysostome (Saint)". En: *DTC.* Vol. VIII. Paris: Les éditions Letouzey et Ané, 1899-1937, págs. 660-690.

[31]   G. Bardy. "Justin (S.)" En: *DTC.* Vol. VIII. Paris: Les éditions Letouzey et Ané, 1899-1937, págs. 2228-2277.

[32]   G. Bardy. "Origène". En: *DTC.* Vol. XI. Paris: Les éditions Letouzey et Ané, 1899-1937, págs. 1489-1565.

[33]   G. Bardy. "Tatien". En: *DTC.* Vol. XV. Paris: Les éditions Letouzey et Ané, 1899-1937, págs. 59-66.

[34]   G. Bardy. "Tertullien". En: *DTC.* Vol. XV. Paris: Les éditions Letouzey et Ané, 1899-1937, págs. 130-171.

[35]   G. Bardy. "Vincent de Lerins". En: *DTC.* Vol. XV. Paris: Les éditions Letouzey et Ané, 1899-1937, págs. 3045-3055.

[36]   A. de la Barre. "Clément d'Alexandrie". En: *DTC.* Vol. III. Paris: Les éditions Letouzey et Ané, 1899-1937, págs. 137-199.

[37]   A. Baudrillart – A. Vogt – U Rouzies. *Dictionnaire d'Histoire et de Géographie Ecclésiastiques.* Paris: Hiesermann, 1912.

[38] H. I. Baylis. *Minutius Felix and his Place among the Early Fathers of the Latín Church.* Londres, 1928.

[39] E. Beck. "Ephrem". En: *DSAM* 1 (), págs. 788-800.

[40] E. Bellini. *Su Cristo: Il Grande Dibattito nel Quarto Secolo.* Milán: Jaca Book, 1978.

[41] A. Di Berardino. *Patrología, III. La Edad de Oro de la Literatura Patrística Latina. Continuación de la obra de J. Quasten.* Madrid: BAC, 1981.

[42] G. Bereille. "Aristide". En: *DTC.* Vol. I. Paris: Les éditions Letouzey et Ané, 1899-1937, págs. 1864-1867.

[43] G. Bereille. "Athénagore". En: *DTC.* Vol. I. Paris: Les éditions Letouzey et Ané, 1899-1937, págs. 2210-2214.

[44] G. Bereille. "Ignace (S.) évêque d´Antioche". En: *DTC.* Vol. VII. Paris: Les éditions Letouzey et Ané, 1899-1937, págs. 685-713.

[45] G. Bereille. "Isidore de Séville, (Saint)". En: *DTC.* Vol. VIII. Paris: Les éditions Letouzey et Ané, 1899-1937, págs. 98-111.

[46] A. di Bernardino. *Diccionario Patrístico y de la Antigüedad Cristiana.* Salamanca: Sígueme, 1991.

[47] F. Brunetiere Y P. De Labriolle. *Saint Vincent de Lerins.* París, 1906.

[48] F. Cabrol. *Dictionnaire d'Archéologie Chrétienne et de Liturgie.* Paris: Letouzey et Ané, 1911-1953.

[49] Th. Camelot. *Éfeso y Calcedonia.* Vitoria: Ed. Eset, 1971.

[50] Th. Camelot. *Foi et gnose. Introduction a 1'étude de la connaissance mystique chez Clément d'Alexandrie.* París, 1945.

[51] I. Campos Ruiz. "Cipriano, San". En: *GER.* Vol. V. Madrid: Rialp, 1979, 641 ss.

[52]   V. Cano Sordo. *Patrología (Curso) o Apuntes de patrología.* URL: `http:`
       `//www.patrologia.net/pac/index.html%20y%20en%`
       `20http://www.geocities.com/patrologia.`.

[53]   C. Castillo. "Gregorio I Magno, San". En: *GER.* Vol. XI. Madrid: Rialp,
       1979, 321 ss.

[54]   F. Cayre. "Germain I (Saint)". En: *DTC.* Vol. VI. Paris: Les éditions
       Letouzey et Ané, 1899-1937, págs. 1300-1309.

[55]   F. Cayré. *Patrologie, et Histoire de la Theologie.* Torunai: Desclée,
       1955.

[56]   G. Chappuis. "La théologie de Boece". En: *Congres d'histoire du chris-
       tianisme* III (1938), págs. 15-40.

[57]   S. Cola. *Perfiles de los Padres.* Madrid: ed. Ciudad Nueva, 1991.

[58]   F. G. Cuéllar. "Germán I, San". En: *GER.* Vol. X. Madrid: Rialp, 1979,
       842 ss.

[59]   J. Danielou. *Nueva Historia de la Iglesia.* Madrid: Cristiandad, 1964.

[60]   L. Dattrino. *Patrologia.* Roma: Istituto di Teologia a Distanza, 1982.

[61]   E. Dekkers – Ae. Gaar. *Clavis Patrum Latinorum.* Turnhout, 1995.

[62]   A. Di Bernardino (ed). *Diccionario Patrístico y de la Antigüedad Cris-
       tiana. 2 vols.* Salamanca: Sígueme, 1991-1992.

[63]   U. Domínguez del Val. "Lactancio, Lucio Cecilio Firmiano". En: *GER.*
       Vol. XIII. Madrid: Rialp, 1979, 830 ss.

[64]   H. Drobner. *Manual de Patrología.* Barcelona: Herder, 1999.

[65]   G. Dumeige. *Nicée II.* Paris: Ed. L'Orante, 1978.

[66]   F. J. Fernández Conde. "Modalismo". En: *GER.* Vol. XVI. Madrid:
       Rialp, 1979, págs. 89-91.

[67]   A. Fierro Bardají. "Ambrosio, San". En: *GER.* Vol. I. Madrid: Rialp,
       1979, 795 ss.

[68]   A. Fierro Bardají. "Hilario de Poitiers, San". En: *GER.* Vol. XI. Madrid: Rialp, 1979, págs. 796-798.

[69]   A. Fierro Bardají. *Sobre la Gloria en S. Hilario. Una Síntesis sobre la Noción Bíblica de "doxa".* Roma, 1964.

[70]   A. Fliché y V. Martin. *Historia de la Iglesia. Vol. I: El nacimiento de la Iglesia, por J. Lebreton Y J. Zeiller; id, autores Vol. II: Desde fines del siglo II hasta la paz constantiniana.* Valencia: Edicep, 1975.

[71]   J. Forget. "Jérome (Saint)". En: *DTC.* Vol. VIII. Paris: Les éditions Letouzey et Ané, 1899-1937, págs. 894-983.

[72]   A. Fortescue. "Leontius Byzantinus". En: *The Catholic Encyclopedia.* Vol. 9. New York: Robert Appleton Company, 1909.

[73]   J. Frickel. "Tertuliano". En: *GER.* Vol. XXII. Madrid: Rialp, 1979, 356ss.

[74]   G. Fritz. "Nicée, II Concile". En: *DTC.* Vol. XI. Paris: Les éditions Letouzey et Ané, 1899-1937, págs. 417-441.

[75]   G. Fritz. "Polycarpe (Saint)". En: *DTC.* Vol. XII. Paris: Les éditions Letouzey et Ané, 1899-1937, págs. 2515-2520.

[76]   L. A. García Moreno. *Historia Universal. La Antigüedad Clásica.* Pamplona: EUNSA, 1989.

[77]   J. M. García Pérez. *Los Orígenes Históricos del Cristianismo.* Madrid: Encuentro, 2007.

[78]   M. Geerard – J. Noret – F. Glorie – J. Desmet. *Supplementum Clavis Patrum Graecorum.* Turnhout, 1998.

[79]   F. Gerard y M. Glorie. *Clavis Patrum Graecorum. 5 vols.* Turnhout, 1974-1985.

[80]   É. Gilson. *History of Christian Philosophy in the Middle Ages.* New York: Random House, 1955.

[81]   P. Godet. "Apollinaire de Laodicée Le Jeune". En: *DTC.* Vol. II. Paris: Les éditions Letouzey et Ané, 1899-1937, págs. 1505-1507.

[82]   P. Godet. "Boèce". En: *DTC*. Vol. II. Paris: Les éditions Letouzey et Ané, 1899-1937, págs. 918-922.

[83]   P. Godet. "Clément I de Rome". En: *DTC*. Vol. III. Paris: Les éditions Letouzey et Ané, 1899-1937, págs. 48-56.

[84]   P. Godet. "Cyprien". En: *DTC*. Vol. III. Paris: Les éditions Letouzey et Ané, 1899-1937, págs. 2459-2470.

[85]   P. Godet. "Denys l´Aréopagite (Pseudo)". En: *DTC*. Vol. IV. Paris: Les éditions Letouzey et Ané, 1899-1937, págs. 429-436.

[86]   P. Godet. "Diodore de Tarse". En: *DTC*. Vol. IV. Paris: Les éditions Letouzey et Ané, 1899-1937, págs. 1363-1366.

[87]   P. Godet. "Grégoire de Nazianze (Saint)". En: *DTC*. Vol. VI. Paris: Les éditions Letouzey et Ané, 1899-1937, págs. 1839-1844.

[88]   P. Godet. "Grégoire de Nysse (Saint)". En: *DTC*. Vol. VI. Paris: Les éditions Letouzey et Ané, 1899-1937, págs. 1847-1852.

[89]   P. Godet. "Grégoire I le Grand (Saint), Pape". En: *DTC*. Vol. VI. Paris: Les éditions Letouzey et Ané, 1899-1937, págs. 1776-1781.

[90]   M. G. Gribomont. "Las Traducciones. Jerónimo y Rufino". En: *Patrología III, dir. por A. Di Berardino* (), págs. 249-290.

[91]   A. Grillmeier. *Le Christ dans la Tradition Chrétienne*. Paris: Les Editions du Cerf, 1973.

[92]   V. Grossi. "La Controversia Pelagiana. Adversarios y discípulos de San Agustín". En: *"Patrología III", dir. por A. Di Berardino* (1981), págs. 554-582.

[93]   V. Grumel. "Léonce de Byzance". En: *DTC*. Vol. IX. Paris: Les éditions Letouzey et Ané, 1903-1925, págs. 400-426.

[94]   M. Guerra Gómez. "Justino, San". En: *GER*. Vol. XIII. Madrid: Rialp, 1979, 708 ss.

[95] B. R. Habernas. "Experiences of the Risen Jesus: the Foundational Historical Issue in the Early Proclamation of the Resurrection". En: *Dialog: A Journal of Theology* 45 (2006), págs. 288-297.

[96] A. G. Hamman. "El nuevo rumbo del siglo IV". En: *"Patrología III",* dir. por A. Di Berardino (1981), págs. 3-38.

[97] A. G. Hamman. *La vida cotidiana de los primeros cristianos.* Madrid: Palabra, 1985.

[98] A. de Haulleux. "La Définition Christologique à Chalcédoine". En: *Revue Théologique de Louvain* 7 (1976), págs. 3-23, 115-170.

[99] I. Ibáñez Ibáñez. "Clemente I, San (Clemente Romano)". En: *GER.* Vol. V. Madrid: Rialp, 1979, 770 ss.

[100] J. Ibáñez Ibáñez. "Arrio y Arrianismo". En: *GER.* Vol. III. Madrid: Rialp, 1979, págs. 71-75.

[101] J. Ibáñez Ibáñez. "Atanasio, San". En: *GER.* Vol. III. Madrid: Rialp, 1979, 286 ss.

[102] J. Ibáñez Ibáñez. "Basilio, San". En: *GER.* Vol. III. Madrid: Rialp, 1979, 778 ss.

[103] J. Ibáñez Ibáñez. "Cirilo de Jerusalén (San)". En: *GER.* Vol. V. Madrid: Rialp, 1979, 669 ss.

[104] J. Ibáñez Ibáñez. "Didajé". En: *GER.* Vol. VII. Madrid: Rialp, 1979, 691 ss.

[105] J. Ibáñez Ibáñez. "Gregorio Nacianceno (San)". En: *GER.* Vol. XI. Madrid: Rialp, 1979, 332 ss.

[106] J. Ibáñez Ibáñez. "Ireneo (San)". En: *GER.* Vol. XIII. Madrid: Rialp, 1979, 71 ss.

[107] J. Ibáñez Ibáñez. "Juan Crisóstomo (San)". En: *GER.* Vol. XIII. Madrid: Rialp, 1979, 560 ss.

[108]   J. Ibáñez Ibáñez. *Naturaleza de la "eusébeia" en S. Atanasio.* Pamplona, 1969.

[109]   J. Ibáñez Ibáñez. "Nestorio y Nestorianismo". En: *GER.* Vol. XVI. Madrid: Rialp, 1979, págs. 758-761.

[110]   J. Ibáñez Ibáñez. "Taciano". En: *GER.* Vol. XXII. Madrid: Rialp, 1979, 25 ss.

[111]   J. Ibáñez Ibáñez. "Teodoro de Mopsuestia". En: *GER.* Vol. XXII. Madrid: Rialp, 1979, 219 ss.

[112]   J. L. Illanes Maestre. *Cristianismo, Historia y Mundo.* Pamplona: Eunsa, 1973.

[113]   J. L. Illanes Maestre. *Sobre el Saber Teológico.* Madrid: Rialp, 1978.

[114]   E. Jacquier. "Doctrine des Douze Apôtres ou Didachè". En: *DTC.* Vol. I. Paris: Les éditions Letouzey et Ané, 1899-1937, págs. 1680-1687.

[115]   H. (dir.) Jedin. *Manual de la Historia de la Iglesia. I y II.* Barcelona: Herder, 1996-1980.

[116]   Juan A. Jorge. *Cristología, 3 vols.* Santiago de Chile: Shoreless Lake Press, 2016.

[117]   Juan A. Jorge. *Dios Uno y Trino.* Santiago de Chile: Shoreless Lake Press, 2010.

[118]   M. Jugie. "Éphése (Concile de)". En: *DTC.* Vol. V. Paris: Les éditions Letouzey et Ané, 1903-1925, págs. 137-163.

[119]   M. Jugie. "Eutiches et Eutychianisme". En: *DTC.* Vol. V. Paris: Les éditions Letouzey et Ané, 1903-1925, págs. 1582-1609.

[120]   M. Jugie. "Monophysisme". En: *DTC.* Vol. X. Paris: Les éditions Letouzey et Ané, 1903-1925, págs. 2216-2251.

[121]   M. Jugie. "Monophysisme". En: *DTC.* Vol. X. Paris: Les éditions Letouzey et Ané, 1903-1925, págs. 2216-2251.

[122]   J. N. D Kelly. *Primitivos Credos Cristianos.* Salamanca: Secretariado
        Trinitario, 1980.

[123]   J. Labourt. "St. Ephraem". En: *The Catholic Encyclopedia.* Vol. 5. New
        York: Robert Appleton Company, 1909.

[124]   A. Largent. "Ambroise (Saint)". En: *DTC.* Vol. I. Paris: Les éditions
        Letouzey et Ané, 1899-1937, págs. 942-951.

[125]   X. Le Bachelet. "Cyrille de Jérusalem (Saint)". En: *DTC.* Vol. III. Pa-
        ris: Les éditions Letouzey et Ané, 1899-1937, págs. 2527-2577.

[126]   H. Leclercq. "The Second Council of Nicaea". En: *The Catholic Ency-
        clopedia.* Vol. XI. New York: Robert Appleton Company, 1909.

[127]   B. Llorca. *Historia de la Iglesia católica, I.* Madrid: BAC, 1976.

[128]   J. Lomba Fuentes. "Boecio". En: *GER.* Vol. IV. Madrid: Rialp, 1979,
        337 ss.

[129]   J. Loughlin. "St. Ambrose". En: *The Catholic Encyclopedia.* Vol. 1.
        New York: Robert Appleton Company, 1909.

[130]   F. Lourel. *Les Ecrits des Péres Apostoliques.* París: Ed. Du Cerf, 1963.

[131]   E. Ludwig. "Chalcedon and its Aftermath: Three Unresolved Cri-
        ses". En: *Laurentianum* 27 (1986), págs. 98-120.

[132]   E. Mangenot. "Apocryphes". En: *DTC.* Vol. I. Paris: Les éditions Le-
        touzey et Ané, 1899-1937, págs. 1498-1504.

[133]   M. G. Mara. "Ambrosio de Milán, Ambrosiaster y Nicetas". En: *"Pa-
        trología III", dir. por A. Di Berardino* (1981), págs. 166-223.

[134]   M. Marouzeau y Otros. *L'Anné Philologique. Bibliographie critique
        et analytique d'antiquité gréco–latine.* Paris, 1924.

[135]   F. Martín Hernández. "Apolinarismo". En: *GER.* Vol. II. Madrid: Rialp,
        1979, 482 ss.

[136]   F. Martín Hernández. "Semiarrianismo". En: *GER*. Vol. XXI. Madrid: Rialp, 1979, 148 ss.

[137]   H. Masson. *Manual de Herejías*. Madrid: Rialp, 1989.

[138]   L. F. Mateo–Seco. "Arístides Ateniense". En: *GER*. Vol. II. Madrid: Rialp, 1979, 739 ss.

[139]   L. F. Mateo–Seco. "Clemente de Alejandría, San". En: *GER*. Vol. V. Madrid: Rialp, 1979, págs. 777-779.

[140]   L. F. Mateo–Seco. "Diodoro de Tarso". En: *GER*. Vol. VII. Madrid: Rialp, 1979, 772 ss.

[141]   L. F. Mateo–Seco. *Dios Uno y Trino*. Pamplona: Eunsa, 1988.

[142]   L. F. Mateo–Seco. "Epifanio de Salamina (San)". En: *GER*. Vol. VIII. Madrid: Rialp, 1979, 691 ss.

[143]   L. F. Mateo–Seco. "Gregorio Niseno (San)". En: *GER*. Vol. XI. Madrid: Rialp, 1979, 335 ss.

[144]   L. F. Mateo–Seco. "Monotelismo". En: *GER*. Vol. XVI. Madrid: Rialp, 1979, págs. 232-235.

[145]   L. F. Mateo–Seco. "Policarpo de Esmirna, San". En: *GER*. Vol. XVIII. Madrid: Rialp, 1979, 696 ss.

[146]   L. F. Mateo–Seco. "Vicente de Lerins, San". En: *GER*. Vol. XXIII. Madrid: Rialp, 1979, 483 ss.

[147]   F. Mendoza Ruiz. "Eusebio de Cesarea". En: *GER*. Vol. IX. Madrid: Rialp, 1979, 574 ss.

[148]   F. Mendoza Ruiz. "Isidoro de Sevilla, San". En: *GER*. Vol. XIII. Madrid: Rialp, 1979, 120 ss.

[149]   F. Mendoza Ruiz. "Orígenes y origenismo". En: *GER*. Vol. XVII. Madrid: Rialp, 1979, 453 ss.

[150]   A. A. Mens. "Calcedonia, Concilio de". En: *GER*. Vol. IV. Madrid: Rialp, 1979, págs. 682-684.

[151]   A. A. Mens. "Constantinopla, Concilios de". En: *GER*. Vol. VI. Madrid: Rialp, 1979, págs. 320-321.

[152]   A. A. Mens. "Éfeso, Concilio de". En: *GER*. Vol. VIII. Madrid: Rialp, 1979, págs. 356-359.

[153]   J. Moingt. *Théologie Trinitaire de Tertullien, 4 vols.* Paris: Theol (P) 68–70, 75, 1966-1969.

[154]   E. Moliné. *Los Padres de la Iglesia. Una Guía Introductoria.* Madrid: Palabra, 1982.

[155]   B. Mondin. *Dizionario del Teologi.* Bologna: Edizioni Studio Domenicano, 1992.

[156]   B. Mondin. *Storia de la Teologia.* Vol. I. Bologna: Edizioni Studio Domenicano, 1996.

[157]   B. Mondin. *Storia della Filosofia Medievale.* Roma: Pontificia Università Urbaniana, 1991.

[158]   M. A. Monge. "Leoncio de Bizancio". En: *GER*. Vol. XIV. Madrid: Rialp, 1979, pág. 174.

[159]   J. Morales. "Teología IV: Historia de la Teología". En: *GER*. Vol. 22. Madrid: Rialp, 1979, págs. 252-256.

[160]   D. Muñoz León. "Libros Apócrifos Del Nuevo Testamento". En: *GER*. Vol. II. Madrid: Rialp, 1979, 477 ss.

[161]   F. X. Murphy y P. Sherwood. *Constantinople II et III.* Paris: Orante, 1974.

[162]   J. S. Nadal y Cañellas. "Eutiques". En: *GER*. Vol. IX. Madrid: Rialp, 1979, págs. 580-581.

[163]   J. S. Nadal y Cañellas. "Monofisismo". En: *GER*. Vol. XVI. Madrid: Rialp, 1979, págs. 216-221.

[164] F. Nau. "Ephrem le Syrien". En: *DTC*. Vol. V. Paris: Les éditions Letouzey et Ané, 1899-1937, págs. 188-193.

[165] A. Orbe. "Errores de los Ebionitas (Análisis de Ireneo: *Adversus Haereses*, V, 1, 3)". En: *Marianum* 41 (1979), págs. 147-170.

[166] A. Orbe. *Hacia la Primera Teología de la Procesión del Verbo, I/2*. Roma, 1958.

[167] J. Orlandis. *Historia de la Iglesia, I*. Madrid: Epalsa, 1974.

[168] J. Orlandis. *Historia de la Iglesia. I. La Iglesia Antigua y Medieval*. Madrid: Palabra, 1995.

[169] J. Orlandis. *Historia Universal. Del Mundo Antiguo al Mundo Medieval*. Pamplona: Eunsa, 1989.

[170] I. Ortiz De Urbina. "Nicea, Concilios de". En: *GER*. Vol. XVI. Madrid: Rialp, 1979, págs. 806-809.

[171] I. Ortiz De Urbina. "Padres de la Iglesia II. Padres Apostólicos". En: *GER*. Vol. XVII. Madrid: Rialp, 1979, 591ss.

[172] I. Ortiz De Urbina. *Patrología syriaca*. Roma, 1965.

[173] I. Ortiz de Urbina. "Efrén el Sirio, San". En: *GER*. Vol. VIII. Madrid: Rialp, 1979, 359 ss.

[174] I. Ortiz de Urbina. "Ignacio de Antioquía, San". En: *GER*. Vol. XII. Madrid: Rialp, 1979, 465 ss.

[175] I. Ortiz de Urbina. "La Struttura del Símbolo Constantinopolitano". En: *Orientalia Christiana Periodica* 12 (1946), págs. 275-285.

[176] I. Ortiz de Urbina. "Nicea II". En: *Enciclopedia Cattolica*. Vol. VIII. Ciudad del Vaticano, 1952, págs. 1832-1834.

[177] I. Ortiz de Urbina. *Nicea y Constantinopla*. Vitoria: Eset, 1969.

[178] I. Ortiz de Urbina. "Nicea, Concilios de 2. Segundo Concilio de Nicea". En: *GER*. Vol. VI. Madrid: Rialp, 1979, 190 ss.

[179]   M. Á. R. Patón. "Jerónimo, San". En: *GER.* Vol. XIII. Madrid: Rialp, 1979, 395 ss.

[180]   A. J. Petit Caro. "Hipólito Romano, San". En: *GER.* Vol. XI. Madrid: Rialp, 1979, 828ss.

[181]   A. Quacquarelli y otros. *Complementi interdisciplinari di patrologia.* Roma, 1989.

[182]   J. Quasten. *Patrología. 3 vols.* Madrid: B.A.C., 1995.

[183]   D. Ramos-Lisson. *Patrología.* Pamplona: Eunsa, 2005.

[184]   J. M. Revuelta. "Sabelio y Sabelianismo". En: *GER.* Vol. XX. Madrid: Rialp, 1979, pág. 581.

[185]   C. Ricci. *Los Padres apostólicos.* Buenos Aires, 1929.

[186]   G. Ricciotti. *S. Efrem Siro.* Turín–Roma, 1925.

[187]   A. Riesco Terrero. "Novaciano y Novacianismo". En: *GER.* Vol. XVII. Madrid: Rialp, 1979, 99 ss.

[188]   A. Riesgo Terrero. "Macedonio y macedonianos". En: *GER.* Vol. XIV. Madrid: Rialp, 1979, págs. 672-674.

[189]   R. E. Roberts. *The Theology of Tertullian.* London, 1924.

[190]   Th. A. Robinson y Otros. *The Early Church. An Annotated Bibliography of Literature in English.* Metuchen, N.Y, London, 1993.

[191]   H. D. Rops. *Historia de la Iglesia, I y II.* Barcelona: Miracle, 1955.

[192]   M. J. Rouet de Journel. *Enchiridion Patristicum.* Barcelona: Herder, 1958.

[193]   D. Ruiz–Bueno. *Padres Apologistas Griegos.* Madrid: BAC, 1954.

[194]   D. Ruiz–Bueno. *Padres Apostólicos. Edición Bilingüe Completa. Introducción, Notas y Versión Española.* Madrid: BAC, 1979.

[195]   L. Saltet. "St. Jerome". En: *The Catholic Encyclopedia.* Vol. VIII. New York: Robert Appleton Company, 1909.

[196]   Á. Santos Hernández. *Espiritualidad ortodoxa, B. Jiménez Duque, L. Sala Balust: "Historia de la espiritualidad", III*, Barcelona, 1969.

[197]   Á. Santos Hernández. *Iglesias de Oriente*. Santander, 1963.

[198]   Á. Santos Hernández. "Monaquismo". En: *GER*. Vol. XVI. Madrid: Rialp, 1979, 180 ss.

[199]   W. Schneemelcher – K. Schaeferdiek. *Bibliographia Patristica*. Bonn, 1959-1990.

[200]   T. J. Shahan. "First Council of Constantinople". En: *The Catholic Encyclopedia*. Vol. I. New York: Robert Appleton Company, 1909.

[201]   M. Simonetti. *Il Cristo, II. Testi Teologici e Spirituali in Lingua Greca del IV al VII Secolo*. Milán: Mondadori, 1986.

[202]   M. Simonetti y E. Prinzivalli. *Storia della Letteratura Cristiana Antica*. Casale Monferrato: ed. Piemme, 2002.

[203]   T. Spidlík. "Dionisio Areopagita". En: *GER*. Vol. VII. Madrid: Rialp, 1979, 779 ss.

[204]   B. Studer y A. Ortiz. *Dios Salvador en los Padres de la Iglesia: Trinidad, Cristología, Soteriología*. Salamanca: Secretariado Trinitario, 1993.

[205]   R. B. Tollington. *Clement of Alexandria. A Study in Christian Liberalism. 2 vols*. London, 1914.

[206]   R. Trevijano. *Orígenes del Cristianismo. El transfondo judío del cristianismo primitivo*. Salamanca: Universidad Pontificia de Salamanca, 1995.

[207]   R. Trevijano. *Patrología*. Madrid: Colección Sapientia Fidei, ed. BAC, 1994.

[208]   F. Vernet. "Irénée (S.) Évêque de Lyon". En: *DTC*. Vol. VII. Paris: Les éditions Letouzey et Ané, 1899-1937, págs. 2394-2533.

[209]   C. Verschaffel. "Épiphane, évêque de Salamine". En: *DTC*. Vol. V. Paris: Les éditions Letouzey et Ané, 1899-1937, págs. 363-365.

[210]   C. Verschaffel. "Eusèbe de Césarée". En: *DTC*. Vol. V. Paris: Les éditions Letouzey et Ané, 1899-1937, págs. 1527-1531.

[211]   A. Voobus. *Literary critical and historical Studies in E. the Syrien*. Estocolmo, 1958.

Índice General

Índice general